GESTÃO DE
redes de conhecimento

Dados Internacionais de Catalogação na Publicação (CIP)
(Câmara Brasileira do Livro, SP, Brasil)

Johnson, J. David
    Gestão de redes de conhecimento / J. David Johnson ; tradução Janaína Marcoantonio. – São Paulo : Editora Senac São Paulo : 2011.

    Título original: Managing Knowledge Networks.
    Bibliografia
    ISBN 978-85-396-0113-4

    1. Serviços de informação em linha 2. Sistemas especialistas (Computação) I. Título.

11-01681   CDD-006.33

Índice para catálogo sistemático:
1. Redes de conhecimento : Gestão : Ciência da computação   006.33

GESTÃO DE
redes de conhecimento

J. David Johnson

TRADUÇÃO: JANAÍNA MARCOANTONIO

ADMINISTRAÇÃO REGIONAL DO SENAC NO ESTADO DE SÃO PAULO
Presidente do Conselho Regional: Abram Szajman
Diretor do Departamento Regional: Luiz Francisco de A. Salgado
Superintendente Universitário e de Desenvolvimento: Luiz Carlos Dourado

EDITORA SENAC SÃO PAULO
Conselho Editorial: Luiz Francisco de A. Salgado
　　　　　　　　　　Luiz Carlos Dourado
　　　　　　　　　　Darcio Sayad Maia
　　　　　　　　　　Lucila Mara Sbrana Sciotti
　　　　　　　　　　Marcus Vinicius Barili Alves
Editor: Marcus Vinicius Barili Alves (vinicius@sp.senac.br)

Coordenação de Prospecção e Produção Editorial: Isabel M. M. Alexandre (ialexand@sp.senac.br)
Supervisão de Produção Editorial: Pedro Barros (pedro.barros@sp.senac.br)

　　Edição de Texto: Maísa Kawata
　　Preparação de Texto: Eduardo Hiroshi Kobayashi
　　Revisão de Texto: Luiza Elena Luchini, Maristela Nóbrega, Marta Lucia Tasso
　　Projeto Gráfico e Capa: Antonio Carlos De Angelis
　　Ilustração da Capa: iStockphoto / © mc² kengoru
　　Impressão e Acabamento: Corprint Gráfica e Editora Ltda.

Gerência Comercial: Marcus Vinicius Barili Alves (vinicius@sp.senac.br)
Supervisão de Vendas: Rubens Gonçalves Folha (rfolha@sp.senac.br)
Coordenação Administrativa: Carlos Alberto Alves (calves@sp.senac.br)

© J. David Johnson, 2009
Edição original: *Managing Knowledge Networks* (Cambridge University Press)

Proibida a reprodução sem autorização expressa.
Todos os direitos reservados a
Editora Senac São Paulo
Rua Rui Barbosa, 377 – 1º andar – Bela Vista – CEP 01326-010
Caixa Postal 1120 – CEP 01032-970 – São Paulo – SP
Tel. (11) 2187-4450 – Fax (11) 2187-4486
E-mail: editora@sp.senac.br
Home page: http://www.editorasenacsp.com.br

© Edição brasileira: Editora Senac São Paulo, 2011

Sumário

Nota da edição brasileira, 7
Agradecimentos, 11
Prefácio, 13

1. Introdução e visão geral, 17

FUNDAMENTOS, 27

2. Formas de conhecimento, 29
3. Análise de redes, 47

CONTEXTOS, 83

4. Contexto, 85
5. Estruturando redes de conhecimento, 113
6. Tecnologia, 141
7. Distribuição espacial do conhecimento, 165
8. Internalizando o mundo exterior, 181

PRAGMÁTICA, 215

9. Criatividade e inovação, 217
10. Produtividade: eficiência e eficácia, 249
11. O lado humano, 267
12. Encontrando conhecimento, 293
13. Processos decisórios, 325
14. Conclusão e comentários, 349

Bibliografia, 377
Índice remissivo, 423

Nota da edição brasileira

O contexto no qual se insere a informação nas organizações modernas está evoluindo rapidamente em virtude da intensa competição global. As tecnologias da informação, incluindo bancos de dados, novos sistemas de telecomunicação e softwares de consolidação de informações, têm disponibilizado ampla gama de informações para um número cada vez maior de indivíduos nas empresas. O controle exclusivo dos gestores sobre o conhecimento está em constante declínio, em parte por causa do processo de horizontalização das estruturas hierárquicas. Essa tendência, bem como as discussões envolvendo a web 2.0 e as redes sociais indicam que é cada vez mais importante compreender o impacto das redes de conhecimento informal na construção, apreensão, acumulação, disseminação e aplicação do conhecimento.

O Senac São Paulo apresenta, com a publicação deste livro, uma análise profunda dessas redes, destacando o modo como os relacionamentos contribuem para a criação de conhecimento, sua distribuição dentro das organizações, seus mecanismos de difusão e transferência e a forma como as pessoas encontram e compartilham informações de forma colaborativa.

A minha mãe,
Edna Horn Johnson.

Agradecimentos

O autor e a editora agradecem a permissão concedida para a reprodução de trechos dos seguintes materiais protegidos por direitos autorais.
- Tabela 4.1. Reproduzido por J. David Johnson, sobre contextos de busca de informações, *Information processing and management*, nº 39, pp. 735-760. Direitos autorais © 2003, com permissão da Elsevier.
- Tabela 2.1. e Figura 6.1. de J. David Johnson, *Information seeking: an organizational dilemma*. Direitos autorais © 1993, de David J. Johnson. Reproduzido com permissão da Greenwood Publishing Group, Inc., Westport, CT.
- Figuras 7.1. e 7.2. de J. David Johnson, *Organizational communication structure*. Direitos autorais © 1993, de Ablex Publishing Corporation. Reproduzido com permissão da Greenwood Publishing Group, Inc., Westport, CT.

Prefácio

A gestão de redes de conhecimento nas organizações tem assumido maior importância nos últimos anos em razão do declínio da gerência média e de outras mudanças na estrutura organizacional formal, do crescimento da tecnologia da informação e da nossa economia global cada vez mais competitiva. As redes de conhecimento podem corporificar-se de diversas formas: equipes de projeto, grupos de pesquisa, redes de consultoria, comunidades profissionais, comunidades de prática, grupos de apoio e assim por diante. As pessoas constatam, cada vez mais, que devem determinar por si mesmas suas escolhas, filtrando informações obtidas em suas redes pessoais de conhecimento para definir as estratégias que eles adotariam, ao agir num mundo cada vez mais complexo. Saber como funcionam as redes de conhecimento é, quase literalmente, uma importante ferramenta de sobrevivência para os indivíduos. O aprendizado e as ações individuais daí resultantes, por sua vez, determinam o modo como as organizações se adaptam a ambientes em rápida mudança e inovam para enfrentar novos desafios.

Realizo pesquisas de informação e inovação e também análise de redes há mais de três décadas (Susskind *et al.*, 2005). Este livro é o ponto culminante deste trabalho: uma reunião de linhas de pesquisa que, embora distintas, são complementares. Como tal, baseia-se em meus livros e artigos de investigação nessas áreas diversas, resultando, espero, em uma síntese útil de ideias aplicadas ao problema cada vez mais crucial de compreender o papel das redes de conhecimento nas organizações contemporâneas. Meu primeiro livro, *Organizational communication structure*, situou a análise de redes conforme uma ampla tradição intelectual, relacionando-a diretamente com as abordagens formal, espacial e cultural da estrutura de comunicação organizacional. *Information seeking: an organizational dilemma* aplicou muitas dessas abordagens estruturais para tratar dos problemas enfrentados pelos funcionários quando procuram informação nas organizações. Também explorou os lados mais obscuros da ação individual que discutirei mais adiante neste livro. Meu último trabalho, *Innovation and knowledge management: the Cancer Information Service Research Consortium*, baseia-se em meu estudo sobre inovações, e em meu interesse mais recente na gestão do conhecimento, para analisar um elaborado estudo de caso sobre a maneira como esses temas se desdobraram num importante fornecedor de informações sobre saúde para o público em geral.

Como diretor, durante a última década, da Faculdade de Comunicação e Estudos de Informação da Universidade de Kentucky, tive a oportunidade única de conhecer a gama de disciplinas necessárias para uma compreensão holística dessas questões. Nossa faculdade está desenvolvendo atualmente um programa de graduação em estudos de informação que atenderá à necessidade crítica apresentada pela economia moderna, de profissionais voltados a essa área de atuação. Seguindo a tradição das universidades tecnológicas, também tentamos abordar essas questões de forma mais pragmática. Por exemplo, como parte das propostas da Nova Economia da Commonwealth, fizemos um acordo com a Decision Sciences para propor a criação de um Centro de Gestão de Conhecimento e Inovação. Também nos concentramos no projeto de lei nº 2 do Senado de Kentucky, que seria fundamental para promover o intercâmbio regional de informações sobre saúde, provenientes de prontuários médicos eletrônicos, formando consórcios de fornecedores, provedores e companhias de seguros para tentar controlar os custos médicos e melhorar a qualidade do atendimento médico. Além de meu trabalho de investigação realizado com o Serviço de Informação sobre Câncer (Cancer Information Service), também participei das atividades do Centro Cooperativo de Pesquisas em Ecologia Aquática (Cooperative Research Centre for Freshwater Ecology), na Austrália, ajudando a estabelecer parcerias para a intermediação do conhecimento entre pesquisadores e profissionais.

Normalmente a forma de funcionamento das ferramentas vinculadas à análise de redes é muito bem guardada. Ideias fundamentais (e muitas vezes elementares) relacionadas com a pesquisa estrutural são mascaradas por meio do uso de jargões e cálculos que as tornam inacessíveis a todos, com exceção daqueles que têm conhecimentos de matemática e estatística e/ou que foram treinados em algum dos poucos cursos de graduação que enfocam a análise de redes. Embora muito do que é dito a seguir pudesse ter sido expresso em termos matemáticos (e assim o fiz, muitas vezes, em meus próprios escritos), propositalmente evitei fazê-lo neste livro. Meu desejo é transmitir a um conjunto de leitores as questões subjacentes – essenciais e práticas – relacionadas com a gestão das redes de conhecimento. Procuro aqui contemplar o interesse pela investigação estrutural sob vários aspectos e, em decorrência, o livro acabou destinando-se a um público amplo. Assim, escrevi o livro de modo que fosse adequado para diversos públicos. Utili-

PREFÁCIO

zo resumos, gráficos, tabelas e figuras para torná-lo mais acessível, especialmente aos estudantes universitários. O livro também conta com quadros (equivalentes a textos complementares), seguindo a tradição do trabalho de Everett Rogers, *Diffusion of innovations* (Backer *et al.*, 2005), para ilustrar os pontos mais relevantes com estudos de caso, descrições mais elaboradas de pesquisadores de destaque, tecnologias da informação emergentes e abordagens metodológicas. O leitor interessado pode consultar as "Leituras complementares" apresentadas no fim de cada capítulo para fazer excelentes introduções, em termos bastante concretos, a questões práticas como, por exemplo, o modo de realizar uma análise de redes. Este livro centra-se em questões gerais, fornecendo aos leitores modelos analíticos que devem ser úteis em determinadas situações e também aplicáveis no futuro; não tratarei de discussões sobre tecnologias específicas e transitórias. Ao escrever este livro, cheguei a uma compreensão mais profunda dos muitos dilemas e paradoxos apresentados pelas redes de conhecimento e da importância da decisão gerencial para resolvê-los.

Agradeço a Paula Parish, editora da área de Gestão e Negócios da *Cambridge University Press*, por acreditar neste projeto. Agradeço também a Nathaniel E. Johnson e Sally Johnson por sua assistência técnica.

1
Introdução e visão geral

> Em uma economia da informação, as organizações competem baseadas na sua capacidade de adquirir, manipular, interpretar e usar as informações de modo eficaz.
> (McGee & Prusak, 1993, p. 1)

> Embora consideremos várias questões e estratégias de transmissão de conhecimento [...], muitas delas resumem-se a encontrar formas efetivas de permitir que as pessoas falem e escutem umas às outras.
> (Davenport & Prusak, 1998, p. 88)

> Construir vantagem competitiva implica criar e adquirir novos conhecimentos, disseminá-los nas áreas pertinentes da empresa, interpretá-los e integrá-los com aqueles já existentes e, finalmente, usá-los para alcançar um desempenho superior [...]
> (Turner & Makhija, 2006, p. 197)

> O grande desafio é saber o que comunicar e a quem, de que forma, quando e com que rapidez.
> (Satyadas, Harigopal, Cassaigne, 2001, p. 436)

A contextualização da informação nas organizações modernas está evoluindo rapidamente. As tecnologias da informação, incluindo bancos de dados, novos sistemas de telecomunicação e softwares de consolidação de informações, têm disponibilizado ampla gama de informações para um número cada vez maior de indivíduos nas empresas. O controle exclusivo dos gestores sobre o conhecimento está em constante declínio, em parte por causa do processo de horizontalização das estruturas hierárquicas. Essa tendência faz que nossa compreensão das redes de comunicação informais – em particular aquelas centradas nas relações interpessoais, o lado humano da gestão do conhecimento – seja cada vez mais crucial para entender as organizações como um todo. O conhecimento é inerentemente social, e as redes de conhecimento estão associadas à inovação, ao aprendizado e ao desempenho (Swan, 2003).

Desse movimento resultaram a produção de respostas cada vez mais rápidas e a redução dos custos de coordenação e retransmissão das informações, decorrente da remoção de vínculos hierárquicos. Isso tornou-se possível graças aos avanços em tecnologia da informação (TI), que atribuiu uma responsabilidade cada vez maior aos profissionais para que se tornassem buscadores ativos de informação, em vez de receptores passivos, principalmente ao tomar decisões e resolver problemas. Para os que ocupam cargos técnicos e gerenciais, os mais hábeis em identificar as fontes de informação, que depois poderão adquiri-las e consolidar seu conteúdo, serão os mais bem-sucedidos nesses novos ambientes organizacionais. As redes de conhecimento tornaram-se uma ferramenta de sobrevivência essencial para o indivíduo, facilitando a gestão da incerteza, o apoio social e, finalmente, a ascensão na carreira. Aqueles que têm as habilidades adequadas para obter e integrar informações provavelmente estarão mais satisfeitos e serão mais produtivos, tornando-se alvos do recrutamento ativo e dos esforços para serem retidos na empresa.

Há não muito tempo, o conhecimento nas organizações estava exclusivamente nas mãos dos gestores. Ainda hoje, em muitas empresas, as pessoas não têm acesso a ele. Em parte, as organizações são planejadas para encorajar o desconhecimento por meio da especialização e da rígida segmentação de iniciativas individuais (Kanter, 1983). Portanto, enfrentam um dilema constante: ater-se ao que é imperativo, que em parte deriva da necessidade de eficiência da organização de limitar a disponibilidade das informações, e o reconhecimento de que os projetos estruturais são falhos e de que as circunstâncias mudam, o que requer que os profissionais busquem informações normalmente indisponíveis para eles. Como resolver esse impasse é uma questão crucial para a organização contemporânea e, talvez, o principal desafio de seus gestores. Infelizmente, embora haja muitos textos sobre estruturas formais, sabe-se pouco, comparativamente, a respeito das forças que modelam a construção do conhecimento nas organizações. O mundo confortável no qual o supervisor estipulava diretrizes impositivas está transformando-se em um domínio onde os membros da organização devem tomar decisões rápidas e criteriosas sobre a maneira como os objetivos devem ser alcançados.

Ao mesmo tempo que "a própria sobrevivência do homem depende de prestar atenção em aspectos do ambiente que se transformam" (Darnell, 1972, p. 61), as pessoas têm livre acesso a uma riqueza muitas vezes desconcertante de informações. Elas têm de escolher entre diversas fontes de informação. Há, literalmente, milhões de artigos publicados todos os anos na literatura organizacional e técnica, o que torna praticamente impossível, até mesmo para o profissional mais dedicado, acompanhar os avanços recentes. Por exemplo, calcula-se que um médico precisa ler, em média, dezenove novos artigos por dia para manter-se atualizado em sua área (Choi, 2005). Esse excesso de informação força a descentralização da iniciativa individual; em consequência, os profissionais têm cada vez mais responsabilidades, e a eficácia da organização passa a ser determinada pela capacidade deles de reunir informações e então agir de forma inteligente, tomando-as como base.

Com efeito, muitas vezes funcionários de níveis hierárquicos inferiores têm de realizar tarefas que tradicionalmente cabem aos gestores, pois estes já não conseguem manter-se atualizados com informações detalhadas sobre assuntos técnicos específicos. As empresas vencedoras do prêmio Baldridge reconhecem isso em seus esforços para alcançar qualidade total, acreditando que capacitar os trabalhadores para resolver problemas é decisivo para seu sucesso (Hanson, Porterfield, Ames, 1995). De fato, os gestores são cada vez mais irrelevantes na obtenção de informações para os funcionários técnicos que estão sob sua supervisão, uma vez que não detêm o conhecimento técnico necessário. O reconhecimento dos limites dos gestores e de outras fontes de informação também requer que se confirme e corrobore as informações usando várias delas, criando assim uma rede de conhecimento complexa.

Os indivíduos atuam em campos de informação nos quais processam recursos e informações de forma recorrente. Esses campos funcionam mais como mercados onde os agentes fazem escolhas (muitas vezes com base em informações incompletas, frequentemente de modo irracional) que determinam sua conduta. Isso contrasta diretamente com as abordagens formais realizadas em organizações, que tendem a ver o mundo como racional e conhecido e se concentram em supervisionar seus funcionários, buscando afirmar valores de eficiência e eficácia, em particular com relação à rapidez na tomada de decisões (tabela 1.1).

Apesar da (ou talvez em razão da) abundância de informações disponíveis, a falta de conhecimento dos funcionários a respeito de questões importantes é um problema significativo enfrentado pelas empresas. Há um crescente reconhecimento de que os canais de informação utilizados pelos gestores tendem a ser evitados, com facilidade, por certos grupos, uma vez que eles não são mais uma audiência tão cativa quanto costumavam ser. Como veremos, as forças que preservam o desconhecimento podem ser muito mais irresistíveis que aquelas que resultam na aquisição de conhecimento.

TABELA 1.1 - ABORDAGENS FORMAL E INFORMAL E CONCEITOS DE REDES DE CONHECIMENTO

Conceito de redes de conhecimento	Abordagem	
	Formal	Informal
Conhecimento	Uniforme	Contextual
Fluxo do conhecimento	De cima para baixo	Multidirecional
Estrutura	Explícito	Tácito
Tecnologia	Em papel	Digital
Fator relacional dominante	Autoridade	Confiança
Funções do indivíduo	Gestor	Corretor
A quem beneficia?	Sistema	Indivíduo

A maior parte das vezes que se aborda as redes de conhecimento, amplo destaque é conferido a muitos dos benefícios que elas trazem; ainda assim, pode-se considerar que, concomitantemente, há muitas consequências negativas. A principal ameaça aos gestores é perda de controle que delas pode advir, uma vez que o conhecimento pode ser inerentemente desestabilizador. A intensificação da busca de informações em benefício de um grupo que faz parte da organização também aumenta a possibilidade de conluio entre membros de coalizões informais, em detrimento de outros integrantes, tal como ocorre com a clássica *insider trading* (compra e venda de ações com base em informações privilegiadas) nos mercados financeiros.

Quanto mais controle têm os gestores, menos eficazes podem acabar sendo suas empresas, principalmente quanto se tratar de obter respostas para questões urgentes. Kanter (1983) afirma que um importante obstáculo à inovação, presente nas organizações norte-americanas, vem de um enfoque que se restringe aos interesses específicos do departamento, seção ou repartição. O desequilíbrio na distribuição das informações é a principal consequência dessa diferenciação que muitas vezes beneficia os interesses de funcionários em cargos privilegiados ou especializados (Moore & Tumin, 1949). As estruturas de poder organizacional, em particular a gestão, beneficiam-se com a retenção de informações, uma vez que é bem sabido que informação é poder.

O interesse segmentado, em oposição ao interesse pelo bem da organização como um todo, é uma consequência direta de sua configuração em agrupamentos especializados que são encarregados de tarefas específicas. Na organização formal clássica, surgem muitos obstáculos à integração das iniciativas internas. Muitas vezes, essas barreiras são "silos ou chaminés" erigidas em torno de diferentes funções, que incluem regras informais que desencorajam os membros de diferentes áreas da organização de se relacionarem. Mas esses vínculos são os mais importantes para que ocorra a inovação, uma vez que é por meio deles que se compartilham informações e pontos de vista. Perspectivas diversas resultam no surgimento de ideias sintéticas, em abordagens holísticas e interessadas na organização como um todo, bem como na definição de novas direções para ela.

Por outro lado, ao assumir mais responsabilidades, os integrantes da organização têm também que carregar um fardo cada vez maior. Pode ser injusto responsabilizá-los por cada aspecto de seu desempenho, principalmente nestes dias de grandes incertezas. Nesses novos tempos, os profissionais devem confrontar-se com o mundo como cientistas, construindo teorias práticas com base nas quais devem agir. Isso pode estar estabelecendo um conjunto de expectativas que só os mais bem preparados conseguiriam satisfazer. As pessoas farão as escolhas certas? Elas sabem o suficiente para analisar e decidir entre as informações muitas vezes conflitantes que receberão? Os seres humanos estão muito longe da excelência quando se trata de buscar informações, e, enquanto a informação é um recurso que se multiplica, a atenção, por conseguinte, é um recurso de soma zero.

Tudo isso também levanta a questão: afinal, a quem pertence a informação? O conhecimento necessário para que um funcionário exerça sua função pode ser visto pelos gestores como uma intromissão em suas prerrogativas. Além disso, a mesma informação pode ser irrelevante para um membro da organização que a possui, mas fundamental para outro que não tem acesso a ela.

Conhecimento

Cada vez mais, a criação e manipulação de conhecimento são vistas como função central de nossa economia, a "única forma sustentável de as organizações criarem valor e lucratividade a longo prazo" (MacMorrow, 2001, p. 381). Os gestores que têm o bom senso de agir com rapidez para resolver os vários dilemas associados a redes de conhecimento e elaborar abordagens que permitam criar e transmitir conhecimento da forma mais fácil possível, resultando em inovação contínua, terão enormes vantagens competitivas sobre os colegas (Real, Leal, Roldan, 2006). Certamente, em contextos comerciais isso não é feito com propósitos altruístas, e sim para garantir vantagem competitiva à empresa (Stewart, 2001). Em organizações governamentais e sem fins lucrativos, os motivos podem ser um pouco diferentes: maior prestígio e melhores serviços para o cliente, bem como buscar reagir às demandas dos interessados (Eisenberg, Murphy, Andrews 1998). Assim, com frequência somos forçados a fazer a pergunta mais prática sobre qual seria a finalidade da gestão do conhecimento: fomentar a criatividade, permitir a inovação ou aumentar as competências (MacMorrow, 2001)? Como poderemos ver, a resposta a essa pergunta costuma ser bastante complexa, visto que leva vários propósitos em consideração, muitas vezes representando grupos diferentes.

No capítulo "Formas de conhecimento", exploro detalhadamente o conhecimento como conceito e suas diversas manifestações. Também traço sua relação com vários outros conceitos, incluindo dado, informação e sabedoria. Contrasto-o com a noção de desconhecimento, que, como vimos, é muitas vezes encorajada nas organizações, por razões bastante sólidas. A maior parte do entusiasmo recente em torno do conhecimento nas empresas está associada à sua gestão. A gestão do conhecimento tem sido aplicada livremente em um conjunto de práticas organizacionais relacionadas com o construir, obter, acumular, disseminar e aplicar conhecimento, e pode ser entendida como um sistema para processar informações. Está fortemente relacionada com tecnologia da informação, aprendizado organizacional, capital intelectual, mudança adaptativa, identificação de necessidades de informação, desenvolvimento de produtos de informação e apoio à tomada de decisão – tão intimamente vinculada que muitas vezes é difícil dizer onde uma abordagem termina e onde outra começa.

Em muitos aspectos, a gestão do conhecimento pode ser vista como uma inovação que está se difundindo rapidamente nas organizações. Também se enquadra em uma classe de metainovações que permite que outras ocorram numa empresa. De fato, a busca da gestão do conhecimento muitas vezes se baseia na premissa de que ela levará a melhores processos de tomada de decisão e a um florescimento de abordagens criativas dos problemas enfrentados pela organização. Portanto, o resultado final de uma gestão do conhecimento criativa é a rápida adoção ou criação de inovações pertinentes que possam ser implementadas com êxito no contexto de uma organização em particular. Maior "intensidade de conhecimento" leva a maior lucratividade nas empresas comerciais e a níveis mais altos de inovação. Enfim, o conhecimento se tornou a fonte por excelência da criação de riqueza e crescimento econômico (Florida & Cohen, 1999; Leonard, 1995; Stewart, 2001).

Análise de redes

O conhecimento é, também, um fenômeno inerentemente social que se desenvolve a partir de interações comunicativas complexas realizadas em estruturas sociais. As pesquisas em estruturas de comunicação, que incluem hierarquias, mercados e redes, são tradicionalmente vistas como uma área central da teoria da comunicação organizacional. Há muitas abordagens diferentes da estrutura de comunicação. As duas mais utilizadas para analisar os sistemas de comunicação organizacional são a abordagem formal, o principal foco da maioria das práticas tradicionais de gestão do conhecimento, e as abordagens informais, principalmente a análise de redes, que enfoco aqui. A estrutura comunicacional de uma organização consiste em elementos formais e informais, assim como em outros componentes, não sendo redutível a nenhum deles (March & Simon, 1958). Entretanto, para a maioria dos pesquisadores dedicados a estudar as organizações, essa distinção fundamental capta dois mundos organizacionais diferentes, que têm premissas e pontos de vistas dessemelhantes e, o que é mais importante, hipóteses fundamentais distintas sobre a natureza da interação. Essas diferenças são destacadas na tabela 1.1 e serão detalhadas no decorrer deste estudo.

As abordagens informais reconhecem que necessidades variadas, individuais e sociais, subordinam a comunicação nas empresas e que, em consequência, as relações reais de comunicação podem ser menos formalmente racionais do que em sistemas projetados (Johnson, 1993). As estruturas informais funcionam para facilitar a comunicação, manter a coesão na organização como um todo e preservar um senso de integridade ou autonomia pessoal. As redes de comunicação são, cada vez mais, os meios pelos quais o conhecimento é difundido, disseminado e criado. Elas revelam o modo como as pessoas de fato saem em busca de informações, sua forma de distribuição, e a maneira pela qual elas colaboram para criar novos conhecimentos.

Ao contrário do sistema de documentos e da tecnologia de regras das abordagens formais clássicas, Nohria e Eccles (1992) afirmam que vários fatores vinculados a novas tecnologias possibilitam formas totalmente inéditas de organização, como aquelas em rede. Em primeiro lugar, as tecnologias da informação aumentam as possibilidades de controle e diminuem a necessidade de processamento vertical (por exemplo, condensação) da informação. Em segundo lugar, as novas tecnologias facilitam a comunicação no tempo e no espaço. Em terceiro lugar, elas aumentam a comunicação externa, diluindo, desse modo, as fronteiras tradicionais de autoridade dentro da empresa. Em quarto lugar, as tecnologias da informação aumentam a flexibilidade dentro da empresa, ao fazer que a informação personalizada seja menos dependente de especialistas. Os mercados eletrônicos, que descreveremos em mais detalhe no capítulo "Contexto", são cada vez mais os meios pelos quais as indústrias colaboram para disseminar o conhecimento.

A análise de redes representa um meio sistemático de examinar a configuração geral das relações, tanto formais quanto informais, em uma organização. A forma mais comum de representação gráfica de redes contém nós que representam unidades sociais (por exemplo, indivíduos ou grupos), e vários tipos de relação existentes entre eles, frequentemente medidos pelo canal de comunicação usado para expressá-los. Em virtude de sua abrangência, a análise de redes é usada por quase todas as ciências sociais para estudar problemas sociais específicos. Tornou-se o modo preferido de representar comunicação informal e emergente e os fluxos de informação associados.

Os últimos anos presenciaram o ressurgimento do interesse pela análise de redes nas ciências sociais e até mesmo nas ciências naturais (Newman, Barabasi, Watts, 2006), em parte por conta da elaboração de conceitos heurísticos como capital social e buracos estruturais. As redes sociais, a "web 2.0" e outras tecnologias colaborativas são vistas como uma característica fundamental das atuais abordagens de negócios a respeito do modo como o conhecimento se espalha dentro de uma empresa (Cross, Parker, Sasson, 2003; Mead, 2001; Waters, 2004). Alguns teóricos (Contractor & Monge, 2002) começaram a falar sobre as características essenciais das redes de conhecimento, que são tidas como um elemento fundamental da gestão de conhecimento. Elas fornecem a base do capital social que permite compartilhar e trocar capital intelectual (Nahapiet & Ghosal, 1998). Basicamente, entender as redes de conhecimento é um passo fundamental para ir realmente além do hardware e das tecnologias da informação e compreender o lado mais profundo e social do conhecimento.

Estrutura do livro

A primeira parte deste livro enfoca os fundamentos relevantes ao estudo da gestão de redes de conhecimento, estabelecendo uma base para que possamos compreender o restante do estudo. No capítulo 2, defino conhecimento, distinguindo-o de termos comuns como informação e sabedoria. Esse capítulo também fala sobre as várias formas que o conhecimento pode assumir nas empresas, distinções cruciais que podem ser usadas ao definir vínculos numa rede. O capítulo 3 focaliza a área, em expansão, da análise de redes. Descreve como conceitos básicos – entidade, vínculo e fronteira – podem ser utilizados para construir análises cada vez mais sofisticadas sobre grupos exclusivos (as "panelinhas"), centralização e integração, que são essenciais para se compreender a transmissão e difusão de conhecimento nas organizações.

A parte seguinte considera os contextos em que o conhecimento está inserido. Conforme detalha o capítulo 4, os contextos moldam e definem o conhecimento, determinando sua distribuição e as formas pelas quais as pessoas podem estar relacionadas nas empresas. O capítulo 5 trata da estrutura básica de uma organização, sua armação formal, e aspectos estruturais que promovem ou inibem o fluxo de conhecimento. Grande parte do entusiasmo atual com as redes de conhecimento deriva das novas tecnologias da informação e de telecomunicações que detalho no capítulo 6. O capítulo 7 discorre sobre a distribuição espacial que restringe a disseminação do conhecimento. As fronteiras organizacionais estão se tornando cada vez menos nítidas, e no capítulo 8 enfoco a maneira como as empresas internalizam o mundo exterior por meio da mediação e da formação de consórcios.

A última parte dispõe sobre o uso do conhecimento e os resultados pragmáticos e políticas empresariais associadas a ele. O capítulo 9 apresenta um panorama sobre o papel das redes de conhecimento nos principais processos organizacionais de criatividade e inovação. O capítulo 10 detalha o papel desempenhado por elas na produtividade, eficiência e eficácia organizacionais. No capítulo 11, passo a abordar os tópicos relacionados com o lado obscuro das redes de conhecimento. Como as pessoas encontram o conhecimento e o utilizam para tomar decisões são os assuntos dos capítulos 12 e 13, respectivamente. Por fim, encerro este estudo abordando, no capítulo 14, as questões políticas, a importância do critério gerencial ao lidar com dilemas e paradoxos das redes de conhecimento e o futuro das redes de conhecimento nas organizações.

Leitura complementar

Choo, C. W. *The Knowing Organization: How Organizations Use Information to Construct Meaning, Create Knowledge, and Make Decisions*. 2ª ed. Oxford University Press, 2006.
Manual descritivo do conhecimento nas organizações. No entanto, aborda as redes de conhecimento apenas de modo tangencial e muito indireto.

Davenport, T. H. & Prusak, L. *Working Knowledge: How Organizations Manage What They Know*. Harvard Business School Press, 1998.
>Um dos primeiros livros populares sobre a gestão do conhecimento nas organizações. Introdução geral útil para gestores, apesar de não enfocar o papel das redes sociais.

Lesser, E. & Prusak, L. (orgs.). *Creating Value with Knowledge: Insights from the IBM Institute for Business Value*. Oxford University Press, 2004.
>Fortemente apoiado no trabalho dos organizadores realizado com o Instituto IBM para Valor de Negócio e o Fórum de Desempenho Organizacional e Conhecimento, associado àquele, essa obra aborda vários dos temas presentes neste livro. Especialmente importante é a seção sobre redes sociais, que contém vários dos primeiros estudos de Rob Cross.

McGee, J. V. & Prusak, L. *Managing Information Strategically*. Wiley, 1993.
>Baseado no estudo do autor realizado com o Centro de Tecnologia da Informação e Estratégia Ernst & Young, adotando como perspectiva os sistemas de informação de gestão, este livro centra-se nas vantagens estratégicas da gestão do conhecimento para as organizações. Análises úteis de papéis individuais e política da informação nas organizações.

Fundamentos

2
Formas de conhecimento

Neste capítulo e no próximo – sobre análise de redes – assentarei as bases para o que tratarei mais adiante. Começo este trabalho definindo os principais conceitos associados ao conhecimento e estabelecendo distinções cuidadosas entre eles. Não é preciso dizer que esses termos são às vezes usados como equivalentes e, outras, tidos como completamente distintos. Em seguida, trato das várias classificações dos tipos de conhecimento, a começar pela distinção fundamental entre conhecimento tácito e explícito. Esses tipos de conhecimento podem servir como ponto de partida para definir as relações em análise de redes, o passo mais importante em qualquer projeto relacionado ao tema. Finalmente, em parte para servir como contrapartida, mas também para enfocar os principais dilemas e as questões relativas ao equilíbrio nas empresas, aos quais se aplica o discernimento dos gestores, discuto a noção de desconhecimento e o papel positivo que ela desempenha nas organizações.

O que é conhecimento?

A noção de conhecimento é tão ampla que envolve dado, informação e sabedoria, e na literatura especializada encontramos uma grande variedade de distinções entre esses termos. Embora exista, para eles, uma ordem geralmente reconhecida (figura 2.1), com a sabedoria ocupando a menor área na figura, são muitas vezes utilizados de forma indiscriminada e contraditória, o que resulta em certa confusão (Boahene & Ditsa, 2003). A área de cobertura crescentemente menor dos termos de ordem superior pode estar associada a um grau maior de interpretação pessoal que eles envolvem e com os significados idiossincráticos que daí resultam (*ibid.*, 2003), na medida em que, por exemplo, passa-se de dado – um tipo especial de informação – para sabedoria. Isso é análogo à distinção feita entre conhecimento tácito e explícito e representa uma progressão de estado (Holsapple, 2003).

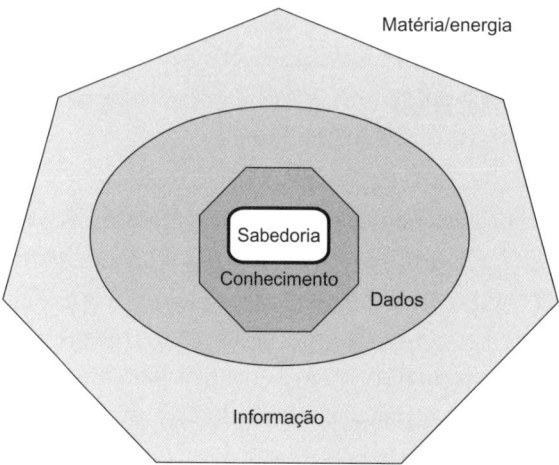

FIGURA 2.1. DISTINÇÃO DOS TERMOS ESSENCIAIS.

Também se afirmou que o valor e o significado dos termos aumentam quando se limita a área de cobertura, e obviamente é mais difícil desenvolver sistemas de redes de conhecimento que captem os termos de ordem superior (Burton-Jones, 1999).

Informação

Uma das distinções mais frequentes na literatura é aquela entre conhecimento e informação. A palavra informação é onipresente; tem sido utilizada até mesmo para definir nossa sociedade como um todo. Como acontece com todo conceito fundamental, vários sentidos para palavra são encontrados na literatura (Case, 2007). Infelizmente, alguns deles são contraditórios.

Talvez a fonte a que mais se recorra para se obter uma definição de informação seja o trabalho pioneiro de Shannon e Weaver (1949) sobre sistemas de telecomunicações. Sua principal preocupação era a de como fazer para enviar mensagens de forma eficiente, com a mínima distorção, por meio de canais de comunicação mediada. No entanto, esse trabalho sempre foi problemático por seu enfoque mecanicista na engenharia de transmissão, que menospreza o significado da mensagem, algo fundamental para as definições de conhecimento.

Shannon e Weaver (1949) elaboraram uma definição abstrata de informação baseada no conceito de entropia. A entropia total representaria uma completa aleatoriedade e inteira falta de organização nas mensagens. Com maior entropia há mais incerteza, pois quanto mais familiar é a situação, menos informações ela gera. Nesse contexto, algo só é considerado informação quando representa novidade; portanto, uma medida do "grau de informação" que contém uma mensagem é o seu "valor de surpresa" (Krippendorf, 1986). Contudo, é bem possível que só uma pessoa experiente seja capaz de "reconhecer o desconhecido" em mensagens que, aparentemente, são as mais familiares (Cole, 1994; Rowley & Turner, 1978). Isso também leva ao paradoxo do especialista: tendo mais experiência, é mais provável que ele obtenha sucesso na busca de informações, mas é menos possível que a informação seja informativa nessa acepção do termo (Buckland, 1991). Como a maioria das pessoas associa informação a certeza ou conhecimento, essa definição pode contrariar um pouco o senso comum (Case, 2007).

De forma mais geral, a informação é equiparada a qualquer estímulo que registramos ou reconhecemos no ambiente que nos rodeia (Miller, 1969). Nessa perspectiva, implica o reconhecimento de padrões nos fluxos básicos de matéria/energia presentes a nossa volta, ou seja, considera todo o restante da área ilustrada na figura 2.1 (Bates, 2006; Case, 2007; Hjorland, 2007; Farace, Monge, Russell, 1977). Essa visão centra-se na natureza dos processos de percepção de um indivíduo, afirmando que eles determinam o que consideramos informação, o que percebemos e como o percebemos (G. R. Miller, 1969). Mas há também uma acepção – muito importante para as redes de conhecimento – na qual informação é aquilo que você usa para lograr mais conforto, algo como um sentimento de familiaridade em relação a uma situação. Quanto mais confiante e seguro você está de alguma coisa, menos incerta ela é (Farace, Monge, Russell, 1977). Assim, a informação também pode ser vista como o número – e talvez o tipo – de mensagens necessárias para superar a incerteza (Krippendorf, 1986). Visto desse modo, a informação é valiosa se ajuda a superar a incerteza, e quanto mais atender a esse propósito, maior a sua relevância (Rouse & Rouse, 1984).

Associado ao conceito de carga de informação – problema crucial que a maioria das organizações têm de enfrentar –, há ainda um quarto sentido que, de certa forma, engloba as duas primeiras definições. Sob esse enfoque, a carga de informação é função da quantidade e da complexidade delas. A quantidade refere-se ao número de "peças" (ou bits) de informação, algo semelhante ao acúmulo de dados. A complexidade diz respeito ao número de opções ou alternativas representadas por um estímulo. Numa situação em que todas as escolhas são igualmente prováveis, a entropia é máxima. Esse quarto significado de informação reflete sua estreita associação com os processos decisórios, algo que tratarei novamente no capítulo 13.

Os sentidos e as propriedades – por exemplo, atualidade, profundidade, abrangência, especificidade, qualidade, precisão, caráter quantitativo e qualitativo, caráter objetivo e subjetivo, etc. (Dervin, 1989) – da informação são muitos. Neste trabalho, utilizarei informação em seu sentido mais geral: o de discernimento de padrões no mundo que nos rodeia. Os dados, nesse contexto, são um caso especial de informação. Eles assumem a característica de fatos, isto é, são elementos mais isolados e atomísticos. São, muitas vezes, associados às tecnologias da informação, já que a certeza do 0 e 1 – bits binários de informação – é adequada para o processamento em um computador, capaz de reconhecê-los como uma coisa ou outra.

Os próprios padrões que "revelam" a informação podem, muitas vezes, representar o mundo material, mas algumas das implicações mais interessantes de uma sociedade da informação residem na forma como ela difere daquela das sociedades que a precederam. Cleveland (1985) propôs várias distinções interessantes a esse respeito:

1. A informação é expansível, ou seja, novos conhecimentos muitas vezes interagem com os antigos para produzir uma riqueza exponencialmente crescente de novas informações, deixando as velhas intactas. Os limites à expansão são determinados principalmente pelos usuários dos sistemas de informação, e não por estes em si.
2. A informação normalmente não é "devoradora de recursos"; ela não esgota um estoque finito de recursos materiais, como o fazem, por exemplo, as indústrias de extração mineral.
3. A informação é substituível: pode substituir a si mesma e pode fazê-lo com facilidade.
4. A informação é transportável por meios que podem superar os limites de tempo e espaço estabelecidos pelo mundo material (por exemplo, nos sistemas de telecomunicações).
5. A informação se difunde. É difícil guardar informações com o intuito de evitar que se disseminem entre outras pessoas interessadas – um enfoque fundamental de um trabalho prévio sobre redes de conhecimento. Estamos vivendo, cada vez mais, em um mundo onde não há segredos, pelo menos não os de longa duração.
6. A informação pode ser compartilhada, especialmente porque as diversas partes interessadas estão capacitadas a fazer usos muito diferentes dela.

Cleveland (1985) afirma também que essas características da informação levarão, inevitavelmente, à diminuição dos níveis hierárquicos nas organizações, do mesmo modo que contribuíram para o declínio dos estados autoritários, uma visão que é cada vez mais aceita.

A informação também difere de bens materiais presentes nos mercados, pois não se pode dá-la como produto acabado para alguém experimentar; é um bem que, uma vez dado, não pode ser devolvido, visto que o cliente retém seu valor (J. Roberts, 2004). O valor da informação depende de seu uso futuro, algo que seu produtor pode vir a não compartilhar, o que leva à possibilidade de ser subutilizada (M. J. Bates, 1990) e de haver problemas com os "caronas" (Ba, Stallaert, Whinston, 2001). Discutirei esses aspectos no capítulo 12, "Encontrando conhecimento".

Definindo conhecimento

Saber como fazer pressupõe saber o que fazer.
(J. S. Brown & Duguid, 1998, p. 95)

O conhecimento (ou, mais apropriadamente, *o ato de conhecer*) é analisado como um processo ativo que é *mediado, situado, provisório, pragmático* e *contestado*.
(Blackler, 1995, p. 1021, grifos do autor)

Definimos conhecimento como *a informação que é relevante, acionável e baseada - ao menos em parte - na experiência*.
(Leonard & Sensiper, 1998, p. 113, grifo dos autores)

O conhecimento implica um nível mais profundo de compreensão do que aquele exigido por dados ou informações (figura 2.1), embora, assim como ocorre com a informação, seja definido de várias formas, por vezes igualmente imprecisas (Birkinshaw, Nobel, Ridderstrale, 2002; K. G. Smith, Collins, Clark, 2005). O *Merriam-Webster's Collegiate Dictionary* (1995) menciona dois pontos que são essenciais para que possamos compreender o conceito: "(1) ter uma clara percepção ou compreensão; [...] e (5) ter compreensão e habilidade como resultado da experiência". Ingenuamente, portanto, o conhecimento às vezes aproxima-se do significado da verdade (Boulding, 1966) e torna-se a base para a ação (Satyadas, Harigopal, Cassaigne, 2001). Assim, nem todas as ideias são consideradas capital intelectual, apenas aquelas que podem ser aplicadas em algum tipo de processo de produção (A. Dean & Kretschmer, 2007). Isso é fundamental para as organizações, já que o conhecimento torna-se algo com o qual se pode fazer alguma coisa.

Consequentemente, ele muitas vezes leva a ganhos estratégicos, pois as empresas que compreendem melhor o seu meio – e depois atuam sobre ele – acumulam vantagens competitivas, algo que discutiremos em mais detalhes no capítulo "O lado humano".

Muitas vezes, o conhecimento é o depósito do pensamento, ou da reflexão, acerca da experiência (McDermott, 1999). A sabedoria representa o caso especial de conhecimento acionável que "implica um nível mais elevado de discernimento e compreensão com base em amplo conhecimento", conforme definido no *Webster's*: "(1) [...] o poder de julgar corretamente e seguindo o curso de ação mais confiável, com base no conhecimento [...]; (5) um plano ou curso de ação sábio".

O conhecimento é também algo inerentemente social (J. S. Brown & Duguid, 1998; McDermott, 1999; Orlikowski, 2002), vinculado a contextos específicos (McDermott, 1999; Swan, 2003; Tsoukas & Vladimirou, 2001), e que pode ser comunicado a outros, mesmo que isso demande um esforço considerável e exija a criação de símbolos mutuamente acordados. Refletindo o trabalho de filósofos pragmatistas americanos como Dewey e James, os pontos de vista objetivos do conhecimento cederam lugar àquele que é fundamentalmente indeterminado e ancorado nas interações cotidianas de um indivíduo (Hjorland, 2007; Nag, Corley, Gioia, 2007). As redes podem ajudar a nos tornar cônscios, familiarizados e cientes, a reconhecer e ter um grau de certeza que muitas vezes provém do consenso social. Nesse contexto, então, o aprendizado representa o conhecimento adquirido pelo estudo (*Merriam-Webster Collegiate Dictionary*, 1995).

Tipos de conhecimento

> Muitas dessas classificações do conhecimento tomam como ponto de partida a distinção feita por Polanyi (1967) entre conhecimento tácito e explícito. Essa distinção clássica é geralmente usada para elaborar outras dicotomias de conhecimento, por exemplo, local *versus* universal, codificado *versus* não codificado, canônico *versus* não canônico, processual *versus* declarativo e know-how *versus* know-what.
> (Orlikowski, 2002, p. 250)

É importante distinguir os tipos de conhecimento, uma vez que eles podem ter diferentes impactos sobre processos como o da transferência de conhecimento (Reagans & McEvily, 2003). Há um grande número de classificações para os tipos

de conhecimento. Por exemplo, Eveland, Marton e Seo (2004) propõem o seguinte esquema:
- conhecimento declarativo: estar ciente de algo, saber que existe;
- conhecimento processual: o conhecimento em uso ou a aplicação de conhecimentos declarativos; e
- conhecimento estrutural: saber como os conceitos de um área se inter-relacionam.

Várias métricas de qualidade, validade e integridade podem ser aplicadas ao conhecimento (Satyadas, Harigopal, Cassaigne, 2001). Assim como os inuítes criaram mais e mais palavras para designar a neve, conforme se adaptavam ao seu meio, os pesquisadores e teóricos estão constantemente ampliando o vocabulário que usamos para compreender o conhecimento produzido e empregado nas organizações.

TÁCITO *VERSUS* EXPLÍCITO

> Todo conhecimento é portanto tácito ou
> enraizado no conhecimento tácito.
> (Polanyi & Prosch, 1975, p. 61)
>
> Conhecemos outras mentes *prestando atenção* nos seus
> atos.
> (Polanyi & Prosch, 1975, p. 48, grifo dos autores)
>
> Pois assim como devido ao caráter essencialmente tácito
> de todo o nosso conhecimento permanecemos incapazes
> de dizer tudo o que sabemos, também, tendo em vista o
> caráter tácito do significado, nunca conseguimos saber
> ao certo o que está implícito no que dizemos.
> (Polanyi, 1974, p. 95)

Basicamente, dois tipos de conhecimento, tácito e explícito, podem ser difundidos nas redes (Nonaka, 1991). A distinção feita entre eles vem da obra de Polanyi (quadro 2.1), que estava interessado em elaborar um sistema filosófico geral para descrever o conhecimento pessoal, tanto nas artes quanto nas ciências, aplicando-o a uma ampla gama de problemas sociais. Apesar de ter trabalhado bem antes do advento da gestão de conhecimento contemporânea, essa classificação têm sido, em geral, amplamente adotada e aplicada pelos estudiosos organizacionais do conhecimento.

QUADRO 2.1. POLANYI

Provavelmente, a distinção mais citada na literatura do conhecimento em organizações é aquela entre conhecimento tácito e explícito, que tem raízes no trabalho de Polanyi (Polanyi, 1974; Polanyi & Prosch, 1975). Uma das razões para sua popularidade atual talvez seja a crítica que faz à observação imparcial e à subjetividade na ciência, que, na opinião dele, deveria ser substituída pelo seu conceito de conhecimento pessoal (Polanyi, 1974). Sua obra é vasta, como se poderia esperar de alguém que foi professor de físico-química e de estudos sociais na Universidade de Manchester, o que o levou a encurtar as distâncias entre essas duas disciplinas.

Polanyi também se preocupou com a liberdade intelectual, a seu ver uma condição essencial à sociedade para a produção de sentido. Já que ele raras vezes discutiu explicitamente sua pesquisa no contexto das organizações formais – embora os últimos capítulos de Polanyi e Prosch (1975) forneçam argumentos implícitos e persuasivos para que a passagem às formas culturais e mercadológicas de organização possa ser realizada –, alguém poderia se perguntar o que Polanyi teria a dizer acerca da imposição de formas burocráticas na elaboração de significados pessoais. Ele de fato afirma que uma sociedade livre é aquela que não interfere na definição do que deve ser considerado significativo por seus membros, ao passo que uma totalitária claramente o faz e tenta controlar esse processo por vários meios (Polanyi & Prosch, 1975).

No entanto, o conhecimento especializado depende da aplicação de conhecimentos tradicionais, dos quais aquele que os busca é, em muitos aspectos, um servo (Polanyi & Prosch, 1975). A liberdade dos membros da sociedade apoia-se em certas obrigações e sistemas de autoridade mútua que supõem, também, pareceres pessoais (por exemplo, os cientistas fazem hipóteses, os advogados preparam dossiês). Esse processo é um acordo respeitado pela sociedade, e certas coisas são deixadas para que as comunidades de especialistas assumam; o acordo mútuo entre esses especialistas determina os rumos fundamentais das sociedades das quais fazem parte (Polanyi & Prosch, 1975). Esse acordo mútuo, por sua vez, depende de consulta ou, no caso dos negócios, das forças competitivas (*ibidem*), e evoca claramente o funcionamento das redes de conhecimento nas organizações. No entanto, esse sistema de ordem espontânea apresenta algumas limitações: em primeiro lugar, o interesse público pode ser entregue a esses pareceres pessoais; em segundo lugar, a sociedade é regida por uma oligarquia privilegiada; e, em terceiro lugar, ela pode tomar rumos que ninguém tenha determinado (*ibidem*).

Um exemplo que ele usa para ilustrar seu ponto de vista é o dos mapas geográficos. Os mapas destinam-se a representar partes da superfície da Terra, mas não são necessariamente o território, como bem observou Korzybski. Podem ser usados para diversos fins – por exemplo, esteticamente, como na decoração de bibliotecas. Para encontrar uma rota (*ibidem*), os usuários devem fazer três coisas: associar sua localização a um ponto no mapa, encontrar o melhor caminho para chegar ao destino desejado e localizar pontos de referência que os ajudem a orientar-se durante o trajeto. Os mapas possuem codificações explícitas, por exemplo, a escala e o significado de símbolos e linhas especificados neles. No entanto, qualquer pessoa que tentou navegar em um barco através de um arquipélago de ilhas muito parecidas sabe que isso não é tão fácil quanto parece. O sucesso é obtido, ao menos em parte, pela experiência e conhecimento tácito do usuário. Embora a qualidade do mapa possa ser relevante, é o modo como ele o interpreta que determina os melhores resultados (o mapa não pode ler a si mesmo, e tampouco uma obra explícita sobre "leitura de mapas para iniciantes"). No fim das contas, o que define se alguém terminará nas rochas ou nadando em uma bela enseada é o seu conhecimento tácito.

> A tecnologia contemporânea, do mesmo modo que os sistemas de gestão de conhecimento organizacionais, pode desempenhar um papel importante traçando os caminhos apropriados, como o Mapquest® faz para as estradas, ou dando ao usuário coordenadas que o ajudem a localizar sua posição, e também colocando-o a par de possíveis desvios particularmente desastrosos. No entanto, fazer o juízo sobre a beleza da enseada ainda cabe ao usuário.

O conhecimento explícito é transferido facilmente, pois pode ser codificado em um sistema simbólico conhecido por todos. Tradicionalmente, é a espinha dorsal da abordagem estrutural formal (tabela 1.1). Nas publicações sobre redes, também é mencionado como conhecimento migratório, já que se refere à informação que consta em livros, projetos, modelos, etc., e pode ser levado sem esforço de um local a outro (Monge & Contractor, 2003). Na economia, noções similares reforçam o conceito de conhecimento geral, cuja transferência é relativamente barata (Jensen & Meckling, 1995). Às vezes, as definições de conhecimento explícito se confundem com as noções atribuídas a dados.

A codificação do conhecimento representa a translação do conhecimento explícito para um formato escrito ou visual (E. W. Ford *et al.*, 2003). Isso pode aumentar a qualidade e a velocidade na criação e distribuição do conhecimento (Kayworth & Leidner, 2003). Enquanto muita atenção tem sido dada, em análise de redes, ao conteúdo, o grau ou nível em que os membros da rede compartilham significados similares tem recebido um cuidado menor. Ainda assim, alguns dos trabalhos sobre redes semânticas tratam desse assunto (Monge & Contractor, 2003), que também é abordado por Johnson (1993) ao discutir a distinção que se faz entre as propriedades manifestas e latentes dos vínculos. Fundamentalmente, para que o conhecimento explícito seja transferido deve haver um sistema de símbolos compartilhados cujos significados sejam comuns a todos os membros da rede. Essa codificação pode assumir muitas formas – projetos, documentos, diagramas, e assim por diante (E. W. Ford *et al.*, 2003).

O conhecimento tácito apresenta desafios específicos e só pode ser transferido em condições excepcionais (quadro 2.2). Seu valor reside no fato de ser inimitável; é difícil aproveitá-lo por causa da dificuldade inerente de codificá-lo. No entanto, a codificação o torna imitável, produzindo um paradoxo fundamental que as organizações devem resolver (Coff, Coff, Eastvold, 2006). O conhecimento tácito também é chamado de conhecimento incorporado – associado com habilidades, bem como aptidões e talentos únicos que são particularmente difíceis de se transferir para além das fronteiras do grupo ou organização (Monge & Contractor, 2003) – ou, na economia, como conhecimento específico (Jensen & Meckling, 1995).

Esse tipo de conhecimento é descrito como "emperrado", porque é difícil de ser propagado, em decorrência de problemas como ambiguidade causal, capacidade de absorção e de retenção e dificuldades de relação – por exemplo, de se manter uma relação muito distante (Szulanski, 1996).

A chave para o conhecimento tácito é a relação funcional entre o alvo focal e os subsidiários, o que ressalta a importância das relações do tipo *de–para* (Polanyi & Prosch, 1975). Assim, no exemplo do quadro 2.1, comparar a localização num mapa com a posição física de uma pessoa no espaço estabelece uma relação *de–para* em que a experiência (o conhecimento tácito) é crucial. Isso então pode levar a significados ligados à relação *de–para* como, por exemplo, "estou perdido" ou "sei onde estou". Assim, a presença do sujeito é fundamental para a integração das relações *de–para* e na determinação de seu significado, não podendo ser substituída por um processo mecânico. Centrando-nos no *para* – ou, em certo sentido, nos objetos –, como muitas vezes faz a codificação, perdemos a sutileza do conhecimento tácito, que é um problema básico em muitos sistemas de gestão do conhecimento.

Nonaka (1991) desenvolveu uma abordagem mais dinâmica e interativa para essas questões, enfocando as implicações da espiral do conhecimento e de sua articulação (conversão do conhecimento tácito em explícito) e internalização (uso do conhecimento explícito para ampliar o próprio conhecimento tácito). Assim, os profissionais podem reunir grandes quantidades de informação para conseguir compreender problemas mais profundos (por exemplo, tendências financeiras) e em seguida articulá-los, como fazem os corretores financeiros com determinadas recomendações de compra e venda feitas a seus clientes. A complexidade desses processos para as redes de conhecimento é desenvolvida em mais detalhe no capítulo "Análise de redes".

QUADRO 2.2. O CONHECIMENTO PERDIDO DE STRADIVARI

Antonio Stradivari (c. 1644-1737) e seus filhos possuíam o conhecimento tácito necessário para confeccionar o violino Stradivarius, que jamais foi igualado. O pressuposto latente na abordagem ocidental de progresso é que o conhecimento é cumulativo; continuamos construindo sobre uma base de conhecimento acumulado pelas gerações anteriores. Mas, como qualquer fã de arqueologia sabe, muito conhecimento foi perdido pela humanidade ao longo dos anos. Isso ocorre, em parte, porque o conhecimento é contextual, social, e muitas vezes sua produção e disseminação dependente do sistema cultural em que está inserido. Às vezes sua perda é provocada, como no caso da destruição de culturas nativas pelos seus colonizadores, ou dá-se, por exemplo, porque o conhecimento específico foi guardado a sete chaves por especialistas, sem que tenha sido passado adiante. Em outras ocasiões, é consequência não intencional de outros acontecimentos, como a fusão ou horizontalização nas corporações, onde o conhecimento tácito dos que ficaram de fora se revela mais importante do que se imaginava.

O caso de Stradivari, cujos violinos (existem cerca de seiscentos ainda em uso) atingem preços altíssimos devido à alta qualidade de seu som - que não pode ser recriada por meios modernos (Gough, 2000; Pickrell, 2004) -, é uma importante lição para entender a fragilidade do conhecimento tácito e a facilidade com que até mesmo o conhecimento mais valioso pode se perder de uma geração para a outra. Muitas hipóteses, algumas das quais não se relacionam com a transferência de conhecimento, foram feitas e refutadas ao longo dos anos, quanto à impossibilidade de se reproduzir esses violinos: a idade da madeira utilizada; a ocorrência de uma breve era do gelo que mudou a qualidade da madeira medieval; uma fonte única e esgotada de madeira antiga; a aplicação de um verniz especial; o tratamento químico, a imersão e/ou a secagem da madeira; os métodos de armazenamento e seleção; a forma especial e o tamanho do instrumento; e assim por diante (Gough, 2000; Pickrell, 2004).

A verdadeira explicação, porém, pode ser a prática duradoura de um ofício e a experimentação sucessiva. Os instrumentos Stradivarius mais valiosos vêm do período 1700-1720. Naquela época, Stradivari vinha trabalhando em seu ofício havia mais de trinta anos, experimentando novas configurações e utilizando diferentes madeiras. Stradivari transmitiu seus conhecimentos tácitos a seus filhos e a outros em sua oficina, que acabaram se perdendo.

Alguns, como Ron Burt (2005), argumentam que não há nada de novo no mundo, que tudo que aparenta ser original é, na verdade, um recondicionamento do velho, algo que os acadêmicos perspicazes sabem há muito tempo. Isso é especialmente problemático em uma cultura acadêmica que rapidamente desvaloriza teorias e dá pouca importância àqueles que trabalham dentro de marcos teóricos desenvolvidos por outros. Não há uma audiência acadêmica em sintonia semelhante que aprecie e valorize a sutileza do tom em nosso trabalho, da forma como qualquer músico é capaz de reconhecer a voz inconfundível dos violinos (Gough, 2000).

Leonard e Sensiper (1998) reelaboraram o conceito de conhecimento tácito identificando três tipos diferentes deles no contexto do fomento à inovação nas organizações. O *conhecimento tácito guiador* implica um alto nível de abstração e é muitas vezes metafórico. Pode, também, ter um caráter totêmico e visual, frequentemente encontrado no campo do *design* de produto, que capta o "estilo" de uma empresa particular, como a Apple. O *conhecimento tácito coletivo* surge da interação ocorrida dentro do segmento anterior e "aloja-se na cabeça" de cada membro socializado. O *conhecimento tácito específico sobreposto* surge a partir de tarefas comuns e interdependentes realizadas em grupo. Outra forma especial de conhecimento tácito, o conhecimento incorporado, "reside" nas rotinas sistemáticas (Blackler, 1995), como os ritos e rituais da vida corporativa. Todas essas distinções enfatizam o caráter social do conhecimento apreendido pelas redes de conhecimento, que em sua raiz requer o compartilhamento de experiências num nível cada vez mais fundamental, ainda que particular.

Desconhecimento

Eles [os estadunidenses] acreditam que a difusão do
conhecimento deve necessariamente ser vantajosa, e as
consequências da desconhecimento, fatais.
(Tocqueville, 1966 [1835], p. 148)

O conhecimento perfeito é, em si mesmo, impossível, e
uma base inerentemente impossível de ação social e de
relações sociais. Dito de outra forma, o desconhecimento
é iniludível e, ao mesmo tempo, é geralmente um
elemento intrínseco à organização social [...]
(Moore & Tumin, 1949, p. 788)

Desconhecimento e conhecimento são conceitos intrinsecamente entrelaçados (Stigler, 1961). O desconhecimento, como é utilizado aqui, refere-se ao estado em que o indivíduo não está ciente do conhecimento relacionado à vida organizacional, incluindo procedimentos, políticas, fatores culturais e acontecimentos – e tudo o mais na figura 2.1. Assim, o desconhecimento ocorre quando o conhecimento está em algum lugar no sistema social de que o indivíduo é parte, mas que ele simplesmente não possui.

Kerwin (1993) desenvolveu um sistema de classificação muito útil para mapear o desconhecimento em diferentes níveis de consciência e/ou conhecimento pessoal e social (leia-se também organizacional), conforme tabela 2.1. Fundamentalmente, podemos fazer uma distinção entre as coisas que são aceitas como conhecimento, embora tenham sido socialmente construídas e estejam sujeitas a mudanças futuras de paradigma (Berger & Luckman, 1967; Kuhn, 1970), e as que são desconhecidas. Em geral, o número de coisas desconhecidas é muito maior que o das conhecidas, mas temos a tendência de focar objetos, em vez considerar o contexto (Stocking & Holstein, 1993), de modo que nos concentramos no que é conhecido e não no que desconhecemos. Como vimos, é possível que o sujeito conheça tacitamente coisas que seu sistema social como um todo ainda não aceita.

Normalmente, as pessoas detêm muito menos conhecimento do que qualquer sistema social do qual fazem parte. Isso é especialmente verdadeiro para as organizações formais, como demonstram os estudos de caso a respeito do desconhecimento, tratados no quadro 2.3. Alguns observadores estão preocupados com a "explosão" do nível de desconhecimento, a brecha crescente entre o que um indivíduo sabe e tudo o que é conhecível. Na verdade, existe uma preocupação cada vez maior com a alfabetização e a distribuição geral de conhecimento em várias áreas, principalmente saúde e ciências.

TABELA 2.1 - MAPEAMENTO DO DESCONHECIMENTO

Conhecimento pessoal	Conhecimento de sistema social	
	Coisas conhecidas	*Coisas desconhecidas*
Conhecido	Consciência	Incógnitas conhecidas
Desconhecido	Desconhecimento	Incógnitas desconhecidas
Erro	Erro	Falsas verdades
Conhecimento proibido	Negação	Tabus

Fonte: J. D. Johnson (1996b, p. 70).

Embora estejamos continuamente aumentando nosso conhecimento em subáreas específicas, estamos também diminuindo a possibilidade de qualquer pessoa saber o suficiente sobre cada uma das partes que integram o todo (Thayer, 1988). Das coisas que uma pessoa conhece, algumas ela as sabe em plena consciência e outras inconscientemente, coisas que não sabemos que sabemos. Muito do que fazemos em nossos mundos sociais – o modo como reagimos às expressões não verbais, por exemplo – está aquém do nosso nível de pensamento consciente. A intuição muitas vezes entra nessa classificação e é extremamente importante para entender como os altos gestores tomam decisões (Simon, 1987).

Em seguida, há coisas que sabemos que não sabemos: as incógnitas conhecidas. Essa forma de desconhecimento também foi denominada desconhecimento consciente ou "metadesconhecimento" (Smithson, 1993). Curiosamente, esses desconhecimentos muitas vezes são determinados socialmente, e a busca de respostas para eles é objeto de intensa competição científica. Alega-se a existência de lacunas no conhecimento para justificar a adoção de programas e projetos de pesquisa. Portanto, os cientistas têm interesses pessoais em demonstrar a existência contundente de determinadas incógnitas conhecidas (Stocking & Holstein, 1993). Não se percebe a necessidade de investigar ou de buscar informações a respeito de incógnitas conhecidas quando elas são consideradas irrelevantes (Smithson, 1993). Mas, quando tidas como importantes, são muitas vezes objeto de intensa pesquisa. Para o funcionamento dos mercados, muitas vezes é vital tentar revelar incógnitas conhecidas (Geertz, 1978). Muitas empresas de alta tecnologia genética estão procurando a localização de genes cuja existência é sabida; trata-se apenas de descobrir onde eles estão situados. Assim, a própria razão de ser de algumas organizações é descobrir uma incógnita conhecida.

Provavelmente o que há de mais problemático para as organizações são as coisas não sabidas como não sabidas, as incógnitas desconhecidas, pela possibilidade que trazem de provocar surpresas e solavancos no ambiente organizacional. Assim, se estamos atuando no ramo do transporte aéreo, e acontece de ser ridiculamente fácil desenvolver um meio capaz de levar pessoas de um lugar a outro em um instante, de forma barata e segura, essa incógnita desconhecida pode estar apenas à espreita para destruir nosso mundo confortável. É provável que um erro – decorrente de algo que pensávamos que sabíamos, mas não sabíamos – possa ser corrigido por meio da interação com outras pessoas, especialmente em relações não tão próximas. Esse é um benefício adicional das redes de conhecimento diversificadas. Estamos mais propensos a entrar em contato com alguém que pode corrigir nossos pressupostos equivocados. Se só interagimos com as pessoas de sempre, recorrentemente sobre os mesmos temas, há uma possibilidade maior de compartilhar e reforçar nossos equívocos.

QUADRO 2.3. DUAS PESQUISAS SOBRE DESCONHECIMENTO

Certamente o desconhecimento é generalizado na maioria das organizações. Dois estudos clássicos falam de modo eloquente sobre esse ponto. O primeiro estudo foi realizado na Biblioteca do Congresso por Eugene Walton (1975), então diretor adjunto de Programas Pessoal e de Qualidade, que procurou determinar a eficácia da transmissão descendente de conhecimento em um programa de ação afirmativa. Foi um precursor das noções de "emperramento" e capacidade de absorção, conceitos que aprofundaremos mais detalhadamente no capítulo "Criatividade e inovação". Durante um período de cerca de um ano, a Biblioteca do Congresso usou uma variedade de canais para aumentar o nível de conhecimento dos colaboradores do programa: quinze artigos em seu boletim, três edições especiais de sua publicação, um boletim exclusivo para informações sobre o programa, dez minutos de apresentações de *slides* exibidos a um terço de seus funcionários, comunicação direta entre supervisor e subordinado, e reuniões. Após a conclusão do programa, quase metade dos membros da organização respondeu a um questionário de dez itens sobre o assunto, com quatro alternativas possíveis para cada um deles. Os funcionários responderam corretamente apenas 27% do total de questões, um resultado só um pouco melhor do que se tivessem assinalado aleatoriamente as respostas. Curiosamente, aqueles que tinham um interesse pessoal no programa (por exemplo, a possibilidade de serem promovidos) não apresentaram maior nível de conhecimento que os funcionários que disseram que não houve um incentivo pessoal especial, apesar de ter havido um benefício com relação aos conhecimentos adquiridos e uma melhor percepção da credibilidade da fonte.

O segundo estudo, realizado pela Opinion Research Corporation (relatado em Smith, Richetto, Zima, 1972), também ilustra que o grau de conscientização entre os membros que ocupam níveis hierárquicos inferiores não é melhor quando um item de interesse da organização está em jogo.

> Uma metalúrgica teve problemas com a margem de lucro em declínio, uma questão de importância considerável para a saúde da empresa, a longo prazo. Entretanto, a pesquisa revelou que o grau de conscientização sobre o problema diminuía acentuadamente em cada nível da hierarquia: nos cargos superiores, 91% de conscientização, na gerência média-alta, 48%, na gerência média-baixa, 21%, na supervisão de primeira linha, 5%. Isso era especialmente importante já que os níveis inferiores da organização eram os que possivelmente tinham maior consciência dos problemas existentes na produção, de como eles podiam ser resolvidos e de quem poderia efetivamente implementar as soluções.
>
> Esses dois trabalhos mostram uma falta geral de consciência, por parte dos funcionários, a respeito dos procedimentos e das políticas organizacionais (Walton, 1975; Downs, Clampitte, Pfeiffer, 1988); de fato, "os membros da organização mostram um surpreendente desconhecimento de seus procedimentos e de seu funcionamento" (Brown & McMillan, 1988).

As falsas verdades são coisas desconhecidas, mas que pensamos conhecer. Como observou Will Rogers, "o problema não é o que as pessoas não sabem, e sim o que elas não sabem que não sabem" (Boulding, 1966, p. 1). As falsas verdades, muitas vezes, compõem o senso comum, que é a base das interações existentes; apesar disso, elas são visões de mundo equivocadas, que podem ser transformadas com alguns questionamentos fundamentais. Mas nós não as questionamos, precisamente porque são aceitas como verdades. Tratar o conhecimento como provisório e questionar constantemente o senso comum pode ser fundamental para organizações flexíveis e adaptáveis e são medidas frequentemente recomendadas para a tomada de decisões eficazes.

A negação – de coisas que são demasiado dolorosas de se saber – é um grande obstáculo à transferência de conhecimento dentro das organizações. Como veremos, as pessoas muitas vezes têm razões muito fortes para se recusar a admitir que algo é verdadeiro.

Talvez ainda mais problemáticos para os sistemas sociais sejam os tabus, que são interdições culturais àquilo que as sociedades concordam que não deva ser conhecido por seus membros, porque ameaçam sua existência. A maioria das culturas tradicionais ao longo da história tratou de preservar a verdade, em vez de buscá-la. A busca do conhecimento só era permitida em domínios muito limitados e pessoais (Thayer, 1988). O conhecimento proibido (por exemplo, de esferas religiosas e xamanistas) é uma área do saber na qual ainda existem sanções significativas para aqueles que tentam questioná-la. As elites e culturas organizacionais, por exemplo, podem ter interesse em proteger as relações de autoridade elementares que são os pressupostos fundamentais da organização hierárquica.

O desconhecimento, no sentido estrito, diz respeito ao que sabemos que não sabemos. Assim, por exemplo, podemos estar cientes de que não sabemos o suficiente para trabalhar com a planilha que estamos utilizando em nosso projeto. Elaboramos um plano de busca para suprir essa deficiência. No entanto, temos uma grande vantagem quando conhecemos os parâmetros gerais que precisamos pesquisar. Como veremos, há motivos muito fortes para que as organizações promovam o desconhecimento, a fim de diminuir a possibilidade de que os indivíduos tenham consciência dos saberes conhecidos (Smithson, 1989). Isso cria um paradoxo fundamental para a estruturação das redes de conhecimento: preservar o desconhecimento é, muitas vezes, mais útil que promover a transferência de conhecimento.

RESUMO

As distinções fundamentais discutidas aqui são cruciais para situar a literatura no contexto da definição do escopo de qualquer rede de conhecimento. Elas definem a rede em potencial de forma muito direta, uma vez que o que é compartilhado/transferido nas relações é o ponto mais fundamental na criação de um panorama das redes de conhecimento. Por exemplo, um enfoque em conteúdos explícitos e altamente codificados deve resultar em uma rede muito densa, com muitos laços transversais. Por outro lado, um enfoque em conhecimento tácito e extremamente pessoal tende a resultar em uma rede muito fragmentada, com laços fracos e escassos e muitos buracos estruturais. As organizações que desenvolvem plenamente as capacidades para compartilhar conhecimento tácito têm um recurso único que lhes confere vantagem competitiva (Ba, Stallaert, Whinston, 2001; Tippins & Sohi, 2003).

Leitura complementar

Kerwin, A. "None too solid: medical ignorance". Em *Knowledge: Creation, Diffusion, Utilization*, nº 15, 1993, pp. 166-185.

Uma discussão muito útil acerca dos vários tipos de desconhecimento, com aplicações em contextos médicos, que serve como um contraponto interessante às distinções clássicas entre os diferentes tipos de conhecimento.

Nonaka, I. "The knowledge-creating company". Em *Harvard Business Review*, nº 69, 1991, pp. 21-45.

O artigo que deu início a tudo. A aplicação clássica da distinção entre conhecimento tácito e explícito para diferentes tipos de conhecimento em ambientes de negócios.

Polanyi, M. *Personal Knowledge: Towards a Post-critical Philosophy*. University of Chicago Press, 1974.

Uma abordagem filosófica do conhecimento que faz a distinção entre conhecimento tácito e explícito. Uma análise mais completa aparece no quadro 1.

Smithson, M. *Ignorance and Uncertainty: Emerging Paradigms*. Springer-Verlag, 1989.
Uma análise abrangente do desconhecimento e de sua relação com a incerteza.

Swan, J. "Knowledge management in action?". Em Holsapple, C. W. (org.). *Handbook of Knowledge Management, vol. I: Knowledge Matters*. Springer-Verlag: 2003.
Atualização contemporânea das questões clássicas em torno do conhecimento, com aplicações em inovação e redes de conhecimento, no manual sobre gestão de conhecimento de Clyde Holsapple.

3
Análise de redes

A análise de redes é um meio extremamente sistemático de examinar a maneira como as relações se configuram dentro de uma organização. A forma mais comum de representação gráfica das redes contém nós – mostrados como círculos na figura 3.1 – que identificam unidades sociais (por exemplo, pessoas ou grupos) e linhas que mostram os vários tipos de relações delineadas entre elas. Esses elementos de representação gráfica são essenciais para a maioria das definições de análise de redes: "Em geral, o termo 'rede' é adotado para designar um conjunto de *unidades* (ou *nós*) de algum tipo e as *relações* de tipos específicos que acontecem entre elas" (Alba, 1982, p. 42, grifos do autor).

Em razão de sua generalidade, a análise de redes é utilizada por quase todas as ciências sociais para estudar problemas específicos.[1] Foi o principal instrumento de análise da estrutura da comunicação nas organizações durante mais de três décadas (Farace, Monge, Russell, 1977) e se torna cada vez mais popular, tanto em gestão quanto em sociologia organizacional (Borgatti & Foster, 2003). De fato, a análise de redes tem recebido tanta atenção que a apresentação de uma resenha abrangente do material associado a ela – relacionada especialmente com métodos de coleta de dados (quadro 3.1) e programas computacionais (quadro 3.2) – acaba por fugir ao escopo deste capítulo.

Naturalmente, o que focaremos aqui serão as questões fundamentais das redes de conhecimento, que desenvolveremos de modo mais aprofundado nos capítulos posteriores. A tecnologia das redes sociais é vista como elemento-chave das abordagens empresariais contemporâneas ao modo como o conhecimento é disseminado dentro de uma empresa (Cross, Parker, Sasson, 2003; Waters, 2004). Já que as redes fornecem às organizações acesso a conhecimento, recursos e tecno-

---

[1] Infelizmente, com isso houve uma explosão de vocabulário, e vários termos diferentes foram adotados para os mesmos conceitos.

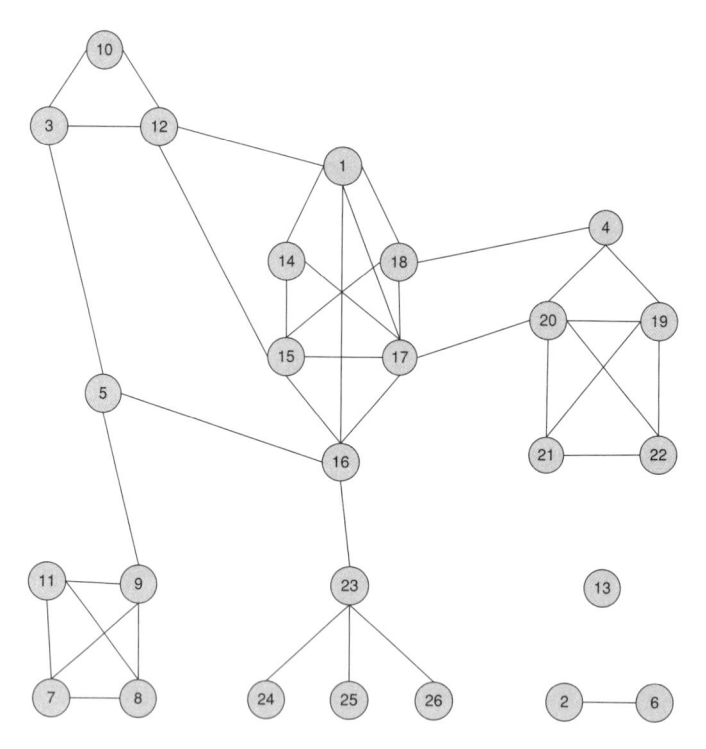

FIGURA 3.1. COMUNIGRAMA DE DAZZLING.

logia, a elas se deve grande parte de sua vantagem competitiva (Inkpen & Tsang, 2005). Nas atuais organizações de conhecimento intensivo, o bom desempenho está intimamente ligado à capacidade de o indivíduo fazer as conexões necessárias para obter as informações corretas em tempo hábil (Cross & Cummings, 2004). Está claro que as estruturas informais e fluídas caracterizadas pela autonomia individual são a chave para a construção do conhecimento (Nonaka & Takeuchi, 1995). O fluxo horizontal de informações por meio de canais informais facilita a disseminação do conhecimento cumulativo às partes interessadas e sua utilização para adaptarem-se às mudanças (Schulz, 2001). Da mesma forma, as redes de conhecimento podem ser mais fluídas tanto no que se refere aos agentes quanto aos vínculos estabelecidos entre eles, com mudanças nos padrões baseadas na evolução das tarefas, na distribuição de conhecimento e no conhecimento cognitivo dos envolvidos (Monge & Contractor, 2003). No estudo das redes de conhecimento analisa-se o modo como as relações contribuem para a criação de conhecimento, sua distribuição dentro da organização, seus mecanismos de difusão e transferência, a maneira como as pessoas encontram informações e as relações de colaboração que unem os membros em comunidades de prática.

Vínculos como relações

O poder analítico e a abrangência de qualquer análise de redes são determinados pela forma como são definidas as relações entre os nós, conhecidas como vínculos ou links. O vínculo é o elemento básico da análise de redes (Rogers & Kincaid, 1981; Wigand, 1977), sua propriedade fundamental. Infelizmente, na maioria das análises de redes, eles são definidos de modo pouco preciso, revelando entendimentos relativamente simplistas do processo de comunicação (Richards, 1985), que muitas vezes focam o conhecimento explícito (ver quadro 3.1). Por exemplo, um estudo típico sobre redes pode contar o número de mensagens, relacionadas à produção, trocadas entre dois funcionários de uma empresa.[2] Os capítulos anteriores e posteriores a este propõem várias abordagens para enriquecer nossa visão a respeito de relacionamentos. No entanto, captar toda a riqueza dos fluxos de conhecimento nas organizações é um grande desafio.

> **QUADRO 3.1. MÉTODOS DE ANÁLISE DE REDES**
>
> As principais limitações da análise de redes residem nos métodos utilizados, particularmente nos de medição. Quanto à metodologia, a análise de redes é, talvez, a menos sólida das técnicas comumente utilizadas pelas ciências sociais: "deve-se observar que a maioria dos procedimentos de análise de redes pressupõe a medição perfeita" (Farace & Mabee, 1980, p. 384). Um conjunto de problemas mais específicos está associado a essa dificuldade geral.
>
> Em primeiro lugar, há uma série de pontos relacionados com a definição da quantidade apropriada de nós que devem ser incluídos na análise de redes. Uma combinação de coleta de dados e problemas de análise computacional limita drasticamente o tamanho da rede que pode ser examinado. Na prática, há também várias dificuldades metodológicas associadas à coleta de dados que, com efeito, impõem limites ao uso de métodos particulares para cada rede (por exemplo, as técnicas observacionais só podem ser utilizadas em redes muito pequenas). Esses problemas são exacerbados pelas dificuldades relativas à coleta de amostras de populações para se obter dados de rede (Alba, 1982; Knoke & Kuklinski, 1982; Marsden, 1990; Monge & Contractor, 1987). Portanto, na prática, a análise de redes sempre foi realizada com base em um levantamento de pessoas de sistemas sociais relativamente pequenos.

---

2 No entanto, foram feitas tentativas interessantes de se definir os vínculos segundo a perspectiva do destinatário (Bach & Bullis, 1989), quanto a seus atributos culturais (Eisenberg, Empreiteiro, Monge, 1988), e quanto à construção de significados (Corman & Scott, 1994).

FUNDAMENTOS

Na análise de redes tradicional, a demanda por um censo dos membros é impraticável na maioria dos contextos organizacionais. Recentemente, comitês de análise de assuntos para a humanidade começaram a apresentar fortes objeções à realização de pesquisas nas quais sejam solicitadas informações que envolvam pessoas que podem não ter dado consentimento para sua divulgação. Devido à natureza da investigação em análise de redes, os entrevistados devem ser identificados. É um requisito básico que os pesquisadores saibam com quem os entrevistados estão interagindo. Desse modo, o completo anonimato e confidencialidade não são possíveis no caso de uma análise de redes. Essas questões frequentemente suscitam problemas éticos com os tipos de resultado analítico prometidos por muitos consultores: é vital que as informações contidas em qualquer estudo não sejam utilizadas de forma julgadora ou punitiva, pois do contrário seria improvável que os entrevistados fornecessem respostas honestas.

Em segundo lugar, a análise de redes é muito suscetível às dificuldades metodológicas oferecidas pela coleta de dados. Por exemplo, problemas com dados faltantes e reciprocidade podem dificultar a determinação das relações a serem analisadas. Também há divergência de opiniões quanto ao que é mais importante - a medição subjetiva ou objetiva de redes -, pois não é dado como certo que as pessoas sejam capazes de informar de modo preciso seus vínculos de comunicação (Jablin, 1980; Richards, 1985; Monge & Contractor, 1987). De fato, alguns afirmam que pode ser impossível os relatórios dos próprios indivíduos sobre suas atividades de comunicação fornecerem dados precisos para a análise de redes (Bernard & Killworth, 1977; Bernard, Killworth, Sailer, 1980; Bernard, Killworth, Sailer, 1982; Killworth & Bernard, 1976; Killworth & Bernard, 1979). Embora esse ponto de vista tenha sido questionado por uma série de razões (Burt & Bittner, 1981; Farace & Mabee, 1980; Romney & Faust, 1982; Richards, 1985; Tutzauer, 1989), tal linha de pesquisa ainda identifica a medição como um dos grandes problemas a serem enfrentados pela investigação sobre análise de redes (Alba, 1982; Knoke & Kuklinski, 1982; Newman, Barabási, Watts, 2006; Richards, 1985; Zwijze--Koning & de Jong, 2005).

Felizmente, no que diz respeito à verificação automatizada de dados de redes, houve uma série de experiências sistemáticas que procuraram enfrentar os problemas de medição (Danowski, 1988 e 1993), e que também trataram de outras questões maiores, como é o caso das investigações de modelos de mundo pequeno, que abordam toda a internet (Buchanan, 2002; Newman, Barabási, Watts, 2006; Watts, 2003). Outra possibilidade interessante é examinar o *corpus* disponível de comunicações por e-mail de vários processos judiciais associados com E-Discovery, como o conjunto de dados da Enron (Diesner, Frantz, Carley, 2005). O trabalho recente de Corman e outros pesquisadores (Corman *et al.*, 2002) sobre a Análise de Ressonância de Centralidade (Centering Resonance Analysis - CRA) também estabelece as bases para uma medição muito mais sistemática do conteúdo das redes, pelo menos daquele que é explícito.

Embora os procedimentos que envolvem informações fornecidas pelos próprios indivíduos tenham sido questionados quanto a sua precisão, muitos ainda reafirmam sua validade no âmbito conceitual. Como afirma Richards (1985), uma vez que os relatos pessoais revelam as percepções do indivíduo sobre a realidade social, muitas vezes fornecem informações mais ricas do que a mera confiança nas observações. Alguns também afirmaram, sob a perspectiva da teoria do equilíbrio, que os relatos pessoais de comportamento são mais significativos que o comportamento em si, já que refletem as percepções de modo mais fiel e, portanto, estão mais intimamente ligados às atitudes e reações a um determinado sistema social (Kilduff & Krackhardt, 1994). Também se demonstrou que, ainda que os relatos pessoais sejam menos exatos (em razão dos lapsos de memória que podem ocorrer no detalhamento de circunstâncias específicas), eles são muito precisos ao delinear as relações estruturais típicas presentes nos sistemas (Freeman, Romney, Freeman,

1987). Os pesquisadores que fizeram uma nova análise dos dados de Bernard e Killworth chegaram à conclusão oposta (Kashy & Kenny, 1990). Mesmo Bernard e Killworth perceberam a utilidade dos relatos pessoais para a abordagem de alguns problemas (Killworth, Bernard, McCarty, 1984). Na verdade, embora a exatidão dos dados de redes dos relatos pessoais tenha sido questionada por muitos motivos, por razões pragmáticas foi o método predominantemente utilizado em análise de redes (Marsden, 1990).

Surpreendentemente, em geral índices de reciprocidade baixos são relatados em estudos de análise de redes. Richards (1985) reporta que os índices de confirmação, em que ambas as partes concordam quanto à natureza do vínculo, raramente ultrapassam os 30%. Em uma análise mais abrangente, Marsden (1990) menciona índices de diversos estudos que vão de 13% a 97%, entre os quais os mais elevados estão associados a relações íntimas em redes mais densas - como laços familiares - e os mais baixos, a redes de trabalho - caracterizadas por laços fracos. Marsden (1990) conclui que os índices de reciprocidade geralmente são altos o suficiente para indicar que os relatos pessoais refletem acontecimentos reais, mas devem ser interpretados com certa cautela por causa de possíveis imprecisões.

No plano operacional, a análise de redes tem se esforçado para elaborar descrições verdadeiramente ricas das relações entre os atores (Susskind *et al.*, 2005). O conteúdo das relações geralmente apresenta dificuldades para a análise de redes, e criam-se várias estratégias para lidar com elas (Burt & Schott, 1985). "[...] naturalmente, as relações com outras pessoas são conjuntos de interações específicas, alguns compostos de muitos elementos, outros de muito poucos" (Burt & Schott, 1985, p. 288). Normalmente, um analista de redes faz uma troca, aceitando a simplicidade das relações diádicas a fim de analisar a complexidade do sistema social. "As questões sociométricas finalmente selecionadas para um estudo podem ser nada mais que uma adequação entre a impossibilidade prática de coletar os dados sobre todos os tipos de relação em que os entrevistados podem estar envolvidos e as intuições iniciais, de modo a identificar de forma correta um número mínimo de tipos de relação importantes em uma população estudada" (*ibid.*, p. 289). Os investigadores também devem enfrentar o problema da diferença de significados observados entre os membros da população estudada e entre eles próprios (*ibidem*), o que pode estar diretamente ligado ao conhecimento tácito.

Tendo em vista essas dificuldades de medição, uma série de reputados estudos de redes centra-se nas redes radiais. Os dados de redes egocêntricos ou essencialmente radiais descrevem uma rede focal composta pelo padrão geral de relações de um indivíduo com os demais. Esse tipo de rede é passível de análise por pesquisas mais tradicionais e procedimentos de análise estatística correlatos, centrados em questões como o tamanho da rede imediata de alguém e sua heterogeneidade (Laumann & Schumm, 1992; Marsden, 1987). Em virtude de seu enfoque nas relações, a análise de redes não combina bem com os modelos analíticos estatísticos tradicionais, como a análise de variância (Kenney, Kashy, Cook, 2006). Isso é especialmente problemático para a disciplina da comunicação, que pressupõe a dependência entre os atores envolvidos.

QUADRO 3.2. SOFTWARE PARA ANÁLISE DE REDES

O recente aumento do interesse pela análise de redes é associado ao desenvolvimento de uma série de algoritmos de computador com as mais distintas e muitas vezes inigualáveis capacidades. Esses programas podem produzir desenlaces variados em decorrência da diferença de enfoque; no entanto, quando os programas são orientados para o mesmo processo (como a densidade do grupo), geralmente há grandes semelhanças nos resultados (por exemplo, Rogers & Kincaid, 1981; Rice & Richards, 1985). Os novatos muitas vezes têm dificuldade em compreender os vários métodos, programas para computadores e softwares complicados associados com as redes (Scott, 2000). Não há recompensa profissional adequada para o investimento de tempo que o cientista social precisa fazer para desenvolver novos sistemas mais fáceis de se usar (Susskind et al., 2005).

Apesar do desenvolvimento de um pacote de softwares abrangente, o Ucinet, os analistas de redes não estão exatamente na mesma posição que os analistas estatísticos da área das ciências sociais em geral, onde os pesquisadores contam com empresas que vendem SPSS e SAS para o desenvolvimento de sistemas, comercializam softwares para os usuários (prestando atenção em fatores que intensificam a venda, como a facilidade de aprendizado e de utilização), corrigem bugs (falhas) e difundem as novas aplicações (Friedkin, 2001). Em consequência, os analistas de rede muitas vezes têm que usar vários pacotes para concluir um estudo (Friedkin, 2001). Felizmente, a evolução recente dos softwares está levando a área a uma condição mais madura, com o desenvolvimento de pacotes de análise dotados de mais recursos (por exemplo, o NetMiner) e uma maior atenção tem sido dada às imagens visuais das redes (de Nooy, Mrvar, Batagelj, 2005), hoje muito mais ricas. Também houve um rápido desenvolvimento de aplicativos voltados ao comércio (por exemplo, o Inflow, da Krebs) e outros direcionados à segurança nacional, especialmente aqueles associados com o rastreamento de mensagens em sistemas de telecomunicações.

Há uma série de problemas gerais com os algoritmos computacionais de rede. Em primeiro lugar, a existência ou não de um vínculo é muito mais importante que as variações sutis no grau de relacionamento. Na teoria ou na prática, a maioria dos algoritmos computacionais de rede permitem apenas dimensionamentos primitivos, geralmente binários; é difícil obter descrições mais completas, com riqueza de detalhes. Assim, a distinção entre 0 e 1 é muito mais importante que as diferenças nas pontuações numéricas subsequentes, como revelam as semelhanças gerais encontradas nas comparações entre redes binárias e multidimensionais. Portanto, na prática, uma riqueza de informações potenciais a respeito da intensidade relativa dos relacionamentos é "desperdiçada" (Johnson, 1987). Em segundo lugar, há dificuldade em detectar grupos ou "panelinhas" com precisão e consistência (Alba, 1982) e existem muitas abordagens diferentes para essa questão fundamental (Scott, 2000). Em terceiro lugar, há limitações consideráveis impostas ao tamanho das redes, para que elas possam ser analisadas por algoritmos específicos, e não há consenso sobre a maneira de lidar com questões fundamentais, como amostragem e falta de dados.

Um recurso excelente para acompanhar a evolução da análise de redes pode ser encontrado no site da Organização Internacional para a Análise de Redes Sociais (International Network for Social Network Analysis - INSNA), http://www.insna.org. A organização também promove a Sunbelt Social Network Conference, um encontro anual sobre redes sociais que reúne pesquisadores de redes de várias disciplinas. O site contém links para mais de quarenta programas de análise de redes, a maioria dos quais desenvolvidos para fins muito específicos. Aqui veremos brevemente apenas alguns dos mais populares e acessíveis.

Gradap

Desenvolvido para um ambiente DOS, o Gradap (Graph Definition and Analysis Package) pode definir, manipular e analisar grafos de vários tipos. Fornece recursos para grafos simples, dígrafos e grafos valorados, incluindo: a detecção de "panelinhas" e seus integrantes, todos os principais tipos de medição de pontos e de centralidade das redes, autocorrelação espacial e grau de variância. Pode-se gerar novos grafos a partir das informações originais, com a seleção, agregação e indução de dados. A facilidade para agrupar pontos e linhas em conjuntos permite a análise de subgrafos e grafos parciais. Pode interagir com uma série de bancos de dados relacionais. Está disponível em http://assess.com/xcart/product.php?productid=229andcat=32andpage=1. Não é tão fácil de utilizar (Scott, 2000) e não acompanhou os desenvolvimentos recentes de outros softwares.

NetMiner

Comercializado pela Cyram Inc. na Coreia, tem muitas características similares às do Ucinet, mas não tem as origens históricas desse programa e seus desenvolvedores não ocupam uma posição de destaque na comunidade de pesquisa em análise de redes. Dá ênfase especial à análise exploratória de redes e a técnicas de visualização modernas, está disponível em http://www.netminer.com/NetMiner/home_01.jsp.

Negopy

Embora continue sendo utilizado em disciplinas tão variadas como jornalismo agrícola e planejamento urbano, e por estudiosos e consultores em mais de vinte países fora dos Estados Unidos, o Negopy hoje interessa principalmente por sua história (Susskind *et al.*, 2005). É um dos poucos programas disponíveis capazes de avaliar integralmente as questões relacionadas à força dos vínculos de comunicação (Farace & Mabee, 1980; Rice & Richards, 1985). Seu algoritmo é baseado principalmente na manipulação de matrizes (Rice & Richards, 1985). O Negopy identifica uma série de funções de comunicação *a priori* que se enquadram nas classificações de participantes (por exemplo, ligações) e de periféricos (por exemplo, membros isolados). Identifica grupos heuristicamente, de acordo com critérios especificados pelo usuário.

Mais recentemente, Richards e outros pesquisadores (Richards & Seary, 2000) desenvolveram o FatCat e o MultiNet, softwares que superaram algumas das limitações do Negopy e são mais fáceis de aprender e usar. Lançado em 1988, o FatCat é utilizado na análise categórica de dados multivariados de redes de comunicação multiplexas (em que os indivíduos se relacionam de várias maneiras). Pode ser aplicado a dados egocêntricos, isto é, da rede imediata do indivíduo. O MultiNet, lançado em 1994 (com atualizações feitas em junho de 2004), amplia as funções do FatCat para incluir a estatística descritiva univariada, além de tabulação cruzada, análise de variância, regressão e correlação, quatro tipos de análise fatorial, p^* e outras análises. Também executa transformações contínuas e discretas, lineais, logarítmicas, de potência, z, e vários outros tipos de transformações. Pode usar censo ou amostragem dos dados da rede.

Structure

O Structure é baseado nos estudos do sociólogo Ron Burt e, portanto, tem relações explícitas com seu trabalho teórico (Burt, 1982; Johnson, 1988b). Produz tabelas de densidade que se concentram em questões ligadas à estrutura no nível dos subgrupos e às relações entre eles. Esse recurso é útil para detectar a similaridade de padrões entre os membros do grupo. Dissimilaridades poderiam indicar que os indivíduos ocupam funções exclusivas, como pontes, ou que são membros dominantes. A autonomia estrutural refere-se à intensidade com que as relações de um indivíduo podem limitar suas oportunidades de ação dentro de uma rede. A análise de conglomerados e a medição de proximidade tendem a identificar pessoas com padrões de vínculos similares, o que significa que membros isolados e periféricos têm igual probabilidade de se agrupar. De um modo quase exclusivo, permite a realização de análises de contágio social relacionadas com a coesão e a equivalência estrutural. O interesse atual no Structure também se deve principalmente a razões históricas, e muitas de suas aplicações mais interessantes estão no Ucinet.

Ucinet

O Ucinet 6 para Windows (Borgatti, Everett, Freeman, 2002) parece ser o software preferido atualmente para a realização da pesquisa em análise de redes (Scott, 2000) e está disponível em http://www.analytictech.com. Este pacote se aproxima da ferramenta ideal, tal qual o SPSS ou o SAS. Ele permite a importação e transformação de diferentes formatos de dados da análise de redes. Também contém pacotes de visualização gráfica. Apresenta diversas formas de cálculo dos principais indicadores de redes, como centralidade, e permite determinar "panelinhas" e grupos nas redes. Como todos os programas de rede, pode ser um pouco complicado de usar e seu serviço de suporte ao usuário é limitado.

Os vínculos são concebidos de várias maneiras e podem refletir as diversas distinções feitas no capítulo "Formas de conhecimento". É muito importante, no entanto, que toda elaboração de conceitos seja sistemática e tenha a capacidade de captar plenamente as numerosas propriedades relacionais relevantes (Richards, 1985). As relações refletem a natureza do elo existente entre os interlocutores. Além disso, "uma relação não é uma característica intrínseca de uma das partes tomada isoladamente, e sim uma propriedade que surge da conexão ou vínculo entre as unidades observadas" (Knoke & Kuklinski, 1982, p. 10), um ponto particularmente importante para a construção do conhecimento.

Há dois tipos principais de relação. As relações determinadas pelo contexto dizem respeito aos papéis definidos cultural ou circunstancialmente. Por exemplo, Katz e Kahn (1978) viam as organizações como "redes de pesca" de escritórios inter-relacionados. As propriedades contextuais estão intimamente ligadas à assimetria. O significado fundamental de assimetria é que uma relação não é igual para ambas as partes. Essa é uma característica importante das redes organizacionais, já que há inúmeras diferenças entre seus membros, principalmente quanto ao *status* e à direção da comunicação. Assim, as ligações de poder e dependência são um tipo especialmente importante de relação assimétrica (Lincoln & McBride, 1985).

As relações determinadas pelos atores refletem os elos específicos que caracterizam as conexões existentes entre eles. Por exemplo, a importância, uma variável que é tradicionalmente examinada em estudos de redes (como em Richards,

1985), permite identificar a associação entre uma relação de comunicação informal e o desempenho no trabalho. A importância pode ser vinculada ao conceito mais abstrato de dependência no trabalho, que se refere fundamentalmente ao grau de acesso que os indivíduos têm às informações necessárias para realização da tarefa (Johnson & Smith, 1985). Muitas vezes, na rede, os indivíduos passam a consultar os colegas em busca de informações relativas ao trabalho (por exemplo, Blau, 1954). Esses colegas não são designados formalmente pela organização; ao contrário, essas relações surgem informalmente, muitas vezes em decorrência da amizade. Thompson (1967) afirma que essas relações de dependência no trabalho determinam os canais de comunicação em uma empresa, mais que fatores como filiação, influência e *status*.

A reciprocidade indica que uma relação é caracterizada da mesma maneira pelas duas partes que a conformam. Em essência, é considerada uma propriedade de medição de vínculos (Richards, 1985), mas também pode estar diretamente referida a processos importantes, como os de percepção e atenção seletiva ou volume total de comunicação em uma empresa. Por exemplo, muitas vezes um supervisor não está tão consciente das relações que estabelece com seus funcionários, ao contrário do que poderia ocorrer com seus subordinados. Assim, se perguntarem a um supervisor quais são os funcionários com quem ele se comunica, é possível que um deles seja esquecido, mas a recíproca provavelmente não será verdadeira. Esse vínculo, portanto, não é recíproco; o funcionário acredita que há reciprocidade, mas o gerente não se dá conta que isso não acontece sempre. Os vínculos não recíprocos, em que uma parte não concorda que exista uma relação, são bastante frequentes nas organizações. Por exemplo, Monge, Edwards e Kirste (1978) relatam, com base em uma série de estudos empíricos, que a reciprocidade varia entre 37% e 100%.

Talvez a distinção mais comum entre elementos relacionais seja aquela entre interpretação e conteúdo (por exemplo, Bales, 1950) – semelhante, em alguma medida, àquela entre conhecimento tácito e explícito. A interpretação delineia o sentido conotativo associado aos símbolos expressos. Cicourel (1972) e Pearce e Conklin (1979) afirmam que há necessidade de distinguir-se os atos manifestos representados pelo conteúdo e os significados implícitos adotados pelos seus interlocutores. No entanto, muitos teóricos das redes confundem interpretação e conteúdo, tratando-os como sinônimos de função e de outras formas de relação.

"O conteúdo ou função da relação cria alguns dos problemas mais difíceis para a análise de redes" (Richards, 1985, p. 112), principalmente porque a maioria dos esquemas de categoria são incompletos e alguns comportamentos podem representar várias funções. O conteúdo é o significado denotativo de símbolos expressos durante a interação. É o significado literal do que é dito, isto é, expressa o sentido da interação para outras pessoas que não tenham conhecimento dos antecedentes dos atores e de outros fatores que poderiam influenciar o verdadeiro significado dos símbolos adotados pelos interlocutores. O conteúdo é, talvez, a manifestação mais direta das funções de um relacionamento, mas alguns conteúdos podem exibir múltiplas funções. Por exemplo, ao enviar a um trabalhador uma série de mensagens ligadas à produção, um supervisor realiza uma função da produção, mas também pode estar dando a ele um "apoio social". Embora haja uma profusão de potentes esquemas desenvolvidos para descrever o conteúdo de redes funcionais, não existe uma grande consonância entre eles. Berlo (1969) identifica três funções da comunicação organizacional – produção, inovação e manutenção – que coincidem apenas em parte com aquelas reconhecidas por Redding (1972): operacional, de relações humanas e de manutenção. Na verdade, Farace, Monge e Russell (1977) afirmam que diferentes esquemas funcionais podem ser necessários para variadas organizações e que as funções podem até divergir entre os diferentes níveis de uma mesma instituição.

Os meios ou canais físicos pelos quais os símbolos são transmitidos entre as partes, em uma interação, também foram frequentemente utilizados como uma forma de viabilizar as relações. Esses canais podem incluir a palavra escrita, a comunicação cara a cara, chamadas telefônicas ou redes de telecomunicações. As propriedades dos canais serão discutidas em mais detalhes no capítulo "Distribuição espacial do conhecimento".

Uma importante propriedade geral de um vínculo é a sua força. Normalmente, a frequência da comunicação é usada para medir a força de um vínculo (Richards, 1985); porém, há muitos indicadores possíveis de força, cada qual com diferentes implicações para os estudos das redes de conhecimento. Por exemplo, a diversidade dos contatos de curta duração pode indicar que as pessoas estão à procura de possíveis fontes, ao passo que alguns poucos contatos mais focados e de longa duração refletiriam o desenvolvimento de significados tácitos.

Outra forma de caracterizar as relações – que permite simulações complexas da propagação das informações e do desenvolvimento dos sistemas sociais – é referi--las a algumas regras simples de interação que determinem sua transformação em sistemas auto-organizados. Assim, a suscetibilidade de um nó à propagação de uma infecção (geralmente uma doença, mas às vezes uma ideia nova), por contato direto com outras pessoas, pode determinar o alcance da sobreposição (efeito cascata) da informação, delineado pela adoção de regras mínimas, assim como a conectividade do sistema também é capaz de causar um impacto determinado – por exemplo, "panelinhas" fortes tendem a impedir a propagação de novas ideias (Watts, 2003).

Combinando as características dos vínculos

A maneira como são combinadas as características dos vínculos pode estabelecer a profundidade e a capacidade analítica numa análise de redes, uma vez que uma rede é definida pela natureza das ligações que examina. Por exemplo, é muito interessante observar as propriedades das redes multivariadas. Nelas a força é determinada por mais de um fator; por exemplo, o peso, a frequência e a duração de um vínculo (Johnson, 1987 e 1993). Operacionalmente, se quiséssemos examinar uma rede paralela a um organograma, uma abordagem desenvolvida em mais detalhe no capítulo "Estruturando redes de conhecimento", especificaríamos que só devem ser incluídos os vínculos que envolvem produção de conteúdo, são assimétricos e não recíprocos, e estabelecem-se por escrito. Ou então, uma rede informal pode ser definida por conteúdos de produção e manutenção, canais cara a cara, simetria e vínculos recíprocos. Ao examinar dois tipos de conteúdo, formais e informais, é possível ver o modo como eles se sobrepõem. Essa exploração de redes multiplexas nos dá uma visão mais aprofundada da participação global de um indivíduo em uma organização (Minor, 1983). Por exemplo, o presidente de uma empresa pode situar-se no centro da rede de produção, mas estar relativamente isolado de uma rede social. Esse seria um retrato de um estilo de gestão relativamente frio e distante.

Redes multiplexas

A multiplexidade se refere à sobreposição ou correspondência entre redes distintas (por exemplo, amizade distinta de trabalho). A natureza dessas sobreposições é de grande interesse pragmático, uma vez que pode indicar as capacidades inerentes de atores individuais dentro dos sistemas e também tem importantes implicações para a compreensão dos sistemas sociais em geral. As organizações são, na verdade, compostas de uma série de sobreposições e redes inter-relacionadas de diferentes funções (Jablin, 1980); no entanto, as dimensões funcionais são apenas um dos muitos graus em que os vínculos das redes podem ser multiplicados (Eisenberg *et al.*, 1985; Minor, 1983). Em essência, a multiplexidade tem relação com a medida em que os diferentes tipos de relações dentro das redes se sobrepõem: "A relação de uma pessoa com outra é multiplexa na medida em que houver mais de um tipo de relação entre as duas" (Burt, 1983, p. 37).

O grau de multiplexidade tem sido vinculado a tópicos como a intimidade dos relacionamentos, sua estabilidade ao longo do tempo, a redução da incerteza, o *status*, o grau de controle de uma "panelinha" sobre seus membros, o desempenho, a redundância de canais, e a difusão da informação (Minor, 1983). A multiplexidade é fundamental também nos processos de contágio social. Espera-se que indivíduos com grande participação em diferentes tipos de redes possam ser mais afetados por processos de contágio, como a disseminação de conhecimento, do que aqueles envolvidos em um só (Hartman & Johnson, 1989).

Possivelmente a principal questão – muitas vezes negligenciada – nos estudos sobre multiplexidade é a associação entre diferentes tipos de rede e o fenômeno conceitual do interesse. Assim, se alguém tem um interesse particular no estudo sobre inovação, as redes de inovação serão de primordial importância para essa pessoa. No entanto, outros tipos de rede também são muito relevantes, especialmente as sociais (Albrecht & Ropp, 1984). Combinar muitos tipos de conteúdos de rede (como todos aqueles vinculados ao trabalho) pode trazer problemas na hora de interpretar os dados. Por exemplo, Krackhardt e Porter (1985) consideraram em um estudo que os trabalhadores estavam mais propensos a falar de suas tarefas no trabalho do que das metas da organização. Por esse motivo, eles afirmaram que era menos provável que o contágio social relacionado com a coesão tivesse impacto sobre o comprometimento. Infelizmente, por causa da falta de operacionalidade da função de rede, essa explicação *post hoc* não pôde ser testada; no entanto, quando redes de conteúdo separadas foram examinadas por Hartman e Johnson (1989), essa afirmação foi colocada em xeque. Portanto, a primeira pergunta com que se depara um pesquisador interessado em multiplexidade é: que tipos de rede serão analisados? Como vimos, essa é uma pergunta cuja resposta pode proporcionar ao analista, a um só tempo, informações demais e de menos, tendo em vista a ampla gama de esquemas de categoria funcional que foram propostos.

Por outro lado, não há muitas orientações teóricas nem trabalhos empíricos específicos que descrevam a ligação entre redes funcionais em particular e variáveis teóricas não vinculadas a redes. Hartman e Johnson (1989) examinaram como a multiplexidade se relaciona com a ambiguidade da função – isto é, a função dúbia do indivíduo na rede – e com o comprometimento. Eles encontraram associações diretas entre redes funcionais e esses conceitos. Verificou-se que a ambiguidade da função diz respeito mais à percepção de papéis ou informações conflitantes, e portanto está presente sobretudo em redes uniplexas ligadas às responsabilidades do trabalho. Por sua vez, o comprometimento está mais associado aos objetivos organizacionais. Além disso, outras redes funcionais não relacionadas ao trabalho têm impacto sobre o comprometimento. Em consequência, a combinação desses dois tipos de rede, que resulta numa rede multiplexa, tem maior repercussão sobre o comprometimento. Os resultados confirmam a importância de se especificar redes funcionais e de conteúdo apropriadas no modelo da multiplexidade. A configuração geral dos resultados salienta a importância de considerar cuidadosamente a natureza das redes multiplexas. Em um modelo de redes de conhecimento, as relações tácitas pendem a ser multiplexas e as relações explícitas tendem a refletir laços fracos.

LAÇOS FRACOS

Dentre os conceitos empregados pela análise de redes, talvez o de laço fraco seja o mais conhecido. Ele refere-se às nossas relações menos desenvolvidas, mais limitadas no espaço e no tempo e de menor profundidade afetiva. Esse conceito está intimamente associado ao fluxo da informação dentro das organizações e, por definição, seu uso carece de sentido em vínculos sociais mais fortes, como em relações multiplexas e de influência.

As noções de laço fraco vêm da pesquisa acerca de como as pessoas adquirem informações sobre possíveis empregos (Granovetter, 1973). Verificou-se que a notícia mais útil provém de pessoas pertencentes às redes mais estendidas do indivíduo – conhecidos casuais e amigos de amigos. Essa informação é a mais útil precisamente porque vem de contatos pouco frequentes ou fracos. Tende-se a criar contatos fortes com quem se mantém uma troca constante das mesmas notícias. Consequentemente, os integrantes desses grupos passaram a ter a mesma base de informações. Contudo, as informações provenientes de fora da base oferecem perspectivas originais e, em alguns casos, vantagens estratégicas sobre os concorrentes na rede imediata de um indivíduo.

Granovetter (1973) forneceu a explicação-chave para a importância dos laços fracos na manutenção da união de grandes coletividades, visto que a eliminação de laços fortes – que muitas vezes são redundantes – tem pouco impacto sobre a conectividade geral do sistema (Buchanan, 2002). Os laços fracos são, frequentemente, pontes que ligam diferentes mundos sociais. São, portanto, cruciais para a integração de sistemas sociais maiores, especialmente no que concerne à natureza dos vínculos de comunicação firmados entre diferentes grupos (Friedkin, 1980 e

1982; Weimann, 1983). Granovetter (1982) sustenta que essa função de ponte é uma condição limitante necessária para evidenciar os efeitos dos laços fracos. No entanto, o estabelecimento de laços fracos pode ser desencorajado nas empresas por causa da preocupação com a fidelidade do funcionário à unidade de trabalho imediata e em função da necessidade de controle sobre os membros da organização. Também pode haver uma preferência por laços fortes porque eles são mais propensos à estabilidade e porque, em consequência da profundidade da relação, os funcionários podem estar dispostos a adiar recompensas imediatas em troca de demandas por equidade (Albrecht & Adelman, 1987b). As pessoas com quem um indivíduo está fortemente vinculado também podem estar mais acessíveis e mais dispostas a ajudar (Granovetter, 1982). Os laços fortes também são essenciais para o compartilhamento do conhecimento tácito.

Os laços fracos são cruciais para garantir o acesso à informação, porque transcendem as limitações de nossos laços fortes e porque, como muitas vezes acontece nas organizações, estes podem estar rompidos ou indisponíveis. Desse modo, a existência de laços fracos pode ser útil para: discutir coisas que uma pessoa não queira revelar a um colega de trabalho próximo; oferecer um espaço de experimentação; ampliar o acesso à informação; promover a comparação social; e promover o senso de comunidade (Adelman, Parques, Albrecht, 1987).

Configurações de rede

Inerente ao conceito de rede está o reconhecimento da complexidade da estrutura social. No entanto, a análise de redes também está interessada em identificar determinadas configurações que se reduzam a um pequeno número de padrões de rede específicos. Em consequência, a outra grande vantagem da análise de redes reside na variedade de meios disponíveis para estudar as configurações das relações. Nesta seção, o foco estará em três formas principais de representação das configurações de rede: comunigramas, padrões individuais de relações e indicadores de rede.

Talvez a questão mais conhecida – e, às vezes, a mais difícil – da configuração de redes esteja em estabelecer suas fronteiras. Isso é especialmente problemático porque as fronteiras envolvem alguma descontinuidade nas relações, isto é, para além delas os vínculos são, em certo sentido, qualitativamente diferentes daqueles de dentro dos seus limites. Em uma das discussões mais extensas sobre o tema, Lauman, Marsden e Prensky (1983) fazem uma distinção entre as abordagens realista e nominalista feitas a esse problema. No enfoque realista, o pesquisador adota o ponto de vista dos atores para definir as fronteiras, ao passo que o nominalista impõe um modelo conceitual que sirva a seus próprios fins analíticos. É importante observar que isso também diz respeito à forma como os nós são definidos. O tratamento das fronteiras é um ponto particularmente difícil para as redes de conhecimento, tendo em vista o vazamento de conhecimento que acontece através delas e o advento da internet.

Há dificuldades em cada uma dessas abordagens. Por exemplo, a rede realista de um professor universitário pode ser composta por estudantes de graduação e profissionais de outras instituições. Esses indivíduos podem ser mais importantes para o professor que seus colegas de departamento, que provavelmente seriam as entidades contidas dentro das fronteiras de um estudo nominalista. Por outro lado, tentar definir os limites de um conjunto de nós que englobe todos os contatos relevantes dos professores universitários de um departamento seria uma tarefa quase impossível, que se depararia com graves problemas metodológicos, especialmente nos procedimentos de amostragem.

Comunigramas

A análise de redes pode ser um meio muito sistemático e completo de examinar o fluxo global de conhecimento dentro da organização. Dado o crescente interesse na visualização de redes organizacionais em geral, e mais especificamente nas representações de mundo pequeno de vínculos na internet, houve um rápido avanço nas formas de exposição gráfica das redes de conhecimento. Em consequência, ocorreu um desenvolvimento quase explosivo de softwares para gerar comunigramas, como o Mage 3D Visualization, o NetDraw e o Pajek – todos disponíveis no Ucinet e no NetMiner –, que dão ênfase especial à visualização gráfica para a análise exploratória (quadro 3.2). Os mapas, que refletem o modo como as pessoas se reúnem, também são um componente fundamental da abordagem cartográfica à gestão de conhecimento (Earl, 2001).

A figura 3.1 contém um comunigrama, um tipo especial de sociograma, que reflete as redes de relações de comunicação encontradas em uma organização ilustrativa, a Dazzling (ver organograma na figura 3.2). Os círculos na figura representam nós, nesse caso os indivíduos, e as linhas indicam seus vínculos. Essa forma de representação gráfica é muito flexível, já que os nós podem ser qualquer tipo de entidade e os vínculos representados pelas linhas podem ser de qualquer classe (Farace & Mabee, 1980). Os nós e as linhas concectadas a eles podem ser dispostos

FUNDAMENTOS

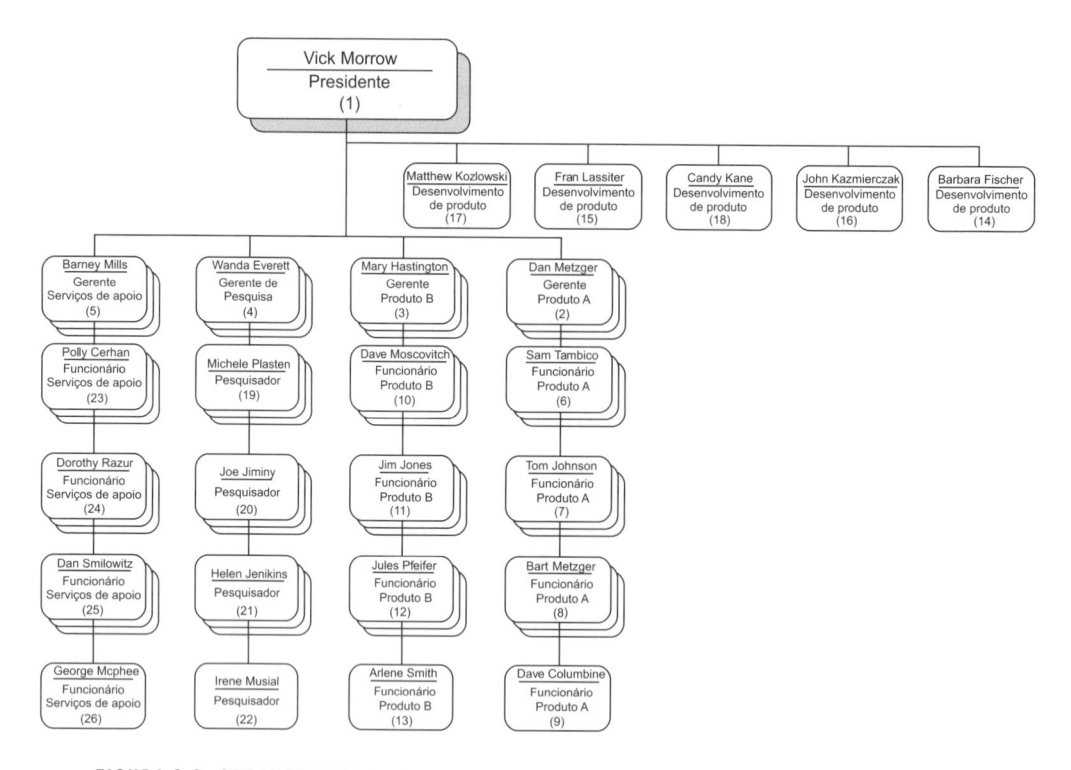

FIGURA 3.2. ORGANOGRAMA DA DAZZLING.

em círculos, de forma aleatória, baseados em seus atributos (por exemplo, demográficos ou hierárquicos) ou por meio de algoritmos (por exemplo, a proximidade social) (Katz *et al.*, 2004).

Considerando a discussão apresentada no capítulo 2, percebemos que existem muitos tipos de conhecimento, e é pouco provável que dividamos o mesmo nível de conhecimento com a ampla variedade de pessoas com as quais podemos interagir. A figura 3.3 tenta captar essa complexidade. A espinha dorsal desse comunigrama são as relações representadas pelas linhas sólidas, nas quais a informação compartilhada é relativa ao conhecimento explícito (por exemplo, gestão de sistemas de informação, sistemas formais de pessoal, metas formais de produção). Algumas ligações também envolvem o compartilhamento de níveis mais profundos de conhecimento tácito atinentes a processos de produção e especialidades organizacionais, que frequentemente residem nos agrupamentos informais. As linhas tracejadas identificadas por letras designam o conhecimento tácito idiossincrásico

ANÁLISE DE REDES

(assim como o conhecimento explícito mais limitado) partilhado pelos grupos, e algumas funções de ponte. O compartilhamento mais limitado de conhecimento é atribuído aos membros 2 e 6, que só dividem informações acerca do material de nogueira que reveste o interior dos carros luxuosos e modernos da fábrica Dazzling. Há também a "panelinha" fechada, formada pelos membros 3, 10 e 12 no Produto B, que coordena a construção do sistema de transmissão (vínculos D) do carro personalizado produzido pela Dazzling. Eles também mantêm vínculos tácitos com o presidente, que usa seus conhecimentos para ajudar a definir um

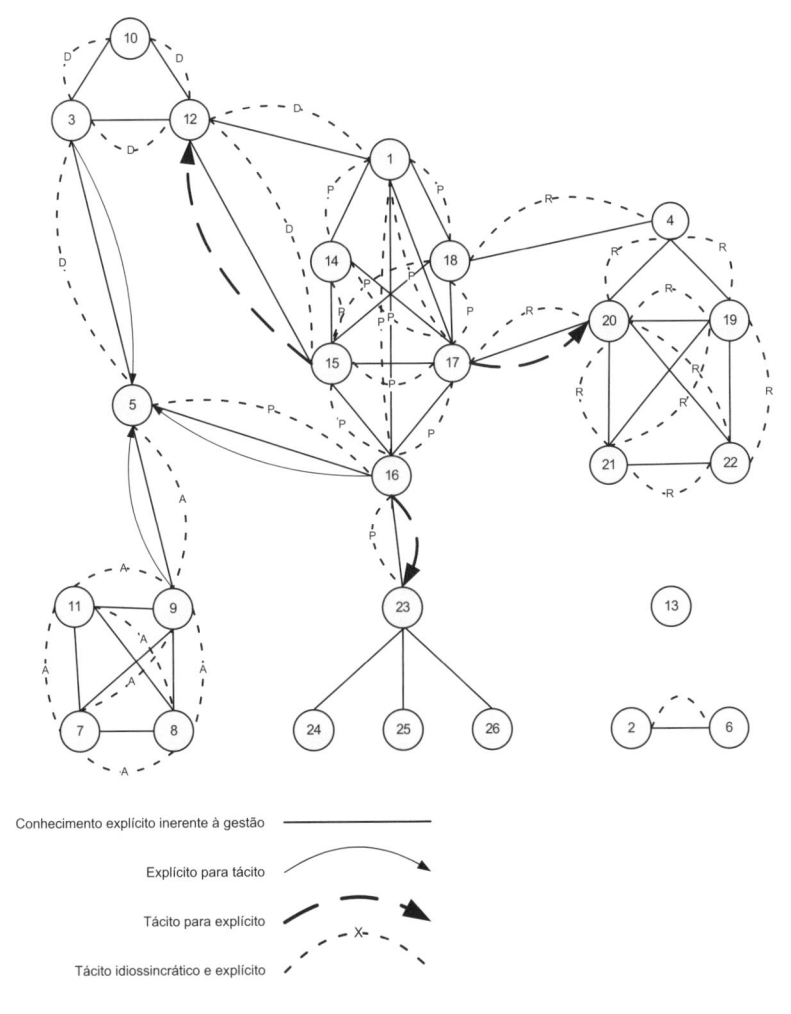

FIGURA 3.3. REDE DE CONHECIMENTO DA DAZZLING.

novo protótipo (vínculos P). O nó 5, o gerente de serviços de apoio, parece exercer uma função de síntese, concentrando os vínculos referentes a diferentes tipos de conhecimento tácito e convertendo em tácito o conhecimento explícito das operações gerais da empresa. Esse gerente também ocupa uma posição estratégica: uma vez que sabe como conceber ideias moldando-as de acordo com as perspectivas particulares de diferentes grupos, ele pode exercer uma influência maior sobre o sistema como um todo (Burt, 2007). Deve-se notar que não há uma correspondência unívoca entre grupos formais e a construção do conhecimento tácito. O grupo formado por 7, 8, 9 e 11 representa um agrupamento formal em cruz do conhecimento tácito pertinente à montagem final dos componentes do carro.

A figura 3.4 revela outro problema essencial na representação do conhecimento em redes organizacionais. A presença de relações de conhecimento tácito altamente especializado pode estar muito fragmentada dentro da organização e a possibilidade de uma intermediação de segunda instância, ou efeitos indiretos, ser muito limitada (Burt, 2007). Como exemplo, apresentamos nessa figura somente o conhecimento tácito referente ao desenvolvimento do protótipo, o tipo comumente mais compartilhado. Também apontamos nessa figura as tentativas de traduzir esse conhecimento tácito para que outros funcionários atuem tomando-o como base. Portanto, o 15 pode estar desenvolvendo projetos de um protótipo por solicitação do 12, o 17 estar elaborando as especificações de um projeto de pesquisa para testar os parâmetros de segurança definidos pelo 20, e o 16 estar redigindo requisitos de emprego necessários ao recrutamento de novos trabalhadores para o protótipo do produto do 23.

Em suma, essa figura mostra o quão complexa pode se tornar uma rede organizacional, até mesmo uma pequena, se tentamos captar detalhadamente os diferentes tipos de fluxo de conhecimento existentes dentro dela. Não é de surpreender, portanto, que tenha havido relativamente poucos estudos empíricos sobre redes de conhecimento, em parte por causa da complexidade da tarefa (Turner & Makhija, 2006). A figura também mostra as limitações da maioria dos softwares atuais, se não de todos (quadro 3.2). Esses programas não conseguem captar a descrição detalhada dos vínculos (Susskind *et al.*, 2005), embora a maioria consiga lidar com exposições mais rudimentares de multiplexidade. Muitos dos membros da Dazzling mantêm laços externos, em particular relacionados com suas profissões. Assim, eles podem estar vinculados a redes tácitas bem mais amplas, cujas dimensões levam a algumas análises muito interessantes focadas na web (por exemplo, Newman, Barabasi, Watts, 2006). No entanto, o tamanho relativamente pequeno das redes tácitas idiossincrásicas dentro das organizações pode torná-las mais suscetíveis às limitações inerentes a muitos programas de análise de redes e técnicas de coleta de dados.

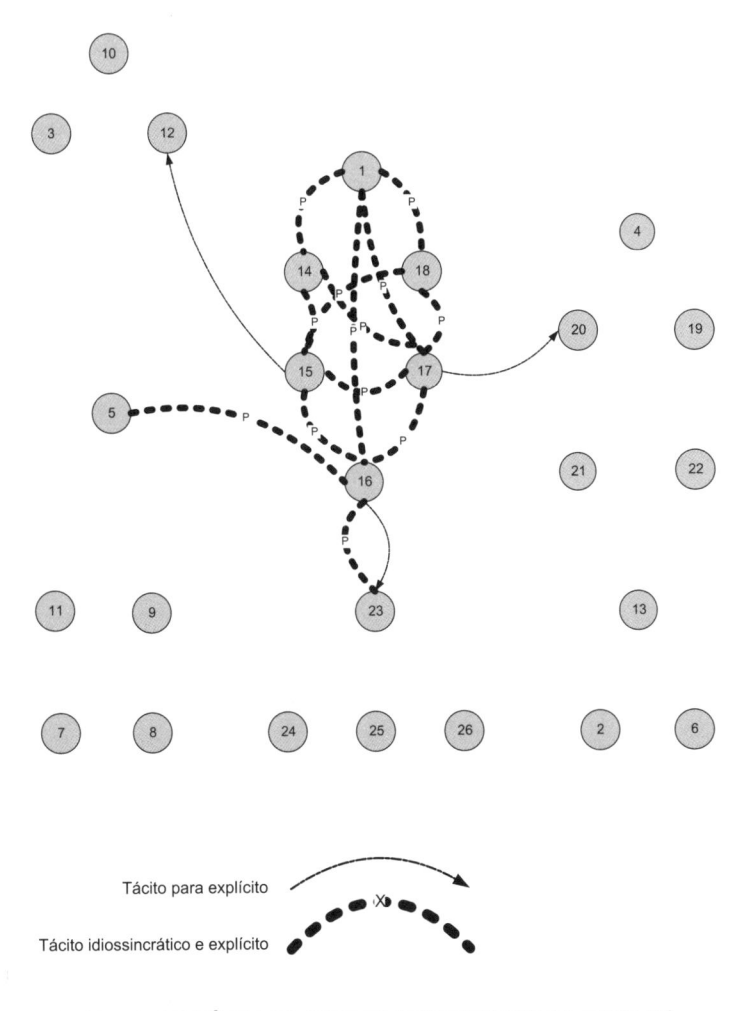

FIGURA 3.4. PROTÓTIPO DE REDE DE CONHECIMENTO DA DAZZLING.

Padrões individuais de relações

> Na grande mescla de preferências, característica das redes sociais, o valor é criado por empreendedores que manipulam estrategicamente informações precisas, ambíguas ou distorcidas entre as pessoas em lados opostos de buracos estruturais, no fluxo rotineiro de informações.
> (Burt, 2002, p. 338)

> No entanto, os mediadores são uma espécie rara, e poucas redes têm muitos deles. Isso ocorre principalmente porque a maioria das pessoas não tem a amplidão de conhecimento intelectual, a riqueza de contatos sociais e os traços de personalidade necessários para ser aceita por grupos tão diferentes.
> (Cross & Prusak, 2003, p. 255)

Em parte por causa da ênfase da sociologia, da psicologia social e da teoria organizacional (por exemplo, Katz & Kahn, 1978) no papel do indivíduo, os primeiros estudos em análise de redes centraram-se nas tipologias de funções de rede. Os estudos mais recentes enfocam o indivíduo que se posiciona dentro de estruturas sociais para tirar proveito das oportunidades existentes. Antes de nos voltarmos para essas questões, o contraste verificado entre os pontos de vistas da coesão e da equivalência estrutural do contágio social é um importante marco teórico para uma discussão sobre a relevância da colocação dos indivíduos nas redes sociais.

CONTÁGIO SOCIAL

Nos últimos anos, surgiu um grande debate sobre se a principal força motriz presente nos sistemas sociais é a comunicação direta ou a concorrência. Burt (1980) afirma que uma força motriz é a presença de concorrentes que ocupam posições estruturalmente semelhantes. Ao contrário, a perspectiva da coesão, talvez mais bem representada pelos trabalhos de Rogers e colegas (Rogers, 1983; Rogers & Kincaid, 1981), sugere que a comunicação direta muda os indivíduos.

A equivalência estrutural e a coesão servem como explicações teóricas opostas para o impacto do contexto social (a configuração estrutural das relações de comunicação) sobre os processos de contágio social. Os defensores da coesão afirmam essencialmente que os contatos de comunicação determinam o surgimento de normas. Desse modo, a coesão centra-se no efeito socializante das discussões. O pressuposto central da perspectiva da coesão é que quanto mais frequente e empática for a comunicação entre os indivíduos, maior a probabilidade de que suas opiniões e comportamentos sejam similares entre si (Burt, 1987). As posições a favor da equivalência estrutural centram-se na concorrência. Segundo essa visão, é de se esperar que supervisores tenham pontos de vista semelhantes por causa das suas funções potencialmente concorrentes dentro da rede. Os supervisores, em razão do cargo que ocupam, são alvo dos mesmos tipos de informação, solicitação e demanda, o que exige que eles mantenham certas atitudes e comportamentos. Isso cria um campo de informação que, quando internalizado, exerce mais pressão por conformidade do que a comunicação direta. Os funcionários que exercem diferentes funções confiam em suas referências equivalentes de estrutura para obter informações relacionadas ao trabalho, e em integrantes com os quais mantenham uma relação coesa para obter informações gerais a respeito da organização (Shah, 1998).

Pela ocorrência do contágio social depreende-se que um indivíduo faz avaliações sobre temas ambíguos por meio de um processo social em que pondera as apreciações de todos aqueles que estão próximos a ele no sistema. Em consequência, pessoas contíguas na estrutura social (quanto aos vínculos de comunicação) tendem a desenvolver "padrões consensuais" (Burt, 1982) perante assuntos dúbios. Esses padrões consensuais vão desencadear uma atitude homogênea que pode ser um reflexo do conhecimento tácito. Quando várias pessoas chegam independentemente às mesmas conclusões, como resultado desses processos, este acontecimento pode ser uma explicação muito importante da receptividade da informação aos pontos de inflexão. O que uma pessoa diz ou faz contagia outros integrantes pertencentes ao mesmo grupo. Portanto, essa teoria propõe que assuntos ambíguos estimulam o processo de contágio, que por sua vez leva à elaboração de uma norma social que releva determinada prática. O processo de contágio, como mecanismo social, pode operar de duas formas conceitualmente relacionadas, mas distintas: pela coesão e pela equivalência estrutural.

O primeiro mecanismo imediato que traz similaridade é a coesão (Burt & Doreian, 1982; Burt, 1987; Burt & Uchiyama, 1989; Friedkin, 1984). O modelo de coesão é usado há muito tempo como um prognosticador de atitudes e crenças em ciências sociais.[3] Ele pressupõe que a homogeneidade entre o ego (o indivíduo em foco, o objeto de influência) e o álter (os outros que, numa rede, influenciam o ego) pode ser prevista pela força de suas relações intensas e mútuas. "Ao comunicar suas incertezas uns para os outros, a respeito de um assunto empiricamente

---

3 Ver uma breve análise de Burt (1987, pp. 1289-1290).

ambíguo, as pessoas compartilham-no entre si, de modo a chegar a uma avaliação consensual" (Burt & Doreian, 1982, p. 112). Assim, quanto mais frequente e empático for o vínculo entre o ego e o álter, maior a probabilidade de que eles venham a compartilhar tendências semelhantes de atitudes e comportamentos. Como resumido em Hartman e Johnson (1989), "o ego é capaz de chegar a uma compreensão normativa dos custos e benefícios de ações e opiniões específicas relacionadas às pessoas com quem as discussões são realizadas e, desse modo, reduzir seu nível de incerteza" (p. 524). Enquanto a coesão está associada às relações influentes estabelecidas entre indivíduos de um grupo imediato, a equivalência estrutural se refere a padrões relacionais entre integrantes que ocupam determinadas posições.

No modelo de equivalência estrutural, a força motriz para a similaridade nas percepções é a concorrência entre o álter e o ego. Quanto mais o álter for capaz de substituir o ego em suas relações funcionais, mais pressão sente este último para concordar com as atitudes ou comportamentos daquele. "O ego chega a uma compreensão normativa dos custos e benefícios de o álter exercer sua função [dele, ego], e a uma compreensão social que é compartilhada por outros que realizam atividades semelhantes" (Hartman & Johnson, 1989, p. 525). Do ponto de vista da equivalência estrutural, os contatos de comunicação direta entre os indivíduos são dispensáveis para a elaboração de um modelo comum de referência (Burt, 1982 e 1987). Hartman e Johnson (1989) também esclarecem que indivíduos estruturalmente equivalentes podem estar mais impelidos à uniformidade porque "são alvo dos mesmos tipos de informação, solicitação e demanda por parte dos integrantes da sua rede funcional, criando um campo de informação que, quando internalizado, exerce uma pressão maior por conformidade do que a comunicação com álteres similares" (p. 525). Em suma, tanto as abordagens de coesão quanto as de equivalência estrutural sobre contágio social estão associadas à transferência de conhecimento e ambas trazem novos entendimentos importantes sobre o assunto.

FUNÇÕES DAS REDES

A função de comunicação de um indivíduo é determinada pelo padrão geral dos vínculos de comunicação que estabelece. Algumas pessoas, identificadas como não participantes (por exemplo, os isolados), têm relativamente poucos contatos com outros indivíduos (por exemplo, 2, 6 e 13 na figura 3.1). Os participantes, por sua vez, formam padrões marcantes que representam grupos comunicais e vínculos entre esses conjuntos de pessoas (por exemplo, 4, 19, 20, 21 e 22). Diversos estudos encontraram diferenças fundamentais entre esses dois tipos de indivíduo, em que os participantes são mais extrovertidos e influentes, estão mais satisfeitos (Goldhaber *et al.*, 1978) e têm estruturas cognitivas mais coerentes (Albrecht, 1979), ao passo que os não participantes retêm deliberadamente as informações e têm menor satisfação com a comunicação (Roberts & O'Reilly, 1979), apresentando menos identificação, variedade, feedback e interação (Moch, 1980).

A função de comunicação mais importante é a de ligação (5 na figura 3.1). A ligação vincula dois ou mais grupos, embora não seja membro de nenhum deles. Esse posicionamento estratégico das ligações lhes conferiu o rótulo de "elos de conexão", que, promovendo um clima mais positivo e uma coordenação bem-sucedida das funções organizacionais, servem para manter uma organização unida (Likert, 1967). Mais recentemente se observou a vulnerabilidade das redes de grande escala, como a web, diante de ataques desfechados contra algumas de suas posições centrais (Albert, Jeong, Barabasi, 2000).

O papel das ligações na coordenação e no controle das atividades organizacionais tem relação direta com os conceitos de integração e diferenciação discutidos no capítulo "Estruturando redes de conhecimento". Conforme a organização vai se subdividindo em grupos, maiores esforços são necessários para uni-los por meio de mecanismos de integração. Esses mecanismos são fundamentais para a sobrevivência da organização, sem os quais ela seria somente um mero conjunto de grupos, com cada um deles seguindo seu próprio caminho. Normalmente, as ligações são o mecanismo mais eficiente de integração pessoal existente, graças a seu posicionamento estratégico. Pela sua centralidade e suas vinculações diretas com os outros, as ligações reduzem a probabilidade de distorção de mensagens, diminuem a carga de informações e aumentam a rapidez da comunicação.

Infelizmente, as ligações são relativamente raras, o que em geral se reflete no baixo nível de comunicação entre os diversos grupos nas organizações (Farace & Johnson, 1974). Um trabalho mais recente a respeito das pontes – que estão vinculadas umas às outras, mas não compartilham laços com terceiros – enfatiza ainda mais esse ponto. Burt (2002) constatou que no ambiente de um grande banco de investimento, embora as pontes acumulassem capital social significativo, tivessem melhor reputação entre os colegas e proporcionassem retribuições mais altas, elas se deterioravam rapidamente, e menos de 5% sobreviviam por 4 anos. Apesar das recompensas mais altas, essas pontes eram onerosas de se manter, já que muitas vezes não se mostravam homogêneas e não tinham seus custos divididos com terceiros. Nos primeiros dois anos, elas se deterioravam mais rapidamente que as relações que não eram pontes, mas o declínio ocorria de forma mais lenta no terceiro e quarto anos. As pontes mais experientes apresentaram uma derrocada mais demorada de suas relações.

Tendo em vista seu papel central nas operações da organização, é importante conhecer os fatores que possibilitam que um indivíduo assuma uma função de ligação. O surgimento de ligações também é essencial para aumentar o nível de informação que flui entre os diversos grupos nas empresas e, em consequência, para ampliar a coordenação e o controle.

O primeiro conjunto de elementos que leva ao surgimento de ligações de grupo são os fatores relacionais. Uma vez que a análise de redes é, em essência, um meio de representação de padrões de vínculo, a qualidade desses relacionamentos determina em grande medida os modelos a serem seguidos pelos seus integrantes. Portanto, a satisfação geral de um indivíduo com os vínculos que estabelece pode afetar a frequência e a duração dos mesmos. Para a função de ligação, um fator relacional de fundamental importância é a abertura, geralmente concebida como uma disposição para dar ou receber informações. Para que a informação flua livremente em uma organização, é crucial que os participantes da rede mantenham uma comunicação aberta típica das relações de confiança.

Outro conjunto de fatores determinantes para o surgimento de uma ligação de grupo são suas habilidades cognitivas. Uma vez que a ligação ocupa uma posição central nos grupos organizacionais, essa função tem demandas exclusivas de processamento de informação. As ligações devem processar informações provenientes de fontes diversas, cujas mensagens são frequentemente expressas em variadas linguagens técnicas. Em contextos organizacionais, tais habilidades de processamento de informação estão associadas à complexidade cognitiva. O indivíduo dotado de alta capacidade cognitiva está apto a reconhecer diferenças importantes entre os bits de informação (diferenciação), perceber o significado relativo deles (discriminação) e, finalmente, assimilar uma grande variedade de informações de maneira coerente e/ou inovadora (integração) (Schroder, Motorista, Streufert, 1967). De fato, diversos estudos empíricos encontraram uma correlação entre complexidade cognitiva e posições ocupadas pelos agentes nas redes de comunicação (Albrecht, 1979; Schreiman & Johnson, 1975; Zajonc & Wolfe, 1966). Mais recentemente, afirmou-se que a abrangência de rede, ou a diversidade dos contatos de alguém, afeta a habilidade de uma pessoa para "transmitir ideias complexas por diferentes corpos de conhecimento" (Reagans & McEvily, 2003, p. 247).

Enquanto os fatores relacionais e cognitivos são essenciais para o desempenho de uma função de ligação e imprescindíveis ao seu surgimento, os fatores motivacionais, por sua vez, determinam se um indivíduo almeja ou não essa função e se a executará de maneira eficaz. O surgimento dos vínculos é, em parte, proveniente das escolhas mais voluntárias e espontâneas feitas pelos integrantes da organização em suas relações de comunicação. Assim, esses vínculos podem descrever, parcialmente, as estratégias que os participantes adotam para satisfazer suas necessidades. Pode-se dizer que as funções de ligação nas redes de comunicação são geralmente exercidas por funcionários em ascensão na empresa (Presthus, 1962). As necessidades desses indivíduos são atendidas dentro da organização. Eles são buscadores ativos de informações, que constantemente perscrutam a empresa à procura de informações úteis ao seu próprio avanço.

Tradicionalmente, entende-se que o controle nas empresas é exercido dentro da estrutura formal. Roberts e O'Reilly (1979) afirmam que o controle efetivo de uma organização corresponde à medida em que as redes vinculam os grupos de trabalho mais importantes. Cada vez mais as funções de gestão podem ser vistas como similares às de ligação, fato que se reflete na constatação de que a função de ligação tende a ser exercida por gestores. Um gestor eficaz deve ser capaz de perceber padrões coerentes em diversas entradas de informação e formar juízos claros que possam servir como base para a ação organizacional. No entanto, apenas uma minoria dos gestores, que parecem usar a persuasão para alcançar seus objetivos, ocupa posições de ligação em redes de comunicação informal. De fato, muitas das características de uma ligação – abertura, confiança, sensibilidade para com os outros, e acessibilidade a várias fontes de informação – também são utilizadas para especificar o perfil de gestores democráticos e, mais genericamente, delinear as propriedades de um clima de comunicação aberta. Assim, a função de ligação aponta para a convergência entre a análise de redes e as abordagens formais. Ela também é precursora do crescente interesse nos mercados, que traz hipóteses cruciais sobre as motivações para as interações voluntárias e as qualidades relacionais básicas necessárias ao funcionamento dos sistemas sociais.

INTERMEDIANDO BURACOS ESTRUTURAIS

Mais recentemente surgiu uma visão alternativa para o entendimento das ligações de grupo. Ron Burt (1992, 2000 e 2007) formulou o conceito de buraco estrutural reunindo muitos dos temas presentes neste livro, explicando com mais detalhes fenômenos como os laços fracos. Ele afirma que grande parte do comportamento competitivo voltado para o mercado pode ser entendido a partir do acesso dos indivíduos a "buracos" existentes nas estruturas da rede. Buracos estruturais são lacunas ou separações verificadas entre os relacionamentos das redes de comunicação, concebidas como "desconexões ou falta de equivalência entre os jogadores de uma arena" (Burt, 1992, pp. 1-2).

Um buraco estrutural separa duas entidades que têm relações diferentes na rede, e que não estão ligadas uma à outra, mas poderiam estar. Esses buracos existem normalmente em uma rede em funcionamento, já que seus membros não compartilham o mesmo nível de acesso a informações ou recursos (Burt, 1992). Eles oferecem oportunidades de intermediação, visto que os atores podem ir atrás de seus próprios interesses, livres das limitações impostas por grupos coesos (Burt, 1991).

Os buracos são descontinuidades presentes em uma estrutura social que possibilitam o acesso de determinados atores à informação. Por exemplo, se duas áreas formais que precisam interagir (por exemplo, desenvolvimento de produto e engenharia) não mantêm vínculos formais de integração, os integrantes dessas áreas que estabelecerem ligações ou pontes informais levarão uma vantagem sobre os demais. Embora esses laços possam ser fracos, pode-se dizer a respeito deles, além dos argumentos apresentados anteriormente, que eles estão posicionados de modo a fornecer informações exclusivas. Os indivíduos podem transformar essas relações em "capital social", o que lhes dá vantagem estratégica na concorrência por recursos escassos na organização, tais como promoções. Um caso especial de intermediação aparece quando uma pessoa media relações entre dois grupos assimétricos. Dessa forma, aquele que controla o acesso à autoridade em uma organização, ou aos recursos em coalizões mais informais, tem possibilidades adicionais de exercer influência sobre os outros.

Os "benefícios de informação" obtidos com a ocupação de uma posição estratégica na estrutura giram em torno das questões clássicas: quem são os que conhecem as oportunidades, quem são os atores que participam, e quando isso ocorre. De fato, há um crescente reconhecimento de que as redes de conhecimento "requerem um ponto central ou comutador humano, cuja função é conhecer quem sabe o quê e o que se sabe" (Earl, 2001, p. 225). Os indivíduos que estão posicionados estrategicamente (por exemplo, o 5 no comunigrama) sabem, antes que outros, quais são as informações relevantes, como decorrência do seu padrão exclusivo de laços. Eles podem controlar a distribuição dessas informações para outros (ou, pelo menos, retardar sua evolução) e saber quando e como elas provavelmente serão difundidas.

Eles também podem encaminhar informações aos seus aliados. Assim, se houver um programa de treinamento sobre uma nova tecnologia fundamental, um indivíduo adepto pode alertar seu aliado, que estaria, assim, na vanguarda da evolução e manteria seu parceiro informado. Com essas medidas, um ator pode, mais do que meramente obter informações, controlar e manipular ativamente os recursos da empresa com base nelas. Desse modo, os atores podem ser "atraídos" para a ação empreendedora mediante a promessa de sucesso.

Talvez a aplicação mais interessante até o momento do raciocínio a respeito de buracos estruturais venha de sua implicação nas promoções. Burt (1992) percebeu que os gestores de redes ricas em buracos estruturais são promovidos mais rapidamente, sendo mais jovens que seus concorrentes. Isso se deve, em parte, ao fato de que quanto mais você sobe na hierarquia da organização, mais a promoção se baseia naquilo que é realizado com outras pessoas. Não só esses gestores se beneficiam dos buracos estruturais, como também tornam-se mais conhecidos dentro da empresa, podendo virar líderes em lugares improváveis, algo que é fundamental para a ascensão em suas carreiras. Nesse aspecto, uma das estratégias menos eficazes é construir relacionamentos fortes e redundantes com o seu supervisor imediato. Este, quando lhe faz um elogio, está muitas vezes elogiando a si mesmo (vejam que funcionário magnífico eu preparei.) O supervisor também tem interesse particular em proteger seu investimento e não promoverá esse recurso exclusivo entre os concorrentes.

Mais recentemente, Burt (2003) também constatou uma associação entre ideias inovadoras e utilização de buracos estruturais por gestores. Outros ampliaram o estudo realizado por Burt, destacando sua importância como "ponto de partida para a conceitualização do uso estratégico da construção das redes para fomentar um determinado conjunto de interesses" (Pollock, Porac, Wade, 2004, p. 50).

Índices de redes

> O objetivo da análise de redes é obter, com base em dados relacionais brutos, descrições muito refinadas da estrutura de um sistema.
> (Rice & Richards, 1985, p. 106)

Essa meta é alcançada principalmente através do uso de diferentes fórmulas matemáticas ou índices que refletem padrões específicos de relacionamento (Edwards & Monge, 1977; Wasserman & Faust, 1994; Wigand, 1988). Esses índices podem dizer respeito a uma questão de crescente importância nas pesquisas de comunicação, gestão e ciências sociais – os níveis de análise – e, em parte, explicam a popularidade da análise de redes, pois são meios muito sofisticados para lidar com esse tema.

Se os pesquisadores pretendem evitar o reducionismo puro, eles devem explicar sistematicamente o impacto de processos de ordem superior nas organizações. Por exemplo, as relações diádicas entre supervisor e subordinado não podem ser entendidas sem que se faça referência a processos organizacionais de ordem superior, como os sistemas de autoridade (Dansereau & Markham, 1987). Da mesma forma, o conjunto de todas as relações entre supervisor e subordinado pode ter consequências importantes para os processos de grupo, particularmente aqueles associados à tomada de decisão e à formação de equipes. Desse modo, a análise de redes pode ser usada como um meio sistemático de relacionar as perspectivas micro e macro das organizações. Esta seção tratará, ao retratar as configurações das relações, da flexibilidade inerente aos índices de análise de redes, centrando-se nos percursos, no posicionamento de um indivíduo e no nível de aglomeração dos grupos ou sistemas, um modo comum de separar os níveis de análise na pesquisa de redes.

Percursos

> Não conhecemos todas as pessoas que nossos amigos conhecem, muito menos os amigos e conhecidos dessas pessoas. É óbvio que os atalhos do mundo social se encontram, em sua maioria, além de nossa visão, e só passamos a percebê-los quando nos deparamos com suas consequências surpreendentes.
> (Buchanan, 2002, p. 55)

Os índices de percurso lidam principalmente com a facilidade que uma mensagem tem ou não para fluir de um nó a outro em uma rede, e estão intimamente relacionados à manipulação de matrizes (Knoke & Kuklinski, 1982). A teoria dos grafos trata principalmente de questões centradas nos relacionamentos, e isso adquiriu importância crescente nos últimos anos, com destaque para os vínculos estabelecidos na internet e uma expansão da problemática clássica de mundo pequeno (Barabasi, 2003; Buchanan, 2002).

Várias distinções foram feitas sobre o modo como dois nós podem estar conectados por combinações de linhas e outros nós (Borgatti, 2005). Qualquer sequência de linhas é chamada de *trajeto* ou *walk*, e um trajeto em que cada nó e cada linha são distintos é denominada *caminho* ou *path* (Scott, 2000). Uma *trilha* ou *trail* é um trajeto cujas linhas são distintas, mas cujos nós não o são (Wasserman & Faust, 1994). Essa classificação é importante para o exame do fluxo de informações nas redes, uma vez que pode determinar sua redundância e, portanto, a probabilidade de "emperramento", distorção e outros resultados importantes.

Os trajetos que começam e terminam no mesmo nó são chamados *fechados* (Wasserman & Faust, 1994). Esse fechamento é uma propriedade importante, pois possibilita algum feedback a respeito de como a informação foi processada (Katz & Kahn, 1978). O comprimento de um caminho é determinado pelo número de linhas que o compõem, e a distância geodésica define-se como o caminho mais curto, a exemplo da entrega de uma encomenda. A acessibilidade é medida pela quantidade de vínculos que uma mensagem deve percorrer para ir de um nó a outro. Normalmente, expressa como o caminho mais curto possível, a acessibilidade tem profundas implicações na influência final que um indivíduo exerce em um sistema social (Barnes, 1972; Mitchell, 1969), tendo em conta os limites prováveis de contatos indiretos observado por Burt (2007) e a visão limitada que temos de nossos horizontes de informações (Krebs, 2008).

Outra forma de abordar esse problema é a partir dos estudos do pequeno mundo originados por Milgram. Esses estudos se concentraram nos caminhos que as pessoas efetivamente utilizavam para enviar uma mensagem a um parente desconhecido, situado em outra localização geográfica, e em geral chegaram à conclusão de que eram necessários relativamente poucos vínculos para alcançar alguém (7,3 para chegar a um estranho em todo o continente norte-americano) (Barabasi, 2003; Buchanan, 2002). Outro trabalho enfocou as implicações do pequeno número de conhecidos – alguns estimam apenas 24 indivíduos – que seriam necessários para que todos eles estivessem conectados a todas as outras pessoas do mundo, em uma rede social (Buchanan, 2002).

Os estudos nessa área têm uma série de implicações para o fluxo de conhecimento nas organizações, especialmente em termos de eficiência e eficácia (ver quadro 10.1 para mais detalhes). Eles são um pouco nebulosos porque representam possibilidades de ação – e não necessariamente o que as pessoas fariam em circunstâncias específicas – e constituem o modo como suas escolhas conscientes a respeito da melhor fonte de informação podem definir os vínculos que utilizariam (Barabasi, 2003). Dito de outra forma, há diferenças fundamentais entre realizar uma busca ampla, em que todos aqueles que você conhece comunicam-se com todos os que eles conhecem e assim sucessivamente, e implementar uma busca direcionada, focada em um conteúdo limitado e nas fontes com maior probabilidade de possuí-lo (Watts, 2003).

A relação entre os trabalhos de Granovetter e Milgram levou ao artigo de Watts e Strogatz (1998), publicado na revista *Nature*, que despertou novamente o interesse nessa área, no contexto da internet (Barabasi, 2003). Embora a internet seja composta de redes ordenadas de laços locais densamente agrupados, vinculados por alguns laços fracos, ela também parece contar com uns poucos núcleos altamente centralizados – os chamados conectores ou hubs – que constituem "redes aristocráticas com enormes disparidades" (Buchanan, 2002, p. 119) –, cuja existência permite que os ricos enriqueçam ainda mais, ao fazerem uso de processos de crescimento e de conexão preferencial (Barabasi, 2003). As leis de potência associadas a esses conectores nos ajudam a compreender a dinâmica das redes e o modo como algumas pessoas passam a ser o seu foco (Watts, 2003), e nos conduzem então a uma discussão sobre índices de posicionamento individual.

Posicionamento individual

Os índices de posicionamento individual, tais como ancoragem (Barnes, 1972) e grau de integração (Farace & Mabee, 1980; Wigand, 1977), tentam determinar matematicamente a localização de um indivíduo na configuração de relacionamentos de uma rede. A autonomia estrutural refere-se às relações que um indivíduo pode limitar suas oportunidades de ação dentro de uma rede. Os atores proeminentes, tais como as ligações de rede, são os mais visíveis para os outros (Wasserman & Faust, 1994). Eles podem ser os mais procurados como fonte de informação, deter o poder de especialistas e ainda serem vistos como mais confiáveis. Esses atores são prestigiosos a ponto de ter laços direcionados a eles, como aqueles que solicitam informações, com muito mais relações entrando do que saindo (*ibid.*, 1994).

Entre todos os índices, o mais comumente examinado tenta revelar quanto um indivíduo é central em uma rede. O esquema de Freeman é o mais utilizado para esse propósito (Scott, 2000). Ele distinguiu três tipos de centralidade. A centralidade local ou de grau refere-se ao número de contatos imediatos que um indivíduo possui, enquanto a centralidade global ou de proximidade indica o número de vínculos necessários para se atingir todos os outros membros de uma rede. A centralidade de intermediação visa determinar se um ator está situado entre dois locais e, portanto, se ocupa uma localização estratégica (a menor distância entre duas posições na rede), podendo servir como um ponto de transmissão. Assim, os corretores têm centralidade de intermediação, uma vez que são os agentes de transmissão de mensagens de um grupo para outro em uma rede e, por isso, podem facilitar, impedir ou manipular sua fluidez (Freeman, 1977).

Como ocorre com a maioria dos indexadores de rede, há várias formas de calcular índices de posicionamento individual, o que pode ter implicações importantes para relacionamentos mantidos com variáveis não pertencentes à rede. Por exemplo, Brass (1981) relata o estudo de um jornal em que foram usadas três medidas diferentes de posicionamento individual para analisar sua relação com as características do trabalho e outras variáveis de resultado organizacional, como a satisfação. A centralidade se referia ao grau em que um trabalhador teria acesso a outros na rede, com um número mínimo de vínculos. A criticidade revelava em que medida a posição ocupada por um indivíduo era crucial para o tráfego de materiais em uma rede de fluxo de trabalho. As alternativas de procedimento se referiam a se havia ou não redundância, no sistema, das informações recebidas por determinados indivíduos e daquelas fornecidas por outros.

A centralidade e a criticidade estavam fortemente relacionadas com as características do trabalho, mas em diferentes padrões de associação. As alternativas de procedimento, por sua vez, não apresentaram correlação com as características do trabalho. Por outro lado, as alternativas de procedimento e a criticidade tinham uma ligação significativa com a satisfação, ocorrendo o oposto com a centralidade. As descobertas de Brass apontam a importância das medições de posicionamento individual para explicar as variáveis não pertencentes à rede, e também a relevância de se considerar cuidadosamente a ampla gama de diferentes indicadores possíveis nessa categoria e de conceitualizar suas relações com outras variáveis.

Recentemente, afirmou-se que, em muitos aspectos, as abordagens convencionais da análise de redes – que centram-se em atributos relacionais relativamente duradouros, o que permite compreender a base estrutural da organização – são demasiado estáticas para captar o mundo fluido da organização contemporânea. Como nos estudos sobre difusão, talvez o fluxo de conhecimento seja um tanto peculiar em alguns casos. Assim, Liberman e Wolf (1997) enfocaram o fluxo de conhecimento em encontros científicos, apresentando-o como um intercâmbio de informações altamente especializadas em contextos similares aos do mercado. Borgatti (2005) desenvolveu com maior plenitude as implicações disso para os indicadores de centralidade. Ele argumenta que essas medições presumem que as mensagens percorrerão o caminho mais direto e curto possível. No entanto, em um caso particular, elas podem seguir diferentes padrões de trajetória e modos de propagação. Apoiando-se em resultados simulados, ele conclui que as medições mais comumente usadas (por exemplo, as de Freeman, baseadas em geodésicas) não são adequadas para os tipos mais interessantes de fluxos, e que os investigadores devem examinar cuidadosamente as propriedades deles (por exemplo, a velocidade e a frequência de recepção) e os resultados almejados, antes de adotar uma medição de centralidade em especial.

Borgatti (2005) também discute as implicações de três métodos diferentes de propagação: a difusão, a replicação em série e a transferência. Em uma situação de difusão, as mensagens – de modo similar às transmissões da mídia – podem ser enviadas simultaneamente e da mesma forma para muitos receptores. A replicação em série pode implicar algumas alterações na mensagem de cada um dos vários pontos consecutivos, como em situações de fofocas. A transferência se refere às regras de decisão em cada ponto de uma rede (por exemplo, "Envio a mesma mensagem para a pessoa mais relevante que conheço em minha rede imediata ou posso alterá-la de alguma forma para a primeira pessoa com a qual entre em contato?").

Grupos e conectividade

A análise de redes está mais interessada nos meios de identificar padrões densos ou altamente conectados de relações em diferentes níveis. Isso levou a uma variedade de indicadores e métodos que estão estritamente associados com o enfoque sociológico clássico em grupos e "panelinhas" ou motivos, que reflete o papel da rede em níveis mais elevados de configuração, na linguagem mais recente (Milo et al., 2002). Esse problema tem analogia direta com questões relacionadas à diferenciação da organização em grupos formais, o que discutiremos em mais detalhes no capítulo "Estruturando redes de conhecimento".

CONECTIVIDADE E DENSIDADE

Talvez o maior nível de desenvolvimento dos índices de rede esteja na área da conectividade relativa de aglomerados sociais maiores, quer sejam grupos ou "panelinhas", quer seja o sistema social como um todo.[4] Essencialmente, a conectividade diz respeito a saber se todos os vínculos existentes em um aglomerado estão sendo utilizados. Assim, mesmo um grupo de sete tem muitas combinações possíveis de vínculos internos; e quanto mais deles estiverem sendo usados, maior será sua conectividade. Isso tem implicações importantes para processos como a formação de atitude em grupos (Danowski, 1980) e sua coesão relativa.

---

4 Ver em Edwards e Monge (1977) uma análise sistemática das diferentes propriedades de vários dos primeiros indicadores de conectividade.

A atenção mais recente sobre esse fenômeno centrou-se na densidade, que é determinada dividindo-se o número de linhas reais de uma rede pela quantidade de linhas possíveis (Scott, 2000). Enquanto a centralização descreve o grau em que a coesão está organizada em torno de nós, a densidade representa de forma mais holística o nível de conectividade em uma rede (Scott, 2000).

GRUPOS E "PANELINHAS"

As "panelinhas", que se formam em decorrência de níveis maiores de filiação a alguma propriedade relacional, sempre foram de grande interesse no comportamento organizacional, pelo menos desde os estudos de Hawthorne (Kilduff & Tsai, 2003; Scott, 2000). Nas décadas de 1950 e 1960, houve uma extensa pesquisa sobre o modo como as estruturas dos pequenos grupos impactavam no desempenho e na satisfação de seus membros (Shaw, 1971). Após um longo período de improdutividade, os estudos sobre os grupos nas redes analisaram o equilíbrio entre as relações de informação interna e externa necessárias para se alcançar um desempenho de trabalho ideal (Katz *et al.*, 2004). Isso se deve, em parte, à profunda influência do contexto social sobre os indivíduos e suas relações com os outros (Kilduff & Tsai, 2003).

O pertencimento a diferentes "panelinhas" (Katz *et al.*, 2004; Kilduff & Tsai, 2003) e a relativa continuidade das relações em sistemas sociais fraturados, tais como organizações virtuais, muitas vezes dificultam a identificação clara dos agrupamentos nos trabalhos empíricos, com uma atenção considerável a isso sendo dada no desenvolvimento de algoritmos de computador e índices (Wasserman & Faust, 1994). O modo como as pessoas categorizam seu mundo social em grupos de filiação é fundamental para entender como elas buscam informação de maneira direcionada, uma vez que o primeiro passo muitas vezes incorpora certos pressupostos sobre as classes de pessoas que podem ter determinados tipos de conhecimento (Watts, 2003). Pode-se esperar que as panelinhas altamente densas e relativamente isoladas tenham altos níveis de conhecimento tácito, ao passo que o pertencimento a vários grupos seja crucial para compartilhar conhecimentos e lograr perspectivas comuns na organização como um todo.

RESUMO

Nos últimos anos, temos visto um ressurgimento do interesse pela análise de redes como uma forma de retratar os padrões complexos de relacionamento em sistemas sociais. Como vimos, ela oferece muitas vantagens para examinar o fluxo de conhecimento nas organizações. Em primeiro lugar, é um método bastante viável para analisar a configuração geral dos relacionamentos em um grande sistema social, e também pode fornecer uma descrição elegante deles. A análise de redes proporciona o retrato mais completo da configuração geral dos vínculos e, certamente, uma visão muito mais abarcadora do que a oferecida pelas abordagens formais mais tradicionais. É bem adequada para descrever e analisar formas organizacionais modernas mais complexas (por exemplo, consórcios, organizações matriciais, e assim por diante). Em segundo lugar, fornece informações muito específicas e diretas sobre o padrão dos vínculos de um indivíduo, uma vez que as redes são baseadas fundamentalmente no conceito de relações diádicas. Isso nos afasta de um enfoque exclusivo no indivíduo para uma focalização conceitualmente mais correta, que coloca a relação como unidade de análise; a ênfase deixa de ser naquilo que as pessoas sabem e passa a ater-se ao modo como o conhecimento é compartilhado dentro de um sistema social, por meio de processos como os de laços fracos e de mediação. Em terceiro lugar, permite derivar uma série de outras medições da aglomeração desses vínculos individuais, incluindo a identificação de "panelinhas", funções e métricas (por exemplo, a conectividade); e esses dados podem ser agrupados em diversos níveis de análise, incluindo relações interpessoais, de grupos e da organização como um todo. A esse respeito, pode ser usada como um meio sistemático de vincular as perspectivas micro e macro de uma organização, e segundo o enfoque mais atual sobre os níveis de análise, para desenvolver abordagens ao contexto cada vez mais sofisticadas.

Entender as redes tem um potencial emancipatório, já que pode fazer que os atores se tornem cientes das limitações e oportunidades que eles poderiam não ter conhecimento (Kilduff & Tsai, 2003). A rede de relacionamentos constitui o capital social de um indivíduo. Fundamentalmente, a análise de redes é uma expressão da natureza social do conhecimento, e Grover e Davenport (2001) e outros concebem todo o conhecimento como situado em um contexto. Portanto, pode oferecer um retrato preciso de como o conhecimento pessoal está situado ou inserido em um contexto social mais amplo, assunto que será abordado na próxima parte deste livro.

Leitura complementar

Borgatti, S. P. & Foster, P. C. "The network paradigm in organizational research: a review and typology". Em *Journal of Management*, nº 29, 2003, pp. 991-1013.
Abrangente panorama da pesquisa sobre análise de redes nas organizações, com ênfase nos estudos de administração e sociologia.

Burt, R. S. *Structural Holes: the Social Structure of Competition*. Harvard University Press, 1992.
O trabalho pioneiro sobre buracos estruturais que se concentra principalmente em trajetórias profissionais, e não tanto em questões relacionadas diretamente com a transferência de conhecimento, embora contenha uma vasta discussão sobre laços fracos.

Burt, R. S. *Brokerage and Closure: an Introduction to Social Capital*. Oxford University Press, 2005.
Centra-se mais diretamente na inovação e no papel da mediação na difusão de ideias dentro das organizações. Uma das razões para a popularidade das ideias de Burt é que seus livros ultrapassam os panoramas gerais, tão característicos dos trabalhos nesta área, e apresentam ricas considerações teóricas e empíricas sobre seus conceitos.

Cross, R.; Parker, A.; Sasson, L. (orgs.). *Networks in the Knowledge Economy*. Oxford University Press, 2003.

Coleção de leituras clássicas que enfocam muitos dos temas explorados neste livro, embora a maioria das seleções, como a análise de redes em geral, aborde apenas tangencialmente as redes de conhecimento.

Monge, P. R. & Eisenberg, N. S. *Theories of Communication Networks*. Oxford University Press, 2003.

Discussão sistemática das teorias relacionadas com redes de comunicação, com um esquema de organização baseado em múltiplos níveis. Desenvolvimento dos artigos do manual do autor com explanação sobre os tópicos mais específicos.

Newman, M.; Barabasi, A.; Watts, D. J. (orgs.). *The Structure and Dynamics of Networks*. Princeton University Press, 2006.

Coleção de leituras contemporâneas de uma grande diversidade de fontes, da antropologia à física, que captam as redes em toda a sua amplitude, incluindo o mundo da internet.

Richards, W. D. "Data, models, and assumptions in network analysis". Em McPhee, R. D. & Tompkins, P. K. (orgs.). *Organizational Communication: Traditional Themes and New Directions*. Sage, 1985.

Análise aprofundada dos problemas relacionados com a operacionalização e conceituação da unidade fundamental de análise em pesquisa de redes – a relação.

Scott, J. *Social Network Analysis: A Handbook*. 2ª ed. Sage, 2000.

Clássica e popular introdução geral à análise de redes sociais.

Watts, D. J. *Six Degrees: The Science of the Connected Age*. W. W. Norton, 2003.

Best-seller que aborda os temas contemporâneos em análise de redes, especialmente sua relação com a web, por um dos principais pesquisadores na área. Alguns capítulos dedicam-se a questões importantes para as organizações, especialmente quanto à busca e difusão de informações.

Contextos

4
Contexto

> [...] não sabemos quem descobriu a água, [mas] é quase certeza que não foi um peixe.
> (McLuhan, *apud* Lukasiewicz, 1994, p. xx)

> Apesar dos sucessivos apelos para que se investigue e preste atenção ao contexto [...], ninguém tem certeza absoluta do que está sendo solicitado ou de como fazê-lo.
> (Weick, 1983, p. 27)

> Quanto mais contextos duas pessoas compartilham, mais próximas elas são, e maior a probabilidade de estarem conectadas.
> (Watts, 2003, p. 126)

> A informação está vinculada ao contexto, isto é, só tem utilidade no contexto.
> (Grover & Davenport, 2001, p. 6)

Um requisito fundamental da ação social é que ela deve ocorrer em um contexto. Embora a noção de contexto ocupe uma posição central em todas as interpretações das ciências sociais, ela tem sido examinada com mais frequência na semântica situacional ou em microprocessos relacionados com o discurso. O conhecimento está inerentemente inserido em determinadas situações sociais (Birkinshaw, Nobel, Ridderstrale, 2002). A relação entre contexto e busca de informações é, cada vez mais, vista como a questão mais importante nas pesquisas sobre o comportamento da informação (Cool, 2001; Dervin, 1997 e 2003; Johnson, 2003; Pettigrew, Fidel, Bruce, 2001; Talja, Keso, Pietilainen, 1999; Taylor, 1986).

Em geral, o persistente problema teórico de explicar a ação de um indivíduo em um contexto social raramente é abordado de forma explícita, e não ficamos cientes das diferentes acepções de "contexto" utilizadas (Dervin, 1997). Em particular, falta identificar os elementos contextuais "ativos" que desencadeiam mudanças nas redes de conhecimento (Johnson, 2003). Ao conceituar nosso mundo, temos uma tendência a enfocar os objetos, em vez do ambiente à volta deles (Stocking & Holstein, 1993), centrando-nos, por exemplo, em mensagens ou indivíduos, e não nos contextos em que eles estão inseridos. Concentramo-nos nos processos que nos interessam, em vez de atentarmos para os contextos sociais mais difusos que os enquadram, inserem e rodeiam.

Tradicionalmente, três significados para o termo "contexto" têm sido adotados na pesquisa organizacional (tabela 4.1). Em sua primeira acepção, o contexto é visto como uma situação em que o indivíduo está envolvido, sendo considerado mais importante na determinação de seu comportamento do que seus traços particulares ou disposição própria. Na segunda, é equiparado às abordagens contingenciais que tendem a identificar elementos ativos que tenham efeitos específicos e previsíveis em vários processos. Na terceira, é concebido como o principal enquadramento para sistemas de significado ou interpretação e, cada vez mais, considerado crucial para a construção de conhecimento. Em toda teoria, é essencial explicar em que condições ela se aplica; esse é o problema fundamental abordado pela análise de contextos (Baker & Pettigrew, 1999). Neste capítulo, portanto, analisarei cada um desses sentidos que o termo possui para as organizações, antes de tratar a maneira como elas contextualizam seus mundos externos.

TABELA 4.1. COMPARAÇÃO DOS TRÊS SIGNIFICADOS DE CONTEXTO

Dimensão	Significados		
	Situação	Contingência	Estrutura
Capacidade explanatória	Rudimentar	Precisa	Rica
Função do indivíduo	Passiva	Correspondente	Contextualizadora
Subjetividade	Objetiva	Contingente	Interpretativa
Dualidade	Separada	Interativa	Inseparável
Orientação teórica	Positivista	Pós-positivista	Pós-moderna

Fonte: Johnson (2003, p. 739)

Contexto como equivalente à situação

A primeira e mais primitiva acepção em que o termo contexto tem sido usado como uma lista elaborada de fatores situacionais (Chang & Lee, 2001; Dervin,

1997). Portanto, uma definição situacional de contexto é simplesmente uma especificação detalhada do meio em que as redes de conhecimento estão inseridas. Por exemplo, no nível macro, as abordagens estruturais, culturais e de clima organizacional especificam listas de fatores que podem ter impacto sobre as redes. Assim, Monge e Eisenberg (1987) discutem o caráter nacional, os condicionantes socioeconômicos e o tipo de atividade como alguns dos fatores situacionais que podem modelar as redes de comunicação emergentes.

No caso do clima e da cultura organizacional, essas listas enumeradas podem ser extensas. Algumas abordagens de clima organizacional procuraram descrever todos os fatores duradouros presentes no contexto de uma organização que poderiam ser usados para distingui-la de outras e que influenciariam o comportamento de seus membros. Por exemplo, ao analisar as publicações que tratam do tema, James e Jones (1974) descrevem a mensuração múltipla de atributos organizacionais como uma das três principais abordagens de clima organizacional. Essa proposta identifica cinco importantes componentes de variação situacional: contexto, estrutura, processo, ambiente físico, e valores e normas do sistema. Nessa perspectiva, cada um desses componentes, por sua vez, tem muitos elementos, e o contexto, por exemplo, inclui tecnologia, recursos, objetivos, propriedade, idade, função, e assim por diante. O clima se torna uma especificação muito criteriosa da situação organizacional; e, na abordagem de James e Jones (1974), é quase sinônimo dos significados mais comumente utilizados do conceito de contexto (Denison, 1996).

As abordagens situacionais de contexto visam descrições exaustivas e objetivas, mas não costumam explicar a relação, se é que ela existe, entre os fatores situacionais envolvidos (por exemplo, tendências sociais, tecnologia da informação, limitações, campos de informação, procedimentos de busca e assim por diante) e o processo em questão. Indo além da lista de fatores situacionais, uma teoria de médio alcance especifica também as condições limitantes colocadas (por exemplo, tecnologia, ciclo de vida, nicho ambiental), indicando o contexto em que operam determinadas proposições. Desse modo, um contextualista pode argumentar que toda hipótese é plausível em certas situações delimitadas (McGuire, 1983). Portanto, reconhecendo a importância das redes de conhecimento para as operações dos mercados, posso afirmar que uma abordagem mercadológica da estrutura organizacional explica o desenvolvimento de redes em empresas tecnológicas altamente competitivas, cujos membros podem trocar informações uns com os outros livremente (Johnson, 1996a e b). Assim, as condições restritivas podem configurar uma etapa intermediária, em que se identifica fatores que supostamente moderam as relações, mas para os quais a natureza exata delas não é especificada, como em abordagens contingenciais.

Contexto como contingência

A abordagem contingencial de contexto vai além da enumeração de fatores em uma situação e especifica elementos ativos em um contexto e sua relação com os processos. Ela está interessada em identificar os principais fatores situacionais que produzem estados previsíveis de redes de conhecimento. Por trás dela está o pressuposto mais geral de que a eficácia de uma entidade (por exemplo, um indivíduo ou uma unidade) é determinada pela correspondência (ou adequação) entre suas características, em particular as estruturais, e o meio a sua volta (Allen & Kim, 2000). Esses desígnios de congruência foram criticados com frequência por razões lógicas e teóricas (Dalton et al., 1980), principalmente porque eles muitas vezes parecem tautológicos ou são usados para explicar relações *a posteriori* (Drazin & Van de Ven, 1985; Fry & Smith, 1987).

Correspondência, contingência e congruência

Embora as noções de correspondência, contingência e congruência sejam conceitos heurísticos eficazes, corroborados empiricamente em muitos contextos, elas não estão isentas de problemas. Fry e Smith (1987) elaboraram uma crítica conceitual sistemática a essas concepções. Em essência, eles defendem uma definição consistente e a distinção cuidadosa desses conceitos conforme os marcos de uma perspectiva geral de construção de modelos teóricos. Afirmam que a congruência é um conceito definido pelas relações estabelecidas entre as variáveis que integram uma teoria. Por outro lado, a contingência é delineada por estados sistêmicos em que a integridade do sistema é mantida, mas em condições marcadamente distintas.

Desse modo, o estudo de Lawrence e Lorsch (1967) sobre a correspondência entre diferenciação e integração e um ambiente organizacional se enquadraria mais claramente no âmbito da contingência, embora sua discussão sobre a importância de certos estilos de resolução de conflitos seja mais um exemplo de congruência. A congruência é um requisito prévio (condição necessária, mas não suficiente) para a contingência. Portanto, segundo a teoria de Lawrence e Lorsch (1967), uma organização deve adotar estratégias apropriadas de resolução de conflitos para que ocorra a combinação almejada entre diferenciação e integração e o ambiente. Mas isso não basta, também é necessário que existam níveis adequados de diferenciação e integração.

Há muitos problemas nesse estudo. Em primeiro lugar, um ponto de vista contingencial é muitas vezes adotado para explicar descobertas *a posteriori*, mas uma verdadeira perspectiva sobre congruência e contingência requer que as relações sejam especificadas antes de se realizar a pesquisa. Em segundo lugar, e em parte de forma correlata, as perspectivas contingenciais muitas vezes sofrem de um raciocínio tautológico ou circular. Funciona porque funciona. Não funciona porque a correspondência adequada não aconteceu. Em terceiro lugar, a noção sistêmica fundamental de equifinalidade complica imensamente esse quadro. Isto é, muitos sistemas congruentes podem ser estabelecidos para manter o todo no mesmo estado contingente (Fry & Smith, 1987). É possível que ambas, uma estrutura de comunicação centralizada gerida autoritariamente e outra estrutura descentralizada e administrada democraticamente, sejam capazes de manter uma organização produtiva no mesmo ambiente geral.

Em suma, as abordagens contingenciais são teoricamente mais rigorosas que as situacionais, pois especificam os elementos ativos em um contexto e seus impactos sobre os processos em questão. Entretanto, essas abordagens costumam ser de caráter mais funcionalista e ligeiramente interpretativas. É disso que trataremos agora.

Contextos como enquadramentos e estruturas de governança

> Não entender que um propósito intermediário
> fundamental da gestão do conhecimento é criar contexto
> compartilhado.
> (Dervin, 1998, p. 39, citando os onze pecados capitais da gestão
> do conhecimento, segundo Fahey e Prusak)

> [...] uma conexão que estabeleço cada vez que trabalho
> com alguém com quem compartilho um contexto, um
> modo de pensar sobre as coisas. Se não tenho essa
> conexão, é difícil continuar trabalhando com essa pessoa.
> (Kahn, 1990, p. 707, citando o depoimento de um arquiteto sobre
> interações no trabalho)

Esta seção examina os vários modelos de estrutura de governança em torno dos quais ocorrem debates, discussões e diálogos dentro das organizações. Para certas estruturas de governança, alguns estudiosos as identificaram com a própria rede, em vez de reconhecê-las como uma instância particular da concepção de rede. O conceito de modelo teórico (do inglês *framework*) tem uma longa história nas ciências sociais, em especial com relação aos processos discursivos. Os enquadramentos são vistos como inerentemente delimitadores, fornecendo aos indivíduos determinado contexto para a ação e para interpretações de "faixas de atividade" específicas (Goffman, 1974).

A noção de enquadramento é mais comumente usada para indicar uma forma de ver o mundo e de interpretá-lo de modo subjetivo; os enquadramentos agem como dispositivos produtores de sentido que determinam os parâmetros de um problema (Gray, 1996). Em contextos organizacionais, Schon e Rein (1994) fizeram uma análise extensa de como os enquadramentos afetam os conflitos políticos. De modo similar, Bolman e Deal (1991) afirmam que quatro enquadramentos acadêmicos clássicos (estrutural, de recursos humanos, político e cultural) contribuem para a produção de sentido nas organizações. Um enquadramento ou o ato de enquadrar normalmente se refere à colocação em palavras, na compilação de uma mensagem, de um ponto de vista (*American Heritage Dictionary*, 1979), fornecendo, por exemplo, uma definição, significado ou conceitualização de um problema em uma situação de conflito (Putnam & Holmer, 1992).

Aqui, enfocaremos enquadramentos que fornecem um contexto mais abarcador para a interação nas organizações. Um enquadramento de interação é o conjunto de condições inter-relacionadas que promovem certos níveis de entendimento compartilhado de significados, orientam os interlocutores sobre a natureza do acontecimento e determinam o propósito elementar de dar continuidade à interação (Johnson, 1997b e 1998). Um enquadramento, portanto, é como um paradigma que abre portas a mundos sociais de conhecimento situado e racionalidades dominantes. Ao estabelecer um vínculo intrínseco entre contexto e significado, considerado cada vez mais fundamental para a transferência de conhecimento, os enquadramentos fornecem as estruturas básicas de sustentação para as relações cooperativas nas organizações.

Uma das principais características da comunicação é que a interpretação depende do contexto. Os enquadramentos são janelas para o mundo e lentes que colocam o mundo em foco; ao mesmo tempo, filtram alguns estímulos (Bolman & Deal, 1991). As concepções mais pós-modernas de contexto afirmam que os indivíduos muitas vezes criam seus próprios contextos (Weick, 1969), escolhendo interpretações convenientes a respeito daqueles em que se encontram inseridos (Dervin, 1997). Com frequência, interpretações atribuíveis a vários enquadramentos se convertem em uma realidade tida como verdadeira entre os interlocutores. De fato, os enquadramentos desempenham várias funções cruciais para os interlocutores: são recursos de conversação compartilhados; proporcionam um tom emotivo comum; asseguram reações mais rápidas; e também fornecem uma base para a estabilidade temporal ao garantir relações mais contínuas (Benson, 1975; Collins, 1981).

Estrutura como governança

A pesquisa estrutural tem sido o principal foco da investigação sobre essas questões e tem-se dedicado principalmente a estudar modelos de governança duradoura. A estrutura tem cinco elementos: relações, entidades, configuração, contexto e estabilidade temporal (tabela 4.2), e pode ser definida da seguinte maneira: "A estrutura de comunicação nas organizações se refere à configuração relativamente estável das relações de comunicação estabelecidas entre entidades em um contexto organizacional" (Johnson, 1992, p. 100). Conforme detalha a tabela 4.2, cada um dos modelos de governança que discutiremos – as abordagens formal, informal, mercadológica e profissional – tem diferentes manifestações desses elementos essenciais. Elas também proporcionam o enquadramento humano no qual o conhecimento pode ser criado, compartilhado e transferido, sendo que cada uma valoriza tipos de conhecimento diferentes.

A estrutura determina o que é possível fazer em grandes organizações, uma vez que permite a ação em um modelo de governança. "As redes tornam possível alcançar resultados (como metas de produção)" (Farace, Monge, Russell, 1977, p. 179). A estrutura existente em uma organização limita o que pode ser realizado, ainda que por inércia, e às vezes de modo um tanto formal. A metáfora da teia de aranha de Geertz, muitas vezes citada em estudos sobre cultura organizacional (por exemplo, Pacanowsky & O'Donnell Trujillo, 1982), também pode ser muito apropriada aqui.[1] Uma teia de aranha, a um só tempo, limita e permite a ação. Uma aranha, assim como um indivíduo em uma rede, pode tecer novos fios para atender a necessidades emergentes, mas enquanto não o fizer, há algumas coisas que não será capaz de executar, já que a teia constitui um limite real para a ação.

---

1 De fato, um programa de rede, o Pajek, recebe o nome da palavra eslovena para aranha (De Nooy, Mrvar, Batagelj, 2005).

TABELA 4.2. RELAÇÕES ENTRE ELEMENTOS DA ESTRUTURA, CONHECIMENTO E DIFERENTES TIPOS DE MODELOS DE GOVERNANÇA

Elementos da estrutura	Abordagem formal	Abordagem informal	Abordagem mercadológica	Abordagem profissional
Relações	Hierárquica	Sentimentos	Intercâmbios	Normativas
Entidades	Cargos	Pessoas	Comerciantes	Profissionais
Contexto	Sistema de regras	Social/pessoal/clima	Inserção	Padrões de prática
Configuração	Organograma	Sociograma	Bazar	Associação/clã
Estabilidade temporal	Equivalente à da organização	Limitada	Dinâmica	Gerações, lei comum
Conhecimento	Regras	Intuição	Explícito	Tácito

Sem um padrão previsível de relações recorrentes, a atividade coordenada dentro da organização seria impossível. Quanto mais limites existem, mais as coisas ocorrem em padrões previsíveis, e mais as pessoas sabem a respeito da organização a que pertencem. "A estrutura é um veículo fundamental pelo qual as organizações alcançam racionalidade limitada" (Thompson, 1967, p. 54); a estrutura fornece aos membros da organização os limites dentro dos quais a eficiência pode ser uma expectativa razoável. Assim, ao estender limites, aumenta-se o que é conhecido e passível de ser conhecido a respeito das operações organizacionais. A soma total desses limites determina a estrutura visível de comunicação de um sistema. Por sua vez, essas formas de controle afetam a capacidade de uma empresa impulsionar o conhecimento (Turner & Makhija, 2006).

De fato, a estrutura é muitas vezes vista como uma ferramenta de processamento de informações (Mackenzie, 1984). Uma das implicações mais patentes dos aspectos disfuncionais da "falta de estrutura" é a sobrecarga de informações. A estrutura permite que uma organização processe mais informações. Uma vez que um conjunto de informações distintas tenha sido processado por meio da especialização, elas sofrem uma filtragem antes de serem retrabalhadas por outras unidades. Assim, mais informações podem ser processadas, visto que algumas responsabilidades são delegadas a setores específicos e nem todos têm de lidar com as mesmas informações. Em consequência, a estrutura reduz a sobrecarga de informação nas organizações e, assim, torna suas operações mais eficientes. Por ironia, ao reduzir a sobrecarga de informações – uma contribuição valiosa para a eficiência organizacional –, as empresas também diminuem a disponibilidade delas, em particular aquelas referentes à tomada de decisões. Isso tem consequências óbvias sobre a distribuição de conhecimento tácito dentro de uma organização.

Comparando estruturas formais, informais, mercadológicas e profissionais

> Uma vez que é a capacidade de troca que permite a divisão do trabalho, o nível dessa divisão sempre deve ser determinado pelo nível daquela capacidade, ou, em outras palavras, pelo tamanho do mercado.
> (Smith, 1952 [1776], p. 8)

> Em suma, a organização formal e a informal estão intrinsecamente relacionadas. As organizações hierárquicas estão profundamente conectadas a redes mais amplas, ao passo que as redes informais transpõem e interpenetram as fronteiras das estruturas hierárquicas.
> (Powell & Smith-Doerr, 1994, p. 380)

> A estrutura de comunicação, em parte, é planejada; em parte, aparece para atender à necessidade de tipos específicos de comunicação; em parte, surge em resposta às funções sociais da comunicação. Em qualquer estágio de seu desenvolvimento, sua mudança gradativa é muito influenciada pelo padrão já estabelecido. Portanto, embora a estrutura da rede seja consideravelmente influenciada pela estrutura operacional da organização, não será completamente determinada por esta.
> (March & Simon, 1958, p. 168)

As abordagens formais, que, como vimos no capítulo "Formas de conhecimento", apoiam-se fortemente no conhecimento explícito e em sistemas de código bem compreendidos, foram as primeiras a analisar sistematicamente a estrutura, mas com o decorrer do tempo o poder das forças informais passou a ser cada vez mais reconhecido no pensamento organizacional. Toda a estrutura de uma organização é constituída por elementos de ambas as abordagens (além de contar com outros componentes), sendo a tensão entre o formal e o informal uma questão crítica para a vida social da informação e da inovação (Brown & Duguid, 2002). Basicamente, as tentativas de comparar sistematicamente grupos formais e informais e seus impactos sobre os níveis de ambiguidade das funções encontraram mais similaridades que diferenças entre os dois tipos de agrupamento e indicaram um conjunto complexo de contingências em que um ou outro teria maior impacto sobre a incerteza (Hartman & Johnson, 1990). De maneira similar, outros estudos revelaram que essas duas abordagens estavam relacionadas com fatores elementares de uma organização, como crenças, características estilísticas e uso de canais (Johnson *et al.*, 1994). Muitos outros estudos serão necessários para determinar a natureza das diferenças e dos pontos em comum entre as abordagens formal e informal da estrutura, e alguns afirmam que as opiniões são tão divergentes que analisar as duas ao mesmo tempo é algo impraticável (Blau, 1974). Em muitos aspectos, elas representam posições diametralmente opostas sobre o que é estrutura (Dow, 1988), apoiando-se também em metáforas distintas (respectivamente, mecanicista e organicista) (Johnson, 1993; Morgan, 1986). Mais recentemente, o advento da TI e da concorrência global ampliou os horizontes das estruturas formais, e os autores contemporâneos enfocam suas características virtuais, diretamente análogas às das redes de conhecimento.

Em grande parte da literatura sobre inter-relações entre abordagens estruturais, o foco está nos mercados, hierarquias e redes. O significado de hierarquia é bastante próximo ao de abordagens formais apresentado aqui; entretanto, o termo rede tem várias conotações, algumas das quais centram-se em um sentido muito mais estrito e refletem primordialmente as relações de confiança mais informais que surgem nas associações existentes (Thompson, 1991). A noção de estrutura formal também pode ser englobada de acordo com as concepções de rede (Monge & Eisenberg, 1987), de modo que as abordagens hierárquicas e mercadológicas constituem diferentes exemplos de redes (Frances *et al.*, 1991).

A abordagem formal, que será discutida em detalhe no próximo capítulo, foi a primeira especificação sistemática sobre a base requerida para a interação nas organizações e, em muitos aspectos, as outras foram definidas em oposição ou como contraponto a ela (Johnson, 1993). De fato, os estudos de comunicação informal, os precursores do atual interesse nas redes de comunicação, tornaram-se uma categoria residual que inclui uma ampla gama de possíveis enfoques (por exemplo, sentimentos, influência informal, etc.) sobre a interação. Assim, a troca consiste na movimentação de indivíduos perseguindo seus próprios interesses racionais, comum aos mercados, ao passo que os modelos normativos apoiam-se em práticas de coletividades maiores, mais claramente representadas em suas profissões. A introdução do conhecimento tácito também indica a necessidade da presença mais explícita de elementos normativos relacionados culturalmente, apreendidos com mais clareza nas profissões (tabela 4.3). Na tabela 4.3, os quatro tipos de governança estrutural são classificados pelo nível de compartilhamento de conhecimento tácito e pela sua ênfase relativa na cooperação ou na competição. Assim, os mercados, por exemplo, são caracterizados pelo baixo nível de compartilhamento de conhecimento tácito e alto nível de competição. A ordem negociada, como veremos, muitas vezes surge de combinações específicas das outras abordagens estruturais (Johnson, 1997b). Passaremos agora a uma discussão mais explícita sobre os elementos de estrutura e como eles se relacionam especificamente com cada um desses quatro modelos de governança.

TABELA 4.3. NÍVEIS DE COMPARTILHAMENTO DE CONHECIMENTO TÁCITO, COOPETIÇÃO E MODELOS DE GOVERNANÇA

		Coopetição	
		Competitivo	Cooperativo
Compartilhamento de conhecimento tácito	Alto	Profissional	Informal
	Baixo	Mercadológico	Formal

Abordagem formal

A racionalidade administrativa no sentido weberiano sempre foi uma preocupação central da abordagem formal e, com ela, subjaz a hipótese de que as estruturas são projetadas para controlar o comportamento, buscando produzir operações eficientes e eficazes (Pfeffer, 1978) e conter instintos competitivos para gerar comportamentos cooperativos. Assim, entende-se que as estruturas se ajustam a um plano racional preconcebido, em vez de representar a racionalidade *a posteriori* (Weick, 1969).

Em essência, as abordagens formais representam o mundo burocrático da organização, especificando padrões de supervisão e subordinação e outras relações hierárquicas entre as partes em um modelo relativamente permanente (Weber, 1947). Uma hierarquia proporciona um enquadramento para a ação ao especificar padrões de controle, ao criar uma rotina de produção e ao implementar planos (McPhee, 1988). Os tipos de comportamento que os indivíduos podem assumir são delineados nos manuais das empresas e as metas de resultado são detalhadas em relatórios formais de desempenho (Baliga & Jaeger, 1984). Normalmente, as abordagens formais requerem apenas uma forma limitada de entendimento, baseada em regras sistematizadas, treinamento e uma compreensão legalista das relações entre os cargos. Elas pressupõem que os atores são orientados ou motivados pelos requerimentos dos cargos que ocupam na estrutura formal da empresa.

O contexto da estrutura formal reside no "mundo oficial" da organização. Na maioria das vezes, pode ser concebido como inserido em sua estrutura de autoridade formal, geralmente associada à burocracia. Nesse contexto, entende-se que a comunicação flui pelos caminhos delineados no organograma, e seu conteúdo é limitado aos assuntos relacionados à produção que são de interesse da empresa. Embora essa abordagem formal constitua uma visão limitada da atuação da comunicação nas organizações, ela ainda pode ser, ao menos em termos práticos, seu papel mais importante, e certamente um que a gestão deve, no mínimo, tentar controlar.

Abordagem informal

Com frequência, a interação, que no início se baseia em um dos modelos anteriores, resulta em sentimentos coletivos. A amizade e outros laços emotivos muitas vezes são o alicerce dos relacionamentos. Tradicionalmente, a interação é considerada a principal base das estruturas informais. Os entendimentos compartilhados, característicos dessas relações, muitas vezes dependem da profundidade do envolvimento emocional. Os sociogramas são a forma clássica usada para representar a configuração geral desses relacionamentos (Moreno, 1934). Os sentimentos coletivos reconhecem o espaço frequentemente negligenciado das emoções (Mumby & Putnam, 1992) e o desejo de pertencer à vida organizacional. Eles também representam uma visão mais intuitiva e subjetiva do conhecimento.

O grau de pertencimento percebido entre os interlocutores determina a estabilidade temporal dos relacionamentos – eventualmente fugaz – e a medida com que os sentimentos das partes podem ocupar o lugar de outras bases para as relações, como a troca. Desse modo, as relações de troca tendem a ser essencialmente as mesmas para amigos e para estranhos, exceto que, no primeiro caso, há maior confiança e mais probabilidade de envolvimento. Entretanto, as relações de troca entre indivíduos com laços emocionais profundos podem ser mais caracterizadas como "maus negócios", em que trocas equitativas de recursos materiais não são realizadas (Clark, 1984).

Abordagem mercadológica

Recentemente surgiu mais uma concepção de estrutura, a abordagem mercadológica, que tem muito em comum com as abordagens formal e de redes e se apoia em pressupostos econômicos e de troca. A abordagem mercadológica centra-se nas relações de troca (tabela 4.2) e na importância suprema da confiança ao caracterizá-las. As noções de relação de troca dentro das empresas talvez sejam o mais popular enquadramento moderno (Cook, 1982; Hall, 2003), em parte devido a sua relação com a teoria econômica que a fundamenta. Conforme assinalam Bellah e colegas (1991), o valor cultural subjacente ao individualismo de Locke também é dominante em nosso contexto cultural mais amplo. Nessa perspectiva, entende-se que os indivíduos buscam maximizar suas recompensas por meio de suas interações uns com os outros. Basicamente, uma troca representa "a ação ou ato recíproco de dar e receber" (*Oxford English Dictionary*, 1989).

É claro que uma relação de troca pode apoiar-se em conhecimentos extremamente rudimentares acerca dos outros, baseada em questões fundamentais como preço justo e a confiança de que a outra parte prosseguirá com a barganha. As relações são vistas em uma perspectiva utilitarista, e o que essencialmente determina a continuidade delas é uma percepção de ganho mútuo. Para os estudiosos de comunicação, as trocas de informação são o foco primordial (Eisenberg *et al.*, 1985). No entanto, as relações de troca, uma vez iniciadas, geram ativos em si mesmas e exteriormente a elas (tendo por base seus custos iniciais), o que torna mais provável que elas continuem e perdurem (McGuinness, 1991). Portanto, a troca é às vezes vista como o mais fundamental dos enquadramentos, ao menos por fornecer o ponto de partida para o desenvolvimento de outros.

Os atributos únicos da informação discutidos no capítulo "Formas de conhecimento", também requerem consideração particular quando da análise do mundo especializado do conhecimento e dos mercados eletrônicos (quadro 4.1). Em primeiro lugar, algumas informações são perecíveis (por exemplo, informações, para empresas de energia, reagindo a um golpe em um estado rico em petróleo). Isso significa que elas não são armazenadas ou inventariadas da mesma forma que outras commodities. Em segundo lugar, o conhecimento não tem o mesmo valor para todas as partes. O mesmo dado pode ser totalmente irrelevante para alguns, e a peça que falta em um quebra-cabeças de bilhões de dólares para outros. Em terceiro lugar, as informações têm custos diferentes: para os compradores, custos de busca; e, para os vendedores, o valor recebido por compartilhar conhecimento. Este é um elemento crucial dos custos de transação, uma vez que os membros de áreas especializadas dentro das organizações são valorizados à medida que fornecem informações imprescindíveis aos outros (por exemplo, bibliotecários corporativos). Entre os custos mais importantes – o que os leva a serem enfatizados em empresas e hierarquias – está a transferência de conhecimento tácito (Kogut

& Zander, 1996), com as organizações sendo vistas como "veículos superiores de acumulação do aprendizado especializado" (Kogut, 2000, p. 409).

QUADRO 4.1. MERCADOS ELETRÔNICOS

O enquadramento mercadológico fornece uma abordagem importante para a estrutura organizacional. Em geral, a eficiência dos mercados depende da simetria da informação, da padronização dos produtos, da homogeneidade dos consumidores, de um grande número de fornecedores e de uma moeda comum. Grover e Davenport (2001) afirmam que a gestão do conhecimento é, em essência, uma questão de criar mercados eficazes e eficientes. Os mercados são fundamentais para as economias globais, facilitando a troca comercial, de informação e de confiança, e a TI exerce um papel importante ao auxiliar os mercados eletrônicos (Wigand, Picot, Reichwald, 1997). Mercados eletrônicos como o Inventory Locator Service (ILS), na indústria da aviação, o Sabre, o American Gem Market System e o Telcot, na indústria do algodão, são sistemas de informação interorganizacionais que associam vários compradores e vendedores (Choudhury, Hartzel, Konsynski, 1998), facilitando as trocas *business to business* (B2B) (Ordanini, 2005). Eles identificam possíveis parceiros de negócios, ajudam a selecionar parceiros específicos, em parte proporcionando acesso a informações sobre preço, e facilitam as transações (Choudhury, Hartzel, Konsynski, 1998). Os mercados eletrônicos operam melhor em mercados do tipo *commodity*, em que o produto não é complexo e os custos são baixos (*ibidem*). Redes de agregação de conteúdo (por exemplo, iSyndicate) constituem um caso especial de mercado eletrônico com muitas implicações para as redes de conhecimento.

Malone, Yates e Benjamin (1987) e Bakos (1991) afirmam que as organizações envolvidas nos mercados eletrônicos reduzirão seus custos de transação relacionados com a busca de fornecedores concorrentes. No mercado eletrônico, é possível mudar a relação com os fornecedores, a competição é aberta e a informação está mais prontamente disponível que nas hierarquias, em que as organizações controlam uma cadeia de fornecimento vertical integrada (Salazar, 2007). Mas reduzir custos e estoque pode não ser o principal objetivo; em certos mercados como o ILS, o benefício mais importante é a maior garantia de qualidade das peças de aeronaves (Choudhury, Hartzel, Konsynski, 1998).

As cadeias de fornecimento representam um meio termo entre mercados e hierarquias; são redes de empresas separadas que, em conjunto, transformam matérias-primas em produtos distribuídos, normalmente por meio de intranets exclusivas e peculiares cujas vantagens baseiam-se no conhecimento que dispõem. Criar valor envolve uma sequência de atividades para as quais as redes de conhecimento são cruciais: coletar, organizar, selecionar, consolidar e distribuir informações (Christiaanse & Venkatraman, 2002). O tipo específico de informação nessa cadeia determina as bases para a exploração da expertise (*ibidem*).

Gerenciar cadeias de fornecimento e outros sistemas interorganizacionais, que são sistemas de TI automatizados compartilhados por duas ou mais empresas, tornou-se um importante fator de diferenciação no desempenho das empresas e, portanto, tem relação direta com suas vantagens competitivas (Saeed, Malhotra, Grover, 2005). Os que iniciaram esses sistemas (por exemplo, Wal-Mart e General Motors) são especialmente beneficiados por essas relações (*ibidem*). Historicamente, as empresas precisavam acumular ou ter recursos ociosos para lidar com as incertezas associadas à falta de informação; uma maior coordenação reduz esses problemas (*ibidem*). Os mercados eletrônicos com fornecedores enfocam as eficiências da rotinização e da integração eletrônica, com custos mais baixos de seleção, negociação e execução de transações em decorrência de relações de longo prazo (Choudhury, Hartzel, Konsynski, 1998). Esses mercados eletrônicos também resultam em custos de estoque substancialmente menores (*ibidem*).

Os mercados eletrônicos salientam a necessidade de explicar as estruturas de rede e os fatores do ambiente ao utilizar abordagens de custo de transação. A capacidade de integrar e implementar com sucesso a tecnologia concede às organizações de uma vantagem competitiva, ao ajudá-las a reduzir os custos de transação. Os mercados eletrônicos podem obscurecer as fronteiras entre organizações, fornecedores e outros, ao passo que a tecnologia reduz os custos de preparar e monitorar acordos, introduzindo assim elementos não previstos por Coase (1937). Os mercados eletrônicos de negócios, fornecedores e consumidores têm efeitos diretos e indiretos (vazamento) - por exemplo, participação no mercado, solicitações de outros fornecedores, inferências de ações das partes diretamente informadas - sobre o compartilhamento da informação (Li, 2002).

Os mercados eletrônicos podem desafiar o papel exercido pelos intermediários convencionais, forçando-os a fazer contribuições de alto valor agregado com base em seu conhecimento exclusivo (por exemplo, breves pareceres do balanço social, verdadeiro valor de uma transação), em vez da mera mecânica de associar compradores e vendedores (Choudhury, Hartzel, Konsynski, 1998). Os corretores proveem o lado humano da integração tecnológica nas redes sociais (Salazar, 2007). As trocas B2B fornecem oportunidades para os corretores de conhecimento preenchendo buracos estruturais (Ordanini, 2005). Associar compradores e vendedores nos mercados eletrônicos reduz consideravelmente os custos de procura de compradores (Banker & Kauffman, 2004; Choudhury, Hartzel, Konsynski, 1998) e facilita os resultados de parceria ao impulsionar as possibilidades de compartilhar informações, experiência e conhecimento, ao mesmo tempo que reduz os custos de negociação (Ordanini, 2005).

Os mercados, por meio dos mecanismos de troca, operam para difundir a informação rapidamente às partes interessadas (von Hayek, 1991), em uma configuração geral muitas vezes descrita como a de negociantes em um bazar (Geertz, 1973). Ao tratar das trocas, essa perspectiva proporciona um enfoque teórico para o desenvolvimento de relações entre interlocutores, os quais, do contrário, poderiam não ter motivos contundentes para interagir. De fato, possivelmente pretendemos realizar trocas com outros porque eles não são como nós e têm os recursos que não possuímos.

Essa teoria também propõe uma concepção mais ampla de informação, como algo que pode ser moldado e modificado nas trocas, e depois interpretado de diferentes maneiras na coletividade, na medida em que elas prosseguem. Portanto, a abordagem mercadológica tem uma visão inerentemente dinâmica dos intercâmbios de informação, e os indivíduos são compelidos a trocar ideias como decorrência da reação dos outros. Isso contrasta diretamente com a visão de informação em uma abordagem hierárquica, como uma *commodity* relativamente imutável que deve ser transmitida com transformações mínimas, de uma parte da organização às outras (Powell, 1990).

Embora se entenda que os mercados se situam fora do contexto das organizações formais, admite-se que eles contêm muitas propriedades de autoridade encontradas nelas. Além disso, organizações com estruturas complexas e vários departamentos assumem características de mercado (Eccles & White, 1988). "As operações internas das empresas do mundo real são controladas por uma combinação de autoridade e mecanismos similares aos do mercado" (McGuinness, 1991, p. 66).

A natureza das relações é determinada por ideias inerentes à troca: chegar a um preço justo por um produto ou serviço. Nas relações de troca puramente mercadológicas, talvez a única coisa que importe seja o valor dos produtos permutados. Nas trocas baseadas em redes, controles normativos também podem estar atuando nas relações (Lorenz, 1991; Powell, 1990), e as consequências de um comportamento não confiável podem obscurecer interações concorrentes e futuras (Kirman, 2001). Uma ênfase recente nas concepções mercadológicas e econômicas centrou a atenção na incorporação das relações econômicas (Granovetter, 1985; Johnson, 1996a), que levou a perspectivas de capital social nas relações de corretagem (Sawyer *et al.*, 2003). De fato, para os membros da organização que são inescrupulosos em suas relações, a possibilidade de que seu comportamento seja sancionado internamente é um incentivo para que eles interajam fora da entidade (Eccles & White, 1988).

As redes de troca de informações, que também contêm elementos de mercado, são estruturas particularmente úteis para empresas compostas de mão de obra altamente qualificada, cujo conhecimento não se limita a tarefas específicas (Powell, 1990). De fato, na maioria das vezes, tem-se afirmado que os fluxos de conhecimento podem ser aperfeiçoados por estruturas organizacionais informais, por causa da dificuldade em reconhecer-se a importância da informação e comunicá-la de forma eficaz e eficiente (Gupta & Govindarajan, 1991). Essa forma de descentralização geralmente reduz a possibilidade de sobrecarga de informação – e os consequentes atrasos e planejamentos imperfeitos – nessas organizações. Portanto, em organizações como universidades, pode ser melhor minimizar as estruturas formais inoportunas e promover interações amplas, ainda que fornecendo um enquadramento em que as relações de negociação possam ocorrer.

A disponibilidade das informações relativas a custos e trocas benéficas é crucial para o funcionamento de um mercado puro (Levacic, 1991). De fato, informações inadequadas são uma "fonte de fracasso" do mercado (*ibidem*). Portanto, os mercados dão grande valor às redes de conhecimento. Informações inadequadas podem assumir muitas formas. Uma delas está relacionada com problemas na definição do preço e no estabelecimento da confiança, que constituem o cerne das relações de troca (*ibidem*). Vendedores oportunistas revelam, distorcem e retêm informações a seu critério, se percebem que podem fazê-lo sem ser penalizados (Lorenz, 1991; McGuinness, 1991). Outras questões lidam com incertezas, especialmente em relação a contingências futuras, muitas das vezes desconhecidas (Levacic, 1991). Obviamente, atuar em um mercado – e observar as ações de outros – resulta em um feedback essencial e produz informações cruciais que podem ser usadas de maneira dinâmica para refinar o comportamento futuro nele (Krizner, 1973).

A abordagem mercadológica, especialmente por estar relacionada com os custos de transação, tem sido usada para especificar as condições em que uma empresa tentará subordinar certas relações a sua estrutura formal (Williamson, 1994). Transações incertas que ocorrem frequentemente e requerem investimentos vultosos de dinheiro, tempo ou energia têm mais probabilidade de ocorrer em uma hierarquia. Por exemplo, as organizações nos Estados Unidos estão, cada vez mais, incorporando divisões jurídicas a suas estruturas formais. Uma maior familiaridade com os problemas legais peculiares de uma organização, bem como uma maior capacidade de reagir a eles, compensam os "custos com a burocracia" porque fornecem um meio (por exemplo, a estrutura formal) de adjudicar problemas imprevistos nas relações, sendo que os impulsos naturalmente otimistas dos profissionais (por exemplo, advogados em escritórios externos) são controlados por relações de autoridade estabelecidas dentro da organização (Granovetter, 1985; Powell, 1990, discutindo o estudo de Williamson). Nessa perspectiva, as empresas são ilhas de relações de coordenação planejada – frequentemente manifestadas na comunicação entre os grupos, e talvez representadas pelas profissões (que abordaremos a seguir) – inseridas num mar de relações mercadológicas (Powell, 1990).

Abordagem profissional

Em determinadas condições, as organizações podem tornar-se "ancoradouros" para associações ou corpos profissionais, como os departamentos jurídicos a que nos referimos. "Elas devem ser pequenas repúblicas independentes" (Polanyi & Prosch, 1975, p. 204). Profissionais se agrupam em associações para perseguir objetivos maiores vagamente definidos (por exemplo, universidades e a busca de conhecimento). Assim, as normas comuns de desempenho ou uma filosofia compartilhada de gestão são vistas como a base para os membros de organizações multinacionais se comunicarem uns com os outros (Baliga & Jaeger, 1984). As relações estabelecidas em uma mesma profissão e entre profissões diferentes são geralmente governadas por tais expectativas normativas (Cheney & Ashcraft, 2007) (tabela 4.2).

Nas últimas três décadas, os fatores culturais – que as normas condensam – ocuparam um lugar central em nossas teorias de organização. Entende-se que a cultura fornece um modelo interpretativo no qual a comunicação é possível: trata-se de um meio macro para a interação (Johnson, 1993; Poole & McPhee, 1983). Um dos motivos pelos quais as comunidades de prática ganham relevância é a constatação de que o conhecimento é social, e que ele avança melhor dentro das comunidades do que entre elas (Brown & Duguid, 1998). Talvez em nenhum outro domínio de nossa sociedade a socialização seja mais intensa que na preparação de um profissional. Tanto é assim que as sociedades delegam às organizações profissionais o papel de implementar padrões de prática. Os profissionais podem formar redes de conhecimento exclusivas e proteger ciosamente suas prerrogativas, principalmente com relação a reivindicações de conhecimento em áreas específicas (Cheney & Ashcraft, 2007).

Um elemento essencial para essa socialização é o desenvolvimento de elaborados sistemas semânticos de entendimento tácito (Von Hayek, 1945). Quanto mais elaborado e refinado o modelo, mais eficaz a comunicação. Uma vantagem das culturas consistentes é que nelas intensificam-se os entendimentos compartilhados entre os atores, graças ao respeito a uma norma de adaptação de caráter coletivo, mediante consultas em um sistema de autoridade recíproca que rege a competição (Polanyi & Prosch, 1975). Os mecanismos de controle adotados por clãs redundam em grande congruência de objetivos e interesses, e são especialmente adequados quando os processos de transformação são imperfeitos e as medidas de resultados são baixas (Turner & Makhija, 2006). A interação também conta com uma base normativa que expressa os valores culturais subjacentes. Essa forte ênfase na socialização de gerações sucessivas reforça a estabilidade temporal das redes de conhecimento atreladas às profissões.

As associações desenvolvem formas de identidade semelhantes a dos clãs, integrando-as ao seu conhecimento tácito único. De fato, a configuração geral de uma profissão talvez se reflita melhor sob a ótica dos conceitos de associação e clã. Mas, em muitos aspectos, as profissões consolidadas transcendem as organizações particulares e tornam suas fronteiras mais permeáveis. O pertencimento a uma profissão dá acesso a uma comunidade de conhecimento tácito muito maior, expansível para além dos limites da organização. Essa é uma das principais desvantagens das outras abordagens de contexto, que enfocam primordialmente o que acontece dentro de uma rede definida pela empresa, com comunidades limitadas de conhecimento tácito.

Ordem negociada

O crescimento de formas diferentes de organização salienta a importância das estruturas de governança, em particular as relações interorganizacionais (Eisenberg *et al.*, 1985), as federações (Provan, 1983) e as corporações multinacionais (Ghoshal & Bartlett, 1990; Gupta & Govindarajan, 1991). Essas novas formas devem encontrar as bases para as inter-relações entre seus subagrupamentos cada vez mais pluralistas. Uma questão central para muitas organizações, portanto, é como criar contextos que promovam climas de cooperação e as relações de confiança necessárias para que as pessoas entrem em acordo acerca de um dado curso de ação (Fiol, 1994; Johnson, 1997b e 1998). Alguns estudiosos afirmam que isso é logrado mais facilmente com a convergência de determinados enquadramentos (Drake & Donohue, 1996) ou de conceitos fundamentais ambíguos (Eisenberg, 1984). É em sua faceta um pouco paradoxal que o foco na especialização também dá origem, como observou Adam Smith há muito tempo, a uma ênfase nas relações mercadológicas e na cooperação, com indivíduos desejosos, num sentido durkheimiano, de pertencer a uma ordem moral e, numa perspectiva weberiana, com rotinização e racionalidade (Kogut & Zander, 1996).

Um princípio importante que orienta a estrutura organizacional é o de tentar se dedicar apenas àquelas atividades que criam maior valor (Roberts, 2004). Isso levou à preocupação mais recente, especialmente na era da terceirização, acerca de quais fatores deveriam ficar no interior da empresa, englobado pela sua estrutura formal, e quais teriam de estar fora dela. Para lidar com esse problema, os teóricos apoiam-se fortemente na noção de custo de transação (Coase, 1937; Williamson, 1994). A unidade de análise fundamental, desse ponto de vista, é uma transação que envolva a transferência de direitos de propriedade. As transações podem distinguir-se de muitas maneiras: especificidade, frequência, duração, complexidade, incerteza, medida de desempenho, correlação com outras transações, e assimetrias de informação (Sawyer *et al.*, 2003). A questão passa a ser a de definir o mecanismo de governança menos custoso para se realizar uma transação (*ibidem*), que é um modo de descrever relações, a principal propriedade das redes de conhecimento.

Há pelo menos quatro tipos diferentes de custos: os de contato associados à busca de informação, os de contratação, os de monitoramento (por exemplo, qualidade e sigilo), e os de adaptação (*ibidem*). Para nossos propósitos, talvez o custo mais importante seja o de transferência de conhecimento tácito (Postrel, 2002). As hierarquias tendem a diminuir os custos de contato e de contratação, mas podem não ser muito eficazes em encontrar o preço ideal. Há também uma tendência humana um tanto natural de exercer um controle ainda maior sobre as atividades quando se experimenta problemas de desempenho, o que, em parte, pode explicar seu predomínio, ainda que seja "a forma organizacional adotada como último recurso" (Williamson, 1994, p. 91). Em geral, quanto mais custosa, importante e complexa a transação, mais ela será colocada sob uma governança hierárquica. Portanto, os custos de transação se tornam uma forma de identificar fronteiras, ou seja, de determinar o que é um fator contextual e o que deve residir em um sistema específico. Essas questões também são ilustradas no quadro 4.1 sobre mercados eletrônicos.

As estruturas de governança são apresentadas ao indivíduo no contexto organizacional mais amplo. Entretanto, é possível que um sujeito aja em conjunto com outros, utilizando sua combinação única de abordagens precedentes, para escolherem juntos que modelo (ou combinação de modelos) deverá reger suas interações. Também é possível que dois interlocutores adotem mutuamente uma base idiossincrásica para a interação (Nathan & Mitroff, 1991). Essa possibilidade cria as condições para a mudança (Strauss, 1978). De fato, a ausência de uma abordagem dominante, ou a falta de uma especificação rígida sobre quando uma ou outra se aplica, permite certa flexibilidade dentro de uma organização. Também pode ser um fator fundamental na evolução de comunidades de conhecimento compartilhado, como as de software de código aberto (O'Mahony & Ferraro, 2007).

A constituição de relações a partir das características únicas dos atores, em oposição às formas organizacionais existentes, requer muita negociação entre eles, em particular quanto às formas a serem adotadas e aos resultados almejados. O crescimento dos mercados eletrônicos (quadro 4.1), que permite que comprador e vendedor interajam de forma direta, encorajando a eliminação de intermediários, complica ainda mais a questão para as empresas, por tornar os papéis e as fronteiras menos definidos (Sawyer *et al.*, 2003). Assim, duas partes se comunicam uma com a outra para determinar a natureza de sua interação futura por meio de um acordo mútuo, da mesma forma que um repórter decide com uma fonte o que entra ou não na gravação. Essa negociação visa estabelecer uma ordenação estável da relação, regendo suas interações, consolidando um estado em que a base para elas seja dada como certa. Às vezes, essa negociação pode ser explícita, beirando o estabelecimento de cláusulas contratuais; outras vezes, pode surgir das interações existentes.

Dentro das organizações, os modelos de interação têm impactos diferentes sobre as redes de conhecimento. Por exemplo, normas organizacionais rígidas tendem a restringir o conteúdo e o número de interlocutores disponíveis, mas curiosamente, em virtude de maior sofisticação dos entendimentos compartilhados, podem tornar a transferência de conhecimento mais eficaz. Elas também melhorariam a eficácia ao delinear claramente os papéis e as relações. A busca de informações baseada na troca, ao contrário, tem poucas barreiras, mas apresenta abrangência limitada e níveis apenas moderados de eficácia e eficiência, em parte por causa dos diferentes níveis de entendimento das partes envolvidas. Algumas relações podem facilitar ainda mais a transferência de conhecimento tácito ao operar simultaneamente com vários modelos, um papel essencial da gestão nas empresas modernas (Postrel, 2002). Desse modo, o advogado-chefe de uma organização detém conhecimento profissional e também possui autoridade formal sobre os demais advogados. Portanto, os modelos nas organizações definem as redes de conhecimento de diferentes maneiras e podem constituir a base para a configuração das relações.

Contextualizando o mundo externo

Embora o principal foco deste livro sejam as redes de conhecimento constituídas no interior das organizações, naturalmente o ambiente da informação presente no mundo externo a elas também é importante, e será discutido mais detalhadamente no capítulo "Internalizando o mundo exterior". Esse ambiente exterior é, muitas vezes, a principal fonte de informação altamente técnica e especializada, em particular para profissionais como os engenheiros. Os profissionais e membros de uma organização cosmopolita muitas vezes desconsideram suas fronteiras e não protegem cuidadosamente seu conhecimento tácito, para consternação dos gestores superiores, que veem a informação como propriedade exclusiva da entidade.

Os profissionais de diferentes empresas compartilham informações uns com os outros informalmente (por exemplo, em encontros e *happy hours*) e formalmente (por meio de publicações especializadas, por exemplo). Os cientistas constituem "colegiados invisíveis" que compartilham e buscam informações para seus membros. Os cientistas mais produtivos normalmente são aqueles que mais se comunicam fora das fronteiras da organização (Allen, 1966). Esses colegiados invisíveis, então, "aliciam" os membros de organizações mais formais localizadas em áreas geográficas específicas. Em muitos aspectos, as redes de conhecimento configuram, nesse contexto, um caso especial de busca interorganizacional de informação, uma vez que o colegiado invisível tem muitas das características de uma organização, conforme demonstram os estudos sobre comunidades de prática discutidos no capítulo "Internalizando o mundo exterior". No colegiado invisível, o indivíduo é, com efeito, membro de várias redes de conhecimento que desempenham diferentes funções.

Os ambientes externos também criam imperativos para que as empresas busquem certos tipos de informação (Wilensky, 1968). Muitas vezes se observou que ambientes organizacionais mais complexos requerem relações internas mais intrincadas, principalmente do tipo comunicativo. Esses ambientes também fornecem um estímulo crucial para a busca de informações entre seus membros (Huber & Daft, 1987), e daí resulta um caso especial de rede de conhecimento (Choo & Auster, 1993; Thomas, Clark, Gioia, 1993).

Obviamente, nem todas as organizações perceberão as mesmas necessidades de buscar informação. Emery e Trist (1965) elaboraram uma categorização muito útil para analisar distintos ambientes externos de informação organizacional. Eles afirmam que há quatro tipos: plácidos e acidentais; plácidos e agrupados; conturbados e reativos; e turbulentos. Organizações plácidas e acidentais têm um ambiente organizacional externo mais simples, sem nenhum grupo de interesse ou competidor direto. As organizações dessa categoria estão se tornando cada vez mais raras (acidentais), e só podem ser representadas por algumas poucas entidades governamentais que já não são relevantes no cenário atual.

Uma organização plácida e agrupada tem entidades em seu entorno que estão interessadas em seu desempenho, mas não possui concorrentes diretos. Seria o exemplo das empresas de energia, que precisam atender a demandas de clientes, do governo e de grupos ambientais. A estrutura interna dessas organizações coaduna-se ao seu entorno, com a criação, por exemplo, de um setor de atendimento ao consumidor encarregado de se relacionar com os clientes. Essas relações normalmente fornecem indicações para a busca interna de informações, e o serviço de atendimento ao consumidor atua como um mediador que traz as solicitações dos consumidores para o interior da empresa. Esses mediadores constituem-se no mecanismo que permite a implementação das sugestões apresentadas pelo entorno, por meio da estrutura interna da organização (Spekman, 1979), um processo descrito mais detalhadamente no capítulo "Internalizando o mundo exterior". Essas funções são cruciais para a inovação e a difusão de ideias entre as organizações e no interior delas (Czepiel, 1975; Daft, 1978). Um problema que elas podem enfrentar são os desequilíbrios internos de informação decorrentes de sua atuação, por exemplo, com alguns setores reagindo positivamente às preocupações dos clientes e outros ignorando-os completamente (Marchand & Horton, 1986).

Os dois outros tipos de organização identificados por Emery e Trist (1965) necessitam não só reagir ao seu entorno, como também ser muito mais proativos em suas estratégias para descobrir informações fora de seu meio e encontrar formas de assimilá-las em suas operações internas. Além das estruturas características das organizações plácidas e acidentais, as organizações conturbadas e reativas e as turbulentas têm de lidar com a presença de concorrentes diretos. Elas devem criar capacidades de planejamento estratégico para aprimorar seus esforços na lida com seu meio e seus concorrentes potenciais. Também devem constituir formas mais ativas de descobrir o que os concorrentes estão fazendo e o que os clientes desejam (por exemplo, através de pesquisas de mercado). Essas organizações dedicam-se à tarefa excessivamente complicada de buscar informações sobre o futuro, para que seus planos e operações atuais possam ser posicionados para prosperar, não só hoje como também a médio e longo prazo. Essa preocupação em reagir e adaptar-se, com um olho na sobrevivência futura, naturalmente confere ainda mais importância à rede de conhecimento de uma organização.

Se a organização não for bem-sucedida nesses esforços, ela poderá ver-se em meio a uma situação turbulenta, na qual sua existência estará diretamente ameaçada. Duas situações de instabilidade são características em tais campos de turbulência. A primeira é quando o entorno da organização mudou e seus objetivos já não têm sentido. Por exemplo, embora a instituição de caridade March of Dimes, dos Estados Unidos, tenha tido êxito em seu objetivo original de combater a pólio, se não tivesse se reformulado para enfocar a nova missão de enfrentar problemas com os defeitos de nascimento, sua existência como organização teria sido ameaçada. Nesse contexto, uma organização deve buscar em seu entorno informações que sejam úteis a ela, ao mesmo tempo que necessita se redescobrir continuamente como instituição e procurar novos nichos de mercado nos quais possa prosperar. Obviamente, o nível de intensidade dessa busca é alto, uma vez que a própria sobrevivência da organização pode estar em jogo.

Uma empresa competitiva ameaçada de bancarrota ou prestes a ser adquirida é o segundo caso em que os elementos do ambiente põem em risco sua existência. Nessa situação, as organizações, como a Chrysler no fim dos anos 1970 e início dos anos 1980, verificam que a linha que as separa de seu entorno ficou cada vez menos nítida, e os elementos do meio tornaram-se mais e mais intrusivos nas operações internas. A Chrysler colocou um representante sindical em sua diretoria, e bancos e agências do governo tiveram poder de veto efetivo sobre as decisões relativas ao desenvolvimento de linhas de produtos. Nesse contexto, as redes de conhecimento ficam cada vez mais complexas para os funcionários da empresa, e as fontes e os percursos familiares de informação deixam de fornecer respostas definitivas para suas perguntas. De fato, uma forma de busca de metainformação, relacionada com respostas a perguntas como "quem é o responsável aqui?" e "o que constitui uma resposta definitiva?", muitas vezes passa a preceder toda busca por respostas sólidas.

Em ambientes conturbados e reativos e em ambientes turbulentos, as estratégias proativas necessárias à sobrevivência das organizações geralmente recaem em uma destas duas classes: instalar um aparato sensorial no ambiente para coletar informações e decidir que categorias de informação são vitais. Assim, as empresas passam a exercer um papel muito ativo ao encenar seu próprio entorno.

O primeiro meio pelo qual as organizações fazem isso é instalando aparatos sensoriais – mecanismos de busca e de varredura – usados para apreender o mundo externo (Miller, Fern, Cardinal, 2007). Todos nós temos uma noosfera, uma camada de informação que nos circunda, que pode ser apreendida pelos nossos sentidos (De Chardin, 1961) e que criamos de forma muito real, com base em nosso conhecimento tácito (Polanyi, 1974). De modo similar, as organizações colocam sensores em seu ambiente para que possam obter e processar as informações. Portanto, uma empresa competitiva pode: chegar aos clientes usando ferramentas de marketing, como entrevistas cara a cara ou por telefone; ter lobistas perambulando pelos saguões da legislatura; colocar advogados conversando com reguladores; ter observadores fora das instalações de outra empresa; posicionar compradores *in loco* adquirindo *commodities*, e assim por diante. Esses indivíduos atuam como os olhos e ouvidos da organização e possibilitam que ela vivencie seu entorno; e isso, quando corretamente interpretado, permitirá que reaja adaptativamente.

CONTEXTO

O arranjo da noosfera de uma organização repousa na sua interpretação de quais são os elementos importantes de seu entorno. É fundamentada nessa interpretação que ela decide sobre a alocação dos recursos necessários para abordar esses elementos. O modo como os membros da organização atuam no ambiente determina a maneira que a informação é trazida para dentro dela, e, o que é ainda mais importante, define o que é trazido e como isso provavelmente será avaliado (Weick, 1969). Os membros de uma organização tendem a reconhecer apenas as informações que identificaram como importantes *a priori*, e a categorizá-las com base em sua compreensão do mundo.

Se pudéssemos reconstruir o modo como os grandes magnatas das ferrovias reagiram ao advento dos aviões na virada do século, teríamos um exemplo útil das interações das organizações com seu entorno. Eles provavelmente leram sobre isso nos jornais com alguma curiosidade, mas não perceberam que seria colocado em uso um novo meio de transporte que finalmente suplantaria seus prósperos sistemas de trens de passageiros. Em tese, eles não foram capazes de definir adequadamente o que era importante em seu entorno, de conceber formas alternativas de fazer seus negócios, e de expandir sua noosfera para coletar informações detalhadas sobre esse fenômeno. Um reconhecimento adequado do que era importante os teria inevitavelmente levado a buscar muito mais informações relacionadas com o futuro desenvolvimento desse novo meio de transporte. Em suma, o mundo externo à organização tem muitas implicações para as redes de conhecimento.

Há uma tendência cada vez maior de afirmar que indivíduos e grupos não só são modelados pelo contexto – a abordagem clássica das perspectivas situacionais e contingenciais – como também, por sua vez, podem moldá-los (Giddens, 1991; Gresov & Stephens, 1993), nem que seja pela maneira como eles os acionam e os interpretam (Baker & Pettigrew, 1999; Branham & Pearce, 1985). Curiosamente, as noções que delineiam a concepção de ordem negociada também são utilizadas nos argumentos de Giddens com relação à produção e reprodução de instituições (por exemplo, Contractor & Siebold, 1993; Poole & McPhee, 1983). Em outras palavras, dependendo do modo como desempenhamos nossos papéis, podemos mudar a natureza de nossos contextos institucionais. Os indivíduos só podem moldar contextos se compreenderem quais são seus elementos ativos e aprenderem como agir sobre eles. Em um sentido pragmático, talvez não exista área de estudo mais rica para os indivíduos que desejam moldar o mundo a sua volta (e entender como são conformados por ele) (Dervin, 1997).

Karl Weick (1969) insiste nesse aspecto, com relação às organizações, em seu conceito clássico de ambiente criado, afirmando que em vez de as organizações reagirem de modo determinista aos estímulos externos, os atores constituem, por meio de suas ações, o ambiente em que pensam que é importante reagir. Esses fatores podem levar os indivíduos a criar e dissolver laços, o que então geraria vínculos operacionais entre as mudanças do entorno e as das redes de conhecimento (Koka, Madhavan, Prescott, 2006). Uma vez que esse ambiente é constituído, torna-se possível reduzir a incerteza e operar de maneira limitadamente racional (Simon, 1991).

RESUMO

Neste capítulo, traçamos a evolução dos estudos sobre o contexto organizacional, da especificação de fatores situacionais aos elementos ativos que têm efeitos contingentes, passando pela multiplicidade de modelos de governança na organização moderna. Essas estruturas de governança (formal, informal, mercadológica e profissional) estabelecem o meio para que as relações se desenvolvam e, em última instância, para que as redes de conhecimento se constituam. Por fim, descrevemos o papel ativo que as organizações exercem ao contextualizar seu mundo exterior.

Talvez o motivo mais simples e contundente para enfocar o contexto, ao abordar as redes de conhecimento, é que, sem isso, jamais as entenderemos (Dervin, 1997; Georgoudi & Rosnow, 1985). Esta é, talvez, a área com maior potencial de crescimento nas pesquisas em ciências sociais, uma vez que tem sido tão pouco estudada. Uma delimitação mais cuidadosa do contexto em que determinadas hipóteses e teorias se aplicam é uma tarefa importante, e os resultados inconsistentes nos desafiam a entender seus impactos (McGuire, 1983; Perry, 1988). A comparação entre diferentes contextos poderá trazer novos esclarecimentos. Por isso, enfocaremos com mais detalhes os contextos formal, tecnológico, espacial e interorganizacional que compõem o "já conhecido" das redes de conhecimento. Ao ampliar nossos horizontes e estudar processos em diferentes contextos, ao ir além dos limites autoimpostos de nossas fronteiras intradisciplinares, talvez possamos, afinal, chegar a uma compreensão mais madura das redes de conhecimento.

Leitura complementar

Emery, F. & Trist, E. "The causal texture of organizational environment". Em *Human Relations*, nº 18, 1965, pp. 21-32.
    Tipologia clássica dos diferentes ambientes organizacionais que traz uma discussão dos diversos tipos de relação interorganizacional necessários para prosperar em cada um deles.

Johnson, J. D. "On contexts of information seeking". Em *Information Processing and Management*, nº 39, 2003, pp. 735-760.

Compara sistematicamente dois contextos distintos de busca de informações, um organizacional e outro relacionado ao câncer, e o modo como visões diferentes de contexto formam nossa compreensão desse processo básico, que normalmente é a força motriz do desenvolvimento das redes de conhecimento.

Kenney, D. A.; Kashy, D. A.; Cook, W. L. *Dyadic Data Analysis*. Guilford Press, 2006.

Em essência, apresenta um tratamento estatístico de um problema analítico elementar: as partes envolvidas em relações diádicas não são independentes umas das outras como presume a maioria das técnicas estatísticas tradicionais. Detalha diversas implicações da questão básica para uma variedade de relações diádicas, incluindo aquelas inseridas em redes maiores.

McGuire, W. J. "A contextualist theory of knowledge: its implications for innovation and reform in psychological research". Em L. Berkowitz (org.). *Advances in Experimental Social Psychology*, vol. 16. Academic Press, 1983.

Artigo fundamental para todos aqueles interessados no tema do contexto organizacional. Defende o argumento de que só podemos entender verdadeiramente as teorias ao instigar as condições limítrofes em que elas podem ser aplicadas, o que leva, então, ao conhecimento das condições contingentes que devem ser aplicadas a uma teoria.

Williamson, O. E. "Transaction cost economics and organization theory". Em Smelser, N. J. & Swedberg, R. (orgs.). *Handbook of Economic Sociology*. Russell Sage, 1994.

Relaciona de modo sistemático as noções econômicas de custo de transação com a teoria organizacional tradicional, unindo essas duas visões separadas de comportamento nas organizações, com consequências específicas para os vínculos das redes.

5
Estruturando redes de conhecimento

O desafio enfrentado pelos gestores é como restringir a grande quantidade de comunicação ascendente que pode resultar em sobrecarga, e, ao mesmo tempo, garantir que informações relevantes e precisas sejam transmitidas aos níveis hierárquicos superiores.
(Glauser, 1984, p. 615)

Se a inteligência está alojada no topo, muito poucos especialistas e autoridades com muito poucas informações precisas e relevantes estão demasiado inacessíveis e sobrecarregados para tomar decisões. Por outro lado, se a inteligência está dispersa em muitas unidades subordinadas, demasiados especialistas e autoridades com demasiadas informações especializadas podem se envolver em competições improdutivas, postergar decisões enquanto consultam uns aos outros com cautela, e distorcer informações ao passá-las para cima [...]
(Wilensky, 1968, p. 325)

"Sigilo estrutural" se refere ao modo como a divisão do trabalho, a hierarquia e a especialização segregam o conhecimento [...] O segredo estrutural implica que a) a informação e o conhecimento sempre serão parciais e incompletos, b) a possibilidade de que as coisas deem errado aumenta quando as tarefas ou as informações atravessam fronteiras internas, e c) o conhecimento segregado minimiza a capacidade de detectar e protelar atividades que se desviam de expectativas e padrões normativos.
(Vaughan, 1999, p. 277)

A estrutura formal é uma das principais ferramentas para a gestão do conhecimento nas organizações. Alguns a veem como uma derivação da rede, em que as relações são marcadamente assimétricas e os conteúdos relativos ao trabalho são transmitidos por meios escritos. Mas, como veremos, há muito mais do que isso no estudo sobre a estrutura formal das organizações. As primeiras abordagens ao tema concentraram-se no organograma e no fluxo vertical e horizontal de mensagens trocadas entre as entidades que o compõem. Pesquisadores posteriores tenderam a enfocar variáveis mais abstratas, associadas tanto às relações formais quanto ao organograma, como configuração, complexidade, formalização e centralização (Jablin, 1987). Em geral, as análises sugerem que as abordagens formais centram-se nas configurações que resultam das seguintes características da estrutura: relações de autoridade formal representadas na hierarquia organizacional; diferenciação do trabalho em tarefas especializadas; e mecanismos formais para coordenar essas tarefas (Dow, 1988; Jablin, 1987). Alguns estudiosos entendem que essas características, aliadas à noção de objetivo ou propósito, representam a própria essência do que é uma organização (Schein, 1965). Neste capítulo, trataremos primordialmente dos elementos comunicativos da estrutura formal, em particular suas implicações para as redes de conhecimento e o modo como os gestores podem planejar racionalmente suas empresas.

Visões tradicionais

Jablin (1987, p. 391), ao discutir a estrutura de comunicação formal, define a configuração da estrutura como o "formato de uma organização resultante da localização e distribuição de suas funções formais e unidades de trabalho." Desse modo, a estrutura possui certas propriedades que têm quase um caráter objetivo "físico", ao menos quando retratada no organograma, por meio de índices que captam essas características distintas. Isso tem-se refletido no uso recorrente da "metáfora do conduíte" para as abordagens formais, que tende a ver a estrutura como a fornecedora da tubulação necessária ao tráfego da informação em uma empresa (Axley, 1984). Esse fluxo de informação explícita reflete a visão de processamento de informações da estrutura formal, particularmente para as perspectivas tradicionais.

Os primeiros programas de pesquisa relacionados com a estrutura de comunicação nas empresas se concentraram no organograma (figura 3.2), que também foi chamado de "organigrama" (Rogers & Agarwala-Rogers, 1976). O organograma formal está inserido nos pressupostos da abordagem clássica à gestão racional. Especifica muito claramente quem se reporta a quem e, com efeito, constitui um mapa para o roteamento das mensagens, bem como para a localização de certos tipos de conhecimento. Dada a importância de se visualizar essas relações, vários softwares foram projetados especificamente para gerenciá-las (quadro 5.1). Continua sendo, como o foi por gerações, o método mais popular de descrever as estruturas organizacionais.

Em geral, a carga de informações é determinada por fatores como tamanho, regras de transmissão e grau de interdependência (Downs, 1967). As organizações que restringem rigidamente suas estruturas reduzem de forma significativa o nível dessa carga. Quanto mais limitada a estrutura, mais a organização divide-se em grupos autônomos e menos o conhecimento é distribuído dentro dela. Alguns chegaram a afirmar que as formas clássicas de burocracia "são convites a falhas de comunicação e de inteligência" (Lee, 1970, p. 101), em razão dessa segmentação rigorosa das fontes de informação.

O principal motivo para a criação de estruturas formais, portanto, é a diferenciação em entidades incumbidas de subtarefas especializadas, que dependem umas das outras e, portanto, precisam se comunicar para coordenar suas atividades. Há muito tempo, Adam Smith (1952 [1776]) afirmou, de modo convincente, que a riqueza das nações dependia da "habilidade, destreza e discernimento com que seu trabalho é geralmente aplicado" (p. 1) e que a principal forma de alcançá-la era por meio da divisão de trabalho. O aumento de eficiência, logrado com a especialização, era consequência da maior destreza e atenção focada do trabalhador, da economia de tempo que resultava da concentração em uma única tarefa e da invenção de máquinas que ajudariam os trabalhadores a executar suas tarefas. Hoje, provavelmente agregaríamos a atenção focada, que também permite a construção de níveis mais sofisticados de conhecimento tácito – o que só é possível quando se ignora o trabalho realizado por outros dentro da empresa (Becker & Murphy, 1992). Este enfoque na diferenciação também implica um crescimento simultâneo do comércio, uma vez que os indivíduos agora terão de trocar produtos que produziram previamente e em excesso. Nesse contexto, "todo homem vive, portanto, da troca, ou se torna em certa medida um comerciante" (Smith, 1952 [1776], p. 10).

QUADRO 5.1. VISIO: UMA FERRAMENTA DE DESENHO

As ferramentas de desenho estrutural se apoiam em gráficos que representam relações complexas. Até o software de computador mais básico reconhece a necessidade desse tipo de ferramenta para os gestores. Igualmente, tanto o Microsoft Word® quanto o PowerPoint®, além de vários outros processadores de texto e softwares de apresentação, incluem recursos que permitem a elaboração de desenhos mais sofisticados, refinados e profissionais de elementos estruturais básicos, como os organogramas.

O analista estrutural deve ir além desse instrumental básico e obter certa familiaridade com ferramentas mais eficazes, que permitam criar imagens sofisticadas de uma ampla gama de processos de negócio, como sistemas de informação telemática e páginas web sofisticadas. Neste livro, usei o Visio® para desenhar a maioria dos gráficos e figuras que empreguei como exemplos. É destinado especialmente àqueles de nós que não sabem desenhar e têm um senso estético limitado.

No Visio®, uma página de desenho e um estêncil associado são usados como ponto de partida para construir imagens sofisticadas. Trabalhando com um assistente para guiar o usuário ou começando apenas com um estêncil e uma página em branco, é possível produzir comunigramas, organigramas e fluxogramas de processos de trabalho. Também há a possibilidade de importar bancos de dados de outros programas, como o Excel, para gerar organogramas. Isso é especialmente útil para atualizar e modificar organogramas com base em alterações feitas em outros arquivos, como listas telefônicas.

Em essência, nos estênceis são representadas várias entidades e relações. Desse modo, na figura do organograma, por exemplo, há diversos cargos hierárquicos (por exemplo, de executivos) e tipos de relações (hierarquizadas, entre outras). Curiosamente, esses estênceis incluem uma série de padrões e conceitos visuais que permitem desenhar elementos comuns de organogramas. Por exemplo, altos cargos executivos têm caixas maiores, com formas um pouco diferentes, que aqueles que retratam outras funções formais na organização. A utilização de representações gráficas padronizadas é importante em decorrência da grande variedade delas encontrada na literatura.

Pode-se também complementar esses estênceis com especificações do fornecedor para desenhos mais técnicos de uma rede de telecomunicações, por exemplo. Também é possível vinculá-las ao Visio Map e a bancos de dados para elaborar relatórios de vendas para regiões geográficas específicas.

Parte do potencial do Visio® para o analista estrutural vem da variedade de estênceis disponíveis (por exemplo, leiautes de escritórios e planos de construção, organogramas e cronogramas de projetos). O Flowcharts tem várias características diferentes, inclusive modelos para diagramas de Gestão de Qualidade Total. O estêncil do fluxograma básico contém as ferramentas essenciais necessárias para desenhar comunigramas de rede e figuras associadas com diagramas de trabalho complexos, bem como representações de processos de trabalho intrincados. Os diagramas de internet são adequados para construir páginas web complexas. Por fim, o Network, que enfoca não as redes de comunicação organizacionais, e sim as redes de tecnologia de computador e telecomunicações, é uma vantagem adicional desse programa voltado para os profissionais de comunicação. O analista também pode modificar páginas de estêncil para um propósito específico.

O Visio® pode ser usado em conjunto com uma variedade de outros softwares; por exemplo, pode-se agregar botões à barra de ferramentas no Microsoft Word®, uma vez que a organização Visio® é hoje parte da Microsoft. Sua pesquisa contém vínculos com várias outras funções baseadas na internet.

Comunicação descendente

A comunicação descendente tem origem nos níveis superiores da gestão e se destina aos funcionários dos níveis inferiores. Esse tipo de comunicação visa controlar a organização e as atividades de seus funcionários. Tipicamente, as mensagens descendentes, uma vez que são oficiais, têm um caráter muito formal e normalmente veiculam por escrito. Katz e Kahn (1978) descrevem cinco tipos de conteúdo de comunicação descendente. As instruções dos trabalhos representam a maior parte dela. Estas são, normalmente, mensagens muito diretas que orientam um funcionário a executar um procedimento específico em determinado local. As mensagens que tratam de uma lógica de trabalho tentam situar a tarefa de um funcionário no contexto do de outros e lhe dizem por que é importante que façam certas coisas. As organizações não costumam responder muito bem à pergunta dos trabalhadores "Por que estou fazendo isso?", deixando para que eles decidam que aspectos das tarefas são importantes e em que devem se concentrar. Com a crescente profissionalização do local de trabalho e o crescimento concomitante do conhecimento tácito, esse tipo de delegação é muitas vezes ciosamente protegido. Um pouco relacionada à lógica de trabalho está a "doutrinação" dos objetivos da empresa, que, por sua vez, relaciona-se intimamente com a socialização de seus membros. Essas mensagens pretendem comunicar aos trabalhadores quais são os valores centrais da organização e, portanto, o que ela está tentando alcançar.

Provavelmente, as duas maiores falhas da comunicação descendente residem na falta de feedback do desempenho dos funcionários e no trâmite das informações sobre procedimentos e práticas da organização. Muitas vezes, as organizações são incapazes de adotar meios sistemáticos de fornecer feedback a seus membros (como entrevistas de avaliação) e, quando isso ocorre, tendem a realizá-los de modo insatisfatório, sendo raras as vezes em que o fazem de modo adequado (Ashford, Blatt, VandeWalle, 2003). Os funcionários querem saber se estão indo bem e o que precisam fazer para melhorar, mas muitas empresas funcionam segundo a norma informal: "nenhuma notícia, boa notícia". Isto é, os gestores agem com base no pressuposto de que contrataram funcionários excelentes e, portanto, esperam um desempenho equivalente. O próprio fato de que alguém está empregado e não sofre críticas é considerado feedback suficiente. Mas os funcionários também percebem que, muitas vezes, os supervisores não estão dispostos a confrontá-los diretamente com más notícias. Portanto, esse silêncio pode indicar aprovação ou reprovação. Os funcionários geralmente estão inseguros e ansiosos com relação a seu desempenho. Um gestor manipulador vai explorar essa insegurança, acreditando que o estresse e a tensão resultantes levarão a um desempenho melhor; mas, conforme assinalam Peters e Waterman (1982), as melhores empresas adotam a filosofia oposta. Elas acreditam que o reconhecimento positivo de um funcionário é o melhor motivador. Como vimos ao discutir o papel dos corretores no capítulo "Formas de conhecimento", as visões mais contemporâneas da estrutura enfocam os empreendedores autogovernados que são capazes de explorar suas estruturas sociais.

As empresas também costumam ter fortes motivos para manter os funcionários desinformados a respeito de procedimentos e práticas. Esta é uma questão ética que coloca em xeque o comportamento da organização. Por exemplo, o custo do seguro médico está aumentando astronomicamente. Nessa situação, em termos financeiros, é do interesse de uma organização com fins lucrativos fornecer informações completas e detalhadas a respeito dos seguros de saúde? Ou sua preocupação com os trabalhadores deveria levá-la a desconsiderar os custos envolvidos? Há muitos outros problemas na comunicação descendente. Um de particular importância é a persistente "distorção" que ocorre com as mensagens descendentes. Essas mensagens normalmente não chegam em tempo hábil e não são suficientemente dirigidas para garantir que alcancem os grupos ao quais foram encaminhadas. As deficiências na comunicação descendente muitas vezes criam condições para a busca ativa de informações por parte dos funcionários de níveis inferiores, que desejam sanar deficiências críticas nas informações que recebem, o que pode explicar o surgimento de redes informais.

Além das vantagens econômicas diretas (por exemplo, reter informações acerca de benefícios trabalhistas) e das supostas vantagens de manter as pessoas nervosas, as estruturas de poder organizacional têm uma série de outros benefícios ao ocultar informações. É bem sabido que conhecimento é poder. E pode não ser por acaso que os que ocupam cargos mais altos na hierarquia sejam normalmente mais bem informados que os que ocupam posições inferiores (Jablin, 1987). Quando, em uma organização, determinados grupos são excluídos do acesso à informação, eles ficam tolhidos de participar de modo eficaz da tomada de decisões. Assim, por exemplo, uma resposta comum dos gestores às demandas dos trabalhadores por mudanças é que estes últimos não conhecem todos os fatos para poder fazer tais reinvindicações e que, se assim fosse, eles estariam ocupando a posição de comando. Portanto, as informações são propositadamente manipuladas para manter o poder relativo de vários grupos. Funcionários de níveis inferiores, principalmente técnicos qualificados, também podem acumular poder ao não compartilhar informações com os gestores (Eisenberg & Whetten, 1987).

Comunicação ascendente

A estrutura formal reduz a incerteza e, assim, confere previsibilidade às atividades da organização (Pfeffer, 1978). Para as empresas, essa previsibilidade é crucial para o bom funcionamento das operações cotidianas. Os funcionários devem confiar que determinadas mensagens fluirão para locais específicos em momentos certos. Muitas vezes se observa que os gestores, em particular, abominam a imprevisibilidade; por isso, costumam gastar um tempo considerável planejando estruturas (por exemplo, organogramas formais) que contribuam para uma sensação subjetiva de certeza. Um dos motivos pelos quais as estruturas informais permaneceram ocultas por tanto tempo do horizonte dos gestores é que, ao perceber sua existência, eles teriam uma sensação menor de controle sobre as atividades da empresa. De fato, as estruturas são muitas vezes projetadas para minimizar, ou ao menos regular, a iniciativa individual nas organizações (Dalton *et al.*, 1980).

O princípio clássico de gestão por estados de exceção só lida com o que foge aos procedimentos e políticas estabelecidos. É natural e esperado que os gestores não saibam tudo que está ocorrendo na hierarquia abaixo deles. Se soubessem tudo, rapidamente estariam sobrecarregados de informações e ficariam incapacitados de realizar seu trabalho. Por exemplo, se um gestor até mesmo de uma fábrica de montagem pequena soubesse tudo que acontece abaixo dele, teria de ser capaz de fazer o trabalho de mil pessoas. Portanto, é crucial filtrar e condensar as informações antes de entregá-las a um gerente superior. O principal problema para a comunicação ascendente é como fazer isso, considerando, ao mesmo tempo, que informações cruciais ao controle das atividades e à direção futura da organização possam ser retidas nesse processo. Portanto, há muito se reconhece que o fluxo de informação precisa ser restrito, até mesmo para os gestores, uma vez que eles têm pouco tempo para escutar, interpretar e responder ao feedback, e, em consequência, não estarão cientes de todas as atividades da empresa. Esse problema é ainda mais exacerbado uma vez que "muitos observaram que as organizações e seus líderes são geralmente intolerantes ao feedback, particularmente à dissensão [...]" (Ashford, Blatt, VandeWalle, 2003, p. 789), o que eleva os custos reais na detecção e correção de erros.

Entretanto, a transmissão de feedbacks regulares e negativos aos gestores superiores é essencial quando se pretende que as subáreas de uma organização estejam integradas ao sistema e trabalhem para um objetivo comum (Glauser, 1984). Um problema genérico difícil de ser superado é a "diferença de perspectiva" existente entre supervisores e subordinados, que se manifesta, por exemplo, quando estes se mostram incapazes de avaliar que informação deve ser considerada importante para seus superiores. Como em toda comunicação vertical, a comunicação ascendente (dos subordinados para seus chefes) tende a ser formal, por escrito, e flui pela cadeia de comando representada no organograma. A comunicação ascendente é mais importante para o controle que para a coordenação das atividades da organização. Sem uma comunicação ascendente adequada por parte dos subordinados, os gestores não conseguem reagir às mudanças com rapidez suficiente para evitar o surgimento de grandes problemas. Por exemplo, se um vendedor não informa aos gestores que os clientes estão ficando insatisfeitos com a linha de produtos da empresa, ela estará de mãos atadas quando o descontentamento se transformar na decisão de deixar de comprar. Sem feedback (resposta dos subordinados às mensagens dos gestores), o impacto da comunicação descendente é desconhecido, embora muitos gestores presumam erroneamente que só porque uma ordem foi dada aos subordinados, eles farão o que lhes foi dito. A comunicação ascendente também é crucial se uma empresa está interessada em reagir aos problemas e preocupações de seus trabalhadores. Se eles contribuem com as decisões por meio da comunicação ascendente, haverá uma probabilidade maior deles responderem positivamente quando elas forem implementadas.

Comunicação horizontal

A comunicação horizontal ocorre entre áreas que ocupam o mesmo nível no organograma. Esse tipo de comunicação é geralmente informal, frente a frente e pessoal, e reflete pontos de vista mais contemporâneos das redes. Uma vez que é muito mais rápida e mais sintonizada com as necessidades pessoais dos comunicadores, ela também tende a ser mais usada para coordenar atividades e foi precursora de um enfoque mais contemporâneo nas redes de conhecimento.

Talvez a pesquisa mais conhecida a respeito do assunto seja o estudo de Keith Davis (1973) sobre o boato,[1] que é um exemplo de fluxo informal de comunicação por canais primordialmente horizontais. Davis afirma que o boato é um importante indicador da saúde da organização, pois reflete o envolvimento dos trabalhadores e seu interesse pelas atividades da empresa. O boato pode servir

---

1   Para uma análise, ver Hellweg (1987).

aos interesses dos gestores ao garantir que os trabalhadores tenham meios alternativos de obter as informações que precisam. É particularmente ativa em épocas de grande incerteza, em especial quando a empresa está passando por problemas graves e as pessoas tendem a disseminar informações de interesse pessoal. Surpreendentemente, apesar da visão negativa que as pessoas têm dos rumores, Davis (1973) verificou que a maior parte das informações espalhadas por meio de boatos é correta (as estimativas variam de 75% a 95%).

Talvez o principal motivo pelo qual as pesquisas relacionadas a teorias formais da estrutura têm sido negligenciadas atualmente é que o mundo organizacional está se tornando cada vez mais complexo, o que se reflete na introdução de conceitos como boato, comunicação diagonal e modos intrincados de integração. Uma das primeiras tentativas transitórias de lidar com a complexidade da comunicação nas empresas foi a introdução da noção de circuitos de comunicação, feita por Katz e Kahn (1966), que tem relação direta com as redes de conhecimento em percursos, que discuti no capítulo "Análise de redes". Eles afirmam que há cinco importantes características nos circuitos ou redes de comunicação das empresas. A primeira é o tamanho do circuito, que reflete o alcance de determinada mensagem. Ela alcança toda a organização ou apenas parte dela? Outra característica importante é se uma mensagem se repete ou se sofre modificações ao passar por um circuito. A mudança indica que a mensagem é alterada de alguma forma ao circular pela empresa. A terceira é o feedback ou o caráter fechado do circuito. O feedback implica que uma resposta a uma mensagem é recebida, ao passo que em um circuito fechado não há um retorno. As últimas duas características, eficiência e adequação a um funcionamento sistêmico, serão tratadas detalhadamente no capítulo "Produtividade: eficiência e eficácia". A descrição de circuitos de comunicação feita por Katz e Kahn (1966) é importante porque eles reconhecem a necessidade de abordagens mais flexíveis à estrutura de comunicação e destacam a existência de vários elementos relacionais de circuitos com impactos sistêmicos cruciais.

RESUMO

O contexto da estrutura formal reside no "mundo oficial" da organização. Na maioria das vezes, entende-se que está inserida na estrutura de autoridade formal da empresa, normalmente associada à burocracia. Sob essa ótica, a comunicação flui pelos percursos definidos no organograma, e o conteúdo da comunicação é limitado aos assuntos relacionados à produção que concernem à empresa. Embora essa abordagem formal constitua uma visão limitada da função da comunicação nas organizações, este ainda pode ser, ao menos em termos práticos, seu papel mais importante, e certamente um que a gestão deve, no mínimo, tentar controlar.

Um aspecto talvez ainda mais importante a se considerar é que a visão tradicional da estrutura de comunicação reforça alguns pressupostos perigosos comumente compartilhados por muitos gestores. Por exemplo, que as mensagens fluem sem bloqueios ou interrupções pelos "conduites" do organograma, ou que pelo fato dos gestores estarem no comando, as mensagens realmente chegarão a seu destino (Axley, 1984). Ainda segundo essa perspectiva, as informações serão fornecidas aos indivíduos que precisam recebê-las e que, portanto, eles devem exercer um papel mais passivo e não se dedicar a buscá-las ativamente. Portanto, há um dilema constante para as organizações: o imperativo, que em parte deriva da necessidade de eficiência, de limitar a disponibilidade de informações, e o reconhecimento de que os projetos estruturais são muitas vezes defeituosos e que as circunstâncias mudam, requerendo que os indivíduos busquem informações normalmente indisponíveis para eles. No entanto, a estrutura formal, e as recompensas a ela associadas (por exemplo, uma promoção) muitas vezes desencorajam especificamente o compartilhamento de informações (Powell, 1990). De fato, alguns podem argumentar que "extrair informações daqueles que as possuem normalmente requer que se ignore as estruturas organizacionais" (Wilensky, 1968, p. 324).

Índices

As pesquisas relacionadas com as abordagens formais centram-se nos vários índices de configuração geral das relações estruturais formais em um nível macro (Jablin, 1987). Um índice fornece aos pesquisadores um modo sistemático de descrever um aspecto da empresa por meio de uma combinação precisa de outros atributos. Muitos desses índices derivam da diferenciação da empresa tanto verticalmente (por exemplo, número de níveis hierárquicos) quanto horizontalmente (por exemplo, número de grupos de trabalho separados). Tal diferenciação, como vimos, é muitas vezes precursora da construção de conhecimento tácito. Esses índices são análogos àqueles discutidos no capítulo "Análise de redes".

Complexidade

A complexidade ou diferenciação horizontal refere-se ao número de grupos formais diferentes existentes na organização. Há claros indícios de que a complexidade horizontal tem uma relação positiva com a frequência da comunicação (Jablin 1987), em particular com a necessidade de coordenar diversas especialidades ocupacionais (Hage, Aiken, Marrett, 1971). Também tem consequências para a criatividade, como veremos no capítulo "Criatividade e inovação".

Nível hierárquico

As pesquisas sobre o tema enfocam a diferenciação vertical das organizações em vários níveis de *status*. Os estudos em geral revelaram que o tempo gasto em comunicação aumenta conforme se escala os níveis hierárquicos da empresa, e que o caráter da comunicação depende fortemente da natureza do contexto organizacional (Jablin, 1987). Por exemplo, Bacharach e Aiken (1977) verificaram que chefes de departamento estão mais envolvidos em comunicação formal de todo tipo que seus subordinados, o que resulta em um conhecimento tácito exclusivo no topo da hierarquia.

Centralização

A centralização refere-se ao grau em que a autoridade é concentrada nos níveis superiores da gestão (Jablin, 1987). Como vimos, este é também um conceito que tem sido usado para se referir ao posicionamento de uma pessoa em uma rede de relações de comunicação. Existem limites à centralização das atividades em uma empresa, que são determinados principalmente por fatores relacionados às tarefas, bem como pelas capacidades – em particular, de processamento de informações – dos tomadores de decisão (Pfeffer, 1978). Há também uma tendência inevitável por parte dos gestores, em função de seu posicionamento nas redes, de desenvolver perspectivas idiossincrásicas difíceis de serem comunicadas a outros com visões mais fragmentadas da organização, normalmente em decorrência das estruturas localmente densas em que estes estão inseridos.

Amplitude de controle

A amplitude de controle é definida em termos do número de subordinados que um dado supervisor possui (Porter & Lawler, 1965). Uma maior diferenciação vertical é normalmente associada a uma menor amplitude de controle, o que, ao mesmo tempo, leva a uma maior supervisão de trabalhadores individuais. Embora se possa presumir que uma amplitude reduzida levaria a um maior controle por parte dos gestores sobre as funções da empresa, isso poderia, paradoxalmente, proporcionar o efeito contrário, uma vez que o aumento do número de níveis hierárquicos talvez acarretasse mais problemas na comunicação vertical (Pfeffer, 1978). O dimensionamento inadequado da amplitude de controle tem outras consequências negativas. Nem todos os trabalhadores requerem a orientação pessoal e atenta de um supervisor, em particular aqueles que detêm um conhecimento de natureza mais empreendedora. Portanto, quando os subordinados são profissionais especializados, eles tendem a ser mais consultados, por seus superiores que, rigorosamente, supervisionados (Brewer, 1971). Níveis baixos de amplitude de controle podem resultar em custos administrativos desnecessariamente altos (Pfeffer, 1978); níveis elevados podem encorajar maior crescimento e iniciativa individual (Porter & Lawler, 1965). Ao apresentar uma síntese desses estudos, Jablin (1987) conclui que embora a frequência da comunicação seja afetada pela amplitude de controle, seu modo e qualidade não são necessariamente influenciados.

Formalização

A formalização, que indica o número de regras existentes em uma empresa, é outro índice importante de estrutura formal. A noção de regra sempre foi central nas teorias sobre as organizações (por exemplo, March, 1994; Perrow, 1972; Porter, Allen, Angle, 1981). As primeiras reflexões sobre a burocracia observaram a importância das regras para determinar as ações dos indivíduos, e toda organização tem um conjunto elaborado delas. As regras também são vistas como um meio fundamental de as empresas controlarem as atividades de seus funcionários, e o grau de formalização é tradicionalmente considerado um importante elemento de estrutura organizacional. "As regras para coletar, armazenar, comunicar e usar informações são elementos essenciais dos procedimentos de funcionamento de uma organização" (Feldman & March, 1981, p. 171). Elas podem restringir drasticamente a construção de determinados tipos de conhecimento nas empresas. "A grande vantagem das regras é que elas conferem previsibilidade. Elas especificam quem fará o quê, quando, onde e, às vezes, como" (Hage & Aiken, 1970, p. 21). Em sentido mais amplo, esse é o papel das abordagens estruturais, de que trataremos a seguir.

Estruturas

Nesta seção, começaremos uma discussão que será retomada em capítulos posteriores e se concentrará em produtividade, tomada de decisões e estratégias para encontrar informações. Aqui, nosso foco será o planejamento consciente das estruturas de comunicação formais, construídas para alcançar certos propósitos, entre os quais o de promover o fluxo de conhecimento nas organizações. No que concerne às redes de conhecimento, os efeitos da estrutura sobre elas muitas vezes estiveram latentes, em vez de manifestos, já que frequentemente as decisões quanto a sua adoção lograram certos resultados em função de seus impactos ocultos (Gittell & Weiss, 2004). Portanto, os princípios estritos de supervisão e subordinação encontrados nas burocracias implicam que a inteligência organizacional está mais bem alojada no ápice das organizações, onde as decisões são tomadas com base na síntese de várias fontes de informação. Nessa perspectiva, pouco crédito é dado ao conhecimento tácito daqueles que estão próximos da informação; ao contrário, o foco é a compreensão tácita de administradores estratégicos.

Uma vez que a abordagem formal concebe a organização quase exclusivamente em termos de relações de autoridade entre cargos definidos formalmente, ela foi fortemente influenciada pelo estudo de Weber sobre a burocracia. Mesmo relações de não autoridade são definidas tomando-se por base sua associação com as de autoridade, como a divisão tradicional entre estruturas formais e informais. Esse enfoque nas relações formais centra essa abordagem em questões gerenciais e também a aproxima de perspectivas mais racionais.

Tal visão a respeito das relações restringe consideravelmente a abrangência das abordagens formais. Mas essa limitação pode ser vantajosa para gestores cuja principal preocupação pragmática é planejar, de modo racional e consciente, a melhoria das atividades da organização. Em consequência, os esforços do planejamento organizacional estão essencialmente relacionados com a abordagem formal, e interessados em controlar o comportamento de seus integrantes, de modo a construir uma empresa mais eficiente e produtiva (Pfeffer, 1978). Muitas vezes considera-se que a estrutura é parte do tripé de eficácia de uma organização, bem como a estratégia e o ambiente, e que esses três elementos precisam se adequar e/ou corresponder uns aos outros, entendendo-se que a estratégia determina a estrutura (Roberts, 2004). Provavelmente, uma organização estaria sendo extremamente insensata se desenvolvesse uma estratégia para oferecer produtos inovadores em um ambiente turbulento e insistisse em ter uma estrutura rigidamente burocrática e hierarquizada (quadro 9.3). Sendo assim, considerar adequadamente uma série de aspectos é, muitas vezes, crucial para uma estrutura organizacional bem-sucedida (tabela 5.1).

Os sintomas que uma estrutura organizacional mal elaborada apresenta são inúmeros. Incluem falta de coordenação, conflito excessivo, papéis pouco definidos, recursos mal utilizados, fluxo de trabalho insatisfatório, menor capacidade de resposta, proliferação de entidades *ad hoc* (por exemplo, forças-tarefa e comitês) e cargos virtuais (Mackenzie, 1986), áreas dúbias em que as responsabilidades de entidades diferentes são pouco claras, e assim por diante (Nadler & Tushman, 1997). Desenvolver uma estratégia bem-sucedida por meio da estrutura organizacional combina arte e ciência e pode ser o ato supremo de criatividade gerencial (Roberts, 2004). Portanto, os analistas estruturais podem ser considerados os mestres de obras que assentam as bases para tudo o que acontece na organização; arquitetando estruturas organizacionais, eles desenvolvem o contexto para as redes de conhecimento.

Decidindo o que é essencial

Os analistas estruturais têm de enfrentar questões como definir o tema que será enfatizado ou o valor que será salientado em seu projeto, assim como os arquitetos devem equilibrar funcionalidade com estética. As estruturas organizacionais enfrentam diversos conflitos de interesses, e a estratégia adotada muitas vezes está implícita nas opções que são feitas (Nadler & Tushman, 1997). O quadro 5.2, sobre elementos da estrutura, discute as abordagens tradicionais desse problema, que geralmente enfatizam o alcance das metas de produtividade; aqui nos centraremos na importância de reduzir a incerteza ao controlar o fluxo de informação, um enfoque tradicional da estrutura organizacional (Duncan, 1988).

Tornou-se lugar-comum dizer que vivemos em um mundo extremamente incerto e cada vez mais acelerado, com muita capacidade produtiva, demasiado número de competidores emergentes e excessiva variedade de produtos (Galbraith, 1995). Ao definir a estrutura de uma organização, a adaptabilidade à mudança constante, com a capacidade interna de se remodelar continuamente, é um fator cada vez mais importante a ser considerado (Nadler & Tushman, 1997). Conforme apontou Friedman (2005), se nossa atenção é desviada mesmo por um momento, como aconteceu nos Estados Unidos após o 11 de setembro, podem surgir forças competitivas inteiramente novas para fazer frente à organização contemporânea. Alinhadas às definições clássicas de incerteza, temos demasiadas alternativas, uma infinidade de produtos, e segmentos de mercado cada vez mais específicos. Tendo em vista esse panorama, uma questão fundamental para as organizações é saber quem deve absorver a incerteza – os consumidores, os gestores ou os profissionais do conhecimento.

Um modo tradicional, ainda que muitas vezes inconsciente, de abordar esse problema é o "desconhecimento planejado", que costuma ser essencial à eficiência da organização. Por definição, um especialista alocado em um departamento centra-se em um domínio de conhecimento limitado. Quanto mais amplo o domínio, menos sofisticado o especialista. De fato, um modo de aumentar a eficiência da comunicação é minimizar sua necessidade usando estratégias como a coordenação planejada, em que as áreas se concentram na realização de tarefas atribuídas formalmente que se encaixam em um todo maior (March & Simon, 1958). Essa estratégia encoraja propositadamente que se ignore o funcionamento de outras subáreas.

Em níveis de incerteza relativamente baixos, uma organização pode se apoiar em regras e programas, na hierarquia, e na estipulação de objetivos para alcançar a integração. Essas estratégias constituem sua estrutura gerencial formal e serão usadas continuadamente conforme aumenta a incerteza. As regras e os programas se referem a procedimentos estabelecidos de antemão para delinear comportamentos organizacionais relativamente previsíveis. Cada departamento contribui para o projeto mais amplo sem muita necessidade de comunicação entre eles. Por exemplo, pode haver um plano que especifique minuciosamente a contribuição de cada área em um processo de produção. Entretanto, muitas vezes, até mesmo o plano mais detalhado apresenta dificuldades na implementação. Podem surgir circunstâncias que requeiram coordenação por parte dos gestores para garantir que se mantenham níveis apropriados de relacionamento entre as áreas. Essa intervenção da hierarquia garante a conclusão do projeto. Conforme cresce a incerteza, os gestores podem decidir que é mais eficiente coordenar as áreas estabelecendo metas para elas e deixando-as definir o modo como serão atingidas. Logra-se a coordenação com cada área alcançando as metas estabelecidas pelos gestores.

QUADRO 5.2. OPÇÕES DE ESTRUTURA

Nosso problema é não só que não sabemos o suficiente, como também - mais fundamentalmente - que não sabemos o que precisamos saber.
(Tsoukas, 1996, p. 18)

Tendo em vista o caráter distribuído do conhecimento na organização, a chave para alcançar a ação coordenada depende não tanto de os que estão "mais acima" acumularem mais e mais conhecimento, [mas] quanto de os que estão "mais abaixo" descobrirem mais e mais formas de se conectar e inter-relacionar o conhecimento que cada um possui.
(Tsoukas, 1996, p. 22)

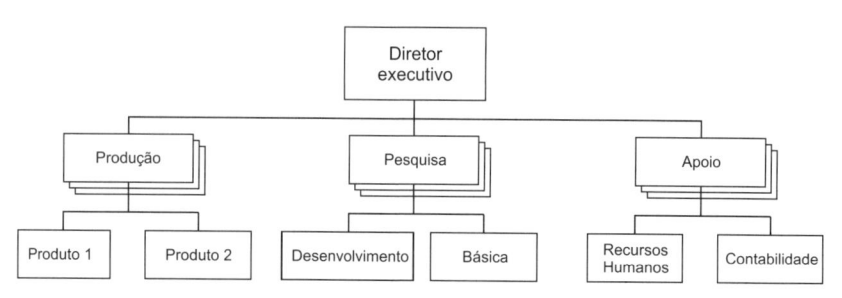

```
                    ┌─────────────┐
                    │   Diretor   │
                    │  executivo  │
                    └──────┬──────┘
         ┌─────────────────┼─────────────────┐
    ┌────┴────┐       ┌────┴────┐       ┌────┴────┐
    │Produção │       │Pesquisa │       │  Apoio  │
    └────┬────┘       └────┬────┘       └────┬────┘
   ┌─────┴─────┐      ┌────┴────┐        ┌───┴────┐
┌──┴───┐ ┌─────┴─┐ ┌──┴─────┐ ┌─┴────┐ ┌─┴──────┐ ┌─────────┐
│Produto│ │Produto│ │Desenvol│ │Básica│ │Recursos│ │Contabil.│
│   1   │ │   2   │ │ vimento│ │      │ │Humanos │ │         │
└───────┘ └───────┘ └────────┘ └──────┘ └────────┘ └─────────┘
```

FIGURA 5.1 – ORGANOGRAMA FUNCIONAL

Toda abordagem à estrutura formal tem suas vantagens e desvantagens, conforme detalhado na tabela 5.1. Os gestores têm que estar cientes delas e preparados para monitorar constantemente as possíveis desvantagens, de modo que possam administrá-las por meio de suas ações. Eles também precisam perceber que suas responsabilidades modificam-se essencialmente, conforme a estrutura se torna mais complicada, já que a estrutura formal é o contexto em que ocorrem os processos e rotinas da organização que constituem uma forma de conhecimento tácito (Choo, 2006; Tsoukas, 1996), e os gestores já não são o principal foco desses processos (por exemplo, tomada de decisões) (Galbraith, 1995). É importante ter em mente os objetivos essenciais de uma determinada estrutura organizacional, em especial porque eles fornecem os parâmetros para medir o sucesso e são um elemento fundamental da estratégia de uma organização (Roberts, 2004).

TABELA 5.1. PRINCÍPIOS DE ESTRUTURA ORGANIZACIONAL

Dimensão	Função	Domínio	Clientes	Conhecimento
Conteúdo	Explícito	Específico do domínio	Específico do cliente	Tácito
Transferência interna	Segmentada	Baseada na inter-independência	Ligações de clientes	Preenchimento de lacuna
Transferência externa	Mínima	Com foco no domínio	Mediação	Preenchimento de lacuna
Criação de conhecimento	Mínima	Específica do domínio	Clientes individuais	Maximizada
Experimentação da inovação	Baixa	Moderada	Alta	Muito alta
Implementação da inovação	Resistência	Específica do domínio	Clientes individuais	Direcionada ao conhecimento
Solução de problemas	Por exceção	Específica do domínio	Clientes individuais	Específica do problema
Recrutamento / retenção	Especialização	Considerações duais	Serviço pessoal	Profissionais do conhecimento

(cont.)

Dimensão	Função	Domínio	Clientes	Conhecimento
Certeza dos funcionários	Altíssima	Bifurcada	Dependente da relação	Maximizadores de incertezas
Formalidade / controle	Altíssima	Alta	Muito baixa	Baixíssima
Adaptabilidade ao ambiente	Baixa	Moderada	Alta	Altíssima
Resposta oportuna	Baixa	Moderada	Altíssima	Alta
Eficiência	Altíssima	Alta	Baixa	Baixíssima
Eficácia	Baixíssima	Moderada	Alta	Altíssima

Classicamente, os analistas estruturais contrastam a gestão funcional e a gestão por produto, conforme representado nas figuras 5.1 e 5.2, respectivamente. Os modelos de gestão funcional são provavelmente os que primeiro nos vêm à cabeça ao considerar uma estrutura organizacional formal, e seu principal objetivo é maximizar a eficiência por meio da especialização e da autoridade formal. São mais bem utilizadas quando se requer um desempenho estável nas tarefas rotineiras (Walker & Lorsch, 1968). O organograma funcional da figura 5.1 apresenta uma departamentalização em três áreas – produção, pesquisa e apoio –, com especializações (por exemplo, recursos humanos e contabilidade) debaixo delas. Esse tipo de especialização, que ficou famoso com a descrição de fabricação de alfinetes feita por Adam Smith (1952 [1776]), permite a ocorrência de economias de escala, bem como um interesse concomitante no comércio para usufruir os benefícios máximos da eficácia de produção. Para as organizações contemporâneas, o dilema clássico passou a ser o de equilibrar a especialização crescente com necessidades cada vez maiores de coordenar tais esforços (Qian, Roland, Xu, 2003). A abordagem formal tem muitas vantagens:

- É o ponto de partida para a maioria das organizações
- É altamente eficaz
- Permite a padronização
- Maximiza os investimentos (por exemplo, bens de equipamento)
- É benéfica para pessoas com baixa tolerância à ambiguidade; fornece um ambiente de trabalho estável e seguro (Dess *et al.*, 1995)
- Funciona melhor em organizações pequenas, com largos períodos de desenvolvimento de produto e longo ciclo de vida

Também tem muitas desvantagens:

- Gargalos; as decisões se acumulam no topo
- Interesses segmentados
- A variedade de produtos é problemática, já que a especialização presume que um tamanho é adequado a todos
- Barreiras a relações laterais e interfuncionais (por exemplo, silos)
- Lentidão para reagir ao entorno
- Pouca consideração aos interesses dos clientes e dos investidores

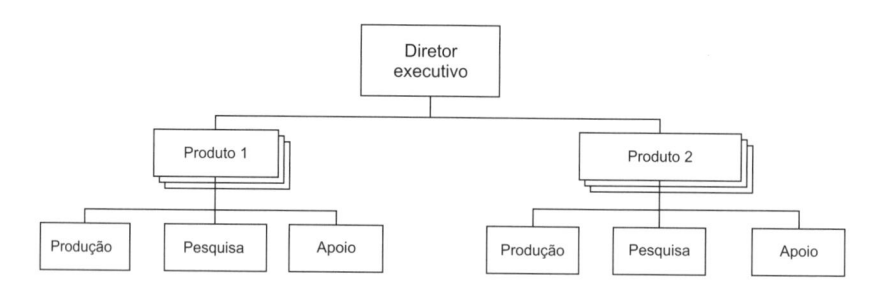

```
                    Diretor
                   executivo
         ┌────────────┴────────────┐
      Produto 1                 Produto 2
    ┌────┼────┐              ┌────┼────┐
 Produção Pesquisa Apoio   Produção Pesquisa Apoio
```

FIGURA 5.2. ORGANOGRAMA COM DEPARTAMENTALIZAÇÃO POR PRODUTO

As abordagens funcionais têm sido cada vez mais suplantadas por estruturas organizacionais baseadas em domínios, que enfocam um tipo particular de conhecimento tácito crucial à organização. Há muitas estruturas desse tipo, sendo populares as que se apoiam no espaço geográfico (por exemplo, instalações, fábrica ou país), nos mercados e em processos e tecnologia. As relações externas e a transferência interna de informação calcadas na interdependência são dependentes do tipo de domínio, isto é, de se há um enfoque regional, no produto ou no processo, por exemplo.

A estrutura por produto é provavelmente o mais popular dos tipos de departamentalização por domínio. A figura 5.2 contém um organograma definido por grupos de produtos, com uma abordagem de especialização funcional abaixo deles. O principal objetivo desse tipo de estrutura é enfatizar os diferentes produtos da organização, reconhecendo que as necessidades de especialização funcional podem variar entre eles (por exemplo, são necessárias diferentes equipes de projeto para carros esportivos e para caminhões, diferentes funções de recursos humanos para profissionais do conhecimento e para trabalhadores industriais sindicalizados) (Walker & Lorsch, 1968). O recrutamento se torna mais complicado em decorrência de uma combinação de especialização funcional e domínio (por exemplo, um advogado especializado na indústria cultural), mas às vezes isso pode ajudar na retenção do funcionário, porque uma dupla especialização limitaria sua mobilidade. Uma dificuldade presente nas abordagens funcionais é que a inovação ou experimentação tende a ser uniforme em todo o sistema, ao passo que na gestão por produto os distintos departamentos podem realizar experiências diferentes sem causar impacto no todo (Qian, Roland, Xu, 2003). Entretanto, como veremos no capítulo "Criatividade e inovação", a transferência de boas práticas entre as várias áreas é inerentemente problemática (Szulanski, 1996). Esse tipo de abordagem é normalmente o segundo estágio evolutivo no crescimento de uma organização, e é adotado pelas vantagens oferecidas:

- Foca os produtos
- Encurta os ciclos de desenvolvimento
- É mais eficaz para atender as demandas dos clientes
- Reage melhor às mudanças no meio
- Melhora a coordenação ou relações laterais entre as especializações funcionais nos produtos
- Alcança níveis superiores de conhecimento tácito

Entretanto, também apresenta desvantagens significativas:

- Reinventa a roda; há duplicação em cada linha de produto
- Usa abordagens não padronizadas para lidar com problemas comuns

- Tem dificuldade para compartilhar o conhecimento construído nas especializações funcionais de cada produto (por exemplo, recursos humanos); o conhecimento fica "emperrado"
- Perde oportunidades de compartilhar conhecimento
- Não possibilita economias de escala, ou seja, os investimentos comuns em capital
- Os clientes e outros de fora normalmente não sabem a quem recorrer

Uma tentativa de tratar todas essas desvantagens, que quase sempre falhou, foi a departamentalização matricial, que procurou combinar ambas as formas em uma estrutura organizacional híbrida (Duncan, 1988). Na figura 5.3, uma dessas estruturas é representada; nela, as funções de produção, engenharia e pesquisa estão lado a lado no topo e três produtos são representados horizontalmente. Nessa estrutura, um pesquisador é alocado tanto no departamento de pesquisa quanto em uma determinada linha de produto. Essa divisão de autoridade, que traz problemas concomitantes para o pesquisador, é uma razão pela qual, na prática, são raras as estruturas matriciais bem-sucedidas (Galbraith, 1995). Essa forma também apresenta dificuldades na determinação de prioridades, e os que estão de fora enfrentam obstáculos para negociar. Os bens comuns são difíceis de manter. Em geral, o fracasso das abordagens estruturais tradicionais em lidar com nosso mundo em rápida transformação levou a uma série de modelos alternativos para reduzir os limites internos e externos por meio de estruturas modulares, virtuais e livres de barreiras (Dess et al., 1995).

Conforme detalha a tabela 5.1, a departamentalização por cliente pode servir como precursora de abordagens mais explicitamente baseadas em conhecimento e suprimir consideravelmente o legado da especialização funcional, a fim de tornar excelente o serviço prestado ao consumidor. Em essência, os membros da organização servem como elos que guiam a empresa em nome dos clientes, atuando, com efeito, como seus corretores. O conhecimento tácito exclusivo que acumulam é

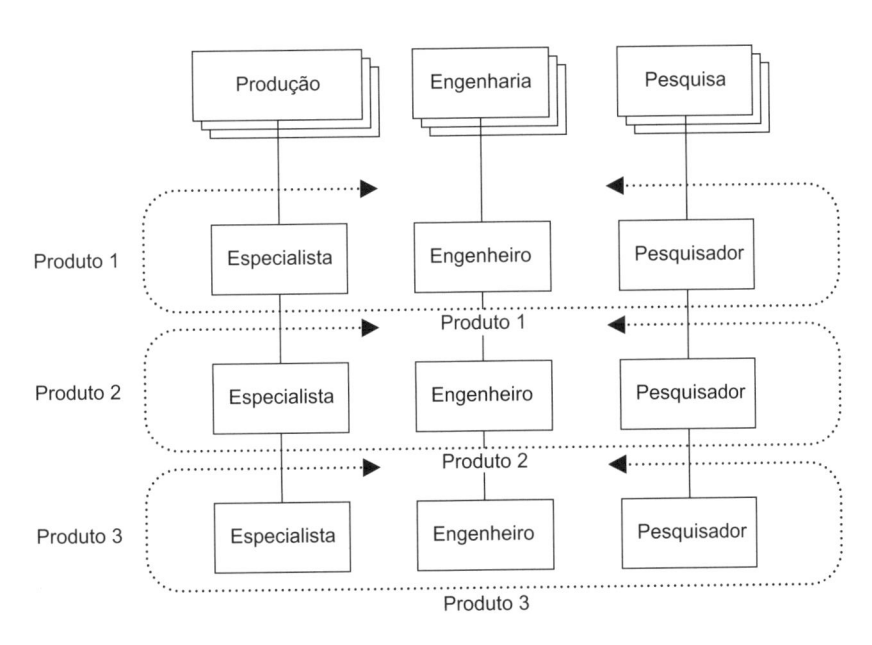

FIGURA 5.3. ORGANIZAÇÃO MATRICIAL

o do cliente. A criação de conhecimento, a implementação de inovações e a solução de problemas são todos voltados às necessidades do cliente. Os indivíduos recrutados para essas funções devem ter grande capacidade de adaptação e ser responsivos às necessidades dos clientes, devendo estar prontos para atendê-los rapidamente. A eficácia passa a depender totalmente da relação entre o cliente e seus elos. Em consequência, a empresa se torna muito menos eficaz, pela falta de conhecimento interno e aprendizagem generalizada, e pela necessidade de manter recursos ociosos para atender solicitações especializadas. Os hospitais estão experimentando esse tipo de coordenação com redes de atenção à saúde para melhor servir aos pacientes (Gittell & Weiss, 2004).

O organograma da figura 3.2 representa outra abordagem híbrida, que enfatiza estruturas classicamente funcionais e, ao mesmo tempo, reconhece a importância do desenvolvimento de produtos em uma estrutura horizontal erigida em equipes, o que requer a comunicação entre agrupamentos funcionalmente especializados. Esses tipos de relação horizontal são também uma ferramenta que os gestores podem usar para corrigir parte das limitações de determinadas estruturas (Galbraith, 1995) e têm se tornado um elemento cada vez mais importante, e muitas vezes surpreendente, das estruturas contemporâneas. As estruturas baseadas em conhecimento centram-se no livre fluxo da comunicação. Elas favorecem a circulação de informações por uma série de razões: a existência de pouquíssimos níveis hierárquicos, uma combinação de generalistas e especialistas (Postrel, 2002), a importância dos corretores, a descentralização que permite que o conhecimento seja imediatamente aplicado aos problemas, pelos próprios empreendedores que os descobrem. Além disso, elas têm vários vínculos pelos quais a informação flui livremente para fora da empresa. Tudo isso é similar às estruturas fundamentadas no mercado, discutidas no capítulo "Contexto".

As estruturas baseadas em conhecimento devem ser capazes de lidar com os motivos comuns para os fracassos do mercado (Matson, Patiath, Shavers, 2003):

1. Falta de mecanismos de codificação, o que inibe a disseminação de conhecimento tácito.
2. Falta de incentivos para codificar e compartilhar.
3. Falta de fontes de conhecimento externas com as quais as informações possam ser livremente compartilhadas, em parte por preocupações protecionistas clássicas (por exemplo, propriedade intelectual).
4. Sistemas de entrega ineficazes e descoordenados, que discutiremos com mais detalhes no próximo capítulo.
5. Falta de consciência do valor da informação para os outros, tanto os internos quanto os externos à empresa. (Por exemplo, negócios totalmente novos cresceram de maneira imprevista em decorrência dos avanços dos sistemas de informação meteorológica e do GPS.)
6. Falta de corretores e intermediários a quem recorrer para compartilhar o conhecimento, motivo que discutiremos em mais detalhes no quadro 9.2.

As estruturas baseadas em conhecimento necessitam de um modelo gráfico diferente, capaz de captar as complexidades que descrevemos na rede tácita e explícita. Uma vez que as redes de conhecimento são tão fluidas, desenhar caixas e linhas simples lhes confere um caráter inadequado de permanência e uma ilusão de controle que também é incapaz de aprender o processo de construção do conhecimento. Diagramas claramente espelhados em redes, um pouco vinculados a bancos de conhecimento que podem ser explorados, podem se aproximar do que se necessita, como pretendemos ter feito nos capítulos "Formas de conhecimento" e "Análise de redes". O objetivo fundamental desse tipo de estrutura é analisar, criar ou transferir conhecimento para resolver problemas. Eis algumas das vantagens dessas estruturas:

- São adaptáveis
- Maximizam inovações
- Potencializam a solução criativa de problemas
- Aumentam o crescimento e o aprendizado na organização
- Retêm pessoas que têm grande preferência pela incerteza ou necessidade de cognição
- São altamente adaptáveis a ambientes turbulentos
- Enfocam o desenvolvimento dos funcionários (Keidel, 1984)
- Têm liberdade empreendedora
- São os mais eficazes no que concerne a se adaptar ao ambiente

Por outro lado, suas principais desvantagens:

- São incertas, o que é frustrante para os funcionários mais tradicionais (Keidel, 1984)
- Apresentam grande possibilidade de desordem
- São muito arriscadas
- São difíceis de explicar a outros; perspectivas de "institucionalismo"
- Não deixam claro quem está no comando
- Têm baixo nível de segurança
- Podem não lidar bem com questões de equidade
- Têm pouca preservação dos bens comuns
- São alvo de "caronas"
- São menos eficientes quanto à padronização e ao cuidado com os bens de equipamento
- Inibem uma visão comum e a integração dos esforços da organização
- Levantam questões sobre a detenção de propriedade intelectual
- Necessitam de um alto nível de confiança para facilitar as relações (Dess *et al.*, 1995)
- Incluem a questão de como uma organização trata do esquecimento (Govindarajan & Trimble, 2005)

Vários novos tipos de estrutura – modular, hipertextual e assim por diante – foram propostos para promover os tipos de relação colaborativa e a geração de conhecimento associados às redes de conhecimento (Gold, Malhotra, Segars, 2001). Um exemplo são as organizações celulares, construídas com base no empreendedorismo e na auto-organização e que pertencem a seus membros (Miles *et al.*, 1997). A metáfora da célula implica uma orientação funcional e uma estrutura interna, vinculadas à necessidade de interagir com outras entidades semelhantes para desempenhar funções maiores. Outra abordagem trata de ver a empresa como um sistema de conhecimento distribuído em que os indivíduos gerenciam as tensões entre expectativas normativas, disposições pessoais e o contexto local, quando só podem saber uma parte do que é conhecido em toda a organização (Tsoukas, 1996). Essa combinação de interdependência e independência permite às equipes desenvolver e compartilhar um conhecimento que promove a inovação e a adaptabilidade contínua. A eficiência dos mercados de redes de conhecimento depende de questões como simetria da informação, padronização de produtos, homogeneidade dos clientes, uma massa crítica de fornecedores e uma moeda comum para facilitar as trocas (Grover & Davenport, 2001).

Outro tipo de abordagem metafórica está relacionado com as organizações holográficas derivadas do funcionamento do cérebro (Morgan, 1986). A holografia capta o modo como os processos se desenvolvem onde o todo pode ser codificado por meio de cada uma de suas partes. Por exemplo, a memória é distribuída pelo cérebro e pode ser reconstituída com base em seus segmentos. Isso é feito, em certa medida, por meio da rica conectividade existente entre as partes, que podem ser reorganizadas conforme o organismo aprende a se adaptar a novas exigências.

Em essência, a maioria das organizações adota hoje um esquema *um para muitos*, uma estrutura hierárquica. Mas estruturas mais modernas são *muitos para muitos*, representando soluções extremas para problemas de coordenação e colaboração, com um questionamento implícito do velho ditado de que a hierarquia é inevitável. Portanto, temos novas formas de coletivismo e cooperação que parecem quase sem liderança (por exemplo, multidões inteligentes ou *smart mobs*), uma ênfase na sabedoria das multidões em softwares de redes sociais, Wikipédia, softwares de código aberto e assim por diante. Muitas dessas abordagens não consideram as redes como dadas, mas, em vez disso, como elementos estruturais da organização que podem ser moldados deliberadamente (Lorenzoni & Lipparini, 1999).

Quando a incerteza alcança níveis altos, entretanto, a abordagem hierárquica tradicional passa a enfrentar dificuldades e a organização é confrontada com estratégias que implicam o abandono das perspectivas tradicionais de coordenação. Em essência, o principal dilema que uma empresa enfrenta é ter que escolher entre reduzir a necessidade de processamento de informações ou aumentar sua capacidade de processá-las (Galbraith, 1973; March & Simon, 1958; Watts, 2003). Desse modo, as empresas podem ser aprimoradas não com a produção de mais informações, mas com a redução da quantidade que cada subsistema tem de manipular (Johnson & Rice, 1987). A diminuição da necessidade depende primordialmente das estratégias de criação de recursos ociosos e de tarefas autônomas, que visem reduzir a demanda de comunicação entre as áreas (Galbraith, 1973), e, por conseguinte, aumentar seu desconhecimento acerca das operações da empresa.

Gerenciar a interdependência entre as áreas por meio da coordenação e do controle de suas atividades é crucial para a estrutura da organização (Pfeffer, 1978). Quanto maior a interdependência entre as unidades de trabalho, maior a necessidade de coordenação (Cheng, 1983). Por sua vez, quanto maiores os níveis de coordenação requeridos – principalmente por mecanismos pessoais –, maior o volume de comunicação (Hage, Aiken, Marrett, 1971). Esses processos também são fundamentais em decorrência dos problemas de comunicação existentes na hierarquia, como bloqueio de informações e lentidão nos fluxos de mensagens, bem como a tendência ao surgimento de rivalidades entre áreas funcionalmente separadas (Lee, 1970).

Vários meios (mecanismos de integração formal, relações humanas, matrizes, etc.) são usados para encorajar a interação entre as entidades da organização formal, que o organograma, com efeito, serve para isolar (O'Neill, 1984). Há uma literatura relativamente rica sobre os vários níveis de coordenação (Crowston, 1997; Malone & Crowston, 1994), que também se reflete em noções como conexões frouxas e vantagem dos laços fracos, abordadas no capítulo "Análise de redes". Talvez a discussão mais abrangente e sistemática sobre o assunto, em especial no contexto das abordagens estruturais formais relacionadas ao processamento de informações, seja a encontrada no trabalho de Galbraith (1973 e 1974).

O principal pressuposto de Galbraith é que quanto maior a incerteza com que se depara a empresa, mais ela precisa concentrar seus esforços na comunicação, particularmente em mecanismos de integração projetados para aumentar os níveis de coordenação entre as unidades de trabalho (Galbraith, 1973 e 1974). Esses mecanismos, em especial os mais pessoais (por exemplo, as ligações), também servem para superar alguns dos problemas de comunicação inerentes à hierarquia, como a incapacidade de reportar informações importantes (Lee, 1970). A capacidade de a organização lidar com a comunicação relacionada à coordenação determinará o nível de interdependência, e a diferenciação correlata, com que será capaz de trabalhar (March & Simon, 1958), e que poderá ser o principal fator limitante em estruturas baseadas em conhecimento. A criação de estruturas horizontais envolve muito mais mecanismos de integração, como ligações, forças-tarefa e equipes, o que deve fazer que os funcionários estejam mais cientes das atividades uns dos outros. Entretanto, elas são extremamente custosas no que concerne à comunicação (Cheng, 1983; Hage, Aiken, Marrett, 1971) e em alguns contextos podem ser ineficazes (Lawrence & Lorsch, 1967). As abordagens recentes desse problema, como no caso das comunidades de prática, implicitamente situam esses tipos de relação fora do controle dos gestores, criando, com efeito, equipes sem liderança (ou, ao menos, sem gestores) que definem seus próprios problemas e quantidade de membros e se dedicam a questões de interesse mútuo.

Em geral, afirma-se que as características das tarefas são o fator mais determinante para definir padrões de comunicação interpessoal e entre grupos nas empresas (Jablin, 1987). Por exemplo, Simpson (1952) descobriu que a mecanização reduzia a necessidade de uma supervisão rígida e de comunicação vertical, uma vez que as máquinas ditavam o ritmo de trabalho de seus subordinados. A mecanização, por sua vez, aumentou a necessidade de comunicação horizontal entre os supervisores de primeira linha, em termos de coordenação do trabalho e resolução conjunta de problemas. As necessidades de informação dos trabalhadores diferem de acordo com os requerimentos dos cargos que ocupam. Muitas vezes, os trabalhos são reformulados para minimizar a necessidade de se buscar informação, uma abordagem que foi rotulada por seus críticos como desqualificação. Portanto, a instituição de planos em organizações burocráticas visa reduzir a quantidade de informações processadas (Galbraith, 1973).

Há muitas dimensões potenciais de estrutura, todas definidoras do escopo da empresa, que precisam ser equilibradas em determinadas abordagens (Roberts, 2004) (quadro 5.2), cada uma com implicações diferentes para a construção de conhecimento tácito e sua dispersibilidade na organização. Tradicionalmente, as estruturas formais são guiadas pelas funções que enfatizam a atividade geral a que uma empresa se dedica e as especializações necessárias para executar sua estratégia. Mais recentemente, em especial em conglomerados e organizações muito diversificadas, foi adotada a departamentalização por produto, que pode requerer diferentes combinações de especialização. A departamentalização geográfica é particularmente importante para as corporações multinacionais, uma vez que costuma refletir diferenças drásticas em contextos – em especial no que concerne a culturas nacionais e regulamentações governamentais – que podem se converter em fontes de vantagem competitiva (Almeida & Phene, 2004). A departamentalização por consumidores, clientes, acionistas ou outros públicos externos também é cada vez mais importante. Universidades com enfoque profissional (por exemplo, faculdades de direito autônomas) podem ser muito diferentes das de artes liberais ou das voltadas para a pesquisa. Esses tipos de estrutura se baseiam na gestão de relacionamentos; as relações são vistas como o bem mais importante da empresa (Gulati & Kletter, 2005), da mesma forma que o elemento que define essencialmente as redes de conhecimento é a natureza das relações.

Por fim, conforme veremos em mais detalhes no capítulo "Tecnologia", os processos de fluxo de trabalho, em especial os determinados pela tecnologia, podem ter impacto significativo sobre os modelos estruturais. Por exemplo, as exigências tecnológicas influenciam fortemente o conteúdo da comunicação que flui pelo conjunto de papéis que compõe a rede de relações imediatas de um indivíduo, embora a quantidade dessa comunicação também possa ser mediada por fatores espaciais. (Katz & Kahn, 1978). A comunicação nessa rede é um dos indícios mais diretos dos requisitos de interdependência e coordenação em uma empresa. De fato, conforme observam Katz e Kahn (1978), aqueles que ocupam cargos atribuídos formalmente, aos quais os papéis estão vinculados, estão muitas vezes associados com alguns poucos que são adjacentes a eles na estrutura do fluxo de trabalho ou na hierarquia de autoridade de uma organização. Assim, "em geral, o desempenho de um papel se refere às ações recorrentes de um indivíduo, devidamente inter-relacionadas com as atividades repetitivas de outros, de modo a produzir um resultado previsível" (Katz & Kahn, 1978, p. 189).

O modelo de Katz e Kahn (1978), que entende a organização como um sistema de papéis, é propício para examinar os impactos da aquisição de conhecimento sobre o desempenho de uma tarefa. Um papel (do inglês *role*) é definido como o total de requisitos que uma empresa apresenta ao funcionário para habilitá-lo a desempenhar suas funções. Um conjunto de papéis (*role set*) pode ser desempenhado pelo supervisor do indivíduo em questão, por seus subordinados e outros funcionários com quem deve trabalhar. Em outras palavras, é uma rede focal de relações que emanam do indivíduo. Cada membro que é referido ao conjunto de papéis tem expectativas sobre o comportamento da pessoa em foco; a solicitação de um papel (*role sending*) ocorre quando as expectativas são comunicadas a essa pessoa. Assim, os atores de um conjunto de papéis são provavelmente a fonte local e imediata de conhecimento.

Infelizmente, muitas vezes não há uma clara intersecção entre os organogramas formais, que enfocam a posição hierárquica e as relações de poder, e o fluxo de trabalho real constituído por questões de interdependência e funções interligadas que frequentemente determinam o fluxo de conhecimento nas organizações. A especialização da função, que se revela na diferenciação dos papéis atribuídos formalmente na empresa, e é reforçada ainda mais pela profissionalização, obviamente também está relacionada com a distribuição de informações, e os trabalhos e conjuntos de habilidades associados se confundem consideravelmente com o conhecimento tácito. As abordagens formais se destacam com o surgimento de bancos de conhecimento, mas minimizam a circulação de informações entre eles. Essas questões também têm uma clara relação com o dilema de como fazer que o "homem em foco" traduza oportunamente esse conhecimento tácito em ação no momento oportuno, ao mesmo tempo que preservamos os interesses e objetivos maiores da organização (von Hayek, 1945).

Dilemas da estrutura

O principal fator que faz do delineamento da estrutura organizacional mais uma arte que uma ciência é a resolução de muitos interesses conflitantes. Keidel (1984), por exemplo, enfatiza a necessidade de equilibrar controle, cooperação e autonomia. March (1994), por sua vez, destacou a escolha crucial entre exploração (*exploration*) e utilização (*exploitation*) do conhecimento, ou entre busca (*search*) e estabilidade (*stability*), na terminologia adotada por Rivkin e Siggelkow (2003), que discutiremos mais detalhadamente em capítulos posteriores. O problema fundamental, portanto, é tentar maximizar as complementaridades (Roberts, 2004), a fim de obter sinergia, em vez de dedicar-se a conflitos que sugam energia e à supremacia artificial de um interesse único. A mudança em um único elemento da estrutura (por exemplo, o recrutamento na tabela 5.1) raramente é vista como eficaz, uma vez que estamos falando de sistemas complexos de relacionamento; em vez disso, devemos analisar grupos de mudanças associadas (por exemplo, recrutamento e retenção, certeza, formalidade e adaptabilidade) que possam atuar juntas para permitir a obtenção dos efeitos desejados (Rivkin & Siggelkow, 2003).

Na tentativa de equilibrar imperativos estruturais opostos, o conhecimento nem sempre é levado em consideração. Superficialmente, entretanto, há um reconhecimento de que um elemento central das estruturas é quem absorverá a incerteza e a complexidade e, por implicação, será forçado a aprender coisas novas. As burocracias convencionais tendem a colocar esse fardo sobre os clientes, enquanto abordagens mais modernas inclinam-se a indicar que os gestores e/ou trabalhadores devam ser os primeiros a lidar com a incerteza, em benefício de outros objetivos essenciais da organização (por exemplo, dedicar-se verdadeiramente aos clientes). Os clientes geralmente não se importam nem um pouco com a estrutura organizacional interna e, de fato, não querem ser colocados em posição de ter que negociá-la para obter os resultados que desejam (Keidel, 1984).

Basicamente, a decisão racional requer uma reflexão cuidadosa sobre o que é de fato valorizado na empresa. Às vezes, as estruturas formais podem compensar limitações como a dispersão geográfica e a perda de relações desejadas de aproximação por meio do crescimento das organizações. A questão fundamental é saber que vantagens competitivas uma empresa realmente quer vir a ter. Os gestores também devem estar preparados para aceitar que há partes da estrutura que são legados que não podem ser modificados (ou, pelo menos, a custos aceitáveis para os benefícios que daí poderiam resultar) – por exemplo, a dissolução de áreas acadêmicas tradicionais nas universidades –, apesar delas não desempenharem mais nenhuma função real. Conforme assinalou Krackhardt (2007), não seremos capazes de entender as redes enquanto não tentarmos mudá-las conscientemente.

RESUMO

Em suma, há uma série de limitações inerentes à abordagem formal da estrutura organizacional. Em primeiro lugar, ela oferece uma visão incompleta das redes de conhecimento, uma vez que só capta um subconjunto limitado de relações possíveis (Brewer, 1971; Rogers & Agarwala-Rogers, 1976). Em segundo lugar, a abordagem formal ignora os papéis ativos que os indivíduos exercem ao modelar suas redes focais de comunicação e ao buscar informações (Monge & Eisenberg, 1987). Em terceiro lugar, oferece um retrato um desajeitado e heuristicamente limitado da configuração dos padrões de comunicação, o que é, cada vez mais, um problema sério quando se trata de representar estruturas baseadas em conhecimento. Em quarto lugar, a reificação das estruturas organizacionais reduz a adaptabilidade das empresas à mudança, uma vez que quando oficializadas fica mais difícil transformá-las, aumentando, assim, sua inércia.

A abordagem formal oferece muitas vantagens importantes. Primeiro, lida diretamente com a previsibilidade, ao relacionar-se com o controle, em particular na comunicação vertical. Originalmente, o organograma pretendia mapear os padrões de controle em toda a organização, explicitando, desse modo, as relações entre os interlocutores, ao menos quanto a quem estava no comando. O organograma também pode ser um mapa da localização do conhecimento nas empresas. Em essência, deve identificar as pessoas que supostamente sabem certas coisas. Isso dá aos gestores uma ferramenta útil para projetar as estruturas organizacionais. Porém, é um tanto paradoxal que os principais meios de controle dos gestores sejam tão ineficazes. Segundo, o organograma é, muitas vezes, um reflexo da estabilidade temporal; reflete a racionalidade *a posteriori* (Weick, 1969). Isso significa que só depois que as pessoas vêm se comportando de determinada maneira há um certo tempo é que essas relações tendem a ser formalizadas no organograma (Connolly, 1977). Uma vez que as relações são especificadas no organograma, elas adquirem um caráter duradouro que, do contrário, talvez não obtivessem. Em terceiro lugar, o organograma também fornece um guia para a ação, indicando como as coisas devem ocorrer na organização. Seus membros devem perceber, entretanto, que esse guia é só um ponto de partida prático, um enquadramento, do qual eles talvez precisem se afastar para ocupar-se com novos problemas e interesses. Por fim, o enfoque dessa abordagem nas relações de autoridade pode ser muito apropriado, já que supostamente essas relações constituem o cerne da maioria das organizações.

Leitura complementar

Downs, A. *Inside Bureaucracy*. Little, Brown, 1967.
<small>Descrição clássica das operações burocráticas em uma perspectiva das ciências políticas.</small>

Galbraith, J. R. *Designing Complex Organizations*. Addison-Wesley, 1973.

Galbraith, J. R. "Organizational design: an information processing view". Em *Interfaces*, nº 4, 1974, pp. 28-36.
<small>Descrições pioneiras das inter-relações entre comunicação, coordenação e redução da incerteza na estrutura organizacional.</small>

Galbraith, J. R. *Designing Organizations: an Executive Briefing on Strategy, Structure, and Process.* Jossey-Bass, 1995.
Atualização de suas obras clássicas para gestores com uma ênfase em modelos estruturais modernos mais complexos.

Glauser, M. J. "Upward information flow in organizations: review and conceptual analysis". Em *Human Relations*, nº 37, 1984, pp. 613-643.
Síntese muito útil da literatura clássica sobre estrutura de comunicação formal nas organizações.

Jablin, F. M. "Formal organization structure". Em Jablin, F. M., Putnam, L. L., Roberts, K. H. & Porter, L. W. (orgs.). *Handbook of Organizational Communication: An Interdisciplinary Perspective.* Sage, 1987.
Capítulo introdutório com descobertas relacionadas aos índices. Da série de manuais editada por Jablin, até sua morte prematura, a respeito de questões relacionadas com a comunicação entre supervisor e subordinado.

Katz, D. & Kahn, R. L. *The Social Psychology of Organizations.* 2ª ed. Wiley, 1978.
A abordagem sistêmica definitiva e abrangente das organizações como um sistema de papéis.

6
Tecnologia

> A realidade social da implementação de tecnologia é altamente complexa. Diferentes tecnologias são trazidas a diferentes contextos sociais por distintas razões, muitas vezes com efeitos opostos. Portanto, fazem-se necessárias teorias complexas reconhecendo a natureza emergente e socialmente construída da tecnologia.
> (Liker, Haddad, Karlin, 1999, p. 576)

Fundamentalmente, a tecnologia pode ser definida como as ações organizacionais adotadas para transformar insumos (o que entra) em produtos (o que sai). Pode ser vista não no sentido estritamente "fabril", relativo ao maquinário necessário para produzir bens materiais, mas em um aspecto mais amplo, entendida como qualquer conjunto sistemático de técnicas que possibilite a elaboração de produtos pelas organizações. Naturalmente, saber o que é tecnologia torna-se essencial para compreender as organizações, mas pouco se conhece o impacto preciso dela, em particular da TI (tecnologia da informação) – tendo em vista os atributos exclusivos da informação discutidos no capítulo "Formas de conhecimento" –, sobre as redes de conhecimento.

A tecnologia apresenta uma série potencial de repercussões sobre a estrutura organizacional. Acima de tudo, determina a composição humana das empresas. A diversidade de aptidões necessárias na organização contemporânea aumenta a heterogeneidade de seus membros e, em geral, isso pode ser associada à ocorrência de uma variedade de problemas de comunicação em seu interior (Rogers, 1983). Ocupações diferentes apresentam distintas necessidades de conhecimento (Case, 2007). Os engenheiros, por exemplo, provavelmente estão mais interessados que os cientistas em obter informações que são direta e estritamente relevantes ao seu trabalho (Allen, 1977). Em segundo lugar, os fatores tecnológicos têm um impacto significativo no ambiente espacial das organizações, algo que discutiremos em detalhe no próximo capítulo. Em terceiro lugar, a tecnologia influencia diretamente a configuração da estrutura organizacional.

Apesar das previsões muitas vezes otimistas, o impacto causado pelas tecnologias de processamento de informações tem suscitado certa controvérsia, assim como sua relação com a produtividade corporativa (Mahmood & Mann, 2000), a lucratividade (Hoffman, 1994), a qualidade (Deveraj & Kohli, 2000) e a vantagem competitiva, como discutiremos no capítulo "Produtividade: eficiência e eficácia". A percepção de que não há uma melhora de resultados em consequência de um maior investimento em TI (por exemplo, Sircar, Turnbow, Bordoloi, 2000; Zhu & Kraemer, 2005) tem sido comumente descrito como o paradoxo da produtividade. Parece haver um conjunto complexo de mediadores que determina o sucesso último da relação estabelecida entre uso de tecnologia e resultados alcançados (Timmerman & Scott, 2006). Há um consenso de que, no fim das contas, ainda que muitas vezes com um atraso considerável, as novas tecnologias da informação têm um impacto positivo nas estruturas organizacionais (Huber & McDaniel, 1988) e traz uma série de compensações (Deveraj & Kohli, 2000; Mahmood & Mann, 2000), frequentemente possibilitando novas formas de organização; alguns afirmam que, nos últimos anos, o dividendo de TI dos Estados Unidos se traduziu em maior produtividade.

Embora se espere que, com a informatização, as empresas sejam capazes de fornecer as informações corretas, no momento apropriado e no lugar certo, isso se mostrou muito mais difícil do que pareceria à primeira vista (McGee & Prusak, 1993). Também é preciso entender que os sistemas de informação só conseguem captar uma pequena parte (alguns estimaram em apenas 10%) das informações disponíveis nas empresas. Os outros 90% residem na cabeça das pessoas, no sistema social, nos arquivos em papel, e assim por diante (McGee & Prusak, 1993). Enquanto os otimistas aguardam a próxima geração de software e hardware, os realistas estão olhando cada vez mais para a própria organização, especialmente sua cultura e suas estruturas, como o principal obstáculo à melhoria do processamento de informações (McGee & Prusak, 1993). Assim, a tecnologia, aparentemente o mais racional e objetivo dos fatores organizacionais, é – em razão de seu vínculo com valores de eficiência – fortemente influenciada por condicionantes culturais e pelas relações formais de poder existentes na organização (Sept, 1989).

Alguns afirmam que o principal motivo pelo qual as tecnologias da informação fracassam é que seus planejadores não levam em consideração a política de informação de suas empresas (McGee & Prusak, 1993). Afirma-se cada vez mais que a estrutura política ideal é similar a um sistema federalista, com muitos mecanismos de controle, equilíbrio entre os poderes e negociações explícitas entre os estados soberanos (por exemplo, agrupamentos profissionais) dentro da organização (Hoffman, 1994; McGee & Prusak, 1993). Parte do que se negocia é "quem deve acessar qual informação".

Enquanto as tecnologias da informação disponibilizam uma ampla gama de informações para um número cada vez maior de funcionários, o controle exclusivo dos gestores sobre os recursos de informação está em constante declínio, em parte como decorrência do processo de horizontalização e à redução do número de níveis hierárquicos nas empresas, algo que se tornou possível, parcialmente, graças à TI. Essas tendências fazem que o domínio sobre os canais de comunicação, principalmente dos novos meios, seja cada vez mais crucial para compreender como os membros da organização adquirem conhecimento. Aqui enfocaremos primordialmente esses canais e a TI, tendo em vista sua importância fundamental para a gestão do conhecimento e para as redes de conhecimento, mas primeiro passaremos por uma discussão mais abrangente sobre as relações entre tecnologia e trabalho. Encerraremos este capítulo discutindo a infraestrutura geral de conhecimento das organizações.

Tecnologia e estrutura

Em geral, verifica-se nas organizações uma relação entre tecnologia e estrutura formal, mas há certa controvérsia quanto ao seu grau (Ford & Slocum, 1977; Mohr, 1971; Porter, Lawler, Hackman, 1975). No entanto, há algum consenso de que essa relação é mais forte nos departamentos que na organização como um todo (Alexander & Randolph, 1985; Van de Ven, Delbecq, Koenig, 1976; Withey, Daft, Cooper, 1983).

No nível macro-organizacional, uma série de pesquisas examinou a relação entre estruturas formais e tecnologia, a começar pelo estudo clássico de Woodward (1965). A principal conclusão de seu extenso programa de pesquisa foi que os métodos técnicos eram o fator mais importante na determinação da configuração da estrutura organizacional e do "tom" das relações humanas dentro das empresas. Ele afirmou, também, que nenhum princípio de gestão (por exemplo, amplitude de controle) era válido para todos os tipos de sistema de produção. Portanto, essa pesquisa contribuiu para o surgimento das abordagens contingenciais da teoria organizacional.

Woodward (1965) identificou três tipos principais de tecnologia de produção: por unidade, em massa e em processo. Empresas de produção unitária ou em pequenos volumes fabricam produtos especializados que requerem mão de obra altamente qualificada (por exemplo, porta-aviões) e correlativamente, nos termos atuais, conhecimento tácito. A produção em massa ou mecanizada gera produtos que têm muitos componentes padronizados, apoiando-se portanto em conhecimento explícito. Um exemplo clássico são as operações de linha de montagem de fabricantes de automóveis. A produção em processo ou automatizada envolve tecnologias de fluxo contínuo como as encontradas nas empresas químicas.

As revelações do estudo de Woodward (1965) realizado sobre centenas de empresas na Grã-Bretanha indicaram que vários elementos estruturais formais diferiam sistematicamente nos três tipos de tecnologia. Primeiro, o número de níveis de autoridade crescia com a complexidade tecnológica. Segundo, a amplitude de controle era mais alta para a produção em massa. Terceiro, a intensidade administrativa era mais elevada para a produção em processo. Quarto, a comunicação escrita era mais frequente nas empresas de produção em massa que em empresas de produção em processo ou unitária. Quinto, a produção por unidade requeria comunicação diária para coordenar as atividades, ao passo que os sistemas de produção em massa ou em processo não. Em suma, seu estudo constatou a relação entre estrutura formal e tecnologia.

Outros estudos também se concentraram na estrutura organizacional formal. Como vimos, Simpson (1952) descobriu que a mecanização reduzia a necessidade de comunicação vertical e de uma supervisão mais rígida e aumentava a comunicação horizontal entre os supervisores de primeira linha. Randolph e Finch (1977), de modo mais geral, verificaram que a certeza tecnológica diminuía a proporção de comunicação vertical e aumentava a comunicação horizontal. A esse respeito, constatou-se que a interdependência entre as tarefas é o fator mais determinante na busca de informações (Cross, Rice, Parker, 2001). Portanto, foram estabelecidas relações claras entre tecnologia e vários efeitos estruturais.

O papel especial da TI

Em condições normais, então, a tecnologia da informação deve permitir o surgimento de estruturas organizacionais mais elaboradas e complexas.
(Pfeffer, 1978, p. 74)

Novas formas de comunicação eletrônica muitas vezes abrem renovadas possibilidades de intercâmbio nas estruturas organizacionais (Culnan & Markus, 1987), inclusive com os membros dos níveis inferiores geralmente tendo maior acesso a vários outros formatos. Em consequência, os processos de decisão passam aos níveis inferiores e a hierarquia organizacional é achatada (Fulk & Boyd, 1991). Assim, um fator importante na introdução de novas tecnologias é a remoção de limites anteriormente impostos aos membros da organização (Rice, 1989). Muitos afirmam que essas novas tecnologias criam possibilidades para o desenvolvimento de outras formas de estrutura, como as organizações em rede (Nohria, 1992), ou para o pleno funcionamento dos mercados nas organizações (Malone, Yates, Benjamin, 1987).

De fato, os avanços na comunicação e em TI tornaram possível a organização moderna. Cada vez mais a convergência entre TI, telecomunicações, tecnologia sem fio, banda larga, etc. está acompanhada pelo desenvolvimento de redes e estruturas interorganizacionais mais fluídas (Salazar, 2007). A TI tem um efeito central e penetrante sobre o funcionamento da empresa, uma vez que geralmente precisa ser implementada em todo o sistema, o que a torna qualitativamente distinta de outros tipos de inovação (Sabherwal & Robey, 1993). A própria informação é distinta das *commodities* físicas, e a TI requer que os membros da organização sejam treinados para se adaptar aos níveis cada vez mais altos de complexidade tecnológica.

A TI permitiu a dispersão geográfica das empresas pelo mundo e o surgimento de organizações de tamanho gigantesco. Mas essas mudanças ocorridas nos últimos 150 anos também significaram a diminuição das interações cara a cara, e fizeram que as decisões, as mensagens e as ações ficassem muitas vezes separadas das fontes de informação. Em consequência, reduziu-se o cerne de significados comuns nas organizações, de modo que apenas mensagens simples e explícitas (por exemplo, os números dos relatórios MIS) são compreendidas por todos. Em suma, historicamente a tecnologia teve um impacto enorme sobre a comunicação nas organizações, que está se tornando cada vez mais acentuado com o avanço dos novos meios.

Embora pareça óbvio que o impacto proporcionado pelas tecnologias trataria de ser drástico, tanto estruturalmente quanto espacialmente (Morgan, 1986) – em particular com relação a uma maior capacidade de controlar e coordenar os processos organizacionais –, esse não tem sido o caso na prática, e há muitas tecnologias promissoras sendo usadas para realizar velhas tarefas à antiga maneira (Carter

& Cullen, 1983; Johnson & Rice, 1987). Por exemplo, um processador de texto é tratado como uma versão mais sofisticada de uma máquina de escrever e usado basicamente para desempenhar as mesmas funções. Entretanto, o que os meios eletrônicos têm de promissor reside nas novas capacidades que eles oferecem às organizações, particularmente em questões como: novas formas de abordar a comunicação – por exemplo, serviços públicos de BBS *(computer bulletin board system)* –, o armazenamento e a recuperação de comunicados – poderíamos citar o armazenamento automático de transcrições de reuniões eletrônicas –, e o controle sobre o acesso e a participação na comunicação, como descrevemos no quadro 6.1.

Rice *et al.* (1988) detalham os tipos de impacto que uma determinada tecnologia de processamento de informações – os sistemas de mensagens eletrônicas – pode ter sobre as redes de conhecimento. Primeiro, diminui a necessidade de comunicação síncrônica, como as chamadas telefônicas. Segundo, pode aumentar a frequência da comunicação ao ampliar as conexões sociais e profissionais. Terceiro, pode aumentar a eficiência ao reduzir as transformações das mídias (por exemplo, arquivos de dados em disco para fitas de computador) e as funções improdutivas (é o caso do tempo desperdiçado em chamadas telefônicas não respondidas). Quarto, os usuários podem perceber que têm mais controle, melhor comunicação e maior acesso à informação.

QUADRO 6.1. REDES SOCIAIS

Os serviços de redes sociais são primordialmente software e tecnologia que facilitam o relacionamento entre as pessoas. Sendo assim, "o Facebook é um utilitário social que o conecta com as pessoas a sua volta" (http://www.facebook.com/). Seu advento na web é uma das razões para o entusiasmo atual com a análise de redes. Tipicamente, eles definem um universo de usuários ou entidades por meio de diretórios. Também podem estabelecer os tipos de relação que os usuários gostariam de ter uns com os outros. (O Linkedin.com também identifica as pessoas por empresa para construir redes profissionais a fim de potenciar carreiras e obter respostas.) Os usuários são geralmente vistos como membros de determinado grupo social e, em alguns aplicativos, os sites de redes sociais facilitam a formação de comunidades de prática, como o Yahoo! groups, em torno de determinados interesses e atividades. Outros, como o Meetup, visam construir comunidades que facilitem encontros cara a cara em várias cidades, em parte por meio do uso de utilitários de mapeamento.

As características do conteúdo desses web sites são um dos motivos para o entusiasmo subjacente a sua aplicação nas redes de conhecimento, especialmente ao facilitar de variadas maneiras o fluxo de informações complexas (por exemplo, usando gráficos, recursos visuais, etc.). Um modo de fazer isso, por exemplo, é atribuindo etiquetas a web sites no del.icio.us, uma forma de compartilhá-los utilizando uma identificação em comum. Essas funções têm sido associadas ao desenvolvimento da web 2.0, que encoraja a construção de inteligência coletiva por meio da participação democrática dos usuários (Boulos & Wheeler, 2007).

As tecnologias vinculadas a esses sites acrescentam uma série de possibilidades diferentes de interação: atualização de status em tempo real (*babble*), bate-papo (*chat*), difusão massiva (*blasts*), atualização de blogs (*blogging*), fóruns de discussão (*discussion boards*), correio eletrônico (*e-mail*), *loops*, "cutucadas" (*pokes*), solicitações (*requests*), avaliações (*reviews*), recados em murais (*shouts*), marcação (*tagging*), links de retorno (*Track Ping Back*), e assim por diante. Os websites capazes de proporcionar abordagens inovadoras à facilitação de vários tipos de vínculos obtêm vantagem estratégica. Tratando-se de reciprocidade, o acesso a informações mais detalhadas geralmente depende de ambas as partes concordarem que têm uma relação de determinado tipo (por exemplo, de amizade). Como ocorre com outras tecnologias de comunicação, para alcançar o máximo de benefícios, a massa crítica, obviamente, faz uma grande diferença.

O principal foco para a maioria dessas aplicações está nas redes radiais, e não em padrões mais complexos, mas alguns sites, como o projeto Friends of a Friend (FOAF), tentaram se expandir para perspectivas mais amplas de rede. Mas as funções de navegação do Myspace permitem a procura, em redes ampliadas, de pessoas que atendem a certas classificações demográficas, e sua função de busca permite encontrá-las por afiliação. Os sites de redes sociais podem tornar visíveis contatos mais indiretos (por exemplo, amigos de amigos), facilitando assim a construção de outros laços.

Nas aplicações organizacionais, esses sites oferecem muitas possibilidades de compartilhar e transferir informações que podem ser usadas para melhorar a criatividade e a inovação. Os famosos fóruns virtuais da IBM, como o Innovation Jam e outros de alcance mundial, estão diretamente relacionados às pesquisas de seus grupos de computação social. Esses eventos pretendem proporcionar um lugar seguro onde cada funcionário pode pedir e sugerir soluções práticas para problemas identificados por eles. Um exemplo de comunidade profissional é o Sermo, uma comunidade online cada vez mais popular em que os médicos compartilham informações. Permite que todos os médicos participantes classifiquem as postagens que frequentemente são feitas em resposta a pedidos de informação. As postagens são então arquivadas, para que possam ser facilmente consultadas no futuro.

Os sites de redes sociais também fornecem um modo de definir e ampliar comunidades elitizadas cujo acesso só é feito mediante convite. Por exemplo, o immobile.org é uma comunidade de executivos para líderes no mercado de tecnologia sem fio. A proliferação de sites como o Diamond Lounge levanta uma série de questões relacionadas a suas práticas excludentes, às preocupações clássicas com teorias da conspiração (por exemplo, a Comissão Trilateral) e ao potencial para práticas monopolistas.

A importância da integração da TI não pode ser subestimada, considerando-se sua importância quanto a: seu nível de investimento financeiro; seu papel na estratégia e na criação de vantagem competitiva; a possibilidade de inovações tumultuadoras mudarem os negócios da noite para o dia; índices de fracasso relativamente altos; e sua relação com uma sociedade digital.

A TI é considerada crucial às empresas para assegurar sua vantagem competitiva, mas as constatações das pesquisas não são categóricas, o que indica que variáveis mediadoras, como o aprendizado organizacional, têm exercido um papel decisivo nessa relação (Tippins & Sohi, 2003). Mais especificamente, a complementaridade e a coespecialização ganham particular importância, uma vez que se apoiam em recursos peculiares às empresas, que não podem ser facilmente imitados por outras organizações (Clemons & Row, 1991; Tippins & Sohi, 2003).

A coespecialização existe quando um recurso tem pouco ou nenhum valor sem a companhia de outro. Portanto, comprar um sistema de informações traz pouco benefício se os membros da organização não sabem como tirar proveito da TI. Os inovadores encontram dificuldade em manter a vantagem competitiva, uma vez que os imitadores de fato são mais favorecidos – possuem tecnologia mais nova, aprendem com os erros dos concorrentes, e, em consequência, têm custos mais baixos, melhorando assim toda a vantagem competitiva com a adoção da TI (Clemons & Row, 1991).

As organizações envolvidas nos mercados eletrônicos usam a TI e a gestão do conhecimento (ver quadro 4.1) como uma forma de obter eficiência e reduzir custos. Malone, Yates e Benjamin (1987) e Bakos (1991) afirmam que essas organizações reduzirão seus custos de transação provenientes da busca de fornecedores concorrentes e que isso resultará em uma mudança na forma de suas estruturas, deixando de ser hierárquicas para tornarem-se mercadológicas. Nos mercados, é possível mudar as relações com os fornecedores, a competição é aberta e a informação está mais prontamente disponível que nas hierarquias, cujas organizações são caracterizadas por controlar uma cadeia de fornecimento integrada verticalmente.

A TI permite que as organizações, por meio da gestão do conhecimento, identifiquem, registrem, conectem e utilizem conhecimento organizacional valioso, preservando-o de modo que esteja prontamente disponível para ser facilmente usado por diferentes grupos. Isso pode incluir conhecimento trivial, como bancos de dados de clientes, problemas que ocorreram com os produtos e assim por diante, mas também pode ser utilizado para preservar o conhecimento especializado dos funcionários ou saber quem são os especialistas na organização (Monge & Contractor, 2003), ou ainda, para vincular fornecedores e organizações em mercados eletrônicos.

Em linhas gerais, os sistemas de informação desempenham várias funções essenciais para as organizações:

1. Apoiam a realização de operações em grande escala ao aumentar as possibilidades de controle e diminuir a necessidade de processamento vertical

de informações, muitas vezes por meio da elaboração de sistemas de código explícitos.
2. Executam as transações básicas do negócio (por exemplo, do registro de compras ao pagamento de contas).
3. Os sistemas de apoio à decisão da gestão do conhecimento muitas vezes resultam da combinação de informações sobre transações básicas do negócio e softwares que "produzem" informações sobre tendências, além de relatar o *status* atual das operações organizacionais.
4. Monitoram o desempenho dos membros da organização.
5. Preservam a memória organizacional por meio dos registros mantidos em bancos de dados corporativos.
6. Mantêm canais de comunicação por meio dos quais a informação é acessada e transferida (Gurbaxani & Whang, 1991). Podem melhorar especificamente o desempenho de executivos ao criar novos canais para enviar e receber informações, e também filtrá-las, tornando-os menos dependentes de outros, poupando tempo para se concentrar nas tarefas mais importantes e diminuindo a complexidade do trabalho (Boone, 1991).
7. Aumentam a flexibilidade dentro da empresa ao fazer que os funcionários sejam menos dependentes de outros para conseguir informações especializadas (Nohria & Eccles, 1992).
8. Facilitam a comunicação no tempo e no espaço.
9. Aumentam a comunicação externa e, desse modo, apagam as linhas tradicionais de autoridade (e os custos de transação associados) dentro da empresa (Nohria & Eccles, 1992). Um profissional em uma organização tem tanta probabilidade (se não mais) de buscar respostas para suas perguntas com profissionais fora da empresa que com seu supervisor. De maneira similar, o acesso mais fácil aos gestores superiores por meio de e-mail torna supérflua a intermediação da gerência média (Contractor & Eisenberg, 1990).
10. A comunicação mediada por computador, que exploraremos em mais detalhes na próxima seção, torna as redes de conhecimento mais igualitárias, possivelmente diminuindo as diferenças de *status* e promovendo o acesso a uma ampla gama de outros.

Tecnologias portadoras de informações

Os portadores de informação (*information carriers*) são os principais repositórios de conhecimento disponíveis aos profissionais em seus respectivos campos de atuação. Os estudos de comunicação tradicionalmente enfocam os três principais portadores de informação: os canais, as fontes e as mensagens (figura 6.1). Há vários canais (publicações especializadas, reuniões, etc.) pelos quais se pode obter informação; em cada um desses canais há uma grande variedade de fontes, e cada uma delas contém várias mensagens. Portanto, embora as versões impressas do *Financial Times* e do *Tatler* sejam canais que compartilham muitas similaridades (por exemplo, ausência de feedback entre a fonte e o receptor), cada um de nós reconheceria diferenças cruciais entre eles como fontes (é o caso da credibilidade). Podem ocorrer distinções similares entre as variadas mensagens que emanam da mesma fonte. Assim, posso confiar em meu supervisor para que me aconselhe sobre problemas relacionados ao trabalho, mas não sobre que carro comprar.

A relação entre esses diferentes portadores de informação é um pouco similar àquela existente entre compostos, moléculas e átomos na química. As mensagens são os blocos de construção essenciais dos quais as outras unidades são compostas, os componentes irredutíveis de todos os portadores. As fontes, à semelhança das moléculas, contêm combinações relativamente estáveis de mensagens. Portanto, com o passar do tempo, ficamos familiarizados com as histórias e temas repetitivos de nossos associados mais próximos. Os canais, como os compostos,

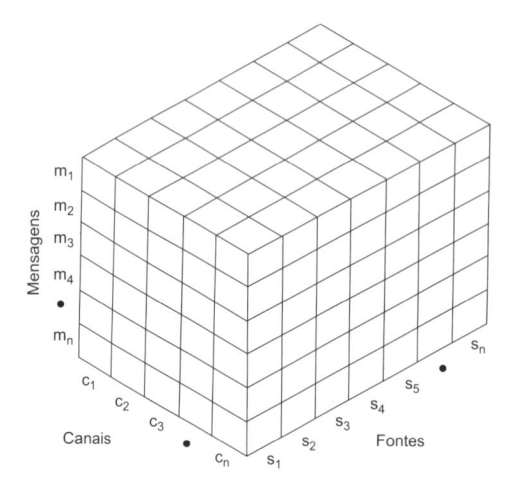

FIGURA 6.1. MATRIZ PORTADORA DE INFORMAÇÃO. FONTE: JOHNSON, 1996B, P. 48)

consistem em estruturas mais complexas de fontes que compartilham atributos similares. Assim, pode haver similaridades inerentes (por exemplo, preferência por novas tecnologias, predisposição à mudança) entre indivíduos que usam um canal como o e-mail. Em sua grande maioria, os pesquisadores de comunicação centraram seus esforços em cada uma dessas classes de portadores de informação, em vez de analisar o que há de comum entre eles ou os processos que podem estar por trás deles, como a busca de informações. Embora cada portador de informação tenha suas propriedades exclusivas, há também alguns aspectos (por exemplo, utilidade percebida) que transcendem os diferentes tipos de portadores.

Os canais são definidos como "sistemas de transmissão de informações" (Goldenson, 1984, p. 137) ou como "os meios pelos quais a mensagem chega da fonte ao receptor" (Rogers & Shoemaker, 1971, p. 24). São também, muitas vezes, vistos como limitadores, como na metáfora dos conduítes; assim, uma mensagem tem de permanecer dentro de um canal (Axley, 1984). Conforme ilustra o que foi dito anteriormente, e segundo observou Berlo (1960), os canais se tornaram um dos conceitos de comunicação mais efêmeros.[1] Apoiando-se na figura que retrata uma pessoa tentando ir de uma costa a outra, Berlo faz uma distinção entre os três sentidos em que o termo é empregado: "modos de codificar e decodificar mensagens (hangares), veículos de mensagens (barcos) e portadores de veículos (água)" (p. 64). Aqui enfatizaremos principalmente o sentido de canais como veículos de mensagens, os dispositivos pelos quais as mensagens são entregues. Desse modo, "um canal é um meio, um portador de mensagens" (Berlo, 1960, p. 31).

Os canais, conforme vimos no capítulo "Análise de redes", é uma das formas pelas quais se definem os vínculos. Uma vez que são os maiores agregadores dos diferentes tipos de portadores de informação, eles normalmente se constituem no primeiro ramo da árvore de decisões de um indivíduo sobre como adquirir conhecimento. Assim, minha primeira decisão, quando diante de um problema relacionado ao trabalho, pode ser a de consultar colegas de trabalho, manuais ou publicações especializadas.

As propriedades gerais dos canais podem causar impacto na forma como os indivíduos os avaliam em sua condição de disseminadores de informações. Os meios impressos, como jornais e revistas, são mais apropriados para um material técnico, longo e detalhado, ao passo que ideias mais simples e breves são comu-

---

[1] Essa confusão é exacerbada pelo frequente uso de "meios" como um termo para se referir a canais (por exemplo, Daft & Lengel, 1986).

nicadas com mais eficácia por meio de canais de difusão (Atkin, 1981). Os canais de meios massivos tendem a fornecer informações de natureza geral com eficiência considerável, atingindo rapidamente grandes audiências com uma mensagem (Schramm, 1973). Os canais interpessoais são mais eficazes para reduzir a incerteza porque fornecem apoio social, aumentam a confiança nos resultados sugeridos, e são adequados às necessidades e perguntas individuais porque seu feedback é imediato e sua comunicação refere-se a determinada situação (Schramm, 1973). Por essas razões, os canais interpessoais são vistos como mais úteis para apresentar informações sérias e complexas e, geralmente, são preferidos para a transferência de conhecimento tácito.

As fontes constituem nós ou locais particulares de informação e são similares a entidades nas abordagens tradicionais de rede. "Uma *fonte* é um indivíduo ou uma instituição que origina uma mensagem" (Rogers & Shoemaker, 1971, p. 251, grifo dos autores) ou "uma pessoa ou lugar que fornece informação" (*American Heritage Dictionary*, 1979). Embora as fontes interpessoais, como os supervisores, possam compartilhar muitos atributos similares, elas também diferem em muitos aspectos, como dinamismo pessoal, confiabilidade e credibilidade, que têm sido as preocupações clássicas das pesquisas sobre persuasão. Alguns verificaram que a fonte é mais importante que o tipo de informação que uma mensagem contém (Hanser & Muchinsky, 1978).

As mensagens consistem-se de palavras, símbolos ou sinais usados para transmitir determinado conteúdo, e emanam de uma fonte específica, que por sua vez integra um canal particular. Berlo (1960) faz uma distinção entre código, conteúdo e tratamento de uma mensagem. Os códigos são grupos de símbolos que podem ser estruturados de forma significativa. O tratamento se refere às decisões tomadas pelas fontes ao dispor códigos e conteúdos. Segundo Berlo (1960, p. 169), "as mensagens são as expressões de ideias (conteúdo), expressadas de determinada maneira (tratamento), por meio do uso de um código."

Conforme mostra a figura 6.1, os indivíduos podem tentar adquirir conhecimento em uma matriz de informação formada por canais, fontes e mensagens. Assim, por exemplo, é possível começar minha busca consultando um canal de comunicação mediado, mas também posso decidir que quero que esse canal contenha informações oficiais e, ao mesmo tempo, tenha um "toque pessoal". Essa matriz híbrida pode ser percebida na apresentação de um exemplo. Após fazer uma chamada telefônica para o serviço de atendimento ao consumidor de meu fornecedor de software, eu talvez conclua que um operador em particular mostrou-

-se demasiado inexperiente; então, em vez de ligar novamente, decido acessar um BBS que trate desse produto. Essa nova fonte eu avalio como mais confiável, em parte por causa da natureza das mensagens que contém. Embora eu possa acatar a mensagem de uma usuária, a respeito da necessidade de determinada macro para o meu software, considero que a relação que ela estabelece entre impressoras e representações textuais é pouco provável e deixo-a de lado. Em outras palavras, eu avanço pela matriz, tomando decisões sobre como tratarei de obter a informação que quero, relacionando-a a determinados tópicos, definindo o que acatarei e descartarei, e se for preciso, continuando minha busca. Normalmente, as pesquisas atinentes à seleção de portadores de informação ignoram a natureza dinâmica desse processo (Froehlich, 1994; Saunders & Jones, 1990).

A rota que sigo ao realizar uma busca nessa matriz revela uma série de características da minha pesquisa. Por exemplo, Lenz (1984) afirma que o comportamento de busca pode ser caracterizado por seu alcance ou pelo número de atividades realizadas, que tem dois componentes: o escopo, que é o número de alternativas investigadas, e a profundidade, o número de dimensões que possui cada uma delas. Lenz (1984) também identifica o método de busca ou definição de canal como outra dimensão importante da investigação. Aplicando isso à matriz de busca de informações, um indivíduo pode escolher como método consultar o jornal, decidir ter um escopo mais estrito pesquisando apenas o jornal local, mas esmiuçar todas as matérias sobre negócios publicadas naquele periódico, aumentando assim a profundidade da investigação.

Em suma, os canais de comunicação são um modo fundamental de definir relações em redes de conhecimento e estão cada vez mais associados com as capacidades tecnológicas nas organizações. Verificou-se que os meios eletrônicos tornam a liderança mais difusa nos grupos, promovem a formação de subgrupos e focam a atenção na tarefa (Culnan & Markus, 1987), todos fatores que podem promover as redes de conhecimento. As tecnologias da comunicação, como os *bulletin boards*, permitem enviar mensagens não a indivíduos específicos, mas a um espaço de comunicação que é caracterizado pelas possíveis similaridades entre as mensagens e os comunicadores. Isso melhora a participação e o acesso ao mostrar que todas as pessoas que compartilham um interesse similar podem ir ao mesmo espaço eletrônico para se comunicar (Culnan & Markus, 1987). Tecnologias como *bulletin boards*, salas de bate-papo e e-mail também podem reduzir os custos de coordenação interpessoal, como no uso do software de visualização de *dashboards* descrito no quadro 6.2.

QUADRO 6.2. DASHBOARDS

O painel de controle (em inglês, *dashboard*) de um carro contém uma série de instrumentos que, contando com um número cada vez maior de sensores, ajudam o motorista a usar este sistema complexo que interage de várias maneiras com o meio externo. Alguns dos mostradores visuais sinalizam (uma diminuição significativa na pressão do óleo ou um aumento na temperatura da água) que é necessário agir rápida e adequadamente; outros dão feedback sobre o desempenho momentâneo do veículo (por exemplo, os quilômetros por hora de velocidade); e outros ainda fornecem informações de longo prazo (que é necessário fazer uma manutenção, que a vida útil do óleo está chegando ao fim, etc.). Os painéis de controle de veículos mais modernos aumentam o nível de detalhamento incluindo outros tópicos que interessam aos motoristas (autonomia do motor, quilômetros percorridos por litro, entre outros). Conforme indica essa descrição, para ser útil, a configuração do painel de controle deve lograr um equilíbrio cuidadoso, evitando fornecer informações demais, o que pode distrair o motorista da tarefa que realiza, e de menos, deixando de apresentar indicadores importantes ao desempenho do sistema. A metáfora do *dashboard* é cada vez mais aplicada a sistemas complexos de gestão do conhecimento que combinam os vários elementos da infraestrutura de conhecimento de uma organização em um mostrador simples e de fácil apreensão.

A área dos *dashboards* está muito em voga e compartilha o grande burburinho que ocorre em torno da web 2.0 e dos recursos de visualização. A web 2.0 se aplica aos *dashboards* porque estes muitas vezes se tornam o foco de esforços de colaboração, uma vez que seus indicadores servem como sinalizadores para que vários usuários possam adotar alguma ação. Assim, por exemplo, um *dashboard* associado ao intercâmbio de informações de saúde em prontuários médicos eletrônicos pode indicar um aumento no número de doenças virais raras e letais em uma determinada região. Um alerta visual nos *dashboards* dos profissionais de saúde (por exemplo, em suas páginas web pessoais) sinalizaria a urgência com que várias medidas de saúde pública teriam de ser tomadas. Em consequência, a necessidade de coordenação direta da comunicação, bem como os erros e atrasos que do contrário resultariam, seriam minimizados, já que um conjunto de agentes estaria atento à parte que lhes corresponde, de acordo com um plano preexistente, implicando uma equivalência quase estrutural, em oposição a uma abordagem coesiva, para confrontar o problema.

Cada vez mais, os usuários de *dashboards* podem personalizar seus mostradores, apoiando-se em diversas fontes de informação para criar "*mash-ups*". Em essência, os *mash-ups* são ferramentas de software que permitem aos usuários personalizar facilmente as informações que escolhem acompanhar e criar campos de informação exclusivos, com base em fontes que vão das intranets corporativas convencionais à informação pública da web, passando por bancos de dados particulares e únicos. Esses *mash-ups* podem ser compartilhados com os outros e usados em diferentes formatos para dispositivos do tipo Blackberry, de modo que não estão limitados às aplicações de desktops.

A visualização, que é inerente à figura do *dashboard*, é usada de modo mais geral para permitir a compreensão da grande quantidade de dados digitais atualmente disponível, e tem sido cada vez mais importante para a Fundação Nacional da Ciência (National Science Foundation - NSF), cujo programa de pesquisas conta com uma iniciativa de financiamento especial vinculada à Foundations of Data and Visual Analytics - Fodava, além de uma série de outros órgãos governamentais e empresas comerciais. Especialmente crítica para a produção dessas iniciativas é a possibilidade de gerar esclarecimentos que possam levar a ações significativas. No passado, esses esclarecimentos muitas vezes se apoiaram no conhecimento tácito dos usuários que eram capazes de reconhecer padrões em dados muito complexos. Em certo sentido, esses sistemas têm o propósito de tornar explícito o conhecimento que no passado era inacessível ou só era conhecido por um grupo muito limitado.

Historicamente, os sistemas de informação especializados sempre foram desenvolvidos para determinados grupos dentro das organizações. Por exemplo, sofisticados sistemas de informação executiva (EIS, na sigla em inglês) eram disponibilizados para a alta gestão (Matthews & Shoebridge, 1993). Em parte, esses sistemas reconheciam as pressões conflitantes relacionadas à centralização que discutimos anteriormente. EIS bem desenvolvidos permitem monitorar o desempenho de forma cada vez mais sofisticada (McGee & Prusak, 1993), sem interferir nas atividades dos funcionários dos níveis hierárquicos inferiores. À diferença dos sistemas de informação de gestão (MIS, na sigla em inglês), mais bem conhecidos, que são primordialmente meios inflexíveis de acumular dados, os EIS enfocam a análise, preservação e comunicação dos dados, o monitoramento de desempenho excepcional e o acompanhamento de tendências. Eles também permitem análises conjeturais que determinam o impacto de diversas mudanças sobre o desempenho de uma organização.

Os sistemas de informação especializados têm tido grande destaque, com o surgimento constante de novas abordagens, mas essas manifestações, que têm se mostrado superficiais, indicam uma série de necessidades prementes e dificuldades contínuas. Os problemas fundamentais estão cada vez mais relacionados com a criação de bancos de dados e a qualidade das informações que são inseridas neles (Kalman *et al.*, 2002). O desenvolvimento desses sistemas é, muitas vezes, um empreendimento enorme, como veremos no quadro 8.3, com problemas especialmente graves para combinar informações baseadas em diferentes formatos e vocabulários. Os benefícios trazidos por esses bancos de dados são frequentemente opacos para as pessoas cuja boa vontade é necessária para garantir que sejam inseridas informações de qualidade (Kalman *et al.*, 2002). Como reiteraremos no último capítulo, as necessidades prementes de se saber em que prestar atenção e como traduzir dados e informações em conhecimento acionável que seja facilmente compreendido pode ser o grande desafio do futuro desenvolvimento das redes de conhecimento.

O interesse pela seleção do canal também deriva de aspectos pragmáticos de eficácia e eficiência, em particular relacionados com as reivindicações daqueles que propõem a adoção de novas tecnologias. Os novos meios aumentam a eficiência: transformando ou traduzindo um meio em outro (por exemplo, voz em dados); reduzindo funções improdutivas (os sinais de ocupado em chamadas telefônicas); superando a disponibilidade temporal por meio de comunicações assincrônicas (o caso dos desencontros telefônicos); comunicando-se com mais rapidez e eficácia com os grupos-alvo; controlando seletivamente o acesso à comunicação; aumentando a velocidade de transmissão das informações; incrementando o controle dos usuários; criando conteúdos mais especializados; permitindo que a memória passível seja explorada por computador e que seja acessada por vários usuários; diminuindo o número de vínculos utilizados pelos indivíduos para tomar decisões; e melhorando a percepção dos indivíduos sobre "estar sendo informados" (Culnan & Markus, 1987; Huber, 1990; Huff, Sproul, Kiesler, 1989; Markus, 1994;

Perse & Courtright, 1993; Rice, 1989). Mas, às vezes, o que a princípio parece ser eficiente só agrega complexidade aos campos de informação das organizações. Assim, por exemplo, o aumento no uso de e-mail muitas vezes leva ao ensejo de estabelecer mais comunicação cara a cara (Contractor & Eisenberg, 1990), como pode acontecer em equipes virtuais (Timmerman & Scott, 2006).

Infraestrutura de conhecimento

Nesta seção, discutirei várias classes de tecnologia que podem ser usadas para desenvolver a infraestrutura de conhecimento de uma empresa, às vezes referindo-me a TI e pacotes de software específicos que estão disponíveis na atualidade. Mas, como sabe até mesmo o leitor casual, as tecnologias da informação estão se transformando rapidamente. Portanto, minha tarefa é aproximar o leitor de questões e inquietações gerais; para discussões específicas acerca da tecnologia atual, o leitor interessado provavelmente será melhor atendido por revistas como *Scientific American*, *Business Week* e *PC Magazine*, entre inúmeras outras que acompanham os avanços mais recentes.

Nas seções a seguir, examinarei as possibilidades das redes de conhecimento criadas pelas novas tecnologias em diversas áreas. Em essência, a arquitetura da informação de uma corporação tem três componentes principais: o armazenamento, o transporte e a transformação de dados (Cash *et al.*, 1994). Embora eu discorra separadamente sobre cada um desses componentes, é cada vez mais a sua combinação e integração que vem criando oportunidades interessantes para as redes de conhecimento.

Armazenamento de dados

Tradicionalmente, nas burocracias, armazenamento de dados significa armazenagem física de informações em sistemas de arquivamento. Não é preciso dizer que as ideias modernas de armazenamento ampliaram consideravelmente as concepções dessa função, que passou a incluir a verificação e o controle de qualidade da informação que é guardada. Os sistemas de segurança para as informações armazenadas, que se relacionam diretamente com as redes de conhecimento, também são cada vez mais importantes. Por exemplo, muitos meios eletrônicos de comunicação permitem que uma empresa guarde para uso futuro interações que anteriormente não teriam sido registradas, como as que ocorrem por e-mail e em sistemas de apoio à decisão (quadro 13.2). Quem deve ter acesso a esse tipo de informação geralmente mais informal e pessoal?

As questões de segurança, entretanto, também envolvem meios que garantam que as informações conservadas em um banco de dados não possam ser adulteradas ou modificadas (Hoffman, 1994). A viabilidade das informações também inclui considerações como o prazo de validade dos dados. Um aspecto desse problema é a capacidade de certos meios, como os discos de computador, para armazenar fisicamente as informações e garantir a acessibilidade durante um largo período. Cada vez mais saliente é a questão correlata da significância das palavras-chave e dos pressupostos de software que categorizaram as informações originais. Isso também leva a questionar os critérios pelos quais informações antigas e irrelevantes são eliminadas de um sistema de armazenamento. Um problema não tão aparente dos bancos de dados públicos, como a internet, é a falta de controle de qualidade nas informações disponíveis aos usuários.

Bancos de dados

Bancos de dados são repositórios de informação que se tornaram elementos fundamentais da memória de uma empresa. Em essência, eles proporcionam um meio de armazenar, organizar e acessar informações. Bancos de dados compartilhados são o centro do desenvolvimento de sistemas de informação, uma vez que fornecem uma matriz comum de conhecimento ao qual todos os membros da empresa, em maior ou menor grau, têm acesso (Malone, Yates, Benjamin, 1987). Como veremos na próxima seção, eles normalmente devem ser combinados com uma forma sofisticada de acesso eletrônico, como a internet, para alcançar seu pleno potencial de redes de conhecimento. Quando o são, podem então se converter em um elemento de uma rede integrada que inclui como entidades tanto seres humanos quanto terminais de informação.

Uma das primeiras formas de banco de dados, uma tecnologia de vital importância no desenvolvimento inicial das burocracias, foram os sistemas de arquivo vertical. Os arquivos davam acesso físico a registros permanentes que normalmente eram colocados em ordem alfabética por algum sistema de tópico. Por exemplo, todos os registros pessoais de determinado departamento eram mantidos em ordem alfabética e possivelmente codificados com cores, por hierarquia. Conforme as organizações crescem, os arquivos tornam-se cada vez mais volumosos e, na medida em que aumenta a sofisticação das perguntas, fica inviável gerenciá-los, apesar das referências cruzadas. Portanto, se sou um gestor da UPS e quero relacionar os registros de desempenho de meus gestores domésticos com os pedidos de certos fornecedores, eu provavelmente excedi a capacidade dos sistemas de armazenamento físico.

Como sabem todos os que já criaram um banco de dados simples (por exemplo, investimentos pessoais, receitas culinárias, referências bibliográficas), fazê-lo requer um investimento considerável de tempo e energia e custos de oportunidade correlatos. O criador de um banco de dados espera obter alguma vantagem desse investimento (ver complementaridades em uma visão baseada nos recursos das estratégias discutidas no capítulo "Produtividade: eficiência e eficácia"). Tornar bancos de dados disponíveis para um grande número de pessoas suscita vários dilemas interessantes para seus criadores, uma vez que os usuários frequentemente investem pouco neles, mas podem obter grandes benefícios com seu uso. Embora sua utilização por outros não diminua seu valor para o criador original, os desenvolvedores podem "se sentir frustrados" por não aproveitarem dessa nova aplicação de seu trabalho (Connolly & Thorn, 1990). Há uma "tendência humana" de querer limitar o acesso de outras pessoas aos bancos de dados ou de não criá-los logo no início, esperando conseguir uma "carona" com os outros, um tópico que voltaremos a abordar quando discutirmos o lado humano das redes de conhecimento no capítulo 11. Em certa medida, os gestores podem compensar o lado custoso da equação oferecendo àqueles que contribuírem para o desenvolvimento de uma infraestrutura comum de informação corporativa (como os bancos de dados) uma recompensa que exceda o que cada um poderia esperar com sua própria aplicação imediata.

O armazenamento eletrônico aumenta a possibilidade de relacionar vários bancos de dados para fazer buscas cada vez mais sofisticadas. A potencialidade dos bancos de dados relacionais modernos, associada às ferramentas de busca eficazes, encorajam a elaboração de perguntas cada vez mais complexas. Historicamente, esses sistemas foram praticamente inacessíveis. No entanto, os bancos modernos apresentam a possibilidade de que cada funcionário da empresa tenha acesso fácil a uma enorme quantidade de informações cada vez mais complexas (por exemplo, perfis de especialistas e histórias da organização).

Transporte de dados

O mundo até então trivial do transporte de dados é, cada vez mais, notícia de destaque nos telejornais: da facilidade de acesso à informação na internet por meio do Google até o surgimento de novas oportunidades de negócio em decorrência da revisão das leis de telecomunicações, passando pelas possibilidades trazidas pela banda larga. Em essência, o transporte de dados envolve a aquisição e o intercâmbio de informações.

TELECOMUNICAÇÕES

Os sistemas de telecomunicações, como os cabos de fibra ótica, a transmissão sem fio e via satélite, fornecem o hardware que mantém as pessoas relacionadas, melhorando o acesso à informação. Para as redes de conhecimento, as questões cruciais aqui giram em torno da capacidade de transporte de um determinado sistema e a facilidade, o alcance e a pontualidade do acesso. Os sistemas de fibra ótica são muitíssimo superiores aos sistemas tradicionais de fios de metal, graças a sua maior capacidade de transporte; eles permitem, por exemplo, a transmissão de imagens visuais em movimento que consomem volumes gigantescos de bits de informação. Sem esse aumento na capacidade de transporte, o movimento rumo à fusão de empresas de entretenimento com as de telefonia e de TV a cabo teria sido impraticável.

De modo similar, os sistemas de satélite criam novas possibilidades para respostas instantâneas até mesmo às perguntas aparentemente mais banais. Por exemplo, a simples pergunta "onde estou?" pode ser respondida com especificidade surpreendente com o auxílio de sistemas satelitais de posicionamento global. De uma única nova tecnologia, indústrias inteiras surgiram, com os hardwares e softwares a elas associados. Por exemplo, um problema tradicional que as empresas transportadoras têm de enfrentar é manter-se informadas a posição geográfica ocupada pelos seus motoristas. Hoje, se quero saber onde está o caminhão x em determinado momento, posso receber uma resposta quase instantânea com uma margem de erro de apenas 15 metros. Isso cria um salto quantitativo na capacidade de controlar as operações e maximizar o uso de recursos. Portanto, se recebo o pedido de um cliente, e sei que tenho um caminhão retornando vazio e já próximo do centro de distribuição, posso chamar o motorista pelo telefone celular e atender à solicitação com muito mais rapidez.

Transformação de dados

A combinação de bancos de dados, telecomunicações e software criou a telemática, que permite a realização de buscas de informação cada vez mais sofisticadas, bem como sua análise e interpretação depois de terem sido compiladas. Uma razão para o entusiasmo com a internet é seu fácil acesso (tanto em relação ao custo quanto à ausência de maiores barreiras) e o caráter cada vez mais amigável de ferramentas de busca como o Google®, que permitem o acesso aos websites. Além disso, programas de garimpagem de dados, uma classe de sistema especialista de inteligência artificial, podem buscar continuamente novas representações estatísticas e visuais de dados, concatenadas segundo configurações que até mesmo o pesquisador humano mais diligente dificilmente teria paciência de elaborar.

CENTROS DE INFORMAÇÃO

Criar "centros de informação" é uma estratégia muitas vezes utilizada pelas empresas para melhorar a busca de informações (Daft & Huber, 1987). Esses centros podem compartilhar muitas características com as bibliotecas corporativas tradicionais. Infelizmente, estas últimas raras vezes interagem com os usuários reais das informações e, em consequência, passam a ser mais e mais marginalizadas (Broadbent & Koenig, 1988; McGee & Prusak, 1993). Os centros de informação e de referência, locais onde as pessoas podem obter respostas a questões urgentes, assumem muitas formas, como linhas diretas, centrais telefônicas e áreas nas organizações (por exemplo, grupos de suporte a microcomputadores). Eles desempenham três funções elementares: educar e ajudar as pessoas a fazer escolhas inteligentes quanto à definição das fontes e tópicos para suas pesquisas; tornar a aquisição de informações menos custosa; e atender uma gama de usuários (Doctor, 1992).

Em muitos aspectos, a coisa mais útil que os serviços de referência podem fazer é colocar em contato os membros da organização que têm a informação requerida com aqueles que pretendem obtê-la, daí o crescimento das páginas amarelas corporativas (McGee & Prusak, 1993). Em essência, elas se expandem no organograma listando áreas específicas de conhecimento técnico. Assim, por exemplo, os funcionários talvez não saibam que seu escritório de TI pode realizar análise de redes de comunicação – como uma ferramenta de diagnóstico para determinar as necessidades de telecomunicações dos usuários. Uma lista detalhada das funções desempenhadas, em vez dos nomes dos cargos, muitas vezes pode facilitar as buscas dos membros da organização. Da mesma forma, as tecnologias *push*, também conhecidas como *webcasting*, podem assumir um papel mais ativo ao assegurar que as pessoas tenham as informações que necessitam. Desse modo, o perfil dinâmico na Intel atualiza automaticamente os perfis de funcionários com base em conteúdos de seu e-mail e de suas buscas na web para lhes fornecer uma combinação de informações em constante mudança, moldando assim seus campos de informação.

Controle, centralização e tecnologia

Obviamente, o modo como organizamos as estruturas para poder realizar o nosso trabalho tem um impacto profundo na construção de redes de conhecimento. Tradicionalmente, a teoria organizacional centrou-se nas repercussões de nível mais macroscópicos, mas o papel especial das tecnologias de informação apresentou uma gama mais ampla de reflexos. A TI permite identificar, registrar, conectar e utilizar o conhecimento organizacional mais valioso, preservando-o de tal maneira que possa ser facilmente usado por diferentes grupos. Isso pode incluir o conhecimento trivial, como o de bancos de dados de clientes, problemas que ocorreram com os produtos e assim por diante, mas também pode ser utilizado para preservar o conhecimento especializado dos funcionários ou de quem são os especialistas na organização (Monge & Contractor, 2003). Os pesquisadores de comunicação também enfocaram o papel dos canais como uma expressão das relações, muitas vezes a manifestação mais óbvia das novas tecnologias portadoras de informação. A arquitetura de informação de uma empresa, composta de armazenamento, transporte e transformação de dados, apresenta novas oportunidades para que as redes de conhecimento possam conferir vantagens estratégicas para as organizações. A tecnologia facilita o trabalho, melhora a capacidade humana e nos permite transcender nossos limites. Também pode, crescentemente, intermediar funções humanas em uma escala macroscópica, além do nível micro que tem sido abordado nos estudos.

A centralização é algo em torno do qual se articulam duas posturas opostas, com respeito ao impacto das tecnologias de processamento de informações. Alguns estudiosos corroboram a ideia de que a melhoria na capacidade de processamento leva a um maior controle por parte dos gestores e a decisões mais centralizadas (Beninger, 1986; Reif, 1968; Whisler, 1970); outros autores verificaram uma relação negativa entre tecnologias mais centralizadas de processamento de informações e a descentralização (Carter & Culnan, 1983), quando o tamanho do armazenarem era controlado (Pfeffer & Leblebici, 1977) ou quando os computadores estavam geograficamente dispersos (Blau & Schoenherr, 1971). Fulk e Boyd (1991) afirmam que as empresas escolhem tecnologias que promovem a centralização (por exemplo, mainframes), dependendo da situação em que se encontram. Huber (1990) defende o contrário, isto é, que a comunicação assistida por computador aumenta a centralização em formas descentralizadas e vice-versa. Mais recentemente, Andersen e Segars (2001) verificaram que, ao melhorar a comunicação, a TI sustentava uma estrutura de decisão descentralizada que estava associada a um melhor desempenho financeiro. Essa questão é particularmente importante, já que tem relação direta com a capacidade de os gestores processarem informações. Os sistemas informatizados podem servir para aumentar essa capacidade se as informações forem apresentadas de modo compreensível (Carter, 1984; Carter & Culnan, 1983); no entanto, há limites reais para essa capacidade, e a tecnologia também pode servir para aumentar enormemente os problemas de sobrecarga de informações para a alta gerência, o que levou ao interesse atual nos sistemas do tipo *dashboard*.

Os sistemas informatizados podem servir para descentralizar a tomada de decisões de duas maneiras: fornecendo uma ampla gama de mecanismos de controle (por exemplo, alertas automáticos disparados quando as atividades monitoradas pelos computadores ultrapassam certos limites – um elemento fundamental dos *dashboards*) e rotinizando as atividades de trabalho (Carter & Culnan, 1983). Algumas tecnologias da informação de fato tornam a administração mais intensa ao aumentar a eficiência com que os gestores podem monitorar as atividades dos trabalhadores (*ibidem*). Isso nos leva a perguntar o que realmente é a descentralização, já que, nesses casos, os gestores limitam as atividades de seus subordinados (Pfeffer, 1978).

É possível que ambas as visões estejam corretas. A centralização pode ter aumentado, não na alta gestão, mas nos níveis inferiores, com um enfoque especialmente funcional. Portanto, os tomadores de decisões de níveis inferiores do departamento de sistema de informação de gestão ou os editores na redação de um jornal, por exemplo, podem estar na junção dos fluxos de informação organizacional (Carter & Culnan, 1983).

Embora a descentralização aproxime a decisão da ação organizacional, pode afastá-la de questões estratégicas que surjam fora da empresa e da alçada dos tomadores de decisão que estão no topo (McGee & Prusak, 1993). Portanto, alguns defendem a horizontalização do ambiente de informação de uma empresa, de modo que os tomadores de decisões estratégicas não estejam distantes das operações e vice-versa. Tradicionalmente, a discrepância entre esses componentes organizacionais foi melhorada com a atuação de gestores intermediários, que exercem uma função crucial de ligação, mas como vimos o número desses agentes está diminuindo continuamente (Cash *et al.*, 1994). Portanto, a tensão entre informação estratégica genérica e informação operacional tácita muitas vezes tem vínculo direto com questões em torno da centralização e descentralização.

Os efeitos das novas tecnologias sobre a descentralização também estão relacionados com o impacto dos novos meios sobre a democratização do local de trabalho por meio de mudanças nas relações de autoridade. Embora essas tecnologias tenham o potencial de capacitar de várias formas os funcionários de níveis inferiores, na prática as regras e normas existentes tendem a limitar o uso delas para esse propósito (Komsky, 1989). Ironicamente, as mesmas tecnologias que servem para aumentar a participação democrática da mão de obra também podem ampliar o controle e a centralização, dependendo de como são implementadas (Cheney, 1995).

Os corretores também são importantes para entendermos as intersecções entre tecnologia e sistemas humanos, tendo em vista seu papel central nas redes de conhecimento. Eles chamam nossa atenção para o papel muitas vezes negligenciado dos agentes. A ação humana na integração da TI não pode ser subestimada, já que as pessoas precisam de ajuda ao decidir sobre a escolha das novas tecnologias ou se adaptar a elas. Paradoxalmente, a tecnologia muitas vezes aumenta a importância dos agentes e corretores. Os sistemas de informação tipicamente enfatizam a finalidade em vez do ato de pensar, refletir e aprender (Solomon, 2002), coisas que só os agentes humanos podem fazer.

RESUMO

Neste capítulo, analisamos as formas pelas quais a tecnologia pode moldar as redes de conhecimento. A tecnologia e a estrutura estão intrinsecamente interligadas. A relação entre elas é acentuada pelo crescimento de tecnologias da informação como redes sociais e *dashboards*. Os canais de comunicação, como grandes portadores de informação, adquiriram maior importância com o crescimento da comunicação eletrônica à distância. Também examinamos a infraestrutura mais ampla de conhecimento nas organizações, formada pelo armazenamento, transporte e transformação de dados, e sua relevância para a construção das redes de conhecimento. Como uma forma de integrar o capítulo, examinamos as questões de centralização e controle e seu impacto no desenvolvimento das redes de conhecimento.

Leitura complementar

Berlo, D. K. *The Process of Communication: an Introduction to Theory and Practice*. Holt, Rinehart e Winston, 1960.

Estudo clássico sobre os fundamentos da comunicação com uma abordagem completa dos canais de comunicação.

Cash JR., J. I. *et al. Building the Information Age Organization: Structure, Control, and Information Technologies.* Irwin, 1994.
Visão geral preliminar e abrangente da interação entre TI e estrutura organizacional.

Form, W. H. "Technology and social behavior of workers in four countries: a sociotechnical perspective". Em *American Sociological Review*, nº 37, 1972, pp. 727-738.
Descrição geral das implicações da tecnologia, no local de trabalho, sobre a capacidade de os trabalhadores interagirem uns com os outros; verifica que o ruído e a mobilidade são os principais fatores na quantidade e qualidade de comunicação.

Woodward, J. *Industrial Organization: Theory and Practice.* Oxford University Press, 1965.
As descobertas desse estudo sobre uma centena de empresas na Grã-Bretanha indicaram que vários elementos estruturais formais difeririam sistematicamente nos três principais tipos de tecnologia. Essa pesquisa assentou as bases empíricas para as teorias contingenciais.

7
Distribuição espacial do conhecimento

[...] alguns corpos de conhecimento surgem com o tempo em um processo de coevolução com o local em que estão inseridos.
(Birkinshaw, Nobel, Ridderstrale, 2002, p. 279)

As dimensões espaciais das relações espaço-temporais são de fundamental importância para grande parte da investigação científica. Entretanto, por muito tempo as ciências sociais foram espacialmente "cegas", estando em dissintonia com os efeitos da distância e do posicionamento sobre as interações humanas. Mas os avanços nos sistemas de informação geográficos mostraram as ricas possibilidades de visualização proporcionadas por uma abordagem espacial dos problemas. "[...] a estrutura espacial é hoje vista não só como uma arena em que a vida social acontece, mas principalmente como um meio pelo qual as relações sociais são produzidas e reproduzidas" (Gregory & Urry, 1985, p. 3). Os fatores espaciais também representam um movimento mais amplo na teoria de gestão e comunicação, uma vez que alguns veem o espaço como equivalente ao contexto, ao proporcionar o meio em que a interação social está inserida (Hatch, 1987; Pfeffer, 1982).

Um fato incontestável da existência humana é que os indivíduos estão situados em um mundo físico. Na medida em que as localizações individuais no espaço podem ser atribuídas a série de fatores, elas fornecem o contexto básico em que todas as comunicações ocorrem. De fato, afirmou-se de modo mais geral que as distâncias físicas fixadas entre os nós são uma fonte de estabilidade nas estruturas de redes (Barnett & Rice, 1985).

Conforme assinalou Pfeffer (1982), a análise da estrutura de comunicação e de fatores espaciais é uma alternativa muito atraente às abordagens tradicionais da teoria organizacional. Isso é especialmente verdadeiro na sua teoria, uma vez que as características físicas estão entre as mais duradouras em uma organização, e atividades específicas podem vir a ser associadas a determinados locais. Em outras palavras, elas fornecem um contexto em que o conhecimento está inserido. Segundo Pfeffer (1982), portanto, a análise dos fatores espaciais pode ser de grande ajuda para entendermos os comportamentos organizacionais. Além disso, promete ser uma base fecunda para o futuro desenvolvimento da teoria organizacional, uma vez que é um dos principais fatores limitantes (se não o principal) das atividades dos membros de uma organização. Entretanto, essa promessa tem sido amplamente ignorada nas décadas recentes, em parte hoje por causa da ênfase dada à internet e sua capacidade de transcender a distância física. Mas ainda assim estamos situados em um mundo físico que restringe o desenvolvimento de redes de conhecimento e também informa seus integrantes a respeito das maneiras que podem conferir um significado mais rico as suas relações.

A localização física aumenta consideravelmente a capacidade de os interlocutores interpretarem as mensagens (Rapoport, 1982). É bem sabido que o espaço pessoal que caracteriza uma interação revela características das relações (por exemplo, diferenças de *status*) (Aiello & Thompson, 1980). A distância, de fato, pode se tornar uma forma de definir as relações.

Os fatores físicos muitas vezes têm valor simbólico para as organizações e aqueles que interagem com elas. Desse modo, as empresas estão utilizando cada vez mais a arquitetura corporativa para definir a si mesmas perante o público e seus próprios integrantes. A padronização decorrente dessa arquitetura costuma ser um fator crucial no sucesso das operações de franquias como o Mcdonald's, uma vez que proporcionam aos consumidores um ambiente previsível e confortável para atender seus propósitos (Rapoport, 1982). Além disso, os que dividem o mesmo espaço físico são expostos a estímulos ambientais comuns, o que lhes proporciona experiências compartilhadas e oportunidade de interpretar os acontecimentos em conjunto (Hackman, 1983). Portanto, a cultura organizacional, quando combinada a fatores físicos, torna-se uma fonte importante de estabilidade temporal, bem como o contexto em que se configuram as estruturas de comunicação e se constrói o conhecimento tácito.

Para nossos propósitos, consideraremos o meio físico como aqueles elementos do espaço construído que, por seus componentes espaciais e funcionais, circundam e afetam as redes de conhecimento. A principal força que determina o impacto do meio físico é o efeito que ele tem sobre as relações espaciais dos interlocutores.

Steele (1973) definiu o ambiente físico das organizações com base em seis funções principais: 1) abrigo e segurança; 2) contato social; 3) identificação simbólica; 4) instrumentalidade da tarefa; 5) satisfação; e 6) crescimento. Embora o esquema de Steele talvez tenha sido a primeira tentativa sistemática de especificar elementos do meio físico que se relacionam com o funcionamento da organização, ele não foi elaborado diretamente para lidar com as redes de conhecimento. Já Davis (1984) criou um arranjo com o claro intuito de examinar o vínculo entre o meio físico e a comunicação organizacional. Ele especificou três dimensões fundamentais do meio físico que se relacionam com a comunicação. A primeira, a estrutura física, está associada a fatores arquiteturais e características semifixas que agem para regular a interação social. A segunda, os estímulos físicos, refere-se a aspectos do meio físico (por exemplo, ruído) que se intrometem na percepção dos indivíduos e, assim, influenciam seu comportamento. Por fim, os artefatos simbólicos, como mobília e o tamanho do espaço destinado aos indivíduos, são elementos do meio físico que orientam a interpretação do meio social.

De acordo com Buttimer (1980), há ao menos cinco níveis distintos para efetuar a análise do espaço social. Primeiro, o espaço sociológico, no nível sócio-psicológico, permite a investigação da posição ocupada por uma pessoa na sociedade. Segundo, o espaço de interação possibilita o enfoque do nível comportamental, pesquisando os padrões de atividade e de circulação. Terceiro, no nível simbólico são estudadas imagens, cognições e mapas mentais (Matei & Ball-Rokeach, 2005). Quarto, o nível afetivo dá ênfase aos padrões de identificação e território. Por fim, no nível morfológico analisam-se fatorialmente as características populacionais para produzir "áreas sociais" homogêneas. Este capítulo se concentrará no espaço de interação que enfoca o comportamento, investigando os padrões de atividade e de circulação e examinando suas implicações sobre as redes de conhecimento. Para alcançar esse objetivo, devemos primeiro explorar a noção de campo de informação.

Campo de informação

O campo de informação de um indivíduo fornece o contexto e o ponto de partida para a aquisição de conhecimento individual. É certo que os indivíduos não estão totalmente isentos de limitações que regulem suas ações. Eles dependem de outros para obter informações e serviços, e a sociedade em que estão inseridos restringe a gama de questões e alternativas que podem ser consideradas. Para um gerente que ocupa um cargo mais alto, um campo de informação pode ser incrivelmente rico, possibilitando o acesso a informações computadorizadas, especialistas, outros gestores que ele conheça pessoalmente e assinaturas de uma grande variedade de publicações. Por outro lado, um funcionário de nível inferior, em um local remoto da empresa, provavelmente conta com um número limitado de fontes que possam ser facilmente consultadas em busca de informação. Assim, como a ação individual é limitada e moldada pelos portadores e campos de informação mais amplos que compõem seu ambiente informativo?

É no campo de informação de um indivíduo que se inicia a busca de informações (Rice, McCreadie, Chang, 2001). Representa a disposição típica de estímulos de informação aos quais um indivíduo é regularmente exposto (Johnson, 1996b e 1997a), os recursos de informação que ele usa rotineiramente (Sonnenwald, Wildemuth, Harmon, 2001) e as condições estáveis de eficiência do forrageamento de informações (Pirolli & Card, 1999). O conceito de campo de informação tem uma longa tradição nas ciências sociais, que alcança o influente trabalho de Lewin (Scott, 2000) e a variantes recentes interessantes, como a abordagem de horizontes de informação proposta por Sonnenwald, Wildemuth e Harmon (2001).

Os trabalhadores estão inseridos em um mundo físico que envolve contatos recorrentes com uma rede interpessoal de gerentes e colegas de trabalho. Eles também estão regularmente expostos aos mesmos canais de comunicação mediados (boletins de notícias das empresas, jornais locais, notícias de televisão, e assim por diante). Tipicamente, o campo de informação local de uma pessoa consiste de uma rede de comunicação interpessoal e de terminais de informação (por exemplo, aparelhos de fax), ambos os quais estão inseridos em um contexto físico. Esse contexto físico serve para estabilizar os campos de informação de um indivíduo e, em grande parte, determina a natureza das informações às quais ele é exposto regularmente.

As restrições do campo de informação limitam o grau em que a pessoa pode agir, a despeito de sua predisposição para buscar informações. O campo em que um indivíduo está situado restringe a possibilidade de selecionar determinadas fontes. Os funcionários podem, se assim o desejarem, organizar os elementos de seus campos de informação para acompanhar com mais facilidade informações pertinentes ao trabalho. Eles podem examinar regularmente os memorandos da empresa e assinar revistas especializadas que tragam grande quantidade de conteúdo a respeito de sua profissão. Em outras palavras, quem está mais interessado em seu trabalho pode moldar melhor seu campo de informação para incluir uma combinação mais rica de fontes relacionadas à organização.

Com o passar do tempo, o modo como as pessoas modelam o campo de informação determina não só seu conhecimento de questões gerais da empresa, como também sua exposição incidental às informações que os estimulam a buscar outras com um propósito mais claro. Assim, em certo sentido, os indivíduos estão inseridos em um campo de informação que atua sobre eles; esta é a visão mais tradicional. Mas eles também escolhem a natureza desses campos: o tipo de mídia que chama sua atenção, as amizades que constroem e suas especializações profissionais, que muitas vezes se baseiam em suas necessidades de informação (Pirolli & Card, 1999).

Naturalmente, um campo de informação pode alterar-se, refletindo as mudanças na vida de uma pessoa, o que às vezes também tem relação direta com as necessidades de conhecimento em constante transformação. Por exemplo, quando um funcionário é alocado em um grupo *ad hoc* que cuida de uma linha de produto importante de sua empresa, sua rede interpessoal modifica-se com a inclusão de outras pessoas que ficam próximas durante o projeto. Ele também pode estar exposto a uma gama maior de comunicação mediada (por exemplo, panfletos, vídeos, etc.), em decorrência da natureza do trabalho. Portanto, conforme os indivíduos ficam focados na sua busca de informações, eles mudam a natureza de seu campo para corroborar a aquisição de conhecimento que atendem a determinados propósitos. Nesse sentido, as pessoas agem estrategicamente para alcançar seus objetivos e, ao fazê-lo, constroem campos e estruturas de comunicação locais e temporários que refletem esses interesses (Pirolli & Card, 1999).

Em suma, as pessoas estão inseridas em campos de informação que determinam seu nível de consciência e conhecimento acerca de determinados assuntos. A natureza desses campos pode levá-las a encetar uma busca encadeada de informações e até mesmo determinar uma mudança de comportamento em certos aspectos. A presença de laços fracos, contatos unidimensionais e infrequentes com membros externos ao grupo pode expô-los a informações que suscitem a possibilidade de mudança, e isso pode desencadear uma expansão em seu campo de informação. Em certos aspectos, o somatório dos campos de informação de um indivíduo corresponde à noção de capital social, visto que descreve os recursos com que ele conta para lidar com um problema. Quando as pessoas compartilham o mesmo campo de informação, também dividem um contexto que lhes proporciona as bases para novas interações (Fisher, Durrance, Hinton, 2004) e para a construção e o compartilhamento de conhecimento tácito.

Relações

O espaço, assim como a comunicação, é um conceito um tanto "intangível", uma vez que não é composto de matéria, mas ajuda a definir as relações entre as coisas (Sack, 1980; Urry, 1985). "O meio físico apresenta a todos um conjunto de condições iniciais às quais o comportamento está amplamente subordinado" (Archea, 1977, p. 134). Por exemplo, os fatores espaciais associados com a localização e a mobilidade impõem limites à relação de pessoas com quem podemos interagir, e acabam por determinar nosso acesso a tipos específicos de informação.

Além de definir com quem nos relacionamos, a natureza do espaço em que os relacionamentos estão inseridos muitas vezes determinará, também, seus elementos qualitativos, os quais incluem, por exemplo, a tensão que resulta de violações espaciais e sentimentos de privacidade associados com a falta de bem-estar. Por exemplo, o ruído excessivo faz que a aplicação de instruções de forma polida e delicada seja praticamente impossível e pode levar a um isolamento maior dos trabalhadores (Ashforth, 1985; Canter, 1983; Mohr, 1971).

A principal força inerente à estrutura física é o efeito que ela tem sobre as relações espaciais definidas entre os interlocutores. A princípio, tem particular importância a dispersão dos atores dentro de uma organização. Nas empresas, a localização física, que pode ser atribuída a muitos fatores (por exemplo, culturais), está fortemente ligada à tecnologia. A localização pode determinar as informações a que um indivíduo tem acesso e, portanto, sua inclusão ou exclusão nos processos organizacionais (Davis, 1984). Ela fornece um contexto estático no qual a interação está inserida.

Duas variáveis revelam aspectos contrastantes das relações espaciais e seu impacto sobre os indivíduos: a densidade social ou o número de interlocutores em um espaço, e a proximidade, que se refere às distâncias espaciais configuradas entre eles. Juntas, essas duas variáveis também modelam a construção de conhecimento tácito nas organizações e determinam se um indivíduo busca o conhecimento em seu meio imediato ou distante (Miller, Zhao, Calantone, 2006).

Densidade social

A densidade social refere-se ao número de interlocutores que ocupam determinado espaço. Afeta as oportunidades de comunicação e está diretamente relacionada com diferentes tipos de tecnologia (Form, 1972). Com frequência, o aumento de densidade social tem sido associado ao estresse e à adoção de mecanismos de defesa voltados para a reclusão, com a finalidade de evitar a comunicação (Baum & Valens, 1977; Brower, 1980; McCarrey *et al.*, 1974). Em seu aspecto positivo, um número adequado de interlocutores dentro de um meio físico pode promover o estímulo e o crescimento intelectual (Sundstrom, Burt, Kamp, 1980). Portanto, afirma-se que níveis no mínimo moderados de densidade social são essenciais para estimular e promover a realização de uma tarefa (Szilagyi & Holland, 1980).

Proximidade

Proximidade é a dimensão da estrutura física que se relaciona mais claramente com os processos de comunicação nas organizações. Os estudos clássicos de Caplow (1947), Festinger, Schacter e Back (1950) e Gullahorn (1952) identificaram o vínculo entre maior proximidade física e níveis mais altos de comunicação em vários sistemas sociais. Guetskow (1965) se referiu a essa generalização empírica como uma das mais comumente encontradas na literatura organizacional. Em geral, afirma-se que a proximidade está associada com a realização do trabalho por fatores como intercâmbio de informações, facilidade operacional, relações de coordenação, feedback sobre o trabalho, uso de bibliotecas em laboratórios de pesquisa e desenvolvimento, e nível de estresse (Allen, 1977; Allen & Gerstberger, 1973; Korzenney, 1978; Szilagyi & Holland, 1980). Também se verificou, no exame de diagramas de fluxo de trabalho, que os cargos com alto nível de centralidade organizacional estavam localizados no centro geográfico da empresa (Brass, 1981). Além disso, nas pesquisas transculturais, revelou-se que a proximidade contribui para o surgimento de agrupamentos fortes em laboratórios de pesquisa e desenvolvimento (Keller, 1989).

Acesso

A proximidade e a densidade social podem ser considerados termos antigos quando utilizados para explicar o impacto causado pelo meio físico sobre as redes de conhecimento. Elas ficam claramente visíveis em gradientes, com a densidade social, por exemplo, sendo mostrada em agrupamentos de atores e curvas de intensidade (quadro 7.1). Embora proximidade e densidade social determinem os primeiros encontros entre os atores, outros fatores físicos podem ser necessários para compreender a manutenção das relações e explicar o que acontece depois da intercessão inicial. Possivelmente, a variável que melhor capta a relação entre as redes de conhecimento e o meio físico é o acesso, que também pode ser utilizado como o critério mais importante na avaliação de sistemas de informação feita por usuários (Rice & Shook, 1986), no desenvolvimento de campos de forrageamento (Pirolli & Card, 1999) e na busca de informação de modo mais geral (Case, 2007). O acesso pode ser aprimorado por várias tecnologias mediadas que, com efeito, criam proximidade eletrônica, nos termos de Korzenney (1978). Desse modo, tecnologias distintas (por exemplo, telefones, faxes) afetam profundamente a dispersão espacial das atividades de comunicação em espaços físicos, o que tem sido descrito com o uso de gradientes de comunicação (quadro 7.1).

Os fatores físicos associados à localização e mobilidade restringem o acesso a pessoas com quem, caso eles não existissem, poderíamos buscar informações facilmente. O espaço físico também influencia os significados atribuídos às interações que nele ocorrem. O meio físico é rico em artefatos simbólicos (Davis, 1984) que podem ser objeto de busca de informações. Portanto, embora os escritórios com portas fechadas sinalizem que no seu interior está ocorrendo o compartilhamento de informações confidenciais, também indicam que há segredos na empresa acessíveis apenas a uns poucos privilegiados. Na verdade, a relação entre as estruturas formais e os elementos espaciais não foi devidamente abordada nos estudos sobre comunicação ou gestão (Miller & O'Leary, 1989), apesar do grande interesse de arquitetos e engenheiros industriais nessas questões, que pode ser corroborado pelos vastos estudos pragmáticos sobre projetos de escritórios abertos e uma variedade de programas de computador desenvolvidos para facilitar leiautes físicos de fábricas e escritórios, muitas vezes explicitamente baseados na comunicação entre os departamentos. Naturalmente, essas técnicas são fortemente racionais e compartilham muitas das vantagens e desvantagens das estruturas formais em geral. Talvez o ponto mais marcante a esse respeito é que quando as pessoas entram nos edifícios pela primeira vez, elas costumam reclamar que as coisas se tornaram muito formais e que ficou mais difícil se comunicar (Canter, 1983). Desse modo, as redes formais associadas com a localização física precisam ser "dissecadas" pelos atores para satisfazer suas necessidades individuais. A esse respeito, Canter (1983) afirmou que, embora os fatores espaciais tenham um efeito mínimo sobre as redes formais, pode-se esperar que eles tenham um impacto mais acentuado sobre as redes informais.

QUADRO 7.1 GRADIENTES

Em geral, os gradientes detalham as taxas de aumento ou diminuição de variáveis de magnitude por meio de representações topológicas ou gráficas. Eles retratam, em ricas imagens, a intensidade da comunicação em um plano fisicamente limitado, como o galpão de uma fábrica de montagem, e também podem ser usados para captar níveis de conhecimento. Desse modo, os gradientes fornecem uma imagem de onde ocorrem as várias atividades de uma empresa. Também relacionam os níveis de comunicação com outros fatores organizacionais. Por exemplo, um gradiente pode revelar que a comunicação é maior na intersecção de dois corredores, e menor em suas extremidades obstruídas. Há muito os gradientes são utilizados para descrever fenômenos em outras disciplinas, como geologia e meteorologia (Monkhouse & Wilkinson, 1971), e estão disponíveis nos sistemas de informação geográficos mais modernos. Podem contribuir de forma significativa para nossa compreensão das redes de conhecimento ao detalhar as configurações da comunicação que resultam de contextos espaciais e tecnológicos.

A figura 7.1 nos fornece representações das intensidades de comunicação que ocorrem dentro do plano limitado do centro de distribuição/entreposto da figura 7.2. O entreposto é dominado por estantes muito altas (linhas negras sólidas na figura 7.2) e uma esteira transportadora (espaço branco cercado que corre pelo centro direito da figura). O gráfico encontrado na figura 7.1 fornece uma imagem tridimensional das áreas de comunicação no entreposto. A grade que constitui o plano determina a localização das atividades de comunicação no entreposto, com as coordenadas horizontais e verticais indicando a disposição das estações de trabalho ao longo da base. As dimensões são mostradas numa escala de 32 unidades horizontais e 27 verticais, de 2,5 metros cada uma. As áreas elevadas representam picos de atividades de comunicação ao longo do eixo z (identificadas pela variável NUMCONT para número de contatos). Quanto maior a elevação, maior a frequência de comunicação. Por exemplo, o ponto mais alto é observado no compartimento do gerente do entreposto, nas coordenadas (10, 10).

Os gradientes podem ser usados para retratar processos de comunicação mais complexos, como aqueles relacionados com criatividade e construção de conhecimento. Além disso, pode-se examinar a multiplexidade de várias maneiras interessantes. Por exemplo, é possível usar a codificação por cores para retratar as diferentes localizações dos vários conteúdos de comunicação funcio-

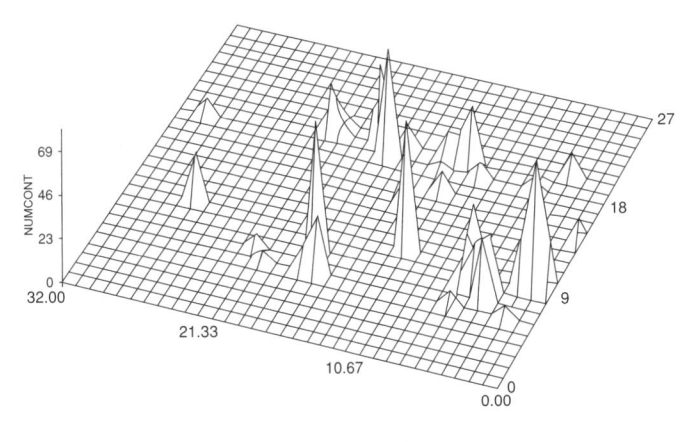

FIGURA 7.1. GRADIENTE DE COMUNICAÇÃO DE UM ENTREPOSTO. (FONTE: JOHNSON, 1993. P. 61.)

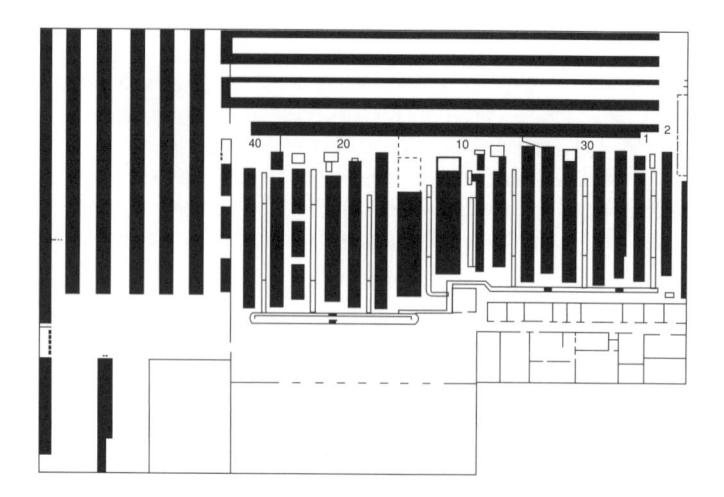

FIGURA 7.2. PLANO DE UM ENTREPOSTO. (FONTE: JOHNSON, 1993, P. 62.)

nal. Outra abordagem pode mostrar a sobreposição de áreas de descanso e estações de trabalho no mesmo mapa, usando diferentes cores que destaquem a relação funcional de determinados comportamentos de comunicação com a localização espacial. Ou ainda, grades diferentes (em três dimensões) poderiam ser colocadas umas sobre as outras, com um espaçamento apropriado sendo deixado entre elas, para destacar os diferentes níveis de intensidade de determinadas localizações, quando associadas a certas funções.

Em geral, afirma-se que algumas das descobertas mais úteis na história da ciência estiveram associadas a imagens e representações visuais (Klovdahl, 1981). Os avanços atuais em visualização e computação gráfica nos oferecem inúmeras oportunidades de desenvolver novas ferramentas para analisar as redes de conhecimento. A abordagem dos gradientes requer novas formas de pensar as relações. Enquanto para a análise de redes as relações são tipicamente representadas como vínculos, pelos gradientes elas são pensadas como intensidades relativas de comunicação que ocorrem em determinadas localizações, que se tornam entidades com propriedades e características exclusivas. Enquanto as abordagens tradicionais centram-se em entidades como indivíduos, funções ou grupos, os gradientes ampliam nosso pensamento para incluir eventos de comunicação primordialmente caracterizados por propriedades organizacionais não humanas. O desenvolvimento de técnicas relacionadas com gradientes pode levar a avanços conceituais, uma vez que fornece aos pesquisadores um meio alternativo de investigar as redes de conhecimento.

Aumentos na densidade social e na proximidade podem ampliar nosso acesso físico a outras pessoas, oferecendo a oportunidade e a ocasião para mais interações (Sykes, 1983). De fato, um dos principais problemas para os funcionários nas empresas é controlar o acesso de pessoas próximas a eles. Archea (1977) afirma que a privacidade pode ser melhor entendida em um esquema em que cada pessoa é vista como se estivesse no centro de um campo de informação dinâmico ao qual se adapta. A regulação do comportamento interpessoal de um indivíduo é influenciada por sua possibilidade de monitorar outras pessoas (isto é, de controlar sua exposição) e pelas oportunidades que outros têm de monitorá-lo. Assim, ambientes com escritórios abertos são muitas vezes considerados uma ameaça à privacidade (Bennett, 1977), com consequências negativas para o desempenho e a satisfação no trabalho.

Problemas com a densidade social, decorrentes da aglomeração excessiva, refletem uma perda de controle por parte dos interlocutores sobre as "intromissões". Eles também impactam na comunicação pela reação de "reclusão social" determinada por essa sobrecarga de informações (McCarthy & Saegert, 1978; Schmidt & Keating, 1979). Afirma-se que os gestores podem aumentar o controle sobre o meio físico: removendo estímulos, manipulando-os e apresentando-os de forma diferente no ambiente de trabalho (Davis, 1984). As pessoas, nesse contexto, podem ser vistas como estímulos, "dispostas" no espaço de maneira a promover ou retardar as redes de conhecimento. A qualidade, a satisfação e a quantidade de interação entre trabalhadores não está apenas associada a esses elementos estáticos e intrínsecos ao ambiente de trabalho, mas também com elementos mais dinâmicos representados pela mobilidade (Form, 1972).

Embora tanto a densidade social quanto a proximidade ajudem a determinar o acesso de indivíduos uns aos outros, este também é afetado pela sua mobilidade relativa. Uma maior mobilidade pode ser consequência direta da tecnologia, mas sua necessidade pode derivar de imperativos funcionais determinados pela urgência de resolver problemas. A busca de informações muitas vezes demanda que os indivíduos transcendam seu meio físico local para sair atrás de outros de quem dependem para consegui-las. Nesse aspecto, os interesses utilitários fazem que os indivíduos procurem percursos ou canais alternativos para acessar outras pessoas distantes (Culnan, 1983).

Mobilidade

Só com a introdução do movimento é que a estagnação representada pelos elementos intrínsecos se transforma em uma dança caracterizada pelas relações estabelecidas entre os interlocutores, e o principal interesse da análise de redes passa a ser o de revelar como se configuram esses relacionamentos. De fato, "a produção e reprodução da vida social depende de sujeitos humanos conhecíveis traçarem caminhos rotineiros no espaço e no tempo, cumprindo determinados projetos cuja realização está limitada por estruturas de restrições de capacidade, cooperação e autoridade" (Gregory, 1985, p. 297). Hägerstrand elaborou ricas imagens visuais para representar o impacto da mobilidade (quadro 7.2).

Em Hägerstrand (1953), a seleção relativamente limitada de pessoas com quem são estabelecidos contatos recíprocos frequentes constitui o campo de informação de um indivíduo no sentido mais estrito do termo. Esse campo diminui nitidamente conforme a pessoa distancia-se da posição ocupada por um interlocutor (Hägerstrand, 1953). Tal afirmação tem um desdobramento interessante. Quanto mais próximos estão dois interlocutores, mais seus campos de informação "coincidem", o que pode ter relação com a vantagem das noções de laços fracos (Granovetter, 1973), concebidos nos termos dos interlocutores e espaços físicos compartilhados. De modo similar à lógica dos laços fracos, os vínculos que abarcam localizações físicas estão relacionados com o desempenho de tarefas realizadas, por exemplo, entre engenheiros (Allen, 1977).

Os fatores espaciais podem determinar os percursos físicos ou eletrônicos pelos quais acessamos outros indivíduos. Por exemplo, as pressões no trabalho, quando associadas ao fator distância, podem levar ao uso de telefone, e a dispersão geográfica pode conduzir à escolha de canais como o correio eletrônico, em contextos organizacionais (Steinfield, 1985; Steinfield & Fulk, 1986). Em decorrência, os fatores espaciais podem determinar o método pelo qual entramos em contato com outros interlocutores. Por exemplo, Allen (1977) descreve que o acesso, nos laboratórios de pesquisa e desenvolvimento, é determinado por níveis gradativamente menores de comunicação conforme aumenta a distância entre os interlocutores, e quando essa distância ultrapassa 15 metros, a comunicação sofre um declínio drástico. Hägerstrand (1953) também descreve esse fenômeno como um cone com possibilidades de comunicação cada vez menores conforme a distância cresce. Esses fatores levaram ao estudo de Johnson (1993) sobre os gradientes de comunicação (quadro 7.1) como uma forma de visualizar esses impactos estruturais. O declínio drástico na comunicação pode fazer com que um indivíduo escolha outro canal, como os eletrônicos, em sua interação com os outros. Um gradiente de campos de informação individuais pode revelar muito sobre as possibilidades de um indivíduo receber informações de outros na empresa e sobre com quem escolherá se comunicar. Portanto, os fatores espaciais afetam a seleção de canais de maneiras determinantes, e estes, em particular os eletrônicos, podem ser vistos como o substituto da mobilidade no processo de comunicação.

QUADRO 7.2. HÄGERSTRAND

Uma das bases mais interessantes para conceituar essa dança de atores no meio físico, no que concerne ao surgimento de padrões de comunicação humana, são os caminhos espaço-temporais de Hägerstrand (ver Gregory, 1985, para uma discussão e crítica). O principal pressuposto da geografia temporal reside no reconhecimento do caráter rotineiro da vida cotidiana (Giddens, 1985). "A abordagem de Hägerstrand baseia-se principalmente na identificação de fatores limitantes da atividade humana, dados pela natureza do corpo e do contexto físico em que a atividade ocorre. Tais restrições fornecem as 'barreiras' gerais que limitam o comportamento no tempo e no espaço" (ibid., p. 266).

As intersecções desses caminhos espaço-temporais determinam as oportunidades de encontros comunicativos, uma vez que revelam a disponibilidade ou não dos outros (Hägerstrand, 1982). As configurações desses caminhos podem ser representadas como curvas de probabilidade que indicam as chances de que a interação ocorra em determinada localização (Gregory, 1985). O estudo de Hägerstrand pode, então, ser resumido em um esquema teórico tríplice:

1. O espaço e o tempo são "recursos" nos quais os indivíduos precisam se apoiar para realizar determinados "projetos", sujeitos a:

2. Três "restrições":
- de capacidade, que definem caminhos espaço-temporais
- de cooperação, que definem agrupamentos espaço-temporais
- de autoridade, que definem domínios espaço-temporais

3. Essas restrições são interativas, em vez de aditivas, e seu prisma delineia uma série de "barreiras às possibilidades" no espaço e no tempo que correspondem a (ou mapeiam) uma "lógica" ou "estrutura" subjacente e em evolução.

Terminais de informação

O meio físico da organização também pode ser visto como um espaço que contém um conjunto de localizações ou lugares, cada um deles diferindo na acessibilidade que confere à informação (Canter & Kenney, 1975), em particular as de fora de uma área física imediata. Para entender completamente as redes de conhecimento, devemos nos dedicar aos meios pelos quais o ambiente transforma, amplifica, contrasta ou, ao contrário, media a apresentação das informações disponíveis (Archea, 1977). "Um *terminal* de informação é um ponto em um meio social informal em que a informação é incluída ou recuperada de uma rede de comunicação formal ou sistema de armazenamento de informações" (*ibid.*, p. 126).

Os terminais de informação são ferramentas tecnológicas que ampliam consideravelmente os níveis de comunicação em determinadas localizações. Eles também podem servir para expandir o acesso de um indivíduo à informação. Se um terminal está próximo, a gama de interlocutores que os indivíduos podem contatar é ampliada, e as limitações espaciais podem ser superadas em certa medida. A melhoria do acesso à informação por meio de um campo de informação rico também aumenta a probabilidade de que os indivíduos sejam estimulados a buscar informações. Cada vez mais, áreas abertas que promovem o acesso à informação estão sendo usadas em pesquisa e desenvolvimento. Essas áreas fornecem um contexto informal para a interação cara a cara e também, muitas vezes, trazem facilidades proporcionadas por recursos como a teleconferência, para a interação com outros que não estejam no mesmo local físico. Portanto, uma pessoa cujo escritório tem uma vista panorâmica de uma área aberta pode facilmente acompanhar as atividades em andamento dos funcionários de seu departamento, e pode ser estimulado a fazer perguntas sobre questões relacionadas a seus projetos.

RESUMO

O efeito dos elementos espaciais sobre as redes de conhecimento consiste primordialmente em determinar a configuração dos relacionamentos. O impacto dos fatores físicos sobre os relacionamentos é muito pronunciado e está vinculado a fatores como proximidade, densidade social e acesso. Embora muito se saiba sobre o impacto desses fatores sobre as relações diádicas, poucos estudos foram realizados no nível da rede como um todo. Em uma das poucas abordagens explícitas ao tema, Canter (1983) verificou que os planos de escritório aberto estavam relacionados a redes "frouxas", ao passo que escritórios dispostos de modo mais tradicional resultavam em redes mais fortes, porém mais exclusivas. Este estudo de fato indica uma relação direta entre a configuração física geral de um escritório e a de sua rede associada.

Leitura complementar

Allen, T. J. *Managing the Flow of Technology: Technology Transfer and the Dissemination of Technological Information within the R&D Organization*. MIT Press, 1977.
Análise clássica das redes, no contexto da pesquisa e do desenvolvimento, que examina especificamente sua relação com fatores físicos nas organizações. Contém a observação clássica de que os engenheiros só caminham distâncias muito curtas (15 metros) para obter informações, uma descoberta que levou ao interesse pela configuração de escritórios abertos.

Hägerstrand, T. *Innovation Diffusion as a Spatial Process*. University of Chicago Press, 1953.
Uma das primeiras abordagens sistemáticas à inovação em contextos sociais em geral, esse estudo dá grande ênfase aos processos espaciais associados com a difusão, apresentando conceitos analíticos importantes, como campos e caminhos espaço-temporais.

Johnson, J. D. "On the use of communication gradients". Em Goldhaber, G. M. & Barnettm G. (orgs.). Em *Handbook of Organizational Communication.* Ablex, 1988.
Tentativa sistemática de desenvolver outro conjunto de ferramentas analíticas para a pesquisa de estruturas de comunicação que relaciona diretamente as atividades comunicativas com as localizações.

Steele, F. *Physical Setting and Organizational Development.* Addison-Wesley, 1973.
Cartilha sobre as funções a que servem os ambientes físicos nas organizações.

8
Internalizando o mundo exterior

No capítulo 4, "Contexto", analisamos os campos de informação em que as organizações estão inseridas e discutimos algumas teorias que investigam o modo como elas interagem com seus ambientes de informação. Embora este livro esteja centrado no conhecimento acumulado dentro das organizações, o modo como as informações externas são trazidas para dentro delas por meio de relações de colaboração está se tornando um assunto de extrema importância (Gulati, 2007). Em primeiro lugar, o mundo externo à organização é muitas vezes a principal fonte de conhecimento técnico altamente especializado. Em segundo lugar, o ambiente exterior exige que as organizações aprendam e se adaptem a um mundo em constante transformação. Os gerentes podem até mesmo confiar mais na informação externa, já que ela é escassa e menos sujeita ao escrutínio, e não há implicações competitivas ou de status para aceitá-la (Menon & Pfeffer, 2003). Em terceiro lugar, entende-se que compartilhar conhecimento é cada vez mais uma missão vital para as empresas dedicadas à prestação de serviços (Wright & Taylor, 2003). Por fim, as comunidades de conhecimento tácito, em muitos casos, só podem expandir-se se for possível incluir pessoas de fora na rede de conhecimento (por exemplo, outros membros de uma profissão, fornecedores ou clientes).

Aqui, primeiro analisarei o papel dos mediadores (*boundary spanners*) na trazida de informações. Mais tarde, tratarei de concepções mais contemporâneas que enfatizam a função dos corretores (*brokers*), que às vezes servem como mediadores, mas têm uma atuação mais ampla, especialmente no funcionamento dos consórcios. Mais e mais, o conhecimento e o aprendizado resultam de inter-relações complexas entre as partes envolvidas em consórcios (Powell, 1998). O estudo do funcionamento dos consórcios tem sido cada vez mais fundamental no trabalho teórico realizado sobre as organizações e, não por coincidência, é de crescente interesse prático para as empresas, particularmente com relação ao desenvolvimento e implementação da gestão do conhecimento e inovações. De fato, "a capacidade de interagir e compartilhar conhecimento com outras empresas é uma habilidade organizacional distintiva" (Lorenzoni & Lipparini, 1999, p. 320). Particularmente importante, nesse contexto, é a relação estabelecida entre pesquisadores e profissionais, que discutirei em detalhes como um exemplo útil dessas questões. As comunidades de prática, das quais fazem parte pessoas de dentro e de fora da organização, também atraíram para si um interesse maior. Por último, examinarei alguns obstáculos comuns à colaboração na construção e transferência de conhecimento e formas de superá-los.

Mediação

Quem propõe ideias inovadoras? A maioria das novas ideias provavelmente se origina de indivíduos que transcendem a fronteira entre organizações e ambientes tecnológicos.
(Daft, 1978, p. 195)

As organizações, como sistemas abertos, precisam se sustentar comunicando-se com ambientes diversificados e dinâmicos. A comunicação externa atravessa as fronteiras organizacionais e interage com o fluxo interno de informações, afetando as estruturas, os procedimentos e o controle dentro das empresas. A interação com o meio externo, frequentemente considerada uma atividade de mediação, demonstrou ser um elemento indispensável para que as empresas modernas sejam capazes de sobreviver e ter sucesso (Aldrich & Herker, 1977). Ela representou a primeira abordagem sistemática à forma como o conhecimento é trazido do mundo exterior para dentro da organização.

Os mediadores são pessoas "que trabalham na periferia ou fronteira de uma organização, realizando tarefas relevantes, relacionando a empresa com elementos externos" (Leifer & Delbecq, 1978, pp. 40-41). Em geral, foram analisados dois níveis de atividade: em primeiro lugar, as atividades de mediação que ocorrem entre as unidades de trabalho dentro de uma empresa (pesquisas anteriores estudaram a atuação dos mediadores entre diferentes equipes de produto, departamentos e grupos de projeto); e em segundo lugar, as atividades de mediação, em um sentido mais tradicional, entre uma organização e seu entorno. Adams (1976) identificou os seguintes tipos de mediadores: funcionários de marketing e vendas, agentes de compras, despachantes e agentes de tráfego, recrutadores de recursos humanos, funcionários de admissão e colocação, profissionais de publicidade e relações públicas, coletores e fornecedores de informação e inteligência, representantes legais, negociadores e corretores de negociação, e assim por diante. Interessantemente, nos últimos tempos tem aumentado o papel do gestor de relações de parceria (Goerzen, 2005).

A busca local (dentro da própria unidade de trabalho) por informações foi comparada com aquela que ocorre fora do grupo, mas no interior da empresa, e com a que se realiza totalmente fora, mas dentro de uma área de especialização tecnológica. A busca radical é a que se faz tanto fora da empresa quanto da competência tecnológica de cada um. Rosenkopf e Nerkar (2001) verificaram que os impactos da exploração de informações sobre a evolução tecnológica são maiores quando a busca pelo conhecimento acontece fora da organização, porém sem ultrapassar as fronteiras tecnológicas. Permanecer dentro dos limites tecnológicos preserva o conhecimento comum que é essencial para que seja transferido de modo eficaz (Carlile, 2004). Neste capítulo, analisarei a mediação externa. A busca local e a busca fora do grupo, mas dentro da empresa, são tratadas em todo este trabalho.

Uma vez que as organizações devem adaptar-se ao seu entorno, uma série de estruturas formais e funções associadas são criadas explicitamente para lidar com ele. Assim, por exemplo, os mediadores (como chefes de departamento e representantes de serviços ao cliente) comunicam-se com o mundo exterior no exercício das funções que lhes foram formalmente atribuídas. Eles são responsáveis por entrar em contato com as fontes de informações externas e fornecer aos colegas o conhecimento relativo ao ambiente externo, ao mesmo tempo que procuram manter a autonomia da organização (Aldrich & Herker, 1977). Conforme demonstram Johnson e Chang (2000) no quadro 8.1, a relação entre comunicação interna e externa pode ser complexa.

QUADRO 8.1. A RELAÇÃO ENTRE MEDIAÇÃO INTERNA E EXTERNA

Centrando-se no Serviço de Informação sobre o Câncer (Cancer Information Service - CIS), Johnson e Chang (2000) testaram três modelos que explicavam como ocorria a comunicação de mediação ao longo do tempo. Em primeiro lugar, o modelo de especialização funcional, que salienta o lado formal da organização, pressupunha que os indivíduos se concentravam em redes internas ou externas em decorrência do cargo que ocupavam (por exemplo, o representante de atendimento ao cliente). Em segundo lugar, o estudo sobre "estrelas de comunicação" supunha que ambas as funções de comunicação, a interna e a externa, poderiam ser exercidas por um indivíduo que estivesse predisposto a manter altos níveis de comunicação (Aldrich & Herker, 1977; Allen, 1989; Friedman & Podolny, 1992; Katz & Tushman, 1981; Tushman & Scanlan, 1981a e b). Embora pareça óbvio que haja uma limitação para a quantidade de comunicação que uma pessoa é capaz de estabelecer (Baker, 1992), vários estudos empíricos indicam que os indivíduos que são grandes comunicadores em um contexto também o são em outros, e que os usuários mais assíduos de um suporte de informação relacionado com o trabalho provavelmente o serão em outros meios que tratem desse mesmo assunto (Carroll & Teo, 1996; Paisley, 1980; Weedman, 1992), o que também pode ser constatado em estudos mais gerais sobre o uso da mídia (Berelson & Steiner, 1964). Esse modelo realça o lado informal de uma organização e a predisposição individual presentes na comunicação de mediação. As estrelas de comunicação obtêm informações de seus contatos externos, filtram aquelas que são relevantes e alimentam a organização. Em consequência, elas são percebidas como influentes por seus colegas, que as procuram para obter informações (Paisley, 1980; Reynolds & Johnson, 1982).

O terceiro modelo oferece uma explicação cíclica, segundo a qual os indivíduos alternam-se entre suas comunicações interna e externa, em um padrão dinâmico, como decorrência de inevitáveis consequencias sistêmicas, comportamentais e psicológicas da mediação e de requerimentos organizacionais dinâmicos. Estrategicamente, os mediadores podem selecionar ativamente uma única rede interna ou externa em que se concentrar, a fim de evitar o conflito de funções e concentrar-se em seu trabalho. Assim, conforme sugerido pelos estudos de pesquisa e desenvolvimento, a importação de conhecimento externo pode resultar em uma comunicação interna considerável, relacionada com a geração de inovações internas, que por sua vez seriam exportadas para outras organizações por meio da comunicação externa.

Os resultados de Johnson e Chang (2000) indicam que há uma alternância de movimento, isto é, que um período com nível elevado de comunicação externa sucede outro de grande intensidade de comunicação interna. Além de suas funções tradicionais de representação e de filtragem, os mediadores nessa organização também tratam do desenvolvimento de coalizões comunitárias como uma forma de obter o apoio político de grupos de interesse para seus esforços contínuos de inovação, e também como uma maneira de aumentar o alcance e o impacto da empresa, que assume assim um papel mais ativo em relação à obtenção de recursos (Mizruchi & Galaskiewicz, 1993). O CIS identificou um princípio fundamental das organizações em ambientes competitivos: elas devem buscar relações de cooperação com outras organizações.

Ao analisar o fluxo de informações nas relações interorganizacionais, a pesquisa científica centrou-se nas funções de mediação. Os mediadores filtram e facilitam o fluxo de informações nas fronteiras de uma empresa, e lidam com as restrições impostas pelo ambiente para manter sua autonomia (Aldrich & Herker, 1977). Eles "representam a organização perante seu ambiente, e o ambiente perante a organização" (Eisenberg *et al.*, 1985, p. 240). Assim, exercem dois papéis estruturais distintos: "o de filtro, um canal de entrada para o grupo do qual o mediador é membro, e o de representante, transmitindo o fluxo de informações que parte desse grupo" (Friedman & Podolny, 1992, p. 32). Com sua extensa pesquisa, Tushman e outros autores (Katz & Tushman, 1981; Tushman & Scanlan, 1981a e b) reforçam a distinção entre as funções de filtro e representação. Obviamente, aqui estamos mais interessados no papel de filtro.

A ideia de que os mediadores processam informações provenientes de diversas fontes e que representam a organização externamente é essencial para definir mediação. Essas funções são cruciais para a inovação e a difusão de ideias entre as empresas e dentro delas. Os mediadores, com sua atuação, permitem que as sugestões apresentadas pelo ambiente sejam implementadas na estrutura organizacional interna, e acumulam poder nas organizações em razão da sua capacidade de absorver a incerteza (Spekman, 1979).

A integração e o comprometimento dos funcionários de mediação sempre foram problemáticos para as empresas (Marrone, Tesluk, Carson, 2007). Os mediadores são indivíduos que, sendo membros, não se restringem a um único sistema social. Geralmente, esses vínculos são examinados considerando-se que eles têm laços de comunicação com pessoas fora da empresa por causa do cargo formal ocupado dentro dela. Informalmente, as pessoas costumam ser mais relutantes em atravessar as fronteiras, e só o fazem quando a informação é considerada fundamental, quando existe uma expectativa coletiva de que a informação é relevante e quando há uma percepção de que o grupo de mediadores deixou de funcionar (Solomon, 2005).

Consórcios

A colaboração foi chamada de "um ato não natural entre
adultos em desacordo".
(Wandersman, Goodman, Butterfoss, 1997, p. 274)

Embora em tempos mais estáveis as organizações pudessem ter contado com mediadores individuais, nosso mundo cada vez mais complexo e incerto exige que elas estejam crescentemente empenhadas em estabelecer tipos intrincados de relações que classificarei, em geral, como consórcios. Cada vez mais, o único objetivo desses consórcios é criar e compartilhar conhecimentos que confiram vantagens estratégicas aos parceiros.

As relações de consórcio ganham maior importância porque: 1) podem levar ao desenvolvimento, à implementação e avaliação da utilidade de novas ideias; 2) podem aumentar a relevância política das ideias que são testadas, facilitando assim sua retransmissão, e 3) há uma probabilidade maior de sucesso na implementação das ideias se todas as partes contribuírem desde o início.

Um consórcio pode ser definido simplesmente como um grupo de entidades (por exemplo, empresas, áreas de especialização, membros da comunidade) unido pelo interesse de trabalhar em colaboração para realizar algo de valor mútuo que esteja além da capacidade de recursos de cada membro (Cullen *et al.*, 1999; Fleisher *et al.*, 1998; *Merriam-Webster's Collegiate Dictionary*, 4ª ed., 1995). Fundamentalmente, os consórcios são formados para que seus membros realizem mais do que seriam capazes por conta própria, podendo desfazer-se facilmente se suas necessidades não forem atendidas.

Vários acontecimentos revelam a crescente atenção teórica conferida aos consórcios. Em primeiro lugar, houve um ressurgimento do interesse nessa área com a ênfase dada à cultura organizacional e o reconhecimento cada vez maior de que as organizações estão divididas em diferentes grupos funcionais e "comunidades profissionais" que formam subculturas (Amabile *et al.*, 2001; Gregory, 1983; Johnson, 1993; Keller, 2001). Essa fragmentação é uma condição prévia para o surgimento de buracos estruturais que precisam ser transpostos. Em segundo lugar, as perspectivas sobre o custo de transação, abordadas em mais detalhes no capítulo "Contexto", sobre o comportamento econômico (Coase, 1937), que contrastam as abordagens hierárquicas e mercadológicas à formação de organizações, têm sido uma teoria central para as abordagens estruturais ao ser combinadas em abordagens de redes. Em terceiro lugar, e de modo correlato, o crescimento de diferentes formas de organização (em particular as constituídas por relações interorganizacionais, as federações, as redes de parceiros, as aglomerações e as corporações multinacionais) coloca em destaque a importância dos consórcios. Essas novas formas devem descobrir as bases para a inter-relação entre subgrupos cada vez mais pluralistas (Keller, 2001), que leva ao surgimento de vários buracos estruturais. Em quarto lugar, as organizações muitas vezes acreditam que possuem recursos limitados ou que estão engajadas em projetos de tal magnitude que precisam somar esforços e recursos. A construção de relações de cooperação com outras entidades possibilita o compartilhamento de recursos e promove maior eficiência. Conforme detalhado no quadro 8.2, embora possivelmente existam muitos benefícios para os integrantes de consórcios, os custos potenciais podem ser iguais ou maiores.

QUADRO 8.2. FACILITANDO O INTERCÂMBIO ENTRE PESQUISADORES E PROFISSIONAIS

O conhecimento que pesquisadores, professores, especialistas e profissionais adquirem por si mesmos é diferente e parcial. Se pudesse ser coproduzido e combinado de novas maneiras, os resultados poderiam

apresentar uma síntese brilhante capaz de contribuir
imensamente para o avanço da teoria, do ensino e da
prática.
(Van de Ven, 2000, p. 5)

A transferência de conhecimento entre os pesquisadores
e os possíveis utilizadores é impedida, entretanto,
pela separação social entre eles. Os dois pertencem
a comunidades diferentes, com poucas atividades ou
opiniões compartilhadas e pouca interação social [...]
(Beyer & Trice, 1994, p. 675)

Aqui trataremos do buraco estrutural que surge naturalmente entre as comunidades de pesquisadores e os profissionais, como forma de ilustrar as muitas dificuldades presentes na planificação de consórcios. A transposição desse buraco estrutural tem sido tema recorrente dos líderes de disciplinas acadêmicas (Applegate, 2001 e 2002; Cullen *et al.*, 2001; Van de Ven, 2000 e 2002). Também se observou, até mesmo para subáreas aplicadas, como a saúde, que a maior falha da pesquisa acadêmica é sua falta de relevância para os profissionais, a impossibilidade de ela ser colocada em prática (Babrow & Mattson, 2003; Dorsey, 2003; Thompson, 2003).

Em geral, os pesquisadores podem obter benefícios consideráveis de sua interação com os profissionais. Embora ambas as partes tenham o que ganhar com essa interação, inclusive a garantia de recursos físicos e materiais e o estímulo intelectual (Cullen *et al.*, 1999; março de 2000), os profissionais frequentemente têm mais a perder e isso raras vezes é discutido explicitamente. Também é óbvio que as autoridades identificam grandes vantagens na interação que acontece entre as partes envolvidas na pesquisa, com crescentes apelos do Instituto Nacional do Câncer (National Cancer Institute – NCI, 2003) e do Fundo para Melhoria da Educação Pós-Secundária (Fund for the Improvement of Post-Secondary Education, 2003), entre outros, para que seus problemas sejam avaliados holisticamente com a construção de relações sinérgicas entre as disciplinas muitas vezes razoavelmente fragmentadas (Wandersman, Goodman, Butterfoss, 1997). Muitos afirmaram que a conciliação entre teoria e prática pode resultar em uma sinergia intelectual mais rica, promovendo maior compreensão e visão mais abarcadora dos fenômenos. Esses consórcios podem tornar mais provável a implementação de soluções e aumentar a importância política da investigação, trazendo mais benefícios para a sociedade. Com vantagens tão atraentes, fica a pergunta: "Por que não criar esses consórcios?". As respostas a essa pergunta dependem de um exame mais detalhado do papel desempenhado pelos corretores de buracos estruturais.

A relação entre pesquisadores e profissionais pode ser facilmente enquadrada como um problema de buraco estrutural, tendo em vista as diferenças existentes entre as comunidades representadas por esses dois grupos (Cullen *et al.*, 2001), em que pouca comunicação ocorre naturalmente entre elas (Amabile *et al.*, 2001), a despeito dos consideráveis benefícios que disso poderia advir. Desse modo, é necessário que os corretores de buracos estruturais traduzam, coordenem e alinhem essas distintas perspectivas ao mesmo tempo que lidam com interesses muitas vezes conflitantes (Kuhn, 2002). Nesse ambiente de pesquisa, a *commodity* não é a especialidade científica de cada um, e sim o capital científico que um pesquisador pode disponibilizar por intermédio de sua rede de relacionamentos. As diferenças substanciais em termos de motivação e esquemas de percepção decorrentes das diferentes culturas em que estão inseridos (Rynes, Bartunek, Daft, 2001) destacam a importância do corretor de buracos estruturais para o surgimento, a manutenção e a dissolução das relações entre pesquisadores e profissionais. As diferenças existentes entre pesquisadores e profissionais realmente "fazem diferença"? Para que o sistema como um todo funcione bem, deve haver alguma tensão nessas relações. Sob uma ótica dialógica, é importante manter e, na verdade, estimular essas diferenças, ainda que minimizando suas ameaças. Em última análise, alcançar um equilíbrio entre todas as coisas é a questão que se coloca para um corretor de buracos estruturais. Conforme demonstrou Burt (2000), às vezes esses corretores são necessários em situações em que ambas as partes estão cientes uma da outra, e podem até desenvolver uma atividade de comunicação modesta, mas estão tão focadas em seus próprios projetos que não são capazes estabelecer uma relação significativa. O corretor, ao agir como um terceiro que obtém benefícios, manipula estrategicamente informações precisas, ambíguas ou distorcidas para deter o controle (Burt, 2000).

Compartilhar ideias por meio de laços menos utilizados traz um custo, uma vez que essas ideias e relacionamentos podem, com efeito, enfraquecer os laços que nos ligam a uma profissão específica. Alguns afirmaram que profissionais e tomadores de decisão não utilizam as descobertas das pesquisas em ciências sociais porque elas têm paradigmas diferentes dos seus - valores conflitantes, distintos sistemas de recompensa e outras linguagens (Kuhn, 2002). Esses obstáculos são sempre difíceis de superar, em especial quando dizem respeito a necessidades manifestas e continuamente não satisfeitas (por exemplo, publicações ou melhoria de prática). O fracasso em cumprir a promessa inicial resultará em um movimento para resgatar e institucionalizar a confiança através da formalização das relações (por exemplo, com a assinatura de contratos escritos com obrigações de desempenho). No fim das contas, as partes necessitam da contribuição especializada uma da outra (o acesso a um site de pesquisa, conhecimentos de investigação, a prática melhorada, etc.) para obter os benefícios de um sistema dominante (por exemplo, uma agência de concessão) ao qual devem vincular-se (Amabile *et al.*, 2001; Cullen *et al.*, 1999; Mohrman, Gibson, Mohrman, 2001; Walton, 1985).

Os consórcios entre pesquisadores e profissionais resultam em muitas vantagens. A principal delas é a melhora na prática, que pode ser alcançada acessando-se recursos intelectuais para resolver determinados problemas. Segundo, cada parte pode diminuir o peso da responsabilidade final utilizando a outra como testa de ferro nas sondagens feitas com a opinião pública, ao apresentar possíveis soluções para seus problemas. Com isso, obtêm o benefício considerável de ter alguém para culpar pelas mudanças ou falhas, partilhando, assim, os riscos. Em terceiro lugar, os praticantes podem elevar seu *status* profissional utilizando seus critérios profissionais (Cullen *et al.*, 1999). Em quarto lugar, especialmente quando estão envolvidos alunos ou professores com menos anos de carreira, os profissionais podem sentir-se bem ao contribuir socialmente com a educação ou o desenvolvimento profissional de alguém.

Conforme já foi dito, embora ambas as partes tenham a ganhar com as relações entre pesquisadores e profissionais, muitas vezes têm mais a perder, o que pode levar a dificuldades na manutenção das relações e até mesmo culminar na sua dissolução (Johnson, 2004). Dois dos valores primordiais de qualquer ciência são a objetividade do pesquisador e a preservação de sua independência e integridade. Muitas vezes os profissionais, ao questionar alguns pressupostos dados como certos, ameaçam a autonomia dos investigadores, colocando em dúvida esses princípios fundamentais. Os profissionais raramente têm um grande interesse na integridade da pesquisa, especialmente com relação às verdades científicas tradicionais associadas à investigação rigorosa e à validade interna (Killman, Slevin, Thomas, 1983). Eles mudarão as intervenções se sentirem que elas não contribuem para seu projeto, uma vez que é isso, afinal, o que fazem diariamente em suas atividades. "Uma vez que as necessidades dos financiadores vêm em primeiro lugar, o programa de melhoria em segundo, e as necessidades do avaliador são apenas uma terceira prioridade, em muitos estudos de avaliação você terá pouco controle sobre a própria avaliação e, normalmente, nenhum controle sobre o que está sendo avaliado" (Dearing, 2000, p. 8). Os profissionais também podem não respeitar os interesses dos pesquisadores quanto à confidencialidade de informações científicas privilegiadas, interferindo na patente, na publicação e em outros direitos de propriedade intelectual (Keen & Stocklmayer, 1999). Todos esses elementos apontam para a necessidade crítica da atuação de um corretor de buracos estruturais para o desenvolvimento contínuo das relações entre pesquisadores e profissionais.

As relações com os profissionais também podem ser uma grande ameaça à percepção que os pesquisadores têm de si mesmos, algo com que o corretor de buracos estruturais deve saber lidar. Em primeiro lugar, conforme afirmou Goodall (1989), os investigadores são muitas vezes manipulados por profissionais qualificados para que estes possam alcançar seus próprios fins. Em segundo, a crítica por parte dos profissionais muitas vezes gira em torno de duas expressões que reúnem senso comum e ingenuidade – ou "você não está dizendo nada que eu já não saiba", ou "suas ideias são 'castelos no ar', que de tão abstratas nunca poderão funcionar" –, que por serem muitas vezes baseadas no relato e na experiência profissional, não é fácil refutá-las. Elas também podem ser bastante reveladoras, já que muitas vezes procuramos descrever o mundo como ele é e deixamos para trás os reais acontecimentos, descrevendo apenas a experiência de um profissional qualificado. Assim, os profissionais muitas vezes sentem que os investigadores estão fora de contato com as práticas do mundo real (Ford et al., 2003; Rynes, Bartunek, Daft, 2001), uma deficiência fundamental nessa época de rápidas mudanças. Da mesma forma, em nossa busca por rigor metodológico, tendemos a ignorar as variáveis, principalmente as políticas e jurídicas, que qualquer profissional deve considerar antes de implementar uma nova prática. Paradoxalmente, quanto mais sofisticados os nossos métodos e teorias, menos úteis parecem ser para os profissionais (Rynes, Bartunek, Daft, 2001).

Uma característica interessante das relações entre pesquisadores e profissionais é que é perfeitamente possível que uma das partes alcance seus objetivos enquanto todo o sistema fracassa. Assim, pode-se adotar uma inovação que beneficie os profissionais, mas a pesquisa é tão banal ou falha – por causa da falta de rigor –, que não é difundida na literatura acadêmica. Uma verdadeira parceria com os profissionais leva muitíssimo tempo, e as recompensas resultantes costumam ser escassas, já que raras vezes é valorizada institucionalmente (Keen & Stocklmayer, 1999).

O mais inquietante é que, com frequência, um projeto falho resulta em pesquisas interessantes. Aqui reside um claro desafio para os pesquisadores. Muitas vezes os esforços fracassados nos ensinam tanto quanto os bem-sucedidos, ou até mais. Assim, é provável que alcancemos nossos objetivos pessoais independentemente dos resultados do projeto como um todo. Uma das principais constatações dos estudos clássicos de diferenciação e integração é que os custos de integração podem ser bastante elevados e só é realmente necessário arcar com eles em determinados ambientes organizacionais (Lawrence & Lorsch, 1967). Os investimentos pessoais dos corretores de buracos estruturais são significativos. Não é de se admirar, portanto, que tão poucas pessoas exerçam tais funções. Um foco na manutenção e dissolução também indica que a necessidade de recuperar esses custos pode resultar em disfunções para o sistema como um todo (Johnson, 2004). Fundamental para essas disfunções é a necessidade de que os corretores garantam que os laços com as partes não sejam redundantes, ou, na linguagem de Burt (1992 e 2000), estruturalmente autônomos. E muitas vezes podemos encontrar consolo no fato de que preservamos os cânones de nossa profissão. As análises de citações, infelizmente, confirmam que as relações em que os investigadores definem os problemas e se dedicam a suas próprias indagações têm mais probabilidade de sucesso acadêmico (Rynes, Bartunek, Daft, 2001). Então, de certa forma, existe o paradoxo do sucesso: quanto mais bem-sucedida for a entidade na consecução dos seus interesses individuais mais limitados, menor a probabilidade de que todo o sistema alcance seu objetivo mais amplo (Senge, 1990). Do mesmo modo, verificou-se que a centralidade nas redes de consultoria, uma propriedade fundamental dos corretores de buracos estruturais, está positivamente associada com o desempenho individual, mas negativamente relacionada ao desempenho do grupo (Sparrowe *et al*., 2001). Assim, no fim das contas, o desenvolvimento e a manutenção de consórcios é um desafio central para os sistemas sociais em geral, desafio este que está cheio de dificuldades.

Embora a necessidade de novas formas organizacionais e as pressões para criá-las sejam grandes, é difícil obter êxito no intercâmbio de informações, especialmente na área da saúde, como demonstra o quadro 8.3. As barreiras à coordenação são inúmeras e muito mais robustas do que os fatores favoráveis, um tema que será retomado mais tarde neste capítulo. Esse aspecto explica as taxas de fracasso muito elevadas dos consórcios (Parise & Henderson, 2004), com estimativas em torno de 60% a 70% (Gulati, 2007; Gulati & Kletter, 2005). Várias barreiras foram identificadas: as missões específicas das agências de cooperação são muitas vezes diferentes (por exemplo, fornecer apoio social *versus* tratamento de pacientes com câncer); da mesma forma, os resultados e as medidas de eficácia diferem entre as agências; os custos de pesquisa para encontrar parceiros adequados podem ser elevados e muitas vezes é difícil absorver o conhecimento dos parceiros verdadeiramente diferentes (Goerzen, 2005); e há os custos de coordenação (por exemplo, a elaboração de vocabulários comuns) gerados na busca pela integração dos esforços das diversas organizações. Além disso, os membros das coalizões podem ter múltiplos objetivos, podem se ressentir da perda de liberdade na tomada de decisões, e com isso os custos de gerenciamento de seus vínculos aumentam. Uma vez que é difícil comandar essas relações muitas vezes voluntárias, o interesse está cada vez mais voltado ao modo como as comunidades se formam em torno de problemas comuns e compartilham conhecimentos para resolvê-los.

QUADRO 8.3. INTERCÂMBIO DE INFORMAÇÕES DE SAÚDE

A dificuldade fundamental na assistência médica moderna é a execução. Proporcionar atendimento confiável, eficiente e individualizado exige um grau de domínio de dados e de coordenação que só será alcançado com a utilização crescente das tecnologias da informação.
(Bates & Gawande, 2003, p. 2533)

Em sua expressão mais simples, o prontuário médico eletrônico é uma ferramenta de tecnologia da informação em saúde que colhe informações sobre o tratamento de um paciente em determinado contexto. Nas práticas médicas individuais ou em pequenos grupos, isso pode incluir a transcrição de consultas, a prescrição eletrônica, o acesso à literatura médica, o acompanhamento do faturamento de serviços, o agendamento de pacientes e possíveis lembretes para triagem ou para tratamento crônico. Nesse ambiente, estimou-se que o custo de implementação inicial (treinamento, instalação, software, pessoal, e assim por diante) é, em média, de US$ 44 mil por ano, e os custos correntes de US$ 8.500 (Miller *et al.*, 2005). Demora cerca de dois anos e meio para se recuperar os custos iniciais, com a possibilidade de haver lucros significativos (ganhos de eficiência, custos reduzidos de transcrição, menos pessoal de apoio para os prontuários médicos, etc.) depois disso, mas também houve casos de fracassos (Miller *et al.*, 2005). Nas práticas de grupo, estimou-se que a implementação desses sistemas pode diminuir a renda do médico em 10% (Gans *et al.*, 2005).

Essencialmente, o intercâmbio de informações de saúde se destina a promover a interoperabilidade dos prontuários médicos eletrônicos em diversas regiões dentro dos Estados Unidos, permitindo que médicos e/ou instituições acessem o conjunto de dados dos pacientes. A maior parte dos serviços de saúde opera nas regiões onde os pacientes moram, pela relutância do doente em percorrer longas distâncias para ser tratado. Para as redes de conhecimento, os serviços de saúde representam um dos conjuntos mais complexos de agentes potenciais, especialmente em seus estágios iniciais, mas também durante sua implementação e operação efetiva, com mais de trinta agências federais envolvidas (Brailer, 2005; Thompson & Brailer, 2004), e abarcando atualmente uma centena de regiões, em diferentes estágios de implantação dos sistemas de intercâmbio de informações de saúde.

Aqui, abordarei os protocolos médicos eletrônicos no sentido mais amplo possível, para incluir sua relação com as redes interoperáveis. A interoperabilidade é um problema clássico nas ciências da informação em quase todos os sistemas de organização do conhecimento. Em sua forma mais elementar, exige dois ou mais sistemas que façam o intercâmbio e utilizem as informações, sem que haja esforço especial por parte de ninguém (Zeng & Chan, 2004). Sendo assim, estamos considerando não só sua implementação no consultório particular de um médico, que pode ser bastante problemática (Miller *et al.*, 2005), mas também em regiões inteiras, o que implica o estabelecimento de padrões para facilitar o intercâmbio comum, uma inovação que por si só é imensamente complicada (Halamka *et al.*, 2005; Hammond, 2005). Desse modo, para compreender todos os seus benefícios, estamos considerando a combinação de uma série de inovações inter-relacionadas (Hillestad *et al.*, 2005, Taylor *et al.*, 2005).

Essa inovação está em fase inicial de implantação, sendo usadas apenas por uns poucos iniciantes. Um dos mais citados fica em Indianápolis (Brailer, 2005; McDonald *et al.*, 2005) e está associado ao Regenstrief Medical Record System, um sistema regional que permite o compartilhamento de prontuários de atendimento prévio em onze hospitais e também em clínicas comunitárias. No entanto, no âmbito nacional, o número de médicos que usam esse prontuário eletrônico em seus consultórios é de apenas 10% a 16%, e uma pesquisa feita em Massachusetts indica que 49% dos médicos não têm intenção de utilizá-lo (Lewin Group, 2005). Clínicas pequenas e médias – nas quais 80% da medicina é praticada (Harris, 2005) – são muitas vezes mais resistentes ao seu uso. A esse respeito, os Estados Unidos ficam muito atrás de outros países industrializados (Harris, 2005).

Da perspectiva da gestão do conhecimento, a função mais importante dos prontuários eletrônicos (embora a essência do conhecimento de vários médicos não deva ser desconsiderada) é a possibilidade de realizar pesquisas baseadas na garimpagem de dados de um grande número de fichas médicas. O sistema de Indianapolis tem uma base de dados sobre tratamentos de mais de 3 milhões de pacientes, com 300 milhões de resultados codificados online. Isso possibilita a realização de grandes estudos clínicos enfocando a melhoria da qualidade dos cuidados de saúde para estados clínicos comuns. Além disso, os prontuários eletrônicos oferecem a possibilidade de que sejam criados sistemas de alerta para o surgimento de várias doenças, bem como podem servir para promover a saúde pública e a prevenção, e acelerar a difusão de conhecimentos e boas práticas (Thompson & Brailer, 2004), além de permitir maior controle financeiro (monitoramento de desperdícios, fraudes e abusos). Embora a adoção de sistemas de intercâmbio de informações de saúde aumente consideravelmente os benefícios dos prontuários médicos eletrônicos, também amplia muito a complexidade do problema.

Brailer (2005) estima que 5% dos custos com cuidados de saúde poderiam ser economizados com a melhoria da interoperabilidade dos sistemas. A chave para a interoperabilidade está em obter a informação certa, no lugar certo e na hora certa (Brailer, 2005). Estima-se que quase 30% dos gastos anuais com saúde – 30 bilhões de dólares – referem-se a cuidados desnecessários ou duplicados (Harris, 2005). Na esfera política, essa questão se tornou importante o suficiente para que o presidente Bush assinasse uma ordem executiva em 2004, que fixou a meta de que a maioria dos norte-americanos tenha prontuários médicos eletrônicos interoperáveis em um período de dez anos.

Os prontuários médicos eletrônicos podem oferecer uma série de vantagens atrativas:

- Promover uma redução no número de erros médicos no sistema atual, que provocam de 50 mil a 100 mil mortes por ano (Brailer, 2005; Harris, 2005) e fizeram 777 mil pessoas sofrerem reações adversas à medicação efetuada em hospitais (Thompson & Brailer, 2004).
- Aumentar a participação do consumidor na escolha da assistência médica (Brailer, 2005; Harris, 2005; Thompson & Brailer, 2004).
- Poupar: atualmente, 16% do PIB é gasto em saúde; as estimativas mais baixas indicam que a utilização dos prontuários médicos eletrônicos permitiria uma poupança de 7,5% das despesas de saúde – 112 bilhões de dólares por ano –, e as mais elevadas chegam a 30% (Lewin Group, 2005; Thompson & Brailer, 2004).
- Permitir o controle de doenças crônicas, como diabetes, que estão crescendo drasticamente, pelo treinamento e acompanhamento domiciliar (Harris, 2005).
- Aumentar a responsabilidade pela qualidade do atendimento (Harris, 2005; *ibidem*).
- Reduzir a variabilidade regional no atendimento (*ibidem*).
- Aumentar a coordenação dos serviços, eliminando ineficiências administrativas (*ibidem*).
- Acelerar a difusão do conhecimento e das boas práticas (*ibidem*).
- Tornar mais provável que os médicos prescrevam medicamentos genéricos, com consequente redução de custos (Harris, 2005).
- Reforçar a privacidade e a proteção de dados (Thompson & Brailer, 2004).
- Promover a saúde pública e a prevenção (*ibidem*).

O desenvolvimento desses sistemas nos Estados Unidos representa um dos desafios mais complexos para as redes de conhecimento. As seguintes barreiras e objeções devem ser superadas:

1. Privacidade, incluindo a HIPAA – regulamentação federal norte-americana sobre os planos de saúde – e exigências estatais muitas vezes divergentes (Brailer, 2005; Gottlieb *et al.*, 2005).

a. Hackers e questões de segurança
   b. Questões de confidencialidade
2. Interesse no direito de propriedade por parte de fornecedores de TI (Hackbarth & Milgate, 2005).
3. Regulamentações governamentais (por exemplo, leis antissuborno que impeçam o compartilhamento de tecnologia) (Thompson & Brailer, 2004).
4. Resistência do médico.
   a. Falta de tempo
   b. Interferência no fluxo de trabalho tradicional, que pode ser muito complexo e já possui tempo restrito (Walker, 2005); ameaças às relações com os pacientes (Shortliffe, 2005; Thompson & Brailer, 2004)
5. Falta de coopetição entre prestadores de serviços médicos nas regiões (Frisee, 2005).
6. Problemas técnicos.
   a. Padrões
   b. Linguagens médicas comuns – o sistema LOINC® do instituto Regenstrief agora possui uma nomenclatura padrão com 33 mil termos para observações
   c. Arquiteturas de base de dados
   d. Disponibilidade de banda larga, hardware, software (Harris, 2005)

Talvez o mais importante seja que os benefícios do intercâmbio de informações de saúde se acumulam para o sistema, enquanto os custos recaem localmente (Lewin Group, 2005). Mas vários grupos decidiram que os benefícios compensam os riscos e custos, embora as vantagens reais possam levar de cinco a dez anos de aplicação esmerada para se concretizar (*ibidem*). Uma questão vital é a definição de quem deve arcar com os custos de manutenção de software e investimentos em sistemas legados. Assim, há uma incompatibilidade de motivações, pois aqueles que devem implementar o sistema não têm razões contundentes para fazê-lo.

Comunidades de prática

Dentro de uma comunidade de prática, as pessoas colaboram diretamente; ensinam umas às outras, e compartilham experiências e conhecimentos de modo a fomentar a inovação.
(Smith & McKeen, 2003, p. 395)

O funcionamento das comunidades de prática é cada vez mais importante para o trabalho teórico sobre as organizações e, não por coincidência, as empresas estão igualmente preocupadas com elas, particularmente no que concerne ao desenvolvimento de práticas de gestão de conhecimento e à implementação de inovações (Wenger, McDermott, Snyder, 2002). Foram identificados quatro tipos gerais de comunidades de prática: de apoio, onde o conhecimento é compartilhado; de elaboração de boas práticas; de administração, que preserva o conhecimento a ser compartilhado; e as comunidades de inovação (Leonard, 2006). As comunidades de prática representam o lado humano da gestão do conhecimento e o modo como se negocia comunicativamente (Iverson & McPhee, 2002). O interesse por elas surgiu do reconhecimento da importância da noção de contexto na teoria da aprendizagem situada (Davies, 2005). Elas são um objeto de estudo quase perfeito das pesquisas em gestão de conhecimento, pelas relações fluidas e informais que apresentam. Por isso, esses estudos seriam beneficiados com uma apreciação maior por parte da literatura clássica sobre a influência grupal e social, uma incorporação mais explícita dos conceitos de rede (Borgatti & Foster, 2003; Cruz, Rice, Parker, 2001), e uma apreciação das desvantagens clássicas associadas às dinâmicas de aceitação e rejeição nos grupos (Wenger, McDermott, Snyder, 2002).

As comunidades de prática muitas vezes desencorajam relações hierárquicas e determinam suas próprias metas (Lesser & Storck, 2004). São formadas por grupos de pessoas que compartilham o conhecimento tácito e/ou aprendem através da experimentação, focando-se em processos ou problemas organizacionais (Brown & Duguid, 1991; Lesser & Prusak, 2004; Tidd, 2000). As comunidades de prática se formam em torno de grupos de pessoas que possuem áreas de interesse comum dentro de um domínio (por exemplo, práticas) e trocam informações que resultam em melhorias para o conjunto (Fontaine, 2004; Huysman & van Baalen, 2002; Kuhn, 2002; Menor & Storck, 2004; Wenger, McDermott, Snyder, 2002), conforme demonstra o caso do Cancer Information Service Research Consortium (CISRC) (quadro 8.4).

QUADRO 8.4. CANCER INFORMATION SERVICE RESEARCH CONSORTIUM

A força das comunidades de inovação reside em revelar livremente entre seus membros informações detalhadas sobre as inovações.
(Huysman & van Baalen, 2002, p. 4)

O Serviço de Informação sobre o Câncer é uma premiada rede norte-americana de informação e educação que tem sido a voz do Instituto Nacional do Câncer há mais de trinta anos (Marcus, Morra et al., 1998; Marcus, Woodworth, Strickland, 1993). Embora o CIS tenha programas de amplo alcance dedicados a pessoas com escassa assistência médica (Thomsen & Maat, 1998), é provavelmente mais conhecido por seu atendimento telefônico, que tem um número gratuito sempre disponível (1-800-4-CANCER). Na área da saúde, as pressões por reformas, relacionadas principalmente com o crescimento das tecnologias de informação e tensões econômicas associadas, resultaram em uma série de configurações diferentes de consórcio. O próprio CIS é único em muitos aspectos.

Talvez o melhor rótulo para a nova forma organizacional representada pelo CIS seja o de uma rede contratual.

A característica distintiva do CIS nos anos 1990 foi sua dispersão geográfica em dezenove escritórios regionais, que atendiam todo o país (Marcus, Woodworth, Strickland, 1993). O que uniu todos os escritórios foi um contrato clássico de honorários por serviço, que na verdade arregimentava organizações existentes para prestar serviços por um período determinado a fim de alcançar um objetivo comum. Embora os escritórios regionais fossem tecnicamente temporários, muitos deles haviam servido ao CIS por mais de vinte anos e vencido as concorrências para as renovações de contrato (Morra et al., 1993). Esses escritórios, porém, continuavam associados ao seu patrocinador local ou organizações similares (por exemplo, centros de câncer). Além disso, identificavam-se com seus interesses regionais e se dedicavam a eles. No entanto, havia também uma forte linha normativa que percorria a atividade dessa rede, um compromisso de fornecer ao público geral informações gratuitas e de alta qualidade sobre o câncer (Marcus, Woodworth, Strickland, 1993).

O Consórcio de Pesquisa e Serviço de Informação do Câncer foi um consórcio constituído por pesquisadores e médicos do CIS, que formaram uma coalizão para implementar os experimentos relacionados a três grandes projetos de controle do câncer. A inovação muitas vezes ocorre dentro de comunidades de prática cujos membros compartilham um conjunto de objetivos e um núcleo de conhecimento (Fouché, 1999). A criação de um consórcio de pesquisadores e médicos no CISRC acrescentou ainda outro nível de complexidade para o CIS.

Organizações que experimentam relações de comunidades de prática entendem o aprendizado necessário em estruturas flexíveis das novas formas organizacionais (Smith & McKeen, 2003). O CIS tinha rica tradição de trabalho com comunidades de prática, principalmente na forma de forças-tarefa, que constituíram-se nos principais locais de aprendizado organizacional e os mecanismos geradores de mudança dentro da entidade. Elas prepararam o CIS para aquela que se tornaria sua mais complexa comunidade de prática até a data: o CISRC, projetado para concretizar um dos principais objetivos estratégicos do instituto, o de demonstrar que ele poderia propiciar a criação sofisticada de conhecimento e funções de entendimento (Johnson, 2005).

Ao longo do tempo, o CIS tornou-se um laboratório de base comunitária para as mais avançadas pesquisas científicas em comunicação (Marcus, Woodworth, Strickland, 1993), tendo realizado mais trabalhos sobre a busca de informações relacionadas com o câncer que qualquer outra instituição e, ao mesmo tempo, atingido suas metas de serviço (Marcus, 1998a). O CISRC seguiu essa tradição e empregou uma série de subvenções para programas de pesquisa financiadas pelo NCI (Marcus, 1998b). A criação desse consórcio foi, em parte, uma resposta à inexistência de recursos excedentes no CIS, mas também se reconhece que muitas vezes é necessário desenvolver uma nova estrutura semiautônoma para empreender uma atividade organizacional inovadora (March & Simon, 1958).

As empresas procuram adquirir conhecimento no mundo exterior quando há um déficit em sua capacidade interna – isto é, quando as especificidades de conhecimento técnico estrategicamente importantes não estão disponíveis ou são insuficientes internamente (Leonard, 1995). O CIS, através do desenvolvimento do CISRC, construiu uma rede de conhecimento com importantes parceiros de pesquisa fora de sua estrutura formal (Nonaka & Takeuchi, 1995). Isso proporcionou uma base sólida para as relações formais, com muitos contatos informais associados, que puderam ser usados para construir uma coalizão ainda mais ampla, combinando-se para formar uma comunidade de prática. O CISRC representou uma aliança entre pesquisadores de diversas instituições e médicos do CIS realizada com o intuito de implementar três novas estratégias de intervenção.

O CISRC foi encarregado de implantar e avaliar as inovações em saúde preventiva destinadas a alcançar setores tradicionalmente carentes da população norte-americana (Marcus, Woodworth, Strickland, 1993). Nesse esforço, o CIS precisou ser criativo em suas iniciativas de gerenciar a inovação, para promover a aceitação das mudanças por parte dos membros da organização, um processo às vezes desafiado por barreiras geográficas, institucionais e outras menos tangíveis.

Assim, em 1993, o CIS formou uma comunidade de prática com vários pesquisadores de alto nível para determinar se poderia servir como um laboratório dinâmico para a investigação do controle do câncer, ao mesmo tempo em que continuava prestando seus serviços regularmente (Marcus, 1998b). A participação se diversificou, seguindo a prática estabelecida, e passou a incluir representantes de vários papéis funcionais em organizações de pesquisa, o Escritório de Relações em Comunicação sobre o Câncer do Instituto Nacional do Câncer, peritos externos de consultoria e outras partes interessadas (por exemplo, parceiros comunitários). Para assegurar a colaboração adequada, várias comissões serviram como meio para que os diversos grupos interagissem uns com os outros, entre as quais o comitê executivo, o comitê de direção, o subcomitê de publicações, o conselho de membros e comitês consultivos de cada um dos projetos (Marcus, Morra, *et al.*, 1998). Uma característica única dos projetos de programas desse tipo é que eles têm recursos em comum que podem servir a todos os subprojetos, incluindo, no caso, administração, pesquisa de levantamento e bioestatística. Desse modo, houve uma considerável complexidade na comunidade de prática do CISRC, que foi ainda mais complicada pelo fato de que quatro dos seis componentes principais estavam espalhados por todo o país em diferentes instituições. Esse consórcio foi criado para se tornar uma estrutura básica onde seria possível desenvolver uma série de novas ideias, de modo a transformar o CIS em uma "fábrica de inovação" (Hargadon & Sutton, 2000).

As três novas estratégias de intervenção que o CISRC testou destinavam-se a facilitar a divulgação de informações sobre o câncer. A primeira e a terceira inovações estavam ligadas ao serviço de atendimento telefônico gratuito do CIS (1-800-CANCER), com a utilização do número como um nexo por meio do qual informações sobre câncer seriam difundidas para a população-alvo. O segundo e o terceiro projetos foram adaptados às necessidades de informação sobre saúde de setores tradicionalmente carentes do público norte-americano.

O projeto 1, o 5-A-Day for Better Health (5 ao dia por uma saúde melhor), envolveu o uso de aconselhamento proativo no CIS para oferecer informações sobre o consumo de frutas e vegetais às pessoas que ligavam, que normalmente não as receberiam como parte do serviço habitual. O aconselhamento proativo era realizado no fim de uma chamada normal, independentemente do motivo inicial pelo qual o interlocutor tivesse contatado o CIS, para encorajá-lo a aumentar seu consumo de frutas, verduras e hortaliças (Marcus *et al.*, 1998a).

O projeto 2 estava destinado a estimular as mulheres a realizar mamografias regulares. Essa nova estratégia de intervenção consistia em telefonar a mulheres de baixa renda e pertencentes a minorias em comunidades específicas no Colorado. Essa estratégia foi a única que contou com a realização de telefonemas por parte do CIS, uma atividade muito diferente do papel tradicional de um serviço de atendimento que responde a chamadas feitas por pessoas da comunidade para um número gratuito (Crane *et al.*, 1998; Crane *et al.*, 2000, para estudos posteriores).

O projeto 3, "Quit today!" (Pare hoje!) – um programa para fumantes afro-americanos –, foi uma campanha midiática concebida especialmente para aumentar o volume de chamadas ao CIS por parte de afro-americanos de baixa renda, fumantes ou que tivessem parado de fumar há pouco tempo. Esse projeto envolveu dois estudos interdependentes. O primeiro estudo centrou-se em uma campanha publicitária na mídia, paga, desenvolvida para motivar os adultos fumantes afro-

> -americanos a parar de fumar e a telefonar para que o CIS os auxiliasse no processo. O segundo estudo analisou os novos materiais de combate ao fumo, bem como os conselhos do CIS (adaptados às dificuldades relatadas por fumantes afro-americanos ao parar de fumar) e comparou-os com os conselhos e materiais anteriores, a fim de determinar sua eficácia ao motivar os fumantes a deixar o tabaco. Para os atendentes especializados, o projeto 3 era o serviço habitual, fornecendo informações precisas e atualizadas em resposta às solicitações das ligações (Boyd *et al.*, 1998).
>
> O CISRC operou no contexto político mais amplo da avaliação de um programa de informações sobre saúde do governo federal. Um entendimento implícito relacionado com a pesquisa era que os resultados serviriam para demonstrar que o CIS poderia ser utilizado como um braço de pesquisa do NCI. Assim, o CISRC foi projetado para desenvolver o potencial de investigação do CIS, para fomentar a colaboração entre os pesquisadores e a rede do CIS e levar o organismo a uma esfera de investigação de alta qualidade e rigor científico (Fleisher *et al.*, 1998).

Essas comunidades de prática são de particular importância para as organizações virtuais geograficamente dispersas (Scarbrough & Swan, 2002). A atenção tem-se voltado para as formas cada vez mais complexas de comunidades, como aquelas envolvidas em software de código aberto. Ao analisar o caso do Linux, Lee e Cole (2003) destacaram a importância dessas comunidades de crítica para a identificação, correção e rejeição de erros, que foi fundamental para a evolução do conhecimento.

Intermediando buracos estruturais

Unir grupos para estabelecer relações de cooperação, preenchendo desse modo os buracos estruturais existentes entre eles, é um dos problemas clássicos das ciências sociais (Johnson, 2004). Em abordagens sistêmicas tradicionais, as questões referentes à coordenação e cooperação são normalmente vistas em função de seus benefícios para o sistema, salientando a necessidade de que os grupos trabalhem em conjunto para alcançar objetivos coletivos. Essa perspectiva centra-se nas relações entre grupos heterogêneos para atingir objetivos comuns decorrentes de interesses compartilhados, compensando a diferenciação existente, ao dar maior atenção à integração. As abordagens mais recentes têm-se focado no indivíduo e nos benefícios que são acumulados com o preenchimento de lacunas nas estruturas sociais. Essas abordagens mercadológicas presumem que a integração entre grupos distintos cria novas oportunidades, e que a "mão invisível" do mercado resultará no estabelecimento de relações de cooperação entre os grupos, uma vez que os atores se sentirão motivados por seus próprios interesses (Johnson, 2004).

Essas perspectivas também pressupõem papéis diferentes para os corretores, que agem como intermediários para formar relações de cooperação, gerando conflitos entre aquilo que beneficia o sistema e o que favorece cada indivíduo. As abordagens sistêmicas supõem a existência de atores altruístas que agirão para estabelecer vínculos diretos e recorrentes graças a sua contribuição para o alcance de objetivos maiores, ao passo que as perspectivas mercadológicas pressupõem atores de confiança motivados por interesse próprio que agirão como intermediários, acumulando capital nas transações de mediação entre os grupos. Mais informalmente, o primeiro conjunto de relações pode ser pensado como representantes familiares que reúnem casais em nome do interesse do grupo de parentesco maior, enquanto o último pode ser entendido como comerciantes que fazem a intermediação entre compradores e vendedores. Enquanto os comerciantes perdem seu lucro, se compradores e vendedores descobrirem que podem interagir diretamente, as partes envolvidas no casamento (com um pouco de sorte) continuarão sua relação com uma interação mínima do corretor inicial.

Estudar as relações de intermediação é especialmente importante quando há um padrão histórico no qual, apesar de interesses atrativos, os grupos não se reúnem naturalmente. Essas situações muitas vezes apontam para os dilemas das várias partes, descrito em detalhes no quadro 8.2, que muitas vezes precisam de intermediários para estabelecer relações de cooperação com êxito. Os consórcios são particularmente interessantes para examinar essas questões, pelo caráter voluntário das relações dentro deles, que muitas vezes criam uma situação que é uma mistura de sistêmica/altruísta e mercadológica/"autointeressada". Esse assunto chamou a atenção dos pesquisadores em diversas disciplinas, considerando-se o interesse por novas formas de organização, o aumento da competição, a fragmentação das comunidades, a aquisição de conhecimento e a redução dos recursos disponíveis a cada grupo.

Em outra oportunidade utilizei quatro fatores que foram identificados – tanto pela abordagem clássica quanto pela mercadológica à intermediação de buracos estruturais – como elementos fundamentais para a elaboração de proposições sobre o surgimento, a manutenção e a dissolução de consórcios (Johnson, 2004). Um modelo sistêmico desenvolvido para analisar fatores de comunicação relacionados com a aproximação dos laços entre as entidades, que foi testado empiricamente em pesquisas interculturais (Johnson & Oliveira, 1992; Johnson, Oliveira, Barnett, 1989; Johnson & Tims, 1985), pode ser útil se aplicado ao contexto do funcionamento de consórcios (figura 8.1). As premissas fundamentais desse modelo se apoiam na noção de que, num modelo sistêmico clássico, as similitudes percebidas nos valores e atitudes entre as entidades levam a intenções comportamentais –

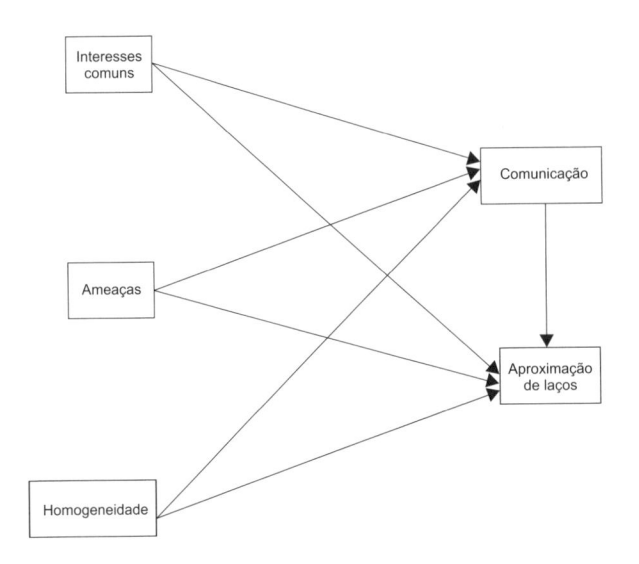

FIGURA 8.1. MODELO DE APROXIMAÇÃO DE LAÇOS DE JOHNSON.

particularmente aquelas vinculadas a futuros comportamentos de comunicação e a laços relacionais – associadas à distância social percebida entre dois comunicadores. Este modelo enfatiza o equilíbrio entre interesses comuns e as ameaças que surgem nas relações com outros grupos. Também relaciona esses fatores com a homogeneidade, um elemento-chave da teoria demográfica organizacional moderna, e que continua sendo fundamental para a teoria da comunicação. Para a teoria sistêmica e para as explicações estruturalistas dos problemas que surgem nas relações intergrupais, o equilíbrio entre diferenciação e integração é essencial. Finalmente, as abordagens mercadológicas ressaltam que a confiança é o fator mais importante na intermediação do conhecimento (por exemplo, Davenport & Prusak, 1998).

INTERESSES COMUNS E AMEAÇAS

As relações sociais podem ser caracterizadas pelo dualismo entre homogeneidade e heterogeneidade, associadas a interesses comuns e ameaças, respectivamente. A predominância relativa de uma ou outra determina o grau de amizade ou inimizade nas relações intermediadas por um corretor de buracos estruturais (Simmel, 1955). Os interesses comuns e as ameaças devem afetar, de maneiras opostas, tanto a comunicação quanto o desejo de aproximar os laços, e tradicionalmente foram incorporados nas estruturas dos sistemas organizacionais.

Os interesses compartilhados representam os benefícios diretos, embora por vezes idiossincrásicos, que as partes vão acumulando com as relações sistêmicas continuadas. As metas de ordem superior também estão vinculadas com interesses comuns porque intrinsecamente constituem a cooperação, que pode servir para reduzir os conflitos. Por exemplo, as pessoas muitas vezes desejam aumentar a prosperidade econômica em seu próprio país por meio da interação uns com os outros. A cooperação geralmente implica certa repartição de benefícios, como resultado de esforços coordenados. Curiosamente, as ameaças de ordem superior advindas de terceiros também podem ser um incentivo importante para as relações de cooperação (Browning, Beyer, Shetler, 1995; Gibson & Rogers, 1994). Com efeito, Lawrence e Lorsch (1967) definem a integração como a colaboração necessária para atender às exigências do meio. No entanto, os objetivos e interesses dos diferentes grupos podem revelar tanto os atrativos comuns quanto as ameaças, dependendo se facilitam ou impedem as realizações de cada um. O modelo de aproximação de laços prevê que haverá uma relação direta entre uma maior percepção de interesses comuns e o desejo de relações mais estreitas.

Os subsistemas sentem-se ameaçados quando percebem que seu interesse particular pode ser frustrado pelas ações da outra parte, e que uma relação continuada com ela acabará se mostrando nociva. Na verdade, a competição por recursos materiais escassos pode ser vista como um dos principais determinantes do conflito entre grupos. Para que os subsistemas sejam capazes de atuar em conjunto, suas percepções quanto aos benefícios propiciados pelos interesses comuns devem compensar os perigos potenciais que o outro representa. Perceber o outro como ameaça pode levar a tensão, conflito e eventual interrupção das relações. Por exemplo, Park e Ungson (1997) constataram que as ameaças oportunistas e a rivalidade são um forte indicador da dissolução dos empreendimentos conjuntos. Conforme observou Sarbaugh (1979), quanto mais o outro é percebido como prejudicial à parte interessada, menos eficaz será a comunicação, se é que ela realmente virá a ocorrer. Desse modo, entende-se que as ameaças afetam negativamente a intermediação de laços.

HOMOGENEIDADE

Conforme veremos no capítulo "O lado humano", uma grande parte da literatura sugere que os indivíduos têm uma tendência a interagir com seus semelhantes; por isso, a homogeneidade geralmente tem sido considerada uma variável central da comunicação. Ela foi tradicionalmente definida como o grau em que as partes "são semelhantes em determinados atributos, como crenças, escolaridade, nível socioeconômico e afins" (Rogers, 2003, p. 19). Lawrence e Lorsch (1967), ao discutir a diferenciação e a correlata especialização funcional dos diferentes grupos dentro dos sistemas organizacionais, especificou três áreas principais onde os grupos podem ser heterogêneos, apresentando diferentes orientações com relação a: 1) objetivos; 2) tempo; e 3) relações interpessoais.

O grau de similaridade entre as partes, que se relaciona diretamente com a distância social percebida, tem sido uma questão central em ambas as teorias de comunicação, a intercultural e a organizacional. Afirma-se que a comunicação eficaz, que resulta em menos mal-entendidos, é mais provável em um grupo homogêneo de comunicadores (McCrosky, Richmond, Daly, 1975; Rogers, 2003). Também é mais provável que um grupo homogêneo tenha a capacidade de absorção adequada para reter o conhecimento que lhe é transferido (Tsai, 2001). No entanto, as relações heterogêneas podem contribuir com abordagens diferentes e realmente criativas dos problemas (Klein, Palmer, Conn, 2000), como veremos mais detalhadamente no capítulo "Criatividade e inovação".

Os comunicadores homogêneos também são mais propensos a aceitar as informações. Em geral, verificou-se que o aumento da similaridade percebida leva a uma relação intercultural mais estreita e que a comunicação nesse caso tende a ser mais eficaz. Ou, dito de outro modo, "a percepção que as pessoas têm de outras pessoas determina em grande medida a existência ou não de uma tentativa de comunicação" (McCrosky, Richmond, Daly, 1975, p. 323). No modelo de aproximação de laços, pressupõe-se que a homogeneidade tem efeito direto e positivo na intermediação de buracos estruturais.

CONFIANÇA

Conforme já discutimos anteriormente, a confiança é um ingrediente essencial para a manutenção de relações de colaboração duradouras nas coletividades, e pode ser o atributo mais importante das relações de rede, pelo menos em termos mercadológicos. Uma vez que a análise de rede é substancialmente um meio de representar padrões de relações, a qualidade dos relacionamentos torna-se um fator importante na sua determinação e para o surgimento de indivíduos em funções primordiais da rede, como as ligações.

É claro, a confiança pode basear-se em vários elementos distintos: a confiança em processos resulta de transações recorrentes; a confiança em características provém da similaridade social; e a confiança na instituição está ligada a estruturas sociais formais (Bradach & Eccles, 1989). Mais recentemente, Levin *et al.* (2004) propuseram que a confiança decorrente da competência é fundamental nas organizações, bem como a percepção de que os outros têm boas intenções. Assim, as pessoas estariam mais propensas a confiar naqueles com quem mantêm bons relacionamentos, que detêm conhecimentos em áreas relevantes e que são homogêneos, isso em um modelo institucional que apresenta normas de conduta rígidas e sanções correspondentes.

DIFERENCIAÇÃO E INTEGRAÇÃO

As relações entre grupos foram classicamente consideradas nos modelos sistêmicos: os grupos são vistos como componentes dos sistemas e as relações estabelecidas entre eles dependem fortemente da natureza de sua comunicação, a qual tem relação direta com a distância social. Em todo sistema, há uma constante tensão entre a necessidade que as partes que o compõem têm de se diferenciar umas das outras – o que leva a um aumento de valores e atributos díspares que podem fazer surgir a percepção de ameaça – e a premência de relacionar segmentos distintos para que se orientem segundo os objetivos globais ou interesses comuns. Infelizmente, a diferenciação das habilidades exigida pelas complexas organizações modernas torna cada vez mais improvável que diferentes especialidades funcionais tenham pontos de vista semelhantes. Isso também dificulta enormemente a transferência de conhecimentos entre eles.

A busca de uma integração efetiva tornou-se uma importante fonte de preocupação por causa do aumento da diversidade organizacional, que resulta dos maiores desafios tecnológicos e ambientais enfrentados pelas organizações contemporâneas. Entre outros efeitos, a diferenciação crescente em um número maior de subunidades especializadas diminui a eficácia do sistema, cria obstáculos para a coordenação, dificulta o desenvolvimento de valores fortes e climas adequados e torna mais lenta a difusão de inovações dentro da empresa, sem um aumento concomitante na integração (Johnson, 1993).

RESUMO

O modelo de aproximação de laços, que tem origem nas abordagens sistêmicas clássicas, analisa um sistema intimamente entrelaçado de fatores que podem vir a ter fortes efeitos determinantes sobre o ensejo de estreitar os vínculos. A confiança é o fator crucial nas abordagens mercadológicas modernas, ao passo que a diferenciação e a integração são as forças fundamentais nas relações intergrupais. Assim, esses fatores, considerando-se diferentes tradições teóricas, reconhecem a mistura dessas forças nas organizações contemporâneas e a necessidade de abordagens mais sintéticas e equilibradas para lidar com essas questões. Cada um desses fatores tem relação direta com a distância social existente entre entidades díspares, e pode-se esperar que desempenhe papel fundamental no surgimento, manutenção e dissolução das relações mediadas por um corretor de buracos estruturais e diante da necessidade de estabelecer padrões mais complexos de coordenação em novas formas organizacionais.

Corretores

> A maioria das empresas de produtos farmacêuticos e de biotecnologia possui funcionários estratégicos que atuam como gestores de rede, "conselheiros matrimoniais" e corretores honestos. Esses indivíduos são a argamassa que mantém as relações entre partes que têm amplas oportunidades de questionar as intenções ou esforços uma da outra.
> (Powell, 1998, p. 237)

O interesse pelo aparecimento de agentes em posições estratégicas da rede é de longa data, dada a natureza voluntária de muitas relações – especialmente aquelas em consórcios – que surgiram mais recentemente no contexto das trocas B2B nas cadeias de valor (Ordanini, 2005). De fato, muito mais atenção tem sido dada a isso que à manutenção ou dissolução dos laços, uma lacuna teórica crucial na opinião de Monge e Contractor (2001). Assim, a análise de redes geralmente tem sido criticada por sua abordagem estática (Perry Smith & Shalley, 2003).

Na etapa de manutenção, a preocupação do corretor de buracos estruturais está em sustentar as relações construídas entre as duas partes durante o período de surgimento delas. Ao fazê-lo, ele já não se preocupa com os interesses comuns e as ameaças, a não ser que os acontecimentos o levem a isso. De fato, uma das claras evidências da necessidade de intervir nessa etapa é uma função menos visível, embora ainda que de alerta. Agora ele tem a tarefa um pouco mais complicada de manter o equilíbrio nas relações, estabelecendo uma distância adequada entre as partes. De certa forma, o corretor faz isso porque se as partes se aproximarem demasiado, ele próprio passa a ser redundante e não recuperará o investimento considerável feito na formação dessas relações. As partes começam a ver mais claramente suas semelhanças e a construir uma identidade comum como membros de um sistema ou equipe em funcionamento, algo que o corretor incentivará quando os outros fatores começarem a se desequilibrar. Isso pode ser facilitado pelos resultados compartilhados. Embora a confiança baseada no processo comece a ser construída entre as partes, o compromisso pessoal assumido pelo corretor continua sendo a garantia final. Por fim, surge a questão delicada de encontrar o equilíbrio entre diferenciação e integração. Embora os corretores de buracos estruturais precisem definir um espaço de trabalho ou um foco comum, eles também têm de estabelecer limites claros para o papel de cada parte (Amabile *et al.*, 2001).

Burt (1992) afirmou que os laços fracos constituem um caso especial de intermediação de buracos estruturais. Esses laços fracos podem levar à difusão da inovação, uma vez que propagam novas ideias por meio de um sistema. No entanto, o compartilhamento generalizado pode, com efeito, prejudicar a inovação em um sistema social por levar ao surgimento de perspectivas comuns (Adler & Kwon, 2002). Assim, preservar a especialização é importante para o desenvolvimento contínuo de um sistema e se torna algo cada vez mais paradoxal para a gestão de redes e para as redes de conhecimento.

Apesar de ser um fenômeno recorrente e custoso, a dissolução das relações em consórcios recebeu ainda menos atenção (Peng & Shenkar, 2002). Da mesma forma, poucos estudiosos trataram de examinar o que acontece quando perdemos capital social ou nos deparamos com essa possibilidade (Adler & Kwon, 2002). Aqui abordarei o que um corretor de buracos estruturais faz para evitar o fim prematuro dos consórcios, isto é, aquele que ocorre antes de as partes terem recebido os retornos esperados. Existem, é claro, outras funções que um corretor pode exercer na dissolução. Uma delas é que ele pode ficar satisfeito após ter recebido suficientemente a recompensa que buscava, e decidir encarar outros desafios (ou a aposentadoria). Isso pode ser particularmente importante para o perecível prazer da curiosidade. O corretor pode estimular a substituição (com uma taxa conveniente) ou então, talvez com demasiada facilidade, desequilibrar um dos quatro fatores e desencadear a dissolução do consórcio, colocando a culpa em alguma das partes. Ele também pode simplesmente aceitar o fato de que as circunstâncias (por exemplo, uma quebra de confiança, a presença de um corretor concorrente) exigiriam muito esforço para superar as dificuldades e resignar-se à dissolução. Alguns argumentaram que a presença crescente do comércio eletrônico promove a eliminação da intermediação, ou potencializa o encontro entre compradores e vendedores sem ter que depender de corretores humanos (Sawyer *et al.*, 2003). Em todo caso, o nível de complexidade e a falta de conhecimento tácito, típico das partes em negociação nas fases iniciais do consórcio, implicam a necessidade da ajuda de um corretor ou a implementação de várias táticas – para as quais nos voltaremos agora – necessárias para promover o desenvolvimento dessas relações em redes de conhecimento.

Táticas para a gestão de consórcios

Como demonstram nossos casos ilustrativos – o intercâmbio de informações de saúde, o CISRC e o Centro de Pesquisa Cooperativa (quadros 8.3-8.5) –, a formação de consórcios pode enfrentar uma série de dificuldades por causa das muitas barreiras que existem nessas relações por vezes bastante complexas. Os consórcios estão sujeitos a vários dos principais problemas que caracterizam qualquer relação entre duas partes (vale lembrar que as relações são a base de qualquer análise de redes), mas também são muito mais intrincadas porque operam em diversos ambientes culturais e regulamentares diferentes, e os interesses em jogo costumam ser bem altos. Nesta seção, esboçarei algumas táticas que os gestores podem utilizar para superar problemas específicos dessas relações, dada a sua importância para as redes de conhecimento (tabela 8.1). Os problemas se dividem em três classes gerais: unilaterais, relacionais e contextuais. Os gestores precisam ponderar cuidadosamente que táticas adotar em cada situação e confrontar o esforço realizado com a probabilidade de sucesso e a importância dos resultados.

TABELA 8.1. PRINCIPAIS PROBLEMAS NAS RELAÇÕES CONSORCIADAS E TÁTICAS PARA ENFRENTÁ-LOS

Problema	Táticas
De uma das partes	
Inércia	Desestabilizar as relações existentes Fazer que a manutenção do estado existente seja cada vez mais custosa Atrair para um futuro promissor
Ameaças	Mudar a percepção Aumentar a familiaridade e criar confiança Oferecer garantias de terceiros Isentar de leis e regulamentos Oferecer vantagens compensadoras
Resistência	Estabelecer mudanças na cultura organizacional Reestruturar o trabalho Oferecer incentivos Impor autoridade
Da relação	
Falta de coisas em comum	Acentuar ou criar homogeneidade Criar vocabulários, padrões, perspectivas e experiências comuns Promover o desenvolvimento de sistemas de auto-organização Patrocinar conferências Ter corretores
Interesses compartilhados	Incentivar a ideia de que o trabalho em conjunto é necessário para a realização do objetivo e que juntos somos mais fortes do que separados

(cont.)

Problema	Táticas
Falta de visão	Apostar em projetos de demonstração para estabelecer a eficácia
	Ter como referência as práticas de outras organizações para estabelecer metas superiores
	Adotar processo de planejamento estratégico
	Fornecer justificativas adequadas para o trabalho
	Perguntar-se: qual é o maior bem do qual não estou ciente, para o qual esta ação pode servir?
Do contexto	
Burocracia interna	Ignorá-la
	Encontrar brechas
	Usá-la para a sua conveniência
Regulamentações	Tratá-las como uma oportunidade
	Cooptá-las
	Jogar os diferentes legisladores uns contra os outros
De terceiros	Não jogar tudo por terra; separar-se em bons termos
	Atentar para ações judiciais
	Contextualizar o ambiente humano
	Proporcionar-lhes alguns benefícios compensadores
	Considerar que podem ser fonte de capital inicial e expertise
	Facilitar a troca de informações
	Mobilizar as partes interessadas

QUADRO 8.5. COOPERATIVE RESEARCH CENTRE FOR FRESHWATER ECOLOGY

A Austrália optou por uma forma um pouco diferente de formalizar as relações entre pesquisadores e profissionais, em comparação com a utilizada pelo sistema federal de financiamento dos Estados Unidos. Seu conceito de Centro de Pesquisa Cooperativa (Cooperative Research Centre) surgiu da preocupação de que os programas de pesquisa oferecessem um benefício mais direto à sociedade e de uma consideração anterior sobre a importância da investigação translacional. Esse conceito criou explicitamente um mecanismo de financiamento de terceiros que forneceu o capital de risco inicial para levar as diferentes partes a abordar, em conjunto, os problemas fundamentais da sociedade australiana. Ao mesmo tempo, havia a expectativa de que, conforme os centros fossem progredindo, o financiamento viria mais diretamente do trabalho dos grupos integrantes do consórcio.

Para o nosso estudo, o mais interessante dos consórcios formados é o Centro Cooperativo de Pesquisas em Ecologia Aquática (Cooperative Research Centre for Freshwater Ecology) - encarregado de cuidar de um problema crucial para a Austrália -, cujo diretor-fundador, Peter Cullen, apesar de ser um cientista das ciências naturais, adotou muitas práticas de gestão de conhecimento (Cullen *et al.*, 2001). Ele reconheceu que o problema fundamental do centro era transpor os buracos estruturais que existiam entre profissionais e pesquisadores que não possuíam vínculos prévios. Embora, no início, o diretor tenha servido como elemento de ligação preenchendo as lacunas entre os buracos estruturais, ele rapidamente percebeu, em parte por sua experiência - visto que já se aproximava de sua segunda aposentadoria -, que era necessária uma solução mais formal e duradoura para manter esse consórcio de pesquisadores e profissionais. Afortunadamente, em meados dos anos 1990, ele entendeu esse problema como uma questão de gestão do conhecimento, e começou a estudar fora de sua área de formação científica, em busca de soluções (Cullen *et al.*, 2001).

Na concepção de corretores de busca de informação de Johnson (1996b) (mais tarde denominados corretores de conhecimento, cuja atribuição era preencher a lacuna existente entre os profissionais e os pesquisadores), o diretor encontrou uma síntese de muitas das soluções tradicionais propostas na literatura. Essa função poderia assumir várias das características de um ombudsman, cujo trabalho é monitorar as relações para garantir que as partes ajam conforme as regras. Esses corretores tinham as qualidades clássicas dos mediadores, com pouca necessidade de afiliação e alta tolerância à ambiguidade. Essas funções especiais são necessárias porque é quase impossível para alguém atuar simultaneamente como agente, defensor e pesquisador (Walton, 1985). Se vale a pena transpor um buraco estrutural, é importante que haja redundância e sucessores capazes de ocupar esse papel quando a ligação original deixar de existir.

Os corretores de conhecimento na Cooperativa para a Ecologia da Água Doce personificavam essas características. Eram pessoas que muitas vezes começaram a carreira como cientistas, mas logo descobriram que gostavam de resolver problemas por meio da aplicação das pesquisas, uma função de translação. Eles serviam para intermediar as relações entre os profissionais (por exemplo, empresas de água), que faziam um adiantamento financeiro ao centro, e pesquisadores filiados, que realizavam as pesquisas mais elementares. Eles não desempenhavam o papel empreendedor do doutor Cullen, mas serviam para manter as relações entre funções necessariamente especializadas.

O marco inicial de estabelecer um consórcio – o ato criativo elementar que se verifica quando buracos estruturais são transpostos – é muitas vezes realizado por empreendedores acadêmicos como o doutor Cullen. Entretanto, para que isso resulte em benefícios contínuos, também se faz necessário o trabalho mais cotidiano de formalizar essas relações, algo que os estudos sobre redes raramente abordam. Esse papel do corretor de conhecimento está agora formalizado na organização sucessora recém-criada, a eWater Cooperative Research Centre. O modo como essas transições são feitas é questão crucial para os benefícios sistêmicos de longo prazo, provenientes das relações entre pesquisadores e profissionais. Esses benefícios mais abrangentes são realmente interessantes: maior probabilidade de implementação de ideias inovadoras; maior compreensão e visão mais abarcadora do sistema de interesse, resultantes de uma rica sinergia intelectual que se pode lograr com pesquisas vinculadas à prática; e em última instância, uma menor taxa de falha para os consórcios. Eles normalmente exigem uma disposição para criar novas estruturas organizacionais que formalizem a intermediação de buracos estruturais.

Barreiras unilaterais

Em essência, as barreiras unilaterais em uma relação de consórcio atêm-se exclusivamente à entidade envolvida. Uma condição elementar das relações econômicas, especialmente as de mercado, é o estímulo (Roberts, 2004), e as barreiras unilaterais muitas vezes atingem em cheio a motivação de cada uma das partes do consórcio.

INÉRCIA

A inércia pode ser um dos fatores mais poderosos – ainda que relativamente benigno – do fracasso na criação de relacionamentos de consórcio. Hábitos são difíceis de superar, e o novo está associado à incerteza. Apesar de parecer fácil lidar com a inércia, definir o momento adequado para efetuar a mudança pode ser algo difícil de se fazer. As táticas (tabela 8.1) restringem-se essencialmente a desestabilizar as relações existentes por meio de realocação de tarefas, reorganização ou horizontalização. Se as mesmas relações básicas permanecerem, manter a situação vigente pode ser cada vez mais custoso (por exemplo, avaliações de desempenho negativas, demissões). Obviamente, há a possibilidade de oferecer incentivos, seduzindo as partes com a possibilidade de um futuro mais atraente.

AMEAÇAS

Conforme vimos ao discutir o modelo de aproximação de laços, as ameaças são um grande obstáculo para o desenvolvimento de relações nos sistemas. As ameaças podem tomar muitas formas. No caso do intercâmbio de informações de saúde (quadro 8.3), elas incluem a preocupação dos pacientes com a confidencialidade das informações e os interesses dos fornecedores em obter direitos de propriedade. As táticas para lidar com essas barreiras (tabela 8.1) geralmente envolvem: mudar a percepção e entender que a ameaça existe, aumentando a familiaridade com ela, o que pode dar maior confiança; suprimir a possibilidade de que a ameaça se concretize; atenuar seus impactos (por exemplo, garantias de terceiros); ou oferecer vantagens compensadoras.

RESISTÊNCIA

A resistência muitas vezes está presente em relações assimétricas e pode ser combatida pelas clássicas estratégias de influência, como persuasão, autoridade e recompensas (Fidler & Johnson, 1984). A resistência a modificações tem sido um tema recorrente nos estudos de gestão de recursos humanos há décadas, embora recentemente tenha sido expressa como objeções, muitas vezes legítimas, aos problemas inerentes à própria mudança (Dent & Goldberg, 1999). O caso do intercâmbio de informações de saúde assinala muitas fontes de resistência entre os médicos: tempo, dinheiro, danos às relações com o paciente, ter que cumprir funções de secretário ou enfermeiro pelo modo como as solicitações são inseridas no computador. A resistência à absorção de conhecimento deve ser assumida e pode demandar um tempo considerável para ser superada (Fink & Holden, 2005).

Novamente, as táticas para lidar com isso podem parecer um tanto óbvias, e algumas são comuns às utilizadas para lidar com ameaças, mas são muitas vezes difíceis de realizar na prática: mudanças na cultura organizacional, replanejamento de trabalho, oferta de incentivos compensatórios e mandatos hierárquicos. Como demonstraram Fidler e Johnson (1984) no caso da inovação, usar as clássicas estratégias de influência pode frequentemente sair muito caro (por exemplo, os custos de comunicação envolvidos em persuadir alguém a fazer uma mudança complexa).

Barreiras relacionais

As barreiras relacionais de coordenação centram-se na relação em si, no modo como ela pode ser caracterizada, que, como afirmei no capítulo "Análise de redes", é o ponto fundamental em toda análise de redes. Às vezes, as táticas aqui envolvem mudanças em ambas as partes do consórcio, com as alterações sendo feitas tendo todo o sistema de relações em mente.

CONSENSO

A homogeneidade, como vimos, costuma ser um elemento essencial das relações. Às vezes pode ser criada, como numa história em desenvolvimento intermediada por um corretor de buracos estruturais (Johnson, 2004). Em outras ocasiões, as partes podem ajudar a estabelecer uma base para as relações por meio da elaboração de vocabulários comuns (por exemplo, programas de educação e treinamento), de normas para tecnologias, e de meios ou estruturas (como dinheiro e normas culturais) para as relações de troca. Embora isso eventualmente possa beirar a solução de outras pessoas, geralmente essas barreiras são, em alguns aspectos, evitadas por acordo consensual entre as partes. Para nosso propósito, o consenso mais importante e fundamental é o entendimento compartilhado que se apoia no conhecimento comum (Miles & Snow, 1994). Os gerentes podem incentivar a criação de mercados, sistemas de auto-organização regidos por algumas regras simples ou tecnologias como o ShareNet da Siemens, que promovem o compartilhamento generalizado de informações diretamente entre os pares (Voelpel, Dous, Davenport, 2005). Esses sistemas podem se apoiar em sinais importantes (por exemplo, os indicadores visuais dos *dashboards*, discutidos no quadro 6.2), que resultam em ações individuais para autocorrigir – de uma forma cibernética – as partes do sistema.

INTERESSES COMPARTILHADOS

Nos modelos sistêmicos, a existência de algum modelo complementar que guie as relações é muitas vezes uma condição necessária para sua continuidade. No entanto, enquanto os benefícios se revertem para o sistema como um todo, os custos recaem sobre as partes. Dessa forma, normalmente há uma incompatibilidade de motivações, e aqueles que devem implementar o sistema não têm razões contundentes para fazê-lo. Os interesses compartilhados podem ter origens diversas (por exemplo, objetivos comuns) e são fundamentais para o desenvolvimento de consórcios, pois só trabalhando em conjunto é que algumas metas podem ser atingidas. As partes devem sentir que têm um déficit que só os outros podem compensar. Aquilo que falta para um não é necessariamente o mesmo para as demais partes. Um orientador pode precisar de gratidão, enquanto um orientando tem necessidade de conhecimento. Outro motivador importante para que os indivíduos compartilhem seu conhecimento é a conquista de reconhecimento e prestígio entre os colegas (Voelpel, Dous, Davenport, 2005).

VISÃO

A mudança muitas vezes depende da criação de um cenário futuro com características atrativas (Roberts, 2004). Assim, projetos de demonstração que mostrem que o sucesso é possível podem ser importantes para determinar a eficácia de uma nova direção.

Barreiras contextuais

As relações e as ações das diferentes partes são inseparáveis do contexto em que estão inseridas. Uma vez que muitos relacionamentos consorciados estão inseridos em configurações jurídicas, industriais e culturais complexas, esse é um fator especialmente importante. No que concerne às redes, há muito se afirma que as relações entre dois indivíduos são muitas vezes moldadas pela dinâmica social que os cerca (Parques & Adelman, 1983).

USO DE AUTORIDADE FORMAL E DE COERÇÃO

Para cumprir os mandatos, a implementação das decisões gerenciais demanda, com demasiada frequência, a colaboração entre as organizações que constituem o grupo. Às vezes, isso pode dar margem à coerção, quando, com efeito, os líderes de uma empresa se rendem aos de outra mais forte. Durante o longo caminho burocrático, muitas estratégias – que vão da resistência passiva à ativa – têm sido usadas para enfrentar essa situação. Eventualmente, os membros da organização podem simplesmente ignorar os mandatos, na esperança de que eles também vão chegar ao fim. Uma coisa que as regras formais fazem é proteger os membros mais fracos da organização, que podem encontrar brechas nelas ou mudá-las em proveito próprio.

REGRAS GOVERNAMENTAIS

Embora sejam muitas vezes bem intencionadas, as regulamentações governamentais como a HIPAA e a Sarbanes-Oxley podem criar complicações enormes para as organizações. Elas também oferecem oportunidades estratégicas para as empresas que se adaptarem mais rapidamente às regras e para as coalizões que se formarem para explorá-las. Obviamente, também podem ser adotadas estratégias clássicas antiburocráticas ou mais "maquiavélicas", em que órgãos reguladores de diferentes níveis são jogados uns contra os outros. Esses órgãos reguladores também podem ser cooptados e aquilo que originalmente estava destinado a fazer uma coisa pode mudar totalmente e passar a fazer outra. Muitas vezes, podem ser formados consórcios com membros diversos (consumidores, ativistas, grupos de interesse, etc.) para alcançar esses fins. Organizações "astuciosas" muitas vezes se asseguram de serem elas as redatoras dos regulamentos, tendo em vista a exploração futura de brechas propositadamente deixadas. Essas táticas muitas vezes constituem formas de contextualização, em que a organização intencionalmente modifica seu entorno para melhor se adaptar a ele.

INTERFERÊNCIA DE TERCEIROS

Uma implicação clara das redes de conhecimento é a importância da teia de relações em que as partes se encontram. Assim, um dos objetivos de estudar as redes é determinar os efeitos que terceiros provocam nas relações com os outros. Conforme descobriu Mac Parks (Parks & Adelman, 1983) ao estudar os relacionamentos amorosos, muitas vezes esses terceiros têm um impacto evidente sobre sua evolução (assim como os corretores), sobre sua duração e, ainda, sobre os termos em que a separação ocorre. Os terceiros também podem se mostrar ciumentos e ter a ganhar com o enfraquecimento de um vínculo estreito entre outras pessoas. Alguns podem ser inerentemente mal-intencionados, como os hackers.

Pode haver recursos legais contra algumas ações de terceiros (por exemplo, como em processos por alienação de afeto), mas estar ciente da possibilidade de que elas ocorram e adotar medidas preventivas adequadas parece ser a melhor tática de defesa. Assim, num contexto de redes, estabelecer um novo padrão de relações, contextualizar o ambiente humano, pode, no fim das contas, ser a melhor proteção.

Um caso particular da interferência de terceiros, especialmente prejudicial pelo conhecimento que detém, é o de um ex-membro expurgado pelo consórcio. De fato, possivelmente não há no inferno fúria maior que a desses parceiros desprezados. Se uma empresa for muito bem-sucedida, alguns de seus sócios podem ter se tornado "inadequados" ou "dispensáveis" diante da nova realidade, sendo então deixados para trás. É sempre importante se separar em condições amigáveis, especialmente em setores estreitamente ligados. Demonstrar a terceiros que eles têm algo a ganhar com essa relação (por exemplo, um produto criativo, o crescimento do conhecimento) é a melhor medida de contenção.

Às vezes, os terceiros podem ser a chave para um bom relacionamento. Os gestores e o governo podem oferecer apoio instrumental, tornando o sucesso mais provável. Eles também podem fornecer uma rede de segurança e, assim, reduzir o risco de adoção. Podem fornecer meios para a troca de experiências e o intercâmbio de informações ao patrocinar conferências ou apoiar páginas web. Os terceiros também podem ser especialistas na formação de relações consorciadas, tendo conhecimento tácito das táticas que discutimos nesta seção.

RESUMO

Neste capítulo, discutimos o modo como o conhecimento é transferido do mundo exterior e traduzido em ações dentro de uma organização. Enfocamos a função formal do mediador - um indivíduo encarregado de trabalhar com um elemento do ambiente de uma organização -, o trabalho dos corretores - que atuam como intermediários entre as várias partes - e analisamos a formação deliberada de consórcios, como parte de estratégias bem articuladas para que as organizações obtenham vantagem estratégica ao construir e transferir conhecimento e também ao reduzir a incerteza, exercendo certo controle sobre os elementos de seu entorno (Klein, Palmer, Conn, 2000). Como demonstra o caso do Centro de Investigação Cooperativa para a Ecologia da Água Doce (quadro 8.5), os consórcios podem tanto gerar quanto transferir conhecimento para fins sociais maiores. Isso exige uma gestão muito mais atenciosa, que esteja disposta a investir parte de seus recursos escassos na integração e nas relações de intermediação necessárias para o sucesso dessas redes de conhecimento altamente complexas. Isso é muitas vezes revelado no trabalho das associações de indústrias que estabelecem normas e desempenham um papel cada vez mais importante na divulgação do conhecimento, em especial sobre tecnologias (Yates, 2005).

Leitura complementar

Adams, J. S. "The structure and dynamics of behavior in organizational boundary roles". Em Dunnette, M. D. (org.). *Handbook of Industrial and Organizational Psychology*. Rand McNally, 1976.
Uma visão geral pioneira sobre as funções de mediação.

Aldrich, H. & Herker, D. "Boundary spanning roles and organizational structure". Em *Academy of Management Review*, nº 2, 1977, pp. 217-230.
Clássico panorama conceitual da mediação com enfoque especial em suas implicações sobre a estrutura.

Dyer, J. H. & Nobeoka, K. "Creating and managing a high-performance knowledge-sharing network: the Toyota case". Em *Strategic Management Journal*, nº 21, 2000, pp. 345-367.
Descrição polêmica da rede interorganizacional de fornecedores que resultou em um recurso exclusivo que trouxe vantagem competitiva à Toyota, através da rápida criação e recombinação de conhecimento, sob diversas perspectivas.

Gulati, R. *Managing Network Resources: Alliances, Affiliations, and Other Relational Assets.* Oxford University Press, 2007.
Revisão sistemática de uma década de pesquisas programáticas sobre redes interorganizacionais realizada pelos autores. Enfoca o conceito de recursos de rede que reflete em muitos aspectos o capital social decorrente das relações externas de uma empresa.

Johnson, J. D. "The emergence, maintenance, and dissolution of structural hole brokerage within consortia". Em *Communication Theory*, nº 14, 2004, pp. 212-236.
Um dos poucos estudos dinâmicos sobre uma das funções das redes, a intermediação de buracos estruturais, abordando desde sua emergência inicial até os fatores que levam a sua dissolução.

Wenger, E.; McDermott, R.; Snyder, W. M. *Cultivating Communities of Practice: a Guide to Managing Knowledge.* Harvard Business School Press, 2002.
Aplicação pragmática das ideias a respeito das comunidades de prática aos contextos organizacionais, segundo alguns dos criadores do conceito.

Pragmática

9
Criatividade e inovação

> Embora consideremos várias questões e estratégias de transmissão de conhecimento [...], muitas delas resumem-se a encontrar formas efetivas de permitir que as pessoas falem e escutem umas às outras.
> (Davenport & Prusak, 1998, p. 88)

> As inovações não só são adotadas, implementadas e confirmadas por meio das relações sociais entre as pessoas, como também são criadas, compreendidas e definidas socialmente.
> (Dearing, Meyer, Kazmierczak, 1994, p. 17)

> [...] gestores cujas redes abarcam buracos estruturais têm uma vantagem para identificar e explorar as oportunidades mais proveitosas.
> (Burt, 2005, p. 235)

> Às vezes, o conhecimento pode ser visto como a fonte de inovação e mudança organizacional; outras vezes, porém, pode restringir muito essa mudança.
> (Hargadon & Fanelli, 2002, p. 290)

> A glorificação da exploração obscurece o fato de que a maioria das novas ideias são ruins, a maioria das mudanças são prejudiciais e a maioria das invenções originais não valem o esforço dedicado a produzi-las.
> (March, 1994, p. 238)

O processo de criatividade e inovação frequentemente determina a rapidez com que organizações privadas e governamentais mudam para sobreviver em um mundo cada vez mais competitivo. Conforme observou Schumpeter (1943), a destruição criativa, substituindo o velho pelo novo, é um componente fundamental do sistema econômico capitalista. Uma organização estagnada, incapaz de reagir à evolução das condições de seu meio, acabará deixando de ser competitiva em uma economia cada vez mais complexa e tecnologicamente sofisticada. A prosperidade econômica depende crescentemente do desenvolvimento de novos produtos e serviços. A inovação pode ser o melhor serviço prestado pelas organizações de gestão do conhecimento. De fato, o conhecimento é muitas vezes visto como a principal força motriz da inovação (ver Amidon & Mahdjoubi, 2003; Anand, Gardner, Morris, 2007; Nonaka & Takeuchi, 1995; Swan 2003). A construção do conhecimento assenta as bases para que novas ações permitam que empresas compitam e se adaptem de modo mais eficaz (Hargadon & Fanelli, 2002).

No entanto, na prática, a criatividade e a inovação apresentam vários desafios às organizações e acabam sendo tarefas muito difíceis. Estima-se que 90% das novas ideias ficam paradas com seus mentores, apenas 3% conseguem o apoio interno necessário para que projetos significativos sejam abertos, e meros 0,3% alcançam sucesso comercial (Howell, 2005). Da mesma forma, organizações sem fins lucrativos constataram, para consternação das autoridades, que é muito difícil divulgar e implementar práticas comprovadas, conforme demonstra o quadro 9.1, sobre ciência clínica e e translacional.

Hoje é amplamente perceptível na literatura que a maioria das abordagens é favorável à inovação (Rogers, 1995), em parte por causa do sistema de crenças culturais balizado no progresso propiciado pela tecnologia. Todos nós, especialmente ao "comprar tecnologia", cada vez mais percebemos que correr atrás dos últimos lançamentos envolve riscos, e que aguardar para adotar inovações pode acabar sendo mais barato (por exemplo, ao adquirir um computador pessoal). As empresas também têm custos reais com as inovações: recursos desperdiçados com tecnologia inadequada, a incerteza constante em decorrência da mudança contínua, a moral em baixa por causa de esforços de adoção malsucedidos, para citar apenas alguns. Na maioria das abordagens de gestão do conhecimento, está implícito um retorno a uma visão mais otimista dos impactos das inovações nas organizações e sociedades (MacMorrow, 2001).

Diferenciando criatividade e inovação

Criatividade refere-se à capacidade de produzir novas ideias, que no caso das empresas devem, de alguma forma, ser valiosas (Agrell & Gustafson, 1996). Também podemos distinguir processos criativos de resultados criativos, com as inovações geralmente refletindo estes últimos. Ao focar processos também enfatizamos os fatores sociais e produtores de sentido implícitos nas abordagens modernas da criatividade (Drazin, Glynn, Kazanjian, 1999). O lado social da criatividade tem sido de interesse crescente, em particular no que se refere à coordenação de diferentes informações que entram nas redes de conhecimento (Perry-Smith & Shalley, 2003), muitas vezes vistas como uma precondição essencial para a criatividade (Joshi, 2006). A invenção implica um processo criativo que propõe trazer algo novo à existência, apesar de haver certo questionamento sobre se isso é possível, ou seja, se realmente poderá ocorrer algo de inédito no mundo (Burt, 2004 e 2005). Para a gestão, a criatividade pode ser uma questão menos importante do que garantir que boas ideias, independentemente de seu caráter inovador, sejam implementadas com sucesso. A inovação, por outro lado, implica usar em um contexto diferente algo percebido como novo (Rogers, 1995). As pesquisas mais recentes também demonstram que a inovação é mais fluida e interativa do que afirmaram modelos lineares anteriores (Ferlie *et al.*, 2005). Ela pode estar relacionada com: 1) um produto ou serviço, 2) um processo de produção, 3) a estrutura organizacional, 4) pessoas e 5) políticas (Zaltman, Duncan, Holbek, 1973).

Uma das questões centrais nos estudos sobre inovação organizacional é a dos variados tipos de estrutura necessários para a obtenção de resultados diferentes, algo que discutimos com mais detalhes no capítulo "Estruturando redes de conhecimento". Por exemplo, em diferentes fases do processo de inovação, estruturas distintas podem ganhar ênfase. Zaltman, Duncan e Holbek (1973) argumentam que para gerar ideias as organizações precisam de um tipo de estrutura (baixa formalização, descentralização e alta complexidade) que reflita as forças mercadológicas necessárias para as ideias geradas informalmente, ao passo que a combinação oposta (alta formalização, centralização e baixa complexidade, as características estruturais das burocracias clássicas) é necessária para sua efetiva implementação. Essas mesmas condições também refletem a tendência histórica geral apresentada pelos estudos relacionados à inovação. Nas décadas de 1960 e 1970, os pesquisadores se concentraram em abordagens formais e na implementação das inovações sancionada pela alta gestão (Rogers, 1983). Mais recentemente, a investigação centrou-se em abordagens mais informais e na construção de coalizões e equipes, o lado social da criatividade.

QUADRO 9.1. CIÊNCIA CLÍNICA E TRANSLACIONAL

Um dos mais entusiasmantes avanços recentes nas pesquisas sobre criatividade e inovação foi proporcionado pelo crescente foco dos Institutos Nacionais da Saúde (National Institutes of Health - NIH) (2006) - em parte respondendo à pressão do Congresso - nas pesquisas de translação e de divulgação, que essencialmente englobam o modelo clássico de criação, transferência e aplicação que discutimos neste capítulo. A questão central para os planejadores é que, embora tenha havido uma explosão do conhecimento no laboratório, muito pouco se traduziu em prática clínica, e uma parte ainda menor foi ampla e fielmente implementada (Bradley *et al.*, 2004). Desse modo, o que sabemos não contribui para mudar o que fazemos, prejudicando assim o retorno dos investimentos em pesquisa. Isso faz parte de um problema mais generalizado que é comum à maioria das organizações, nas quais as práticas eficazes desenvolvidas em uma área raramente se propagam para outra (Dearing, 2006; Szulanski, 2003).

As evidências da falta de uma ampla disseminação de práticas eficazes são desanimadoras na área da saúde (Green & Seifert, 2005; Klesges *et al.*, 2005; Orleans, 2005) e em outras áreas de gestão em geral (Szulanski, 2003). Estima-se que, em média, tarde dezessete anos para que até mesmo uma parte mínima dos tratamentos eficazes se estabeleça na prática clínica (Glasgow *et al.*, 2004b). Isso é especialmente preocupante por causa da deterioração do conhecimento dos médicos depois que eles saem da universidade (West *et al.*, 1999). Ao longo dos anos, realizaram-se muitas pesquisas e foram elaboradas intervenções bastante custosas, que têm realmente pouca chance de ser implementadas na prática (Glasgow *et al.*, 2004a; Johnson, 2005; Klesges *et al.*, 2005).

Um exemplo que ilustra a questão no caso de intervenções no comportamento em saúde é o modelo RE-AIM, elaborado por Glasgow e outros pesquisadores (Glasgow *et al.*, 2004a; Glasgow, Lichtenstein, Marcus, 2003; Glasgow *et al.*, 2004b; Glasgow, Vogt, Boles, 1999; Green & Glasgow, 2006; Klesges *et al.*, 2005) (http://www.re-aim.org). Fundamentalmente, ele propõe avaliar o impacto da aplicação prática das pesquisas em saúde pública com base em cinco critérios: alcance, eficácia ou eficiência, adoção, implementação e manutenção. A difusão das práticas percorre uma cadeia relativamente longa, com poucas probabilidades de êxito em cada etapa, o que indica que é improvável que o resultado final seja bem-sucedido (Glasgow, Vogt, Bowles, 1999).

Na maioria das vezes, parece haver um pressuposto implícito de que se você construir algo novo, a pessoas virão buscar, e que se fizer algo melhor, essa melhoria será amplamente adotada. Assim, pouca atenção (e menos recursos) é destinada à subsequente difusão das ideias (Glasgow, *et al.*, 2004b). Ninguém, em especial os pesquisadores originais, tem uma responsabilidade clara sobre a divulgação (*ibidem*; Johnson, 2005), e poucas pesquisas formais – pelo menos em contextos de saúde – enfocaram a implementação (Oldenburg *et al.*, 1999), cujos custos podem superar os benefícios da intervenção (Grimshaw *et al.*, 2004). Como já vimos, nos contextos sociais costuma haver considerável inércia, resistência a novas ideias, preocupação com a diminuição da própria autonomia, opinião pessoal e criatividade associadas às profissões, e pouca disposição para adotar boas ideias desenvolvidas por outros, já que muitas vezes isso reduz o próprio *status* pessoal (pense nos pesquisadores das universidades). Especialmente importante para os médicos, em particular os que se dedicam à prática privada, é a rejeição das inovações pelos pacientes (Freeman & Sweeney, 2001).

As iniciativas dos Institutos Nacionais da Saúde se enquadram em um interesse crescente e mais geral na ciência de translação, que se concentra em descobrir "qual seria a melhor maneira de comunicar aos médicos políticas, programas e práticas baseadas em evidências para que sejam adaptadas em um segmento da sociedade em benefício de seus membros" (Dearing, 2006, p. 3). Isso é algo mais especializado que o estudo clássico de difusão, uma vez que enfoca as práticas baseadas em evidências, é preditivo e intervencionista, destina-se aos médicos e se apoia em um amplo leque de disciplinas para incentivar a propagação (Dearing, 2006).

Por causa da ênfase nas práticas baseadas em evidências, um elemento importante dos esforços nessa área é a fidelidade (Glasgow *et al.*, 2004a), pois raras vezes as intervenções são adotadas ou implementadas exatamente do modo como foram testadas (Green & Glasgow, 2006), o que acaba por desbaratar a abordagem adotada. A fidelidade do efeito diz respeito à capacidade de uma intervenção de alcançar os mesmos resultados em vários contextos. Isso está diretamente relacionado com a validade externa dos testes de um programa. Por fidelidade de implementação se entende a réplica exata de um programa em diferentes cenários (Dearing, 2006). Esse aspecto da fidelidade entra em conflito direto com a reinvenção e o exercício da criatividade e do discernimento profissional nas unidades que adotam o programa; e também deixa de reconhecer que destinatários muito motivados, e até mesmo dogmáticos, são propensos a mudar a natureza das intervenções em busca de práticas eficazes (Szulanski, 2003). Algumas modificações podem ser absolutamente essenciais para traduzir uma prática em um novo contexto; a questão é saber se houve equilíbrio e se o que essencialmente funcionou na intervenção foi preservado (Green & Glasgow, 2006). É claro, tudo isso é ainda mais complicado pelo fato de que as boas práticas são como um alvo em movimento (Szulanski, 2003). Alguns propuseram que trabalhar com fatores contextuais básicos (por exemplo, garantindo níveis adequados de treinamento e recursos), enquanto se preserva a intervenção prática, pode ser a melhor abordagem (Elliot & Mihalic, 2004).

Neste capítulo, vamos nos concentrar em três questões estritamente interligadas, tanto que configuram etapas distintas: primeiro, o desenvolvimento de ideias aparentemente novas, em particular quanto ao papel que as redes de conhecimento exercem na criatividade; em segundo lugar, a difusão, disseminação e/ou transferência dessas ideias entre as organizações e dentro delas, talvez a função mais importante das redes de conhecimento, que pode levar a sua adoção final; e, finalmente, a implementação dessas ideias, que tem sido o foco das pesquisas sobre inovação nas organizações. Para nossa discussão ao longo do capítulo, usaremos como referência a tabela 9.1, que relaciona cada uma dessas questões/etapas a conceitos fundamentais das redes. Conforme indicado na tabela, trataremos de conceitos de rede como redundância, contágio social e influência, homogeneidade, multiplexidade, diferenciação e integração, que já discutimos em maior detalhe em outros capítulos.

De modo semelhante e mais concreto, a tabela 9.2 revela os imperativos muitas vezes paradoxais e conflitantes relacionados aos padrões de vínculo em cada uma das etapas, que serão aprofundados nas seções seguintes. Por exemplo, embora os laços fortes diretos tragam grandes vantagens para a influência, a transferência de conhecimento tácito e o compartilhamento de recursos, eles são redundantes e é custoso mantê-los, sobretudo se considerarmos os possíveis custos de oportunidade de reduzir o número de laços fracos. Por outro lado, os laços indiretos nos permitem experimentar e explorar nosso meio em busca de informações, mas levam a dificuldades na transferência desse conhecimento – o problema clássico da relação entre busca e transferência identificado por Hansen (1999). Também pode haver interação e potenciais efeitos de substituição entre esses tipos de laços, o que suscita perguntas interessantes como, por exemplo, se a transferência de conhecimento codificado explícito implica que muitos laços indiretos (que são mais fáceis de manter) podem ser mais vantajosos que poucos laços diretos intensos (Ahuja, 2000). Da mesma forma, a uniplexidade ou um foco estrito facilita o compartilhamento de informações por tornar mais provável o surgimento de uma perspectiva comum (Mohrman, Tenkasi, Mohrman, 2003). Os contextos sociais de laços relativamente densos com outros redundantes podem inibir a criatividade, mas também construir um estado de confiança e cooperação, ao mesmo tempo que ajudam a transferir conhecimento tácito e influenciam as iniciativas de implementação de inovações. Eles também estabelecem a necessidade de tipos específicos de intermediação entre agrupamentos localmente densos.

TABELA 9.1 - REDES DE CONHECIMENTO: CRIAÇÃO, TRANSFERÊNCIA E IMPLEMENTAÇÃO

	Etapa		
Conceito de rede	Criação	Transferência	Implementação
Conteúdo	Tácito	Misto	Explícito
Questão relacional decisiva	Novidade	Contágio	Influência
Homogeneidade	Baixa	Intermediada	Alta
Multiplexidade	Baixa	Baixa	Alta
Diferenciação	Alta	Moderada	Baixa
Integração	Baixa	Laços fracos	Alta

TABELA 9.2 - PADRÕES DE VÍNCULO PARA CRIAÇÃO, TRANSFERÊNCIA E IMPLEMENTAÇÃO

	Etapa		
Padrão de vínculo	Criação	Transferência	Implementação
Laços fortes/diretos	Têm altos custos de conformidade	São fundamentais para transferir conhecimento tácito	São necessários para exercer a influência
Laços fracos/indiretos	São necessários para as novas ideias	Ajudam na difusão	Podem aumentar a resistência
Densidade	Inibe	Ajuda a transferir o conhecimento tácito	Facilita tentativas de influência
Intermediação	Facilita	Exerce papel fundamental	Não interfere

Criatividade

> [...] a construção do conhecimento pode depender de alimentar a ingenuidade e a ignorância, e [...] a vitória competitiva não necessariamente vai para os mais instruídos.
> (March, 1991, p. 86)

> As organizações que produzem mais inovações têm estruturas mais complexas que ligam as pessoas de várias maneiras e as incentivam a "fazer o que tem de ser feito" dentro de limites estrategicamente traçados [...]
> (Kanter, 1988, p. 95)

Enquanto a maioria dos primeiros trabalhos sobre criatividade centrou-se em atributos individuais exclusivos, aqui vamos nos concentrar nas características estruturais que promovem e inibem a criatividade no grupo e na organização. Promovem a criatividade, por exemplo, o clima organizacional – principalmente com relação a assumir riscos –, os conhecimentos existentes, o know-how, o tamanho, a estabilidade no emprego, a diversidade, a complexidade e os desafios do trabalho, e a supervisão como apoio e não como controle; já a burocracia, a centralização e a formalização tendem a inibi-la (Agrell & Gustafson, 1996; Drazin, Glynn, Kazanjian, 1999; Kratzer, Leenders, Van Engelen, 2004; Oldham & Cummings, 1996; Smith, Collins, Clark, 2005). A inovação tem maior probabilidade de ocorrer em empresas onde: as pessoas têm acesso fácil à informação; existem fronteiras permeáveis entre os departamentos; há recompensas para compartilhar, buscar e utilizar novas informações; há retribuições para assumir, aceitar e se adaptar à mudança; e a organização incentiva seus membros a ter mobilidade e a construir relações interpessoais (Goldhar, Bragaw, Schwartz, 1976).

O mais importante para nosso estudo é a noção de que estruturas de redes específicas facilitam a ação criativa (Ford, 1996), e que a comunicação explica em grande parte as variações no desempenho criativo das equipes de inovação (Kratzer, Leenders, Van Engelen, 2004). Vínculos muito redundantes prejudicam a criatividade, em parte porque os membros da "panelinha" têm a mesma base de conhecimento, o que resulta em visões de mundo semelhantes. Os vínculos não redundantes são frequentemente associados a laços fracos e com a disseminação de informações novas em sistemas sociais. Em redes altamente diferenciadas, os laços fracos são importantíssimos para a difusão de inovações (Valente, 1995).

Há também um *continuum* de efeitos de aprendizagem, dos mais rudimentares ao mais complexos, que implicam diferentes capacidades de rede: a partilha de informações e de conhecimentos, a combinação de conhecimentos, e, finalmente, uma estrutura própria, onde os conhecimentos recém-combinados produzem uma nova prática que está incorporada em um esquema compartilhado (Mohrman, Tenkasi, Mohrman, 2003).

Geralmente se afirma que a diversidade de perspectivas é uma condição necessária para a criatividade (Albrecht & Hall, 1989; Leonard, 2006) ou produção do novo (Taylor & Greve, 2006). A diversidade é um constructo multifacetado, que inclui a formação profissional (Drazin, Glynn, Kazanjian, 1999), a estabilidade no emprego, os dados demográficos e a função, todos os quais foram relacionados com a criatividade (Agrell & Gustafson, 1996). Sendo assim, o tamanho do grupo foi associado positivamente com a criatividade, em parte porque aumenta o potencial de diversidade de estímulos a que um indivíduo está exposto (*ibidem*). Indivíduos com muitos laços fracos são expostos a informações de várias fontes. Eles tendem a perceber que trabalham em um ambiente inovador e que são expostos ao conhecimento relacionado à inovação. As informações de fontes diversas geram perspectivas únicas e, muitas vezes, são a raiz de ideias criativas (tabela 9.1). A fonte mais comum de ideias para novos produtos são os usuários e clientes (Leonard, 2006), um tipo de laço fraco que não está sujeito à influência formal.

Em sua essência, a criatividade muitas vezes significa a combinação de velhas ideias segundo novas maneiras; o mecanismo pelo qual isso é feito, o motor gerador, encontra-se nas redes de conhecimento. A criatividade, quase por definição, representa uma nova perspectiva sobre as coisas. Claramente, estar em contato com diferentes grupos coesos, talvez por meio de laços fracos ou não redundantes (Perry-Smith, 2006; Perry Smith & Shalley, 2003), expõe a pessoa a diferentes pontos de vista, levando-a à percepção de novas abordagens em um grupo que não tenha estado tão visível. Em decorrência, a diversidade é vista como um ingrediente essencial para a criatividade. A fricção criativa, que se dá quando diferentes perspectivas são confrontadas diretamente no discurso, inevitavelmente produz conflitos que os gestores devem antecipar (Leonard, 2006), uma vez que os mesmos fatores que podem levar a resultados criativos em grupos também podem provocar conflitos pessoais, comunicação ineficaz e reações emocionais negativas (Levine & Moreland, 2004).

Um fato desconcertante é que os mesmos fatores que no início promoviam a criatividade podem levar a sua diminuição, com o passar do tempo. Assim, uma série de fatores inerentes a grupos diversos também servem como barreiras ao desenvolvimento de produtos criativos. Por exemplo, a falta de uma linguagem ou vocabulário comum muitas vezes impede o desempenho criativo (Kratzer, Leenders, Van Engelen, 2004). Por sua vez, um grande obstáculo à troca de informações essenciais à criatividade surge quando as partes não se percebem como semelhantes (Kanter, 1988). Além disso, o tamanho do grupo está inevitavelmente associado com o surgimento de coalizões. No entanto, constatou-se que quando um grupo se divide em subgrupos ou coalizões, ele tende a se tornar menos criativo, um pouco porque tem menos possibilidades de compartilhar perspectivas diversas (Kratzer, Leenders, van Engelen, 2004). Também foram associados à diminuição da criatividade nas equipes: a) o aumento da comunicação, em parte porque leva ao surgimento de perspectivas comuns; e b) a estabilidade no emprego, que, além de resultar em perspectivas compartilhadas, aumenta a probabilidade de centralização e formação de subgrupos (*ibidem*). Esse pode ser um processo bastante natural em grandes organizações, com as restrições iniciais sendo mais prejudiciais à criatividade que as subsequentes (Burt, 2005).

Os membros de grupos heterogêneos socialmente conectados também podem se mostrar mais propensos a autocensurar suas contribuições que aqueles socialmente isolados, razão pela qual proporções surpreendentemente baixas de boas ideias acabam sendo levadas adiante pelos gestores (Burt, 2004 e 2005). Manter o diálogo quando há discordância, sobretudo quanto a fortes crenças partidárias, é um ponto fundamental dos processos políticos e, portanto, objeto de análises sistemáticas na ciência política, com muitos de seus elementos sendo comuns aos que discutimos aqui (Huckfeldt, Johnson, Sprague, 2004). Os processos de autocensura, especialmente quando uma pessoa não mantém opiniões firmes, são muitas vezes associados aos efeitos de um falso consenso (quando projetamos nossos próprios pontos de vista nos outros), que impedem a convergência para a busca de propósitos em comum (Huckfeldt, Johnson, Sprague, 2004). Em razão das pressões por uniformidade decorrentes desses processos, os membros periféricos das redes organizacionais muitas vezes têm as perspectivas mais criativas ou, no mínimo, diferentes (Perry-Smith & Shalley, 2003), em particular quando isso está associado a laços formados fora de um sistema social (Perry-Smith, 2006).

Há também evidências que demonstram que os indivíduos podem ser mais eficazes que as equipes ao combinar conhecimentos diversos, em parte por causa dos processos sociais envolvidos (Taylor & Greve, 2006). As pessoas que transpõem buracos estruturais têm uma "visão privilegiada", uma vez que são expostas a ampla variedade de ideias novas antes que outros (Burt, 2004 e 2005). Verificou-se – de modo semelhante ao caso das estrelas de comunicação discutido no capítulo "Internalizando o mundo exterior" – que uma combinação entre alta centralidade interna (potencialmente restritora da liberdade de ação) e um grande número de vínculos externos (possivelmente relacionados a maiores pressões institucionais por conformidade), talvez não seja a configuração mais favorável para propiciar a criatividade (Perry-Smith & Shalley, 2003). Cada vez mais se reconhece que pode haver um elemento não linear, em forma de U invertido, por trás desses processos: algum contato é necessário para estimular a criatividade (muitas vezes por meio de processos de mundo pequeno), mas seu excesso pode culminar em pressões por conformidade (Uzzi & Spiro, 2005), embora ainda falte estudar as contingências inerentes a diversas áreas (Rowley, Behrens, Krackhardt, 2000). Ou, dito de outra forma, buscar informações localmente e reutilizar o conhecimento existente resulta em rigidez, ao passo que ampliar o escopo da busca traz o novo, mas também pode introduzir incertezas na busca pelos resultados organizacionais (Katila & Ahuja, 2002).

Transferência de conhecimento

> A teoria da inovação afirma que os vínculos de comunicação estreitos entre membros de grupos cooperativos e entre comunidades científicas permitirão que novas ideias fluam fácil e rapidamente, resultando em uma rápida taxa de adoção da inovação [...] Além disso, a homogeneidade criada por crenças e experiências compartilhadas deve conduzir a uma comunicação mais eficaz das informações das pesquisas sobre controle de câncer e a um forte efeito de difusão.
> (McKinney, Barnsley, Kaluzny, 1992, p. 277)

> As pesquisas mostraram que a integração social está associada com a rápida adoção de inovações normativas.
> (Burt, 1980, p. 329)

> Os três benefícios que podem ser esperados, ao transpor os buracos estruturais: acesso a opiniões e práticas alternativas; acesso antecipado a novas opiniões e práticas; e capacidade para transmitir ideias de um grupo a outro, quando houver vantagem em fazê-lo.
> (Burt, 2005, p. 23)

A análise de redes e os estudos sobre difusão da inovação estiveram intimamente entrelaçados durante décadas. Hoje, a tecnologia de redes sociais é vista como elemento-chave das abordagens empresariais modernas sobre o modo como o conhecimento se espalha dentro de uma organização (Cross, Borgatti, Parker, 2003; Waters, 2004). A transferência de conhecimento (também denominada difusão, disseminação, compartilhamento e adoção) é uma questão premente em várias áreas, incluindo a transferência de tecnologia entre nações desenvolvidas e em desenvolvimento, entre organizações e dentro delas. Aqui tratarei principalmente da transferência de conhecimento no interior das empresas, tendo em vista nosso enfoque em redes de conhecimento intraorganizacionais. Uma vez que a transferência de conhecimento entre as áreas de uma empresa pode proporcionar oportunidades de aprendizado, cooperação e criatividade, tem sido diretamente relacionada com a inovação (Tsa, 2001), bem como com uma série de outros processos organizacionais (Reagans & McEvily, 2003). Para ser eficaz, a transferência requer um nível de entendimento que permita a ação (Jensen & Meckling, 1995). Na maior parte da literatura, a transferência parece pressupor adoção, mas, conforme veremos na seção sobre implementação, o pleno uso de uma inovação nunca deve ser tomado por certo (quadro 9.1).

Em essência, a difusão da inovação é um processo social de busca e transferência de ideias percebidas como novidade, que resulta do processo criativo descrito na seção anterior. Rogers concluiu que "em todos os casos, parece que os sistemas sociais cujos membros estão mais intimamente ligados por redes de comunicação têm um efeito mais forte sobre a difusão, e neles a adoção das inovações se dá mais rapidamente" (1983, p. 235). Além disso, o posicionamento de alguém dentro da estrutura social é particularmente importante; Becker (1970), por exemplo, verificou que a centralidade dos funcionários de saúde pública nas redes de comunicação tinha relação direta com a adoção de inovações.

Vários fatores estão associados com a difusão de inovações nas redes. Nas publicações sobre o tema, o esquema típico adotado para facilitar sua adoção é: 1) identificar os líderes de opinião de um sistema; 2) expô-los às fontes de informação que valorizam; 3) aumentar o prestígio da inovação; e 4) reduzir os riscos inerentes a sua adoção (Becker, 1970). Estudos empíricos posteriores verificaram a ocorrência de processos de trabalho semelhantes. Em primeiro lugar, quanto mais multiplexas as relações de um indivíduo, maior a probabilidade de que ele seja um pioneiro ao adotar a inovação (Bach, 1989). Em segundo lugar, quanto mais central sua posição na rede, maior a chance de adoção (Czepiel, 1975; Ebadi &

Utterback, 1984); se os pioneiros são centrais, a difusão de inovações é mais rápida em todo o sistema (Valente, 1995). Em terceiro lugar, quanto mais frequente e importante sua comunicação, maior a probabilidade de adoção (Ebadi & Utterback, 1984). Em quarto lugar, se sua comunicação é mais diversificada, mais positivos são os efeitos sobre a inovação técnica (Ebadi & Utterback, 1984). Do ponto de vista teórico, a melhor descrição dos processos envolvidos talvez seja a da literatura clássica sobre mudança de atitude associada à influência nos sistemas sociais.

Desenvolvimento de atitudes

Tradicionalmente, a análise de redes tem muita dificuldade em ir além dos conteúdos superficiais e explorar níveis mais profundos de significado associados ao conhecimento (Johnson, 1993; Susskind *et al.*, 2005). Como vimos no capítulo 3, a análise de redes costuma dar muita atenção ao conteúdo, mas historicamente o grau em que os membros da rede compartilham significados semelhantes recebeu atenção menor, embora alguns dos trabalhos sobre redes semânticas tenham abordado esse aspecto (Monge & Contractor, 2003), assim como a distinção feita por Johnson (1993) entre as propriedades manifestas e latentes dos vínculos tratou disso.

O conhecimento é a construção social por excelência, e alguns afirmam que ele não pode existir se não for compartilhado de maneira que resulte em ações nos sistemas sociais. Em gestão do conhecimento, a codificação e outras manifestações de conhecimento explícito são os estados finais, nas redes sociais, daquele que pode ser um longo processo ligado à elaboração de sistemas de código e à construção de um acordo sobre aquilo a que se referem. A mudança é muitas vezes considerada um processo ideativo, implicando consciência, atitudes e crenças. Daí decorre que a influência social é fundamental para compreender a dinâmica e os mecanismos de mudança inerentes (McGrath & Krackhardt, 2003).

Como vimos no capítulo "Análise de redes", ao longo dos últimos anos tem ocorrido um grande debate sobre qual seria o fator que mais influi para que uma inovação seja adotada: a comunicação direta ou as forças relacionadas com a concorrência (tabela 9.1). Se os concorrentes adotam uma inovação e esta é bem-sucedida, isso coloca os demais em situação de desvantagem competitiva. Assim, o outro tem um interesse estrutural em incorporar inovações. Daí decorre que um indivíduo assumirá uma inovação quando um *alter* estruturalmente semelhante o fizer, mesmo que eles não estejam em contato direto de comunicação. De acordo com esse modelo teórico, os membros dos sistemas podem adotar e implementar inovações porque percebem que há uma vantagem competitiva em fazê-lo. Um outro aspecto interessante desse raciocínio é que uma pessoa em uma posição de destaque pode sentir-se ainda mais impelida a aderir a inovações normativas por querer permanecer em destaque (Burt, 1980).

Já a perspectiva da coesão – talvez mais bem representada na obra de Rogers e outros pesquisadores (Rogers, 1983; Rogers & Kincaid, 1981) – afirma que a comunicação direta provoca mudanças no indivíduo que levam à adoção de inovações. Assim, os adeptos da inovação, como os que atuam em comunidades de prática, podem se comunicar diretamente com os membros que não participaram de seu desenvolvimento. Esse entusiasmo é contagiante, e os membros decidem adotar a inovação em razão da credibilidade e do poder de persuasão de seus colegas.

Em síntese, ambas as abordagens de contágio social, a da coesão e a da equivalência estrutural, foram associadas à adoção de inovações, e tanto a primeira – a abordagem tradicional – quanto a última contribuem com novos esclarecimentos importantes (tabela 9.1). Mais recentemente, afirmou-se que elas podem ter efeitos complementares sobre a transferência de conhecimento, com a coesão auxiliando a reduzir os entraves competitivos e a força do laço tendo impacto sobre a transferência de conhecimento tácito (Reagans & McEvily, 2003). Análises posteriores do estudo clássico sobre a tetraciclina, de Coleman, Katz e Menzel (1957) – um dos primeiros a corroborar as perspectivas de coesão –, revelam que as principais fontes de influência foram os esforços de marketing das empresas farmacêuticas, e que a coesão, na verdade, teve um impacto muito pequeno (Van Den Bulte & Lillie, 2001), reforçando assim a importância dos meios de comunicação, bem como a influência interpessoal (Valente, 2006). Isso indica que os campos de informação de uma pessoa e (em um sentido mais abrangente) suas posições estruturalmente equivalentes dentro das redes de conhecimento podem ser os principais fatores determinantes da difusão.

A formação de atitudes – e os processos de coesão relacionados – em redes de comunicação humana foi uma preocupação crucial em muitas das ciências sociais e, talvez, a primeira tentativa de abordar o problema da construção do conhecimento, ainda que de forma mais limitada. De fato, há uma série de modelos matemáticos que em essência defendem, de uma perspectiva da coesão, que mais comunicação resulta em atitudes mais semelhantes dentro das redes. Recentemente, essa ideia foi aplicada em tentativas de mudança que não gerassem controvérsias, realizadas em redes de intercâmbio nas quais a confiança estivesse vinculada a amizades e identidades organizacionais compartilhadas, evitando a tendência muitas vezes natural de que os indivíduos se fechem em seus próprios interesses (McGrath & Krackhardt, 2003). Os tradicionais modelos de discrepância aplicados a mudanças de atitude foram corroborados empiricamente em vários contextos (ver Danes, Hunter, Woelfel, 1978; Goldberg, 1954; Zimbardo, 1960); eles, em essência, apresentam a hipótese de que a mudança de atitude depende da distância existente entre as atitudes iniciais e a taxa de contato entre dois comunicadores, uma expressão mais formal dos argumentos de coesão. Da mesma forma, sobretudo para a mudança que não gera controvérsia, a questão estrutural mais importante é como promover estrategicamente a comunicação rápida e ampla das noções implícitas usando o poder da estrutura (McGrath & Krackhardt, 2003). Curiosamente, esses autores argumentam que, quando se trata de mudanças polêmicas, é melhor deixar que elas simplesmente aconteçam, demonstrando assim sua eficácia, e colocando-as à prova nas margens do sistema, antes de tentar uma mudança generalizada; desse modo, pode-se reduzir a probabilidade de uma reação violenta que levaria a tentativas de oposição (*ibidem*).

Os modelos de discrepância corroboram a noção de que se uma pessoa se comunica intensamente dentro de um grupo, então, com o tempo, ela entrará em consenso com ele. No entanto, se ela tem laços fora do grupo, sua atitude será uma combinação linear da proporção de tempo que passa comunicando-se com esses outros e a natureza de suas atitudes incompatíveis. Danowski (1980) confirmou essas noções em estudos de grupos realizados em uma grande instituição financeira dos Estados Unidos, ainda que as relações entre a conectividade do grupo e a uniformidade de atitudes dos membros tenham contrariado as expectativas iniciais e se revelado mais complexas do que o esperado. Uma das principais limitações impostas a esses processos é a quantidade de informação que um indivíduo já possui com relação a determinada postura. Woelfel *et al.* (1980) afirmam que quanto maior a quantidade de informação previamente comunicada a um indivíduo, menor a probabilidade de que as mensagens futuras induzam a mudança de atitude. Huckfeldt, Johnson e Sprague (2004), enquanto reconhecem a força inercial e autorregressiva da base de informações existente de um indivíduo, também afirmam que o posicionamento ocupado por ele em redes de baixa densidade, relacionando-se com outros que partilham suas opiniões, retardará a mudança social e a convergência para atitudes semelhantes.

Nas organizações, em parte pela sua diferenciação em classes funcionais, os indivíduos inseridos em grupos díspares adotarão perspectivas particulares, muitas vezes associadas as suas funções (Lawrence & Lorsch, 1967) e a sua profissão, conforme vimos no capítulo "Contexto". Pode-se esperar que, se houver laços suficientes entre os grupos, toda a rede da organização acabará refletindo uma opinião comum quanto a determinada atitude (Abelson, 1964; French, 1956; Huckfeldt, Johnson, Sprague, 2004). Tais pressupostos foram confirmados empiricamente pelos estudos de Albrecht (1979), que verificou que os principais comunicadores tinham maior probabilidade de estar integrados as suas organizações em termos cognitivos e atitudinais. No entanto, reconhecendo a abertura das empresas à comunicação de outras companhias, de outras instituições dentro da sociedade (por exemplo, associações profissionais), e dos meios de comunicação de massa, é improvável que uma organização fique suficientemente isolada ou exista por tempo suficiente para que as entidades dentro delas venham a convergir (Taylor, 1968).

Raciocínios similares também podem ser aplicados ao domínio da cultura organizacional. Erickson (1982), partindo de uma base conceitual diferente para elaborar seus argumentos – especialmente aqueles relacionados à equivalência estrutural e aos processos correlatos de comparação social –, afirma que uma noção semelhante pode ser encontrada na formação dos sistemas de crenças dos indivíduos em redes. Um sistema de crenças é um conjunto organizado de atitudes diversas que pode ter relação direta com os conceitos que sustentam as culturas organizacionais. Erickson afirma que demasiados laços entre dois grupos resultarão em uma comunhão de posições, mas a autora agrega um aspecto interessante aos argumentos anteriores. Ela afirma que uma quantidade moderada de laços entre grupos divergentes tende a resultar em sistemas mais fortes de crenças opostas, uma vez que esses agrupamentos podem definir a si mesmos com mais clareza em oposição a outros.

Mais recentemente, os estudos nessa ampla área centraram-se principalmente em redes semânticas (Monge & Contractor, 2003) e mais ainda no estudo sobre a Centering Resonance Analysis (CRA), apoiando-se na teoria social cognitiva (Corman *et al.*, 2002; Kuhn & Corman, 2003). Essa abordagem se dedica a identificar palavras discursivamente importantes e representá-las como uma rede.

Em sua essência, a CRA enfoca a ressonância representada pela ocorrência comum de palavras em posições estruturalmente semelhantes no texto. O estudo de Kuhn e Corman (2003), ao tratar da mudança planejada, baseia-se no pressuposto de que "as interpretações dos membros tornam-se *homogêneas* com o tempo, em razão da influência social das práticas de comunicação" (p. 200, grifo dos autores). O que torna as abordagens cognitivas sociais atraentes é o fato de relacionarem cognição e ação (Kuhn & Corman, 2003). "A análise dos esquemas pode mostrar como o conhecimento está disperso entre os atores e como o conhecimento coletivo possibilita a construção e reconstrução de seus sistemas conceituais por meio da participação em atividades conjuntas [...]" (*ibid.*, p. 199).

Outros fatores que afetam a transferência de conhecimento

Naturalmente, foram identificados outros fatores que têm impacto sobre o processo de transferência. Aqui analisarei alguns deles, que são particularmente influentes para o funcionamento das redes de conhecimento. Eu os agrupei, grosso modo, como barreiras ou facilitadores, mas isso se deve principalmente a seu peso relativo nas discussões acadêmicas. Às vezes, são uma coisa ou outra; outras vezes, atuam paradoxalmente como ambos.

Barreiras

FATORES CULTURAIS

As culturas fortes podem restringir severamente o conteúdo e o número de interlocutores disponíveis para os indivíduos em suas redes de conhecimento, mas, curiosamente, pela crescente sofisticação dos entendimentos compartilhados, podem melhorar sua eficácia. Assim, fronteiras sólidas entre os grupos de profissionais retardam a propagação de conhecimento e inovações (Ferlie *et al.*, 2005). Elas também podem melhorar a eficiência por delinear claramente os papéis, as relações e os contextos em que os indivíduos buscam informações.

De maneira geral, a cultura enriquece nossa compreensão de toda informação que obtemos, ao passo que restringe o leque de respostas que podemos procurar, mais explicitamente por meio de estruturas de regras específicas que regem o processo de busca (March, 1994). Na perspectiva interpretativa do aprendizado organizacional, a empresa é vista como um sistema para dar significado aos dados; esses significados são determinados pelos participantes em processos construídos socialmente, e por isso as ações levam ao entendimento (Daft & Huber, 1987). Um exemplo da forma como a cultura organizacional limita as escolhas é frequentemente encontrado em processos de inovação relacionados às novas tecnologias (Contractor & Eisenberg, 1990). Assim, fatores culturais e o modo como os grupos sociais constroem o uso de novas tecnologias muitas vezes podem restringir a eficácia de tecnologias de apoio à decisão em grupo nas organizações (Fulk & Boyd, 1991). As regras informais também podem limitar significativamente a plena utilização de outras tecnologias destinadas a aumentar o compartilhamento de informações (Zuboff, 1988). As organizações muitas vezes adotam tecnologias de informação não por suas capacidades técnicas, mas pelo seu valor simbólico, para demonstrar que estão na vanguarda (Nass & Mason, 1990).

Talvez a avaliação mais direta do papel que a cultura organizacional desempenha na transferência de conhecimento esteja nas questões relacionadas à compatibilidade da inovação com valores existentes, experiências passadas e as necessidades daqueles que a adotam (Rogers, 1983). Quanto mais compatível é uma inovação, tendo em conta esses três aspectos, maior a probabilidade de que seja aprovada. Desse modo, as inovações, como processadores de texto, são frequentemente "vendidas" às empresas como substitutos mais eficientes para a prática ou tecnologia vigente (Johnson & Rice, 1987; Yates, 2005). Só mais tarde é que a empresa descobre suas características realmente inovadoras.

INTEGRAÇÃO

A integração, como Lawrence e Lorsch (1967) afirmaram, pode levar a "um aumento indiscriminado em conectividade [que] pode ser um empecilho para a produtividade, já que as pessoas ficam atoladas ao tentar manter todas as suas relações" (Cross, Nohria, Parker, 2004, p. 51). A transferência de conhecimento pode representar um custo considerável para a fonte, que deve colocar o receptor a par de tudo (Reagans & McEvily, 2003). A dificuldade para transferir informações complexas pode deixar frustrada a equipe de busca, levando-a a dizer que teria sido mais fácil fazer isso por si mesma (Hansen, 1999). De fato, verificou-se que a comunicação densa dentro das organizações está relacionada com baixa produção, baixa moral e uma sensação de caos (Krackhardt, 1994).

Kanter (1983) apresentou argumentos contundentes de que as organizações que são segmentadas em diferentes grupos funcionais, com sólidas barreiras entre elas – especialmente estruturas de regras informais –, não estão capacitadas a gerar ou difundir inovações. Assim, o grau em que o conhecimento está "emperrado", isto é, vinculado a um contexto específico, também afetará a difusão (Hoetker & Agarwal, 2007). No entanto, a diferenciação é necessária para fomentar a sinergia essencial à criação de ideias, em parte por promover a variedade requerida (Van de Ven, 1986); mas, por outro lado, ela também dificulta a obtenção do consenso de todo o sistema, necessário a sua implementação.

Hage (1999) afirmou que uma complexa divisão do trabalho, um fator normalmente ignorado, é o principal promotor de inovação nas empresas. Infelizmente, a diferenciação das competências exigidas pelas organizações modernas complexas torna cada vez mais improvável que diferentes especialidades funcionais tenham perspectivas semelhantes (Lawrence & Lorsch, 1967), o que também significa que sistemas de código explícito relativamente simples (por exemplo, números) são usados para estabelecer a comunicação entre os grupos nas empresas contemporâneas. A diferenciação também implica que a implementação tem maior probabilidade de ser bem-sucedida dentro dos limites de determinada área especializada, o que requer formas diversas de implantação da mesma inovação.

CAPACIDADE DE ABSORÇÃO

De modo geral, as organizações apresentam taxas muito diferentes de aprendizado e, em consequência, ganhos de produtividade muito desiguais (Argote & Epple, 1990). A capacidade de absorção reflete o potencial para reconhecer o valor de novas informações, assimilá-las e aplicá-las (Gold, Malhotra, Segars, 2001). Ser exposto ao conhecimento não basta; é preciso ser capaz de internalizá-lo, algo que tem relação direta com o conhecimento tácito. Assim, tanto a experimentabilidade quanto a observabilidade, atributos clássicos das inovações – fundamentais para sua difusão –, muitas vezes implicam níveis elevados de conhecimento tácito (Leonard, 2006). Na literatura, essa questão foi levantada de diferentes maneiras: a presença de "ganchos", nos termos de Leonard (2006) – "coisas" na experiência de um indivíduo às quais ele pode agregar novos conhecimentos –, ou "emperramento", nos termos de Szulanski (1996 e 2003) – evocando imagens de imobilidade, inércia e impossibilidade de imitação.

As pesquisas sobre emperramento procuram abordar uma frustração gerencial comum, o fracasso em propagar boas práticas nas empresas (Szulanski, 2003), fato que também é considerado no estudo de caso sobre ciência clínica e translacional (quadro 9.1). Um estudo verificou que apenas 13% dos gestores acreditavam que sua empresa estava fazendo um bom trabalho ao transferir o conhecimento internamente, em parte pela ação restritiva das forças competitivas internas (Hinds & Pfeffer, 2003). Szulanski (1996) também discute a capacidade de retenção ou a habilidade de um receptor em institucionalizar e usar novos conhecimentos. A capacidade de absorção, conforme demonstram Lane, Koka e Pathak (2006) na interessante análise que fazem dos estudos sobre esse conceito, é provavelmente a que mais chamou atenção.

Em sua pesquisa original, Cohen e Levinthal (1989 e 1994) procuraram explicar, sob uma perspectiva econômica, como os laboratórios de pesquisa e desenvolvimento não só geravam novos conhecimentos como também aumentavam a capacidade de uma empresa em identificar, assimilar e utilizar as informações existentes. Em outras palavras, uma empresa deve investir continuamente em recursos que ampliem sua base de conhecimento, para que seja capaz de absorver todos os tipos de informação e traduzi-las em conhecimento acionável e útil voltado para propósitos comerciais. Vários fatores podem contribuir para que as áreas tenham maior capacidade de absorção (interações interfuncionais, participação nas decisões, rotação de tarefas, etc.), enquanto outros (por exemplo, elementos de processos de socialização) têm relação com a capacidade concretizada de uma área (Jansen, Van den Bosch, Volberda, 2005). Entretanto, a engenharia reversa ou a mera observação de produtos criativos e inovadores pode não captar totalmente o conhecimento tácito empregado em sua produção (Uzzi & Spiro, 2005). O conceito de capacidade de absorção foi ampliado para representar todas as competências dinâmicas de uma empresa para criar e utilizar conhecimento (Zahra & George, 2002), algo que retomaremos ao discutir estratégia no capítulo "Produtividade".

Facilitadores

Uma série de fatores que discutimos (ou discutiremos) em outras partes deste estudo atuam como facilitadores para a inovação. Portanto, os incentivos, mesmo aqueles limitados, como receber crédito – visto que as pessoas normalmente não se lembram das fontes de conhecimento – (Reagans & McEvily, 2003), podem encorajar a participação em redes de conhecimento relacionadas com a inovação. A proximidade também é especialmente importante para a difusão de inovações (Hägerstrand, 1953; Wejnert, 2002). A transferência de conhecimento tácito requer altos níveis de homogeneidade (tabela 9.1), e é por isso que muitas vezes precisa ser intermediada. Os comunicadores homogêneos costumam estar mais dispostos a aceitar informações (Berscheid, 1966) e, portanto, estão sujeitos a receber a influência necessária para a sua implementação. A multiplexidade, que foi discutida em mais detalhes no capítulo "Análise de redes", obviamente tem relações diretas com a homogeneidade. Altos níveis de multiplexidade promovem relações do tipo necessário para a transferência de conhecimento tácito (tabela 9.1), mas também aumentam a densidade. Laços densos em grupos sociais limitam as relações com pessoas de fora do grupo e a absorção de informações externas inovadoras (Oh, Labianca, Chung, 2006). Nesta seção, enfocaremos a confiança, a intermediação e a massa crítica como facilitadores cruciais para a transferência nas redes de conhecimento.

CONFIANÇA

A confiança é especialmente importante para disseminar o conhecimento tácito em decorrência de seu caráter eminentemente privado (Reagans & McEvily, 2003). A confiança é um salto de fé, em que um indivíduo se compromete com a ação antes de ter pleno conhecimento do resultado. O caráter fechado da rede a torna segura para a confiança, uma vez que o mal comportamento tem consequências (Burt, 2005). A confiança surge em relações recíprocas, e a reciprocidade encoraja as relações simétricas necessárias para tornar novos conhecimentos inteligíveis (Schulz, 2001). Afirma-se que a confiança fundamentada nas relações e na identidade é particularmente importante para as comunidades de prática (Ford, 2003) e pode ser um ingrediente essencial para a confiança baseada na benevolência, nos termos de Lesser e Prusak (citados em Levin *et al.*, 2004). Eles também identificam outro aspecto fundamental da confiança, alicerçada na competência do outro.

INTERMEDIAÇÃO

Agentes de mudança e líderes de opinião são os desencadeadores naturais de mudanças (McGrath & Krackhardt, 2003), assim como os corretores externos, conforme detalha o quadro 9.2. Segundo Burt (2004), há quatro níveis de intermediação associados à disseminação de boas ideias. O primeiro, e mais simples, é tornar os diferentes lados de um buraco estrutural cientes dos interesses e das dificuldades do outro grupo. O segundo é transferir boas práticas pelo buraco. O terceiro é traçar analogias – que, a princípio, parecerão irrelevantes – do modo como os diferentes grupos se comportam, sugerindo, assim, novas maneiras de abordar velhos problemas. O quarto é empenhar-se em uma verdadeira síntese. Em suma, "a intermediação aumenta o risco de se ter uma boa ideia" (Burt, 2004, p. 359).

QUADRO 9.2 CORRETORES EXTERNOS

Conforme vimos, há numerosos problemas com a transferência de informações nas empresas, e as funções internas de intermediação - como os corretores de buracos estruturais, as pontes e as ligações - são cruciais para esses processos. Esses corretores internos são limitados em vários aspectos (pode ser pela desconfiança de alguém em outro departamento ter agido de determinada maneira) e eles muitas vezes exercem múltiplas funções, o que significa que não podem dar atenção exclusiva à transferência de informações, algo que normalmente exige esforços heroicos, sobretudo para a realização de uma mudança efetiva. Para lidar com esse problema (e reconhecendo uma oportunidade interessante), agentes e entidades externos perceberam que podem facilitar a transferência de informações dentro de uma empresa atuando como elo de ligação entre dois membros internos, ao mesmo tempo que servem como representantes de um terceiro. As muitas "manifestações" dessa função (vendedores, consultores, diretores de organizações profissionais, jornalistas, etc.) são um indício do quão grandes são as necessidades não atendidas na maioria das empresas. Também ressaltam o claro papel dos incentivos na transferência de informações.

Há vários desses corretores na área médica, que às vezes têm instituições inteiras e/ou especialidades profissionais enfocando esse papel. Assim, um motivo inicial para a criação do Serviço de Informação sobre o Câncer (Cancer Information Service – CIS) foi a constatação de que as informações atualizadas sobre o tratamento da doença não estavam sendo difundidas com rapidez. Pensava-se que ao fornecer informações diretamente aos pacientes, estes poderiam, com efeito, educar os membros da comunidade médica sobre os tratamentos que necessitavam (Johnson, 2005). Uma vez que a assistência médica moderna está tão fragmentada e o envolvimento dos pacientes, tão problemático, estes e suas famílias são muitas vezes impelidos para essas funções por falta de opção (Gittell & Weiss, 2004; Groopman, 2007).

Conforme demonstram os estudos clássicos de difusão da tetraciclina, os representantes de laboratórios farmacêuticos podem exercer esse papel em uma comunidade médica (Burt, 1987; Coleman, Katz, Menzel, 1957). Esses representantes, muitas vezes, manipulam propositadamente a rede interna de um hospital para alcançar seu objetivo de facilitar a difusão de um novo medicamento. Groopman (2007) descreve um caso em que um médico foi pressionado a adotar uma nova droga por um colega de profissão (identificado pelo representante como um líder de opinião), que tentou usar de sua influência informal (e, muitas vezes, nesses casos, há influência formal) para moldar o parecer clínico do outro. Mas esse tipo de influência pode ser fundamental para a mudança, visto que o comportamento do médico quanto à prescrição é marcado por uma conhecida inércia e uma gama limitada de medicamentos (*ibidem*).

Em uma escala maior, empresas de consultoria, contabilidade e design podem exercer essa função de transferência de informações para seus clientes. Um ótimo exemplo é a Ideo, a premiada empresa de design de produtos, cuja atuação abarca muitas áreas (Hargadon & Sutton, 1997). Pela sua posição exclusiva, eles podem adotar ideias desenvolvidas em alguma área de atividade e transferi-las para contextos totalmente novos. Eles criam novos produtos com base no conhecimento existente em diferentes ramos de negócio. Apoiando-se em seu trabalho com essa empresa, Hargadon e Sutton (1997) criaram um modelo de intermediação de tecnologia em quatro etapas: acesso a ideias, que o posicionamento estrutural exclusivo da Ideo coloca em evidência; aquisição de informações por rotinas organizacionais; armazenamento dessas informações em alguma forma de memória organizacional para uso futuro; e, finalmente, recuperação. Eles apontam para o papel crucial da transformação e combinação de ideias por meio da intermediação, afirmando que esse processo tem efeito decisivo sobre a inovação, e enfatizam "o valor não da invenção, mas da combinação inventiva" (*ibid.*, p. 748).

Cada vez mais, as empresas estão percebendo que seus clientes e consumidores podem exercer essa função e se empenhar de modo mais sistemático para incorporar suas perspectivas ao desenvolvimento de novos produtos e/ou novas aplicações para os já existentes.

LIMIAR E MASSA CRÍTICA

Valente (1995), em sua análise sistemática dos estudos sobre difusão de inovações, agrega o limiar e a massa crítica como mecanismos geradores fundamentais para os processos de difusão. Os modelos de limiar usados para explicar comportamentos coletivos afirmam que os indivíduos adotam determinados comportamentos quando uma proporção suficiente de outros o fazem, com tais limites variando dependendo da situação. Esses limiares também exercem uma função crucial nas cascatas de informação; são, com efeito, pontos de inflexão que provocam a disseminação de mudanças nos sistemas sociais (Watts, 2002). A massa crítica representa o número de indivíduos necessários para que uma inovação possa se espalhar para os outros. Um problema para a difusão de tecnologias de comunicação é que certo número de usuários é requerido para torná-las úteis, um fator importante na difusão de sites de redes sociais. Essas duas variáveis podem interagir uma com a outra, uma vez que quando um indivíduo adota uma inovação, diminui outros limiares pela redução do risco. Quanto mais indivíduos aderem, menor o risco, desencadeando um efeito bola de neve (Watts, 2002). Em geral, a construção de coalizão informal é de fundamental importância para o desenvolvimento de processos de inovação (Albrecht & Hall, 1989; Kanter, 1983), ainda que não por outro motivo senão o fato de que algumas inovações, como o envio de mensagens eletrônicas, precisam de um número significativo de usuários para uma implementação bem-sucedida (Rice *et al.*, 1988), algo que abordaremos a seguir.

Implementação

Conforme especificado na tabela 9.2, a implementação muitas vezes requer um foco em laços fortes e diretos que levem à repetição e à comunicação bidirecional. Isso promove a possibilidade de reinvenção e interpretação e de extrapolação para circunstâncias locais (Tenkasi & Chesmore, 2003). Entretanto, as pesquisas tradicionais centraram-se na implementação de inovações pelos gestores por meio de canais formais, em vez de focar os processos de comunicação informal que estão associados ao surgimento de inovações (Kanter, 1983). As inovações geradas formalmente são aquelas que se originam na alta gestão, usando a estrutura tradicional de autoridade como a principal influência para sua adoção. Essa é uma característica única da inovação nas empresas; uma entidade que logra de mais *status* e autoridade pode decidir adotar uma inovação que outro segmento da empresa deveria receber. Nas empresas, o primeiro grupo é chamado "unidade adotante" e o processo como um todo é chamado "decisão de inovação autoritária" (Rogers & Shoemaker, 1971). As redes formais podem fracassar em sua tentativa de mudança organizacional por dois motivos: elas enfocam o compartilhamento de informações dentro de modelos existentes e se apoiam em comandos proscritivos (Mohrman, Tenkasi, Mohrman, 2003).

Nos anos 1960 e 1970, as pesquisas deram atenção considerável à relação entre estrutura formal e inovações, com uma gama desalentadora de descobertas. Por exemplo, as revelações contraditórias a respeito do tamanho da empresa e a inovação foram atribuídas a dois processos opostos. Embora o tamanho aumente a diversidade ocupacional, sufoca a inovação por instituir mais controles burocráticos (Daft, 1978; Kim, 1980). As pesquisas, que incluem verificações interculturais na Coreia, parecem corroborar as hipóteses de que a complexidade e a integração têm uma relação positiva com a inovação, ao passo que a formalização e a centralização têm uma relação negativa (Kim, 1980). Desse modo, a adoção de inovações tecnológicas é mais predominante em empresas grandes, especializadas, funcionalmente diferenciadas e descentralizadas (Kimberly & Evanisko, 1981; Rogers, 1983), fatores que, conforme se constatou, estão ligados à adoção de inovações por parte dos decisores que ocupam cargos inferiores na hierarquia organizacional (Moch & Morse, 1977).

Pode-se conceber uma implementação bem-sucedida como o processo de rotinizar, incorporar e estabilizar a inovação no fluxo de trabalho de um departamento da empresa. Para as empresas, "o resultado é a implementação (incluindo sua institucionalização), e não apenas a decisão de adotar" (Rogers & Adhikayra, 1979, p. 79). Defender a mudança necessariamente resulta em um aumento da incerteza, o que pode levar as unidades adotantes a resistir à inovação. A comunicação exerce um papel essencial na superação da resistência, em parte por reduzir a incerteza. A complexidade e o risco são elementos de incerteza que são cruciais para a implementação definitiva das inovações. A complexidade, nesse contexto, está associada ao número de alternativas possíveis percebidas ao adotar uma inovação. O risco são as consequências percebidas para a unidade adotante decorrentes da implementação de uma inovação.

Reduzir a incerteza é fundamental para os processos de inovação nas organizações (Fidler & Johnson, 1984) e pode ser um dos principais efeitos das redes de conhecimento. A incerteza é definida pelo número de alternativas (complexidade), os riscos associados a elas e o grau em que um indivíduo pode ter segurança quanto ao acerto das alternativas (Johnson, 1990). Superar as percepções de risco e complexidade é crucial para induzir o nível de envolvimento necessário a uma inovação bem-sucedida (Bennis, 1965), visto que as normas cooperativas costumam ser essenciais para a implementação de inovações (Reagans & McEvily, 2003). Uma vez que a adoção de novas ideias é arriscada, os trabalhadores compartilham-nas inicialmente com os membros de sua rede imediata, que podem oferecer o apoio necessário para alcançar indivíduos com quem eles não têm laços fortes (Ray, 1987).

A redução da incerteza inerente à comunicação pode diminuir a resistência às inovações, mas normalmente os decisores também devem exercer certo grau de poder e influência para facilitar a implementação. De fato, os canais de comunicação disponíveis para transmitir os vários tipos de poder e informação relacionados às inovações são as principais características estruturais que afetam a implementação. Os tipos de poder normalmente exercidos em contextos organizacionais requerem diferentes custos de comunicação e também resultam em níveis distintos de envolvimento nas unidades adotantes. Esses custos de comunicação são determinados pela quantidade de recursos gastos para transmitir uma mensagem (Farace, Taylor, Stewart, 1978). Algumas combinações de poder, complexidade e risco podem sobrecarregar os canais disponíveis, criando um limite superior para a capacidade de uma organização implementar certas inovações (Fidler & Johnson, 1984). Em ambientes mais descentralizados, as mensagens provenientes de uma ampla gama de fontes podem, de fato, ser mais eficazes e menos custosas para uma organização do que apoiar-se excessivamente em uma abordagem autoritária para a implementação da inovação (Leonard-Barton & Deschamps, 1988). A complexidade e o risco percebidos, inerentes às inovações, interagem com tipos de poder para determinar os custos de comunicação de sua adoção.

A percepção de risco é, muitas vezes, resultado da falta de conhecimento das implicações de uma inovação (Strassman, 1959), o que requer transferência de informações para reduzir a incerteza e está ligado ao fato de que a transferência de conhecimento é inerentemente um processo de aprendizado (Leonard, 2006). Quanto mais arriscada a adoção de uma inovação, maior a probabilidade de que uma unidade adotante resista a ela, demandando mais recompensas ou empenhos de influência por parte da unidade decisora antes de concordar com sua implementação (Zaltman & Duncan, 1977). Os vários tipos de poder usados para superar a oposição às inovações são fundamentais para determinar o sucesso dos processos inovadores em geral, uma vez que a aceitação pode ser dificultada por resistência passiva e ativa (Zaltman, Duncan, Holbek, 1973).

A complexidade também afeta os tipos de poder que serão utilizados para promover a implementação da inovação. Por exemplo, quanto mais facetas tem uma inovação, mais ações têm de ser recompensadas e, por sua vez, maior o volume de informações ligadas à persuasão. Assim, os custos de comunicação com a persuasão e com a sanção – e também, nesse caso, com o poder especializado – aumentam quase exponencialmente, quando há grande complexidade; no entanto, os custos de comunicação de outros tipos de poder crescem mais linearmente, porque a invocação deles é inerente às mensagens relacionadas com a inovação (Fidler & Johnson, 1984).

Fidler e Johnson (1984) descreveram de modo sistemático as consequências de se usar vários tipos de processos de influência na implementação de inovações, uma questão relacional decisiva listada na tabela 9.1. Utilizando o modelo clássico de French e Raven (1959), eles discutiram os custos de comunicação relativamente elevados de se empregar a sanção e a persuasão, e os custos baixos proporcionados pelo exercício do poder legítimo e poder de referência. Eles também contrastaram os níveis mais altos de envolvimento induzidos pelos tipos clássicos de poder de influência – representados pelos poderes de persuasão, de conhecimento e de referência – com os níveis mais baixos que resultam da sanção e do poder legítimo. O poder de conhecimento obviamente tem particular importância para as redes de conhecimento e traz problemas específicos para a pessoa que o exerce. Se toda etapa que leva a um parecer tiver de ser explicada à outra parte, principalmente em situações de alto grau de conhecimento tácito, os custos de comunicação crescerão. Por outro lado, se só for necessária uma resposta cumulativa, seus custos podem ser tão baixos quanto os do poder legítimo. Paradoxalmente, quanto mais um especialista precisa explicar, menos poder ele acaba tendo, uma vez que está transferindo sua base de influência para o outro.

Johnson (1990) testou um modelo dos efeitos da saliência, incerteza e capacidade de persuasão sobre a participação nas inovações. Essa pesquisa enfocou o papel dos canais de comunicação informal na transmissão de empenhos de influência pertinentes à implementação de um novo componente de um programa. Examinou as etapas iniciais do desenvolvimento de inovações nos níveis inferiores da organização. O canal de comunicação tipicamente usado nessa fase é primordialmente o interpessoal, e esses canais subformais refletem a estrutura de autoridade informal de uma organização (Downs, 1967). Tipicamente, esses canais mais pessoais tendem a ser mais eficazes, uma vez que respondem a necessidades e questões específicas dos receptores. Isso decorre do caráter imediato do feedback e da especificidade do canal. Em consequência, o uso deles implica a redução da incerteza, uma vez que eles levam a uma maior compreensão acerca da inovação proposta, o que talvez explique, em parte, o impacto mais moderado da certeza no modelo. O modelo de Johnson (1990) foi testado com dados coletados em uma grande instituição financeira, e os resultados demonstraram que a clássica variável comunicacional da persuasão tinha um impacto enorme na participação, reforçando a ideia de que a comunicação é central para os processos inovadores nas empresas.

Em geral, verificou-se que as estratégias persuasivas são os meios mais eficazes de garantir a implementação bem-sucedida das inovações, em particular as que apresentam alto risco e são muito complexas. A persuasão eficaz pode superar a resistência atribuída ao medo e à falta de compreensão; além disso, o uso da persuasão resulta em mais envolvimento. O caminho moderadamente negativo entre a incerteza e a intenção de participar confirma a visão de que as empresas devem construir um *ethos* de assunção de riscos, um sistema de recompensas para aceitar as mudanças e adaptar-se a elas, para que a inovação prospere (Goldhar, Bragaw, Schwartz, 1976).

Para os canais informais, a persuasão ou influência é o principal meio disponível para garantir que outras pessoas participem de uma inovação. A persuasão se apoia na capacidade de um indivíduo causar mudanças no comportamento de outro usando meios mais sutis, informais e cognitivos que aqueles associados com a sanção ou com a autoridade (Fidler & Johnson, 1984). Ao usar a influência, um indivíduo comunica evidências e argumentos, defendendo de forma lógica a aceitação de uma ideia inovadora e a participação na inovação. Uma vez que, em grandes empresas, as inovações geralmente são iniciadas pelo criador da ideia, que deve convencer os outros a participar (Galbraith, 1982), a disposição para tomar parte é um efeito crucial da comunicação. Tendo em vista que a persuasão eficaz resulta em mais participação na implementação das inovações, normalmente implica menos resistência e tem maior probabilidade de garantir uma atuação ativa. Há uma diferença fundamental entre a comunicação eficaz, em que cada parte entende a outra, e a persuasiva, em que uma das partes muda a opinião da outra em consequência da comunicação (Huckfeldt, Johnson, Sprague, 2004).

Mudança organizacional

Um problema clássico nos estudos desta área está relacionado com o grau e a pervasividade da mudança organizacional presente em cada iniciativa. Em um extremo, pode haver uma leve mudança em um processo organizacional (por exemplo, a atribuição de um papel diferente para o uso dos cartões de ponto), que tem impacto muito pequeno; no outro extremo, pode ocorrer uma mudança abarcadora na estrutura e no clima de uma organização (seria o caso de passar de um modelo hierárquico a um verdadeiramente virtual e descentralizado). Esse último tipo de mudança é tratado com mais profundidade no tópico sobre estrutura organizacional, que discutimos no capítulo "Estruturando redes de conhecimento". Ela afeta toda a rede de conhecimento, uma vez que o fluxo de conhecimento e as estruturas de rede fundamentais também são modificados. É desnecessário dizer que tal empreitada causa muito tumulto e que é muito difícil de se realizar, em parte por causa das forças da inércia reforçadas pelas rotinas inseridas na estrutura, mas também graças ao aparentemente inevitável (e muitas vezes rápido) surgimento de estruturas centralizadas e diferenciadas que discutimos anteriormente neste capítulo. Também evoca o clássico paradoxo de transferência de conhecimento, visto que uma mudança fundamental requer certo nível de conhecimento tácito para ser implementada, ao mesmo tempo que cria um importante problema de aprendizado (Tenkasi & Chesmore, 2003).

Em um dos raros estudos sistemáticos nessa área, Mohrman, Tenkasi e Mohrman (2003) usaram uma abordagem teórica indutiva fundamentada em dados empíricos para examinar mudanças organizacionais em oito empresas. Basicamente, esse tipo de mudança apresenta desafios de produção de sentido que as redes enfrentam por meio da influência – que já discutimos – e do aprendizado organizacional que resulta em adoção. Conforme verificaram, as redes informais que suplantam a hierarquia tradicional da organização foram cruciais para a implementação bem-sucedida das iniciativas de mudança. Essas redes permitem o aprendizado organizacional de novos esquemas nas áreas locais. Na organização que teve êxito, elas configuraram-se em uma combinação de aprendizado local e sistêmico: apresentaram laços internos e externos fracos e fortes em todos os níveis do sistema. As redes facilitaram a implementação compartilhando informações, possibilitando o intercâmbio e a combinação de conhecimentos, permitindo a reestruturação local de novas abordagens para representar novos entendimentos e esquemas.

Tudo isso também ressalta a importância dos paradoxos e as complexas contingências envolvidas, com dificuldades reais para se predizer os resultados. Portanto, embora a diversidade esteja diretamente relacionada com a criatividade, ela também mantém uma interdependência inversa com a implementação de novas ideias (Agrell & Gustafson, 1996). De modo similar, a amplitude dos vínculos pode servir para proporcionar a um indivíduo várias fontes de informação, bem como a repetição de certos efeitos, que determinam processos associados ao contágio, como a mudança de atitude. Assim, pressupõe-se uma forte relação entre multiplexidade e implementação, conforme tabela 9.1 (Foray, 2001). De modo contrário, baixos níveis de multiplexidade são vinculados a processos de difusão ligados à adoção. Curiosamente, o equilíbrio necessário entre a coesão nos grupos – com altos níveis de interdependência no trabalho e a cooperação correlata – e os buracos estruturais que precisam ser transpostos pelos gestores por meio de laços fracos muitas vezes determina a adaptabilidade relativa das organizações à mudança (Gargiulo & Benassi, 2000). Tudo isso também leva ao grande paradoxo: quanto mais as pessoas se comunicam, mais elas convergem para uma atitude comum, e menos criativa (diferente) é a organização. No entanto, embora a coesão limite a criatividade, ajuda a disseminar e transferir conhecimento.

O principal problema para os gestores é, portanto, encontrar um equilíbrio entre essas forças paradoxais, ao tomar suas decisões sobre as mudanças a serem realizadas na estrutura organizacional (quadro 9.3). Desse modo, as conexões não devem ser nem muito próximas nem muito distantes, e um estudo de Miller, Fern e Cardinal (2007) revela que o conhecimento interdepartamental tem maior probabilidade de levar ao impacto de uma invenção sobre os desenvolvimentos tecnológicos subsequentes do que a busca e transferência de conhecimento dentro do próprio departamento ou fora da empresa. Curiosamente, March (1991) demonstra que em sistemas fechados, conforme as organizações adquirem mais conhecimento e eliminam as diferenças nos códigos de compreensão, elas convergem para crenças equilibradas (que podem ou não ser acuradas). Estranhamente, taxas de aprendizado mais altas levam a alcançar esse equilíbrio mais cedo. Também podem produzir "armadilhas da competência", quando, em decorrência do sucesso inicial, as equipes rapidamente convergem para cursos de ação limitados e não estão dispostas a considerar novas abordagens (Taylor & Greve, 2006).

"O aprendizado lento por parte dos indivíduos mantém a diversidade por mais tempo, proporcionando assim a exploração que permite aprimorar o conhecimento encontrado nos códigos organizacionais" (March, 1991, p. 76). Esse aprendizado lento é facilitado pela heterogeneidade e maior especialização e pelos elevados custos de comunicação de se compartilhar verdadeiramente perspectivas diversas nos grupos (Taylor & Greve, 2006). De modo similar, em um meio turbulento, um nível moderado de rotatividade de funcionários, somado à lenta socialização (que oferece uma oportunidade para que a empresa aprenda com os funcionários) retarda o surgimento de um equilíbrio que não é adaptativo. Tudo isso revela os desafios delicados e concretos enfrentados pelas empresas que desejam manter a diversidade, e a importância dos processos que levam à uniformidade de atitudes e comportamentos e a uma maior produtividade (Balkundi & Harrison, 2006).

QUADRO 9.3. ESTRUTURANDO PARA A INOVAÇÃO

A grande vantagem dessa abordagem é que ao entender como os indivíduos buscam socialmente, podemos esperar elaborar *procedimentos* mais eficazes pelos quais empresas sólidas podem ser construídas sem ter de especificar os detalhes precisos da arquitetura organizacional propriamente dita.
(Watts, 2003, p. 289, grifo do autor)

Organizar para apoiar a criação de novas ideias não é difícil. As universidades dedicadas à pesquisa fornecem o modelo. Reúna pessoas brilhantes e curiosas, dê-lhes tempo e recursos e uma direção mínima, deixe-as se comunicarem com outras pessoas inteligentes que compartilharão pensamentos e submeterão as ideias a um exame rigoroso, e assegure-se de que as pessoas cujas ideias são consideradas melhores sejam recompensadas de um modo que elas valorizam (não necessariamente com rios de dinheiro!).
(Roberts, 2004, pp. 253-254).

Em diferentes fases do processo de inovação, distintos tipos de estrutura são necessários para se alcançar variados resultados. As estruturas formais podem barrar a capacidade de inovação dentro das empresas se forem demasiado rígidas e restritivas. As estruturas hierárquicas também interagem com uma visão linear e sequencial dos processos de inovação nas empresas para retardar ainda mais seu desenvolvimento (Bush & Frohman, 1991). Assim, as empresas mais formais não promovem o nível de flexibilidade necessário para que os funcionários possam iniciar inovações e possibilitar relações colaborativas em vínculos hierárquicos e funcionais que garantam a conclusão bem-sucedida de projetos.

Kanter (1983) apresentou argumentos contundentes de que as organizações que são segmentadas em diferentes grupos funcionais e fazem uso de barreiras sólidas, principalmente com o estabelecimento de estruturas de regras informais entre eles, não serão capazes de gerar ou difundir inovações. A diferenciação é necessária para conferir a sinergia essencial à criação de ideias, mas também torna difícil assegurar o consenso requerido para sua implementação. A esse respeito, é importante que se façam duas distinções ao discutir a inovação nas empresas. Primeiro, os processos de inovação muitas vezes precisam ser considerados separadamente da configuração operacional da empresa (Galbraith, 1982). Segundo, as estruturas de regras que regem a iniciação de inovações podem ser consideravelmente diferentes daquelas que regem sua implementação (Rogers, 1983; Rogers e Agarwala Rogers, 1976).

Desse modo, deve-se alcançar um equilíbrio entre eficiência, que resulta de sistemas altamente restritos, e eficácia. Embora seja importante reduzir a carga de informações, por exemplo, também é importante permitir algum vazamento entre as áreas, para que se possam trazer novas ideias e perspectivas para lidar com os problemas existentes. A segmentação total de uma empresa em grupos de trabalho isolados pode ser tão prejudicial quanto nenhuma segmentação (Kanter, 1983). Zaltman, Duncan e Holbek (1973) afirmaram que as empresas precisam de uma estrutura particular para criar novas ideias (baixa formalização, descentralização e alta complexidade), o que reflete as forças mercadológicas necessárias para inovações geradas informalmente. Os conceitos mercadológicos de redes podem ser especialmente úteis para trocas de informações mais qualitativas baseadas em ideias ou conhecimentos especializados; também criam incentivos para o aprendizado e a disseminação de informações que promovem a rápida tradução de ideias em ação (Powell, 1990). Isso também se reflete no estudo de Aiken e Hage (1971), que afirma que as empresas orgânicas com muitas ocupações, decisões descentralizadas, recursos ociosos e um histórico de inovações, tendem a ser mais inovadoras. No entanto, a implementação requer alta formalização, centralização e baixa complexidade.

Lograr inovação e produtividade apresenta um problema difícil para uma organização, já que ambas parecem requerer estruturas diferentes (Kanter, 1983); algumas empresas escolhem enfatizar uma ou outra, reconhecendo as dificuldades inerentes de tentar obter ambas. Por exemplo, a eficiência organizacional pode ser aprimorada não passando a produzir mais informações, mas reduzindo a quantidade com que o sistema tem de lidar (Johnson & Rice, 1987). No entanto, essa estratégia será muito nociva para o surgimento de inovações dentro de uma empresa. Além disso, Hage e Aiken (1970) afirmaram que quanto maior a ênfase em eficiência, menor a taxa de mudança. Algumas empresas tentam "comprar" uma solução para esse problema adquirindo empresas inovadoras, mas acabam se deparando com o mesmo dilema entre coordenação e autonomia quando elas são assimiladas na estrutura existente (Puranam, Singh, Zollo, 2006).

Outra estratégia que muitas empresas adotam é compartimentar produtividade e inovação por meio da adoção de estruturas muito rígidas nos processos de produção e estruturas mais flexíveis nos laboratórios de pesquisa e desenvolvimento. O desconhecimento resultante desse tipo de compartimentação é, muitas vezes, essencial para manter o equilíbrio do sistema. Há laboratórios muito bem-sucedidos seguindo esse modelo, como o centro de pesquisa da Xerox em Palo Alto, que produziu boas ideias por meio da exploração, que foram utilizadas não pela empresa hospedeira, e sim pelas outras empresas do grupo. Em algum nível - no caso, na alta gestão - alguém deve exercer ambas as funções, combinando exploração e utilização (Roberts, 2004).

A combinação de aspectos estruturais também pode ser usada para lograr sinergia. Por exemplo, a antiga Bell Laboratories e outras divisões da Bell System utilizaram diferentes elementos estruturais para alcançar níveis adequados de interdependência. Assim, os desenvolvimentos associados à implementação estavam relacionados organizacionalmente com pesquisas mais fundamentais, mas espacialmente não, ao passo que ficavam funcionalmente separados da engenharia, mas espacialmente próximos. Com isso, obteve-se a forma de coordenação adequada entre essas divisões, que o foco em uma ou outra não teria proporcionado (Morton, 1971). Allen (1977) observou um fenômeno similar nos laboratórios de pesquisa e desenvolvimento que investigou, constatando que como os funcionários tendiam a se comunicar com aqueles com quem estavam formalmente agrupados, a separação física existente poderia ser amenizada por meio da adoção de estruturas espaciais adequadas.

No entanto, embora nas pesquisas não existam evidências que expliquem esse ponto, a estratégia mais eficaz a longo prazo pode ser a de tentar adotar uma sinergia dinâmica entre duas estruturas diferentes, que às vezes sobrepõem-se de modo confuso e problemático. A esse respeito, a incongruência organizacional pode estar relacionada com a eficácia geral da empresa, uma vez que ela pode estabelecer a tensão criativa necessária para passar a sistemas organizacionais mais produtivos (Fry & Smith, 1987).

Relações mais mercadologias podem ser uma solução parcial para esse dilema. Esse argumento se apoia em pesquisas que revelam que indivíduos em posições de ligação em redes informais são mais produtivos (Downs, Clampitt, Pfeiffer, 1988) e também mais inovadores (Reynolds & Johnson, 1982). Watts (2003) afirmou que quando os gestores acumulam responsabilidades em ambientes ambíguos, é melhor delegar a resolução de problemas para os subordinados, que então podem realizar suas próprias buscas direcionadas para obter informações. Depois de muitas investigações, pode surgir uma nova estrutura que materialize essas muitas buscas repetidas e incorpore a sabedoria local que resulte do exercício de tentativa e erro. De algum modo, as empresas devem alcançar um equilíbrio entre a estabilidade e a flexibilidade (Weick, 1969); como chegar a esse equilíbrio, e resolver esse dilema, é ainda objeto de muita discussão.

RESUMO

Em alguns aspectos, o que discutimos neste capítulo trata da conversão de conhecimento tácito (intuitivo) no conhecimento explícito (manifestamente sabido) que facilita a ação disseminadora. Portanto, um indivíduo (ou grupo) que tem uma ideia criativa deve encontrar um meio de disseminá-la para outros que promovam ao menos um entendimento parcial da inovação. No entanto, sua implementação implica um conhecimento mais profundo e mais explícito que possa ser facilmente traduzido em ação. No fim das contas, todos os processos de inovação organizacional devem confrontar esses fatores, equilibrando a pressão cotidiana das condicionantes operacionais com as necessidades de a empresa se ajustar às circunstâncias ambientais em constante mudança (Van de Ven, 1986), sendo as reações dos indivíduos determinadas por uma tentativa de balancear elementos de desempenho com respostas normativas culturais e laços incertos induzidos pelo meio (Lewis & Seibold, 1996). Por trás dessas correntes está a observação mais obscura de que a criatividade e a inovação implicam mudanças e, portanto, podem desencadear pressões sociais contrárias, uma vez que a vida das pessoas está permeada por ideias e há numerosos interesses sociais vinculados a elas.

Leitura complementar

Burt, R. S. "Social contagion and innovation: cohesion versus structural equivalence". Em *Applied Journal of Psychology*, nº 92, 1987, pp. 1287-1335.
Nova análise do clássico estudo sobre a difusão da tetraciclina, contrastando as perspectivas de coesão e de equivalência estrutural do contágio social.

Burt, R. S. "Structural holes and good ideas". Em *American Journal of Sociology*, nº 110, 2004, pp. 349-399.
Amplia o projeto de Burt sobre buracos estruturais, aplicando-o ao desenvolvimento e à disseminação de inovações nas empresas.

Damanpour, F. "Organizational innovation: a meta-analysis of effects of determinants and moderators". Em *Academy of Management Journal*, nº 34, 1991, pp. 555-590.
>De certo modo, coloca um ponto final na era das pesquisas sobre o impacto dos índices formais (por exemplo, formalização) sobre a inovação.

Huckfeldt, R.; Johnson, P. E.; Sprague, J. *Political Disagreement: the Survival of Diverse Opinions within Communication Networks*. Cambridge University Press, 2004.
>Estudo de ciência política enfocando a mudança de opinião na sociedade. Descreve os processos gerais de mudança de atitude e suas relações com as redes sociais.

Perry-Smith, J. E. "Social yet creative: the role of social relationships in facilitating individual creativity". Em *Academy of Management Journal*, nº 49, 2006, pp. 85-101.

Perry-Smith, J. E. & Shalley, C. E. "The social side of creativity: a static and dynamic social network perspective". Em *Academy of Management Review*, nº 28, 2003, pp. 89-106.
>Esses artigos representam o programa de pesquisa mais sistemático que relaciona a análise de redes à criatividade em contextos organizacionais.

Rogers, E. M. *Diffusion of Innovations*. 5ª ed. Free Press, 2003.
>A última edição da obra clássica de Everett Rogers sobre a difusão de inovações em uma ampla variedade de contextos sociais. Embora este seja um dos estudos mais frequentemente citados nas ciências sociais – e lide especificamente com as decisões de inovação autoritárias – foi, em outros contextos organizacionais, substituído por estudos que enfocam as organizações e os consórcios entre organizações.

Zaltman, G., Duncan, R. & Holbek, J. *Innovations and Organizations*. Wiley, 1973.
>Clássico estudo pioneiro que descreve a inovação nas organizações.

10
Produtividade: eficiência e eficácia

> A grande derrocada da abordagem de redes é que estas são estruturas sociais tão dispersas que é difícil entender como elas podem explicar o que observamos.
> (Fligstein & Mara-drita, *apud* Swedberg, 1994, p. 270)

> [...] é difícil avaliar a exata contribuição dos processos de comunicação para os resultados, e a relação entre eles é mais intuitiva do que demonstrada ou comprovada empiricamente.
> (Downs, Clampitt, Pfeiffer, 1988, p. 171)

> [...] a cadeia de condições entre a quantidade de comunicação no local de trabalho e resultados como satisfação, eficácia ou outros efeitos pode ser um tanto longa.
> (Zimmerman, Sypher, Haas, 1996, p. 200)

Aqui, usarei produtividade em seu sentido mais amplo, considerando a criação de várias formas de riqueza nas organizações, incluindo capital econômico e social, o que indica certo grau de eficiência e de eficácia. Uma vez que esses termos estão intimamente relacionados, começarei com algumas definições elementares. Como dão a entender os dois pontos no título deste capítulo, a produtividade é função da eficácia e da eficiência, com o primeiro desses termos sendo um pouco mais difícil de definir concretamente.

A eficácia particulariza um resultado desejado. Portanto, implica certo grau de racionalidade, intenção e propósito, e nesse sentido pode estar intimamente associada com abordagens mais funcionais das organizações. Pressupõe certa correspondência entre os resultados da empresa e determinados objetivos, que aqui discutirei primordialmente em termos de impactos da contingência e visões da estratégia baseados em recursos.

PRAGMÁTICA

A eficiência diz respeito fundamentalmente ao âmbito dos insumos, em particular no que se refere a gastar a menor quantidade de recurso possível (por exemplo, de comunicação) para obter certos produtos. Temos, quando muito, uma vaga ideia da quantidade de comunicação necessária para causar certos impactos nas organizações (Johnson, 2008). Entretanto, a análise de redes, por meio de várias métricas, oferece muitas formas precisas e elegantes (por exemplo, o modelo de mundo pequeno) para especificar o número mínimo de vínculos requeridos para uns conectarem-se aos outros (quadro 10.1). Também se deu muita atenção à eficiência dos mercados, que conforme vimos têm relação direta com as redes, no que concerne aos conceitos que os definem. A eficiência é, obviamente, uma questão importante para as empresas porque permite destinar atenção e esforços para as atividades mais proveitosas. Produz o efeito desejado de buscar a quantidade mínima de esforço, gasto ou desperdício, ou uma proporção vantajosa entre resultados eficazes e energia empregada.

QUADRO 10.1. REPRESENTAÇÕES GRÁFICAS DE EFICIÊNCIA E EFICÁCIA

Como vimos no capítulo "Análise de redes", há uma série de índices e representações gráficas para as várias configurações de redes. Neste quadro, eu os aplicarei para ilustrar alguns casos elementares de eficiência e eficácia. Para fazê-lo, usarei uma pequena rede de dezessete nós, representados inicialmente em uma configuração minimalista na figura 10.1. Esta é uma configuração muito eficiente, visto que usa o número mínimo de vínculos para garantir que todos estejam conectados, mas também é extremamente hierárquica e sugere um organograma muito achatado,

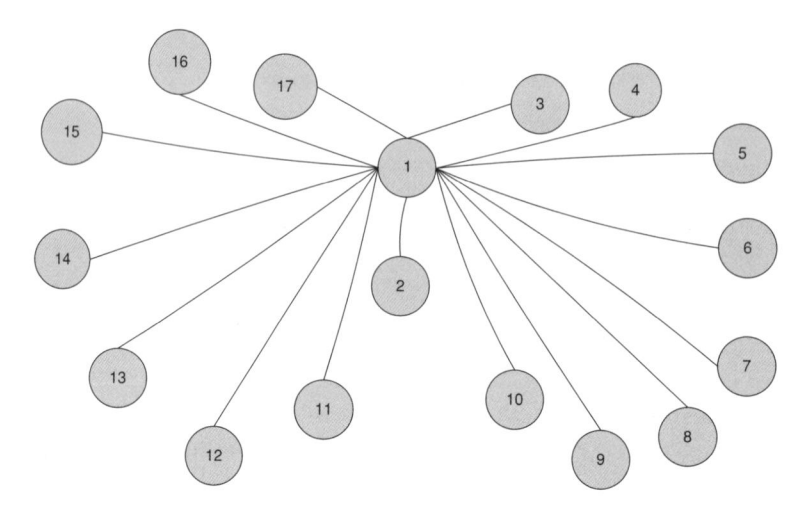

FIGURA 10.1. HIERARQUIA.

com o indivíduo 1 situado no centro. Conforme esclarecem os estudos sobre redes (Shaw, 1971), isso possivelmente só é eficaz quando há um plano padronizado preexistente, no qual todos têm uma função bem definida e estão envolvidos em uma tarefa simples. Do contrário, o indivíduo 1 logo ficaria sobrecarregado com a combinação das tarefas de coordenação e de resolução de problemas.

Em contraste, poderíamos ter um organograma em que todos estão conectados aos demais integrantes (figura 10.2). Esta talvez seja uma estrutura eficaz – pois possibilita o surgimento de uma comunicação com alto grau de conhecimento tácito, e o grupo é extremamente coeso –, mas dificilmente seria eficiente por causa da presença de muitos vínculos redundantes, o que resultaria em considerável duplicação das informações.

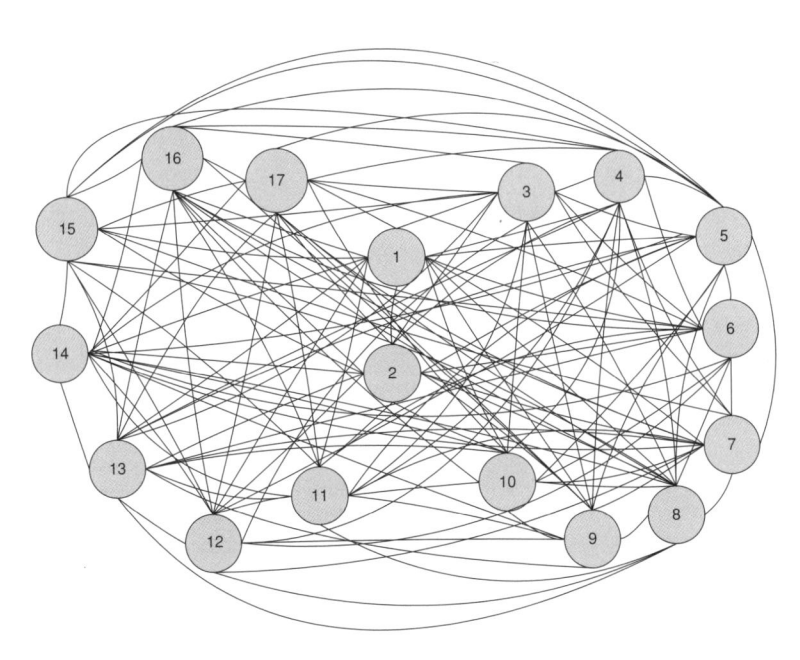

FIGURA 10.2. REDE TOTALMENTE CONECTADA.

Entre esses dois casos extremos há um conjunto de formas diferentes de equacionar a eficiência e a eficácia da organização. Uma delas, que analisamos anteriormente em seus variados aspectos, depende do posicionamento estratégico ocupado por indivíduos que podem atuar em posições-chave na rede, por meio de laços fracos/pontes (10/11), centralidade (1) e intermediação de buracos estruturais (1 e 2), todos representados na figura 10.3.

Conforme estudamos no capítulo "Análise de redes", há vários índices numéricos que captam diferentes nuanças de posicionamento. Como se pode facilmente perceber, o indivíduo 1 é o mais central neste diagrama, mantendo laços diretos com todos na rede, exceto o 2. Os membros 2, 10 e 11 apresentam certa redundância, mas cada um deles possui uma centralidade um pouco reduzida porque tem de passar uns pelos outros para alcançar outros indivíduos na rede. Os membros 10 e 11 são pontes clássicas, pois estão claramente inseridos em grupos coesos que não coincidem, mas mantêm um laço fraco fora deles que pode facilitar a transferência de conhecimento. Os membros

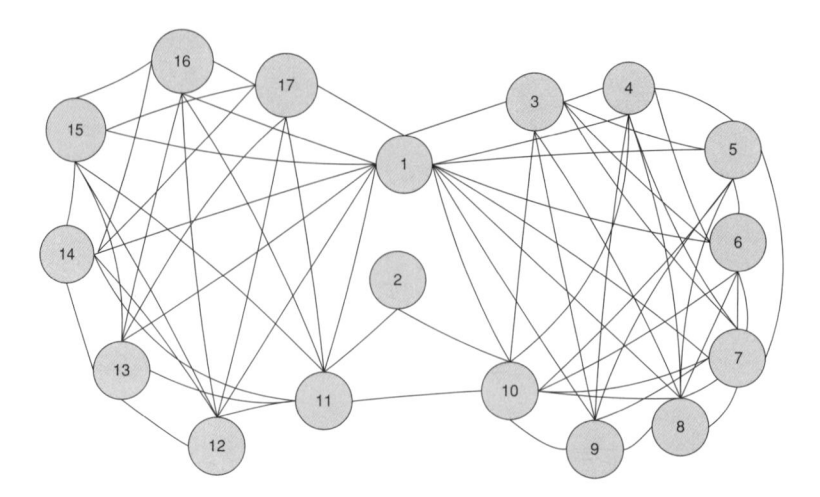

FIGURA 10.3. PONTES, BURACOS ESTRUTURAIS E LAÇOS FRACOS.

1 e 2 realizam tipos diferentes de intermediação: o membro 1 está claramente inserido em dois mundos sociais aparentemente distintos, ao passo que o 2 é mais o intermediário clássico, que está separado mas age para solidificar a relação entre o 10 e o 11. O membro 1 talvez seja o mais eficaz, mas a posição do 2 é mais eficiente. Outro modo de examinar essas questões é considerar o que aconteceria se esses indivíduos fossem retirados do sistema, uma vez que são visivelmente os elos, nos termos de Likert (1967), que os mantêm unidos, ou os "pontos de corte" cuja remoção fraturaria o sistema (Kilduff & Tsai, 2003). Portanto, uma questão crucial é saber como reconstruir elos rompidos – uma vez que normalmente essas relações demoram um largo tempo para serem retomadas – e, em decorrência de sua centralidade, definir quanta redundância deve ser encorajada.

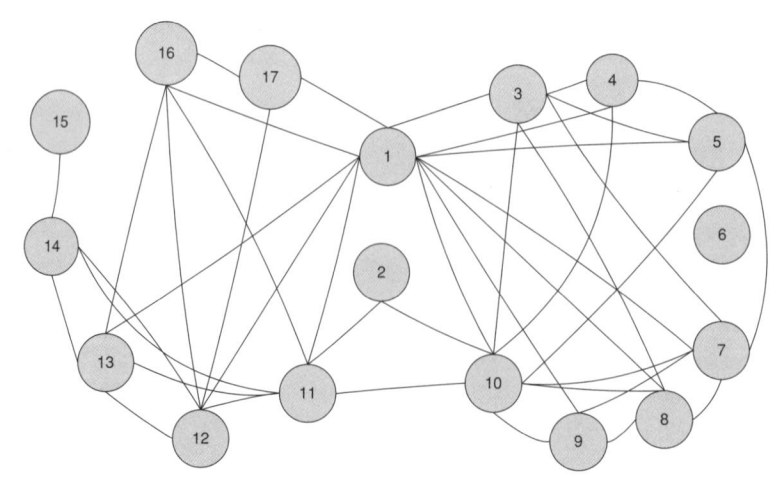

FIGURA 10.4. PERCURSOS.

A figura 10.4 representa uma abordagem que enfoca percursos e mundos pequenos. Discutimos os percursos no capítulo "Análise de redes" e eles claramente centram-se em tópicos ligados à inclusão de nós, encerramento/feedback (como um ciclo ou caminho que retorna a seu próprio ponto de partida), replicação em série, velocidade, redundância (um importante indicador de eficácia) e eficiência (entendida como a busca das distâncias mais curtas entre dois nós quaisquer). O membro 6 nessa figura é um indivíduo isolado puro, que não recebe nada de conteúdo nessa rede específica, um caso surpreendentemente comum nas pesquisas empíricas sobre redes (Johnson, 2005). O membro 15 tem o vínculo mais tênue nessa rede, e embora precise de apenas quatro vínculos para chegar aos outros pelo caminho mais direto, demanda onze deles pelo caminho mais indireto. Geralmente, a distância (ou geodésica) é determinada pelo comprimento do caminho mais curto que conecta dois nós (Scott, 2000); entretanto, a informação não necessariamente é transferida por ele (Borgatti, 2005; Newman, 2005). Uma das razões pelas quais o indivíduo 1 é o mais central é que ele pode alcançar diretamente a maioria das pessoas e precisa de menos vínculos indiretos para chegar a todos por meio de intermediários.

Em suma, conforme indicam esses grafos, as representações de produtividade nas redes podem ser particularmente ricas para descrever as condições operacionais necessárias para lograr certos níveis de eficiência.

Produtividade

Embora, à primeira vista, possa parecer que geralmente há uma clara relação entre comunicação e produtividade (Downs, Clampitt, Pfeiffer, 1988), a verdade inquietante é que muito pouco se sabe a respeito da ligação entre produtividade e redes de conhecimento (Provan & Milward, 2001). Isso pode ser parcialmente atribuído à ênfase geral das ciências sociais conferida aos processos psicológicos, como a formação de atitudes (Pfeffer, 1978 e 1982). Em consequência, sabe-se muito menos sobre o comportamento real das pessoas que sobre o que elas pensam que farão. Essa falta de conhecimento também se deve às complicações que logo surgem quando alguém tenta investigar a produtividade, que a princípio pareceria ser uma variável de resultado absolutamente inequívoco. "A produtividade é, a um só tempo, uma das variáveis mais importantes e mais difíceis de serem estudadas pelos pesquisadores de comunicação" (Downs, Clampitt, Pfeiffer, 1988, p. 173).

No entanto, para a sobrevivência da organização, provavelmente não há fator mais importante que a produtividade. Embora existam algumas evidências de que a produtividade está relacionada com a comunicação (Lewis, Cummings, Long, 1982), elas muitas vezes se baseiam em dados de relatos, estudos de caso ou esforços e pesquisas limitados e esporádicos (Downs & Hain, 1982). Mas as melhoras na eficácia do funcionário têm grande potencial de aumentar a produtividade, visto que uma parte considerável dos custos organizacionais está associada ao trabalho e, portanto, ligada à comunicação (*ibidem*).

Quanto?

Implicitamente, a maioria das teorias de comunicação retrata a predominância e a importância suprema da comunicação, e alguns afirmam que ela é a própria essência da empresa, seu elemento constitutivo. As teorias de sistemas ressaltam a importância da coordenação e da interdependência; as teorias interpretativas enfocam o compartilhamento de perspectivas em atividades produtoras de sentido; as teorias discursivas destacam a importância do diálogo para a ação coletiva, e assim por diante. Há também o que tem sido descrito como o grande mito da comunicação, "de que mais é melhor", com os membros das organizações sempre almejando mais comunicação, em particular provenientes de canais formais, independentemente do quanto dela estejam recebendo (Zimmerman, Sypher, Haas, 1996).

Para começar, a quantidade de comunicação necessária para causar certos impactos pode ser algo tão incontrolável que é até mesmo imprudente intentar tais projetos (Fidler & Johnson, 1984). No entanto, os estudos empíricos sobre comportamento comunicacional indicam que, na realidade, principalmente para a comunicação relacionada à inovação nas empresas, as pessoas não falam muito umas com as outras (Johnson, 2005, 2006 e 2008). Apesar de décadas de pesquisa sobre comunicação organizacional, temos, quando muito, uma vaga noção da "dosagem" necessária para lograr determinados efeitos (Johnson, 2008). Assim, que volume de comunicação precisamos para alcançar determinados fins (Farace, Taylor, Stewart, 1978)?

Da parte do receptor, existe uma preocupação com o impacto da sobrecarga de informações (Farace, Monge, Russell, 1977; Fidler & Johnson, 1984), mas não há uma inquietação concomitante com a insuficiência delas e tampouco, talvez, com a questão correlata do desconhecimento (Johnson, 1997a). Por causa de sobrecargas individuais e sistêmicas, as organizações devem obter eficiência em seus sistemas de comunicação interna por meio do encaminhamento e da sumarização (Daft & Huber, 1987; O'Reilly & Pondy, 1979) ou condensação (Downs, 1967) das mensagens. As situações de insuficiência de informações e lentidão organizacional aumentam as oportunidades para que os indivíduos busquem informações, mas isso pode não ter uma associação direta com os objetivos da empresa. As situações de sobrecarga podem aumentar o estímulo para procurar informações, e é provável que os viciados em informação busquem mais, em particular aquelas relacionadas com o crescimento de desempenho. Foram feitas algumas tentativas parciais de lidar com dosagem – as aproximações contingenciais à diferenciação e à integração, a repetição, a frequência, a lei de Zipf (1949) –, mas não uma abordagem integrada. Uma das questões mais problemáticas na procura de informações é a falta de persistência daqueles que buscam, e questões correlatas de acessibilidade. Em suma, as pessoas normalmente não se empenham muito e podem ser facilmente detidas pelos obstáculos (Case, 2005; Johnson, 1996b e 1997a; Johnson *et al.*, 2005).

Meu primeiro artigo científico centrou-se no nível normativo de atividades de comunicação observado em uma gama de redes organizacionais (Farace & Johnson, 1974). Surpreendentemente, ele demonstrou, em geral, baixos níveis de comunicação nas empresas. Esta descoberta foi, mais uma vez, confirmada em minhas pesquisas longitudinais recentes sobre inovação no Serviço de Informação sobre o Câncer (Cancer Information Service – CIS) (Johnson, 2005). Embora a comunicação seja vista como fundamental para a inovação, ocorreu, para nossa surpresa, pouca comunicação no decorrer desse projeto. Presenciei que quando as revelações da análise de redes do CISRC são compartilhadas com os outros, a primeira reação é questionar a qualidade dos dados. Foi, em parte, esse tipo de resposta dos funcionários do CIS que nos levou a incluir, no meio do projeto, a troca de informações por fax e por correio eletrônico nos registros de comunicação, em uma tentativa de descobrir mais comunicação ligada à inovação. No fim das contas, o peso das evidências foi contundente. Assim, talvez seja o momento de examinar com mais cuidado a correspondência entre resultados desejados e níveis de comunicação.

PERSPECTIVA MINIMALISTA

Em poucas palavras, talvez não haja necessidade de tanta comunicação para se obter certos efeitos. Apesar do interesse dos estudiosos da persuasão em superar a resistência – e das palavras de ordem da teoria da comunicação, como a repetição, para comunicar uma mensagem –, na maioria das empresas ordens são ordens. Se minha empresa diz que de agora em diante toda a minha comunicação referente a faturamento será realizada por e-mail, contanto que o sistema seja pouco importuno, relativamente fácil de usar e não ofereça riscos pessoais (ou se for ainda mais arriscado não seguir a regra), eu faço o que me é solicitado. Na maioria das empresas, pode não ser difícil lograr esse tipo de conformidade com as regras, e a comunicação correlata talvez seja mínima (Fidler & Johnson, 1984), principalmente se comparada com a conquista de corações e mentes pressuposta pela maioria das teorias de participação (Monge & Miller, 1988).

Portanto, uma questão fundamental a ser explorada nas futuras pesquisas é precisar que "dose" de comunicação se fará necessária para causar determinados impactos (Johnson, 2008). Quantas pessoas e que quantidade de comunicação são indispensáveis para se alcançar um limiar e/ou efeitos de massa crítica (Watts, 2003)? Para implementar uma série de inovações, talvez a melhor alternativa seja adotar estratégias de comunicação minimalistas, que envolvem certa comunicação mediada e intensa comunicação interpessoal, levam à construção de conhecimento tácito e envolvem apenas aqueles indivíduos que são imediatamente afetados. As questões de dosagem, associadas com a divisão em etapas e a gestão da incerteza, determinam quanta informação é necessária nos diferentes pontos, principalmente considerando-se que a aquisição de mais conhecimento pode resultar em atrasos e aumentar os custos (Gales, Porter, Mansour-Cole, 1992). Outro desdobramento dessas discussões é, talvez, a questão inexplorada mais interessante da análise estrutural: por que é que certas relações *não* ocorrem (Johnson, 1993).

EQUIVALÊNCIA ESTRUTURAL

Burt (1987), ao incluir as noções de equivalência estrutural nas pesquisas sobre inovação, possivelmente fez a primeira tentativa sistemática de oferecer uma explicação alternativa aos pressupostos clássicos (e dados como certos) da comunicação interpessoal direta na teoria da difusão (Valente, 1995). Em essência, esse modelo afirma que o cargo de um indivíduo o expõe a informações que influenciam sua ação, independentemente de sua comunicação direta e consonante com os outros. Além disso, as motivações competitivas podem levar os indivíduos a agir para manter ou obter determinadas vantagens. Por meio de fatores de equivalência estrutural, as funções na organização muitas vezes servem como uma ponte entre os níveis individual e organizacional (Baldridge & Burnham, 1975). Na perspectiva da equivalência estrutural, pode ser que *nenhuma* comunicação interpessoal consonante seja requerida para desencadear a implementação da inovação; e que, de fato, experiência seja o melhor professor, algo que tem relação direta com a construção de conhecimento tácito.

ENTENDIMENTOS TÁCITOS

Outro modo de abordar esse problema é por meio do entendimento que o indivíduo faz das regras inerentes a um jogo. Quando recebo a bola no futebol, posso estar bem treinado em condutas formalizadas e enxergar um padrão de ativação do jogo que é implicitamente compreendido por todos os outros jogadores. Assim, os altos níveis de formalização e socialização nas profissões podem minimizar a necessidade de comunicação direta e interpessoal (Van de Ven, 1976). Ou então, posso me deixar levar pelos acontecimentos, reagindo espontaneamente, e vivenciar a sensação agradável da improvisação (Eisenberg, 1990), com os outros reagindo em consonância comigo e nossas ações combinadas alcançando o propósito maior de marcar um gol. Em ambas as situações, a comunicação direta manifesta não é necessária; o entendimento tácito das regras do jogo e do que minha ação acarreta nesse modelo estabelecido basta para eu jogar.

Nessas situações, o gestor pode agir acumulando as atribuições de técnico e árbitro, determinando as regras gerais e assegurando-se de que elas sejam seguidas. Essa abordagem também explica como as pessoas lidam com tantas demandas operacionais concorrentes: com efeito, alguns jogadores deixam outros fazerem seu próprio jogo e, de modo implícito (formal, em forças-tarefa; ou mais informal, em comunidades de prática), delegam a eles o cumprimento de certas tarefas. (Enquanto eles estão com a bola, deixemos que corram; quando a passarem, veremos o que fazer.) Desse modo, os jogadores não se envolvem até o momento em que precisam agir.

Eficiência

Foram feitas várias tentativas de se determinar a eficiência das redes, a maioria das quais detalhando o número de vínculos necessários para executar determinada tarefa (quadro 10.1). Por exemplo, caminhos curtos são melhores que os longos para obter conhecimento; eles são mais eficientes por incluir menos vínculos e por conter menos possibilidade de distorção e de erro (Hansen, 2002). As redes eficientes minimizam o número de contatos diretos com os indivíduos responsáveis pela tomada de decisões; entretanto, ao que parece, os supervisores só delegam suas tarefas quando estão sobrecarregados de informação (Bolton & Dewatripoint, 1994). Mais formalmente, um grafo é mais eficiente quando o número de vínculos é o mínimo necessário para evitar dividir a rede em partes; quanto mais eficiente, mais frágil a rede (Kilduff & Tsai, 2003); para que seja robusta e eficaz, certo grau de redundância é necessário. Essas duas últimas descobertas apontam para algumas questões mais amplas que vão além de um foco estrito nos níveis de eficiência.

Também se dedicou alguma atenção à força de determinados vínculos. Assim, os vínculos fracos podem facilitar a busca, mas dificultam a transferência. Contudo, os vínculos fortes são custosos de manter (Hansen, 2002) e, por isso, devem ser usados primordialmente para compartilhar conhecimento tácito e lidar com outros problemas difíceis de transferência. Um estudo de postagens interpessoais em uma aula de pós-graduação on-line (Russo & Koesten, 2005) revelou que o prestígio e a centralidade são sólidos indicadores do aprendizado cognitivo. Uma meta-análise realizada recentemente sugere que equipes com laços interpessoais densamente configurados, que resultam em mais colaboração e compartilhamento de informações, atingem melhor suas metas e são mais comprometidos com a coesão do grupo, apesar da advertência de que é custoso manter um grande número de laços diretos (Balkundi & Harrison, 2006).

Correspondência ideal entre estrutura e desempenho

Os conceitos de correspondência, adequação, congruência e contingência têm sido empregados livremente na literatura para captar uma ideia essencial relacionada às estruturas organizacionais: a existência de uma configuração ideal dos elementos estruturais para promover o cumprimento de determinadas funções. Por exemplo, Tushman (1978) verificou, em um laboratório de pesquisa e desenvolvimento, que a eficácia era alcançada quando os padrões de comunicação correspondiam à natureza das tarefas em um projeto, sobretudo nas subáreas (Tushman, 1979). Especificamente, projetos de pesquisa de alto desempenho precisavam de mais comunicação interna que projetos de serviços técnicos de alto desempenho (Tushman, 1978).

A ideia de correspondência permeia quase todos os estudos sobre resultados organizacionais e se tornou um pilar da teoria da organização, em parte como reação à abordagem excessivamente simplista da teoria clássica de gestão, que visava descobrir *a única* melhor maneira de fazer as coisas nas empresas (Lawrence & Lorsch, 1967; Woodward, 1965). Essa noção foi aplicada a muitos resultados organizacionais: as relações entre diferenciação e integração em diferentes circunstâncias (Lawrence & Lorsch, 1967); a congruência entre as regras, tanto as percebidas quanto as reais, que regem a relação de comunicação entre supervisor e subordinado e a satisfação no trabalho (Downs, Clampitt, Pfeiffer, 1988); a relação entre estratégia organizacional e estrutura (Egelhoff, 1982; Fry & Smith, 1987); a riqueza dos meios de comunicação (Daft & Lengel, 1986); a relação entre tecnologia e estrutura (Fry & Smith, 1987); e, finalmente, a correspondência entre estruturas de comunicação e desempenho em pequenos grupos, que abordaremos a seguir.

Redes de comunicação em pequenos grupos

Talvez existam mais pesquisas sistemáticas sobre as redes de comunicação em pequenos grupos que em qualquer outra área de estudos ligada às estruturas organizacionais. Os resultados das pesquisas relacionadas com a estrutura e o desempenho de tarefas parecem se enquadrar muito bem em uma abordagem teórica contingencial (Lawrence & Lorsch, 1967) e na ideia da correspondência entre estrutura e desempenho.

A situação experimental nos estudos de redes de pequenos grupos (tipicamente, cinco indivíduos) restringia as mensagens escritas que poderiam fluir entre seus membros (por exemplo, Leavitt, 1951). A principal distinção era feita entre redes de comunicação centralizadas, onde alguns indivíduos atuavam claramente como conectores nos fluxos de comunicação e podiam, com efeito, agir como filtros, e estruturas descentralizadas em que havia mais de uma forma de se encaminhar uma mensagem e nenhum indivíduo se mostrava dominante. Os indivíduos centrais tinham uma boa chance de serem escolhidos por outros membros como líderes de grupos centralizados (Leavitt, 1951; Shaw, 1971). Além disso, também havia claros indícios de que os membros centrais estavam mais satisfeitos que os periféricos e que o nível geral de contentamento era mais alto nos grupos descentralizados (Shaw, 1971).

A maior parte das pesquisas nessa área abordou o desempenho de grupos com variadas estruturas, comparando-o com a realização de tarefas simples e complexas. Ao analisar esses estudos, Shaw (1971) encontrou claros indícios de uma relação entre a eficácia no desempenho de tipos específicos de tarefa e o grau relativo de centralização desses grupos. Para lidar com problemas simples, como a identificação de símbolos, os grupos centralizados eram mais eficientes quanto ao tempo gasto, enviavam menos mensagens e cometiam menos erros. Nos problemas complexos, como a construção de frases, os grupos descentralizados levavam menos tempo e cometiam menos erros, mas enviavam mais mensagens.

Shaw (1971) adota o conceito de saturação para explicar essas descobertas. Nos problemas complexos, a pessoa mais central logo fica sobrecarregada de informações e tem a responsabilidade de retransmiti-las a outros membros do grupo. Quando o grupo se depara com uma tarefa simples, o volume de comunicação pode ser facilmente gerenciado, e ter um repositório central de informações é uma vantagem. No entanto, a possibilidade de estabelecer grupos descentralizados permite que a responsabilidade de retransmitir informações seja partilhada entre seus integrantes, resultando também em uma "correspondência" melhor entre as capacidades individuais e os problemas confrontados pelo grupo.

Guetskow e Simon (1955), em uma interessante interpretação desses experimentos, especularam que um dos motivos pelos quais os grupos descentralizados eram mais eficientes é que, com efeito, eles contavam com um plano de ação para tomar decisões. Eles descobriram que quando os grupos descentralizados tinham a oportunidade de discutir sua organização, depois de ter tido alguma experiência na tarefa, se tornavam tão eficientes quanto grupos mais centralizados ao realizar atividades simples, e o faziam reduzindo o número de vínculos internos usados. Outras pesquisas também indicaram que, com o tempo, há uma tendência geral de que os grupos eficientes reduzam o número de vínculos de comunicação utilizados, para se tornarem efetivamente mais estruturados ou fazer corresponder sua estrutura à tarefa que é realizada (Katz & Kahn, 1978). De fato, alguns afirmaram que esses processos podem ser generalizados para uma ampla gama de sistemas; e que as hierarquias são inevitáveis (Krackhardt, 1989; Ahuja & Carley, 1999).

Análises de custo-benefício

Alguns estudos sobre a busca de informações examinaram o esforço feito para adquiri-las e tentativas de evitá-las (Case *et al.*, 2005). Os custos da aquisição de informações são muitos: psicológicos, temporais e materiais. A maioria dos que as buscam parece presumir que é melhor contar com informações obtidas facilmente – afinal de contas, eles já têm uma resposta, independentemente de quão incerta seja – do que empreender o esforço necessário para consegui-las de forma completa. Os "custos", na forma de tempo e empenho extras para uma busca completa, que também podem resultar em oportunidades postergadas, complicações para tomar uma decisão e maior sobrecarga de informações, são reais. Também há outros custos psicológicos, como perda de autoestima e frustração, que decorrem de uma procura malsucedida (Hudson & Danish, 1980). A lei clássica do "menor esforço" foi evocada para explicar por que são escolhidos primeiro os canais que requerem menos empenho. A primeira manifestação dessa ideia foi a lei de Zipf (1949), uma expressão mais geral de uma ampla gama de comportamentos humanos, que propõe que, ao ir atrás de informações, os indivíduos economizarão esforços, mesmo quando isso significar a aceitação de conteúdos de menor qualidade (Bates, 2005; Case, 2005). Um corolário dessa lei é que as pessoas tendem a recorrer a fontes que usaram no passado. É desnecessário dizer que, no que concerne às redes de conhecimento, isso aponta para as estruturas de comunicação localizadas e relativamente esparsas observadas nos estudos empíricos apresentados no início deste capítulo.

Os estudos mais recentes nessa área enfocaram o forrageamento de informações (Pirolli & Card, 1999), uma forma de análise de custo-benefício que presume que os seres humanos maximizam os ganhos de informações valiosas por custo unitário. Os custos de recurso são os gastos de tempo e energia empregados para obtê-las. Os custos de oportunidade representam o que poderia ter sido ganho realizando outras atividades. Assim, os indivíduos minimizam os custos de acesso colocando os recursos de informação perto deles; reduzem os custos de passar de uma informação à seguinte; buscam as informações mais rentáveis; e maximizam o benefício nutricional em sua dieta, evitando consumir "porcaria" e prestando atenção à proporção entre o tempo empregado e a energia devolvida. Uma questão fundamental para essa abordagem é a ideia de "farejar" informações valiosas, o que pode ser um importante fator para o desenvolvimento de determinados padrões de redes de conhecimento, como veremos em mais detalhe no capítulo "Encontrando conhecimento".

Eficácia

A eficácia ou desempenho das redes de conhecimento está intimamente relacionada com questões de estratégia e adaptabilidade ao meio em que uma empresa está inserida. Embora pouco se tenha escrito diretamente sobre esse assunto, há muitos estudos sobre a importância de redes interorganizacionais na literatura sobre estratégia e a relação entre TI e desempenho organizacional. Apesar de termos abordado questões similares nos capítulos "Estruturando redes de conhecimento" e "Tecnologia", respectivamente, aqui discutiremos mais diretamente seus impactos sobre a eficácia.

Visão baseada em recursos

De extrema importância para nosso estudo é a recente emergência da visão baseada em recursos, uma teoria de estratégia que tem grandes implicações nas redes de conhecimento. Para que um recurso confira vantagem competitiva, ele deve ser valioso, raro, inimitável e insubstituível (Melville, Kraemer, Gurbaxani, 2004; Pan,

Pan, Hsieh, 2006). Os recursos incluem capacidades (por exemplo, habilidades técnicas e gerenciais e processos como desenvolvimento de sistemas e integração) e ativos. Os ativos são coisas tangíveis e intangíveis utilizadas nos processos, ao passo que as capacidades são os padrões de uso que transformam os insumos em produtos (Wade & Hulland, 2004).

Conforme vimos no capítulo "Internalizando o mundo exterior", as relações em consórcios são particularmente difíceis de criar e manter, e não são substituídas facilmente. De modo similar, as redes de conhecimento em geral podem ter tais características, e se a integração da TI também for incluída, esse tripé pode conferir enormes vantagens competitivas às empresas que investem nele a longo prazo. A transferência de conhecimento tácito e a própria rede de conhecimento podem constituir a principal capacidade, uma vez que não são facilmente duplicadas ou imitadas, têm menos mobilidade e não são substituíveis por capacidades de outras empresas que levem a um fim equivalente. A raridade dos recursos é a principal fonte de vantagens competitivas continuadas (*ibidem*). De fato, toda empresa pode ter recursos difíceis de replicar e pouca mobilidade. Esses recursos internos são a chave para o desempenho financeiro, e, uma vez que não podem ser duplicados, têm potencial para conferir vantagens competitivas continuadas (Kearns & Lederer, 2003). (Uma ilustração desse ponto pode ser encontrada no comunigrama de conhecimento tácito/explícito da Dazzling, discutido no capítulo "Análise de redes".)

A importância da integração de TI não pode ser subestimada. As organizações assumem grandes investimentos em TI, e esses gastos são acompanhados de riscos e benefícios consideráveis. A integração eficaz de TI pode ser uma fonte de vantagem competitiva ao associar as tecnologias da informação às metas da empresa, melhorando o desempenho e aumentando a eficiência. No entanto, a integração e a implementação de TI não são uniformes quando consideramos diferentes empresas ou mesmo diferentes inovações, e o grau de envolvimento da organização em mercados eletrônicos, que facilitaria as relações interorganizacionais, também pode influenciar esses processos. Curiosamente, em se tratando de relações interorganizacionais, as vantagens podem não residir em empresas específicas, mas em toda uma cadeia de relações (Lorenzoni & Lipparini, 1999) e, em última instância, em seus benefícios para os consumidores (Melville, Kraemer, Gurbuxani, 2004).

Conforme vimos, a TI, embora seja alvo de investimentos vultosos, tem relações problemáticas com o desempenho geral da organização e sua lucratividade em particular (*ibidem*), em parte porque as tecnologias da informação podem ser imitadas. Para assegurar a vantagem de serem pioneiras ao implementar inovações em TI, as empresas precisariam se tornar inovadoras perpétuas, algo que é muito difícil de se conseguir na prática (Wade & Hulland, 2004). No entanto, o foco não deveria ser na tecnologia *per se*, e sim em seu impacto sobre o compartilhamento de conhecimento e nas melhorias da base de conhecimento dos gestores para a tomada de decisões (Kearns & Lederer, 2003). Em uma visão baseada em recursos, as capacidades e ativos internos da empresa são os principais indicadores de um desempenho financeiro superior (Kearns & Lederer, 2003; Wade & Hulland, 2004). E, além disso, os recursos contribuem para reconfigurar suas capacidades internas e externas de se ajustar a ambientes em constante mudança (Kearns & Lederer, 2003; Pan, Pan, Hsieh, 2006). No entanto, os sistemas de informação, por si sós, raramente conferem vantagens competitivas continuadas; eles devem ser parte de uma cadeia complexa de ativos e capacidades (Mahmood & Mann, 2000; Wade & Hulland, 2004). São uma condição necessária, mas não suficiente.

Abordagens configuracionais

As abordagens configuracionais da estratégia oferecem uma forma de avaliar mais diretamente as complementaridades entre as redes de conhecimento e outros processos organizacionais, bem como sua raridade. Em geral, afirmou-se que há três abordagens dos fenômenos organizacionais (Ferratt *et al.*, 2005; Lee, Miranda, Kim, 2004) que traçam bem o histórico dos estudos sobre tecnologia e produtividade:

1. universalista: afirma que há um conjunto de boas práticas para múltiplos contextos e situações;
2. contingencial: argumenta que os efeitos dos processos sobre os resultados são moderados por uma série de variáveis, sobretudo aquelas associadas aos contextos; o estudo de Lawrence e Lorsch (1967) sobre diferenciação e integração discutido no capítulo "Estruturando redes de conhecimento" é, talvez, o melhor exemplo desse tipo de abordagem;
3. configuracional: enfoca os conjuntos de atributos que apresentam efeitos sinérgicos e não lineares sobre os resultados.

Esse foco em um conjunto de atributos frequentes que podem ser associados ao desempenho (Ketchen, Thomas, Snow, 1993; Lee, Miranda, Kim, 2004) também está relacionado com o clássico conceito sistêmico de equifinalidade (Gresov & Drazin, 1997), em que a adoção de um atributo limita a de outros por questões de complementaridade/adequação/*gestalt* – as *gestalts* são conjuntos viáveis de configurações internamente consistentes. As pesquisas indicam que as abordagens configuracionais têm mais capacidade de prever resultados que as outras (Lee, Miranda, Kim, 2004). Por exemplo, Andersen e Segars (2001) verificaram que a comunicação aprimorada pela TI sustentava uma estrutura de decisão descentralizada que apresentava um desempenho financeiro superior. De fato, talvez apenas as diferenças realmente flagrantes nas estruturas possam ter verdadeiro impacto sobre o desempenho (Dalton *et al.*, 1980), e, de modo similar às noções de teoria da catástrofe, podem haver drásticas mudanças no desempenho organizacional quando se atingem certos limiares. Essa abordagem também pode ajudar a resolver os muitos dilemas e paradoxos apresentados pelas redes de conhecimento, no que concerne à diferenciação e integração, ao conhecimento tácito e explícito e assim por diante.

RESUMO

Nos anos recentes, as pesquisas em comunicação mostraram uma curiosa tendência de ignorar questões fundamentais de extrema importância para a prática. Esse é certamente o caso da produtividade, da eficácia e da eficiência organizacionais. Ainda mais problemático é o fato de que nossos lemas confortáveis não resistem a uma análise empírica detalhada. A maior parte das teorias da comunicação presume que mais comunicação é melhor, o que implica que grandes volumes dela são benéficos às organizações, mas os poucos estudos realizados revelam, quando muito, equações de custo-benefício e contingências complexas. Algumas dessas contingências foram muito bem especificadas para as pesquisas de pequenos grupos, que têm uma rica tradição empírica. Quanto à eficiência, a situação é um pouco mais manejável, ao menos no sentido de que existem, prontamente disponíveis, representações gráficas e índices capazes de descrevê-la. Cada vez mais, a eficácia das redes de conhecimento está se tornando um elemento fundamental da estratégia de toda organização, sobretudo em uma visão baseada em recursos, em que as capacidades e complementaridades das redes de conhecimento são um fator estratégico no desempenho organizacional.

Leitura complementar

Downs, C. W.; Clampitt, P. G.; Pfeiffer, A. L. "Communication and organizational outcomes". Em Goldhaber, G. M. & Barnett, G. A. (orgs.). *Handbook of Organizational Communication*. Ablex, 1988.
Análise clássica dos impactos da comunicação organizacional sobre a produtividade.

Farace, R. V.; Taylor, J. A.; Stewart, J. P. "Criteria for evaluation of organizational communication effectiveness: review and synthesis". Em: Nimmo, D. (org.). *Communication Yearbook*, nº 2. Transaction Books, 1978.
Uma das primeiras tentativas sistemáticas de analisar a eficácia da comunicação.

Johnson, J. D. "Dosage: a bridging metaphor for theory and practice". Em *International Journal of Strategic Communication*, nº 2, 2008, pp. 137-153.
Ensaio provocador que relaciona a metáfora da dosagem com questões de eficácia e eficiência.

Pirolli, P. & Card, S. "Information foraging". Em *Psychological Review*, nº 106, 1999, pp. 643-675.
Aplica a metáfora do forrageamento e do pensamento evolutivo à busca de informações.

Shaw, M. E. *Group Dynamics: the Psychology of Small Group Behavior*. McGrawHill, 1971.
Análise sistemática das pesquisas sobre redes de comunicação em pequenos grupos.

Zimmerman, S.; Sypher, B. D.; Haas, J. W. "A communication metamyth in the workplace: the assumption that more is better". Em *Journal of Business Communication*, nº 33, 1996, pp. 185-204.
Descreve o grande mito da comunicação de que "mais é melhor", com os membros da organização sempre desejando mais comunicação, sobretudo de canais formais, independentemente da quantidade de comunicação que estejam recebendo.

Zipf, G. K. *Human Behavior and the Principle of Least Effort: an Introduction to Human Ecology*. Addison-Wesley, 1949.
Neste trabalho, o autor desenvolve a lei de Zipf do menor esforço, que desde então tem sido aplicada a uma ampla gama de fenômenos sociais.

11
O lado humano

Conexões são fáceis; relações são difíceis.
(Lesser & Cothrel, 2004, p. 29)

Há muitos elementos do contexto mais amplo de uma empresa, como os sistemas de pagamento e de promoção, que podem ter impacto sobre as relações humanas nas redes de conhecimento. No entanto, o foco deste capítulo será no modo como a composição humana de uma empresa afeta o desenvolvimento dessas redes. Em geral, os pesquisadores centraram-se em fenômenos como clima organizacional ou impactos culturais, entendendo-os como o macroambiente humano que dá o tom a toda interação que ocorre dentro dele e às redes de conhecimento que daí resultam. Por exemplo, climas fechados tendem a estar associados a redes particularmente restritas e fragmentadas, que inibem o livre fluxo de informações. Aqui, discutirei primeiro um dos aspectos desses macroambientes: a demografia organizacional ou a natureza da composição humana no local de trabalho. O modo como os indivíduos vêm a entender seu papel na organização é uma forma única de conhecimento tácito que discutirei abordando os papéis ambíguos. Então, passarei às questões microambientais mais clássicas, relacionadas a motivações e desconhecimento individual, antes de retornar aos tópicos de *status* e reputação, que unem essas duas perspectivas.

Demografia organizacional

A demografia organizacional refere-se à composição das pessoas que fazem parte de uma organização, considerando-se atributos elementares como sexo e idade (Pfeffer, 1982). Afirmou-se que a distribuição desses atributos na população de uma empresa tem consequências importantes para a organização e seus membros, sobretudo na transferência de conhecimento (McPherson, Smith-

-Lovin, Cook, 2001). Desse modo, conforme discutimos no capítulo "Criatividade e inovação", a exposição de cada indivíduo a diversos integrantes de uma rede tem impacto positivo sobre a criatividade e a adoção de inovações. No entanto, as pessoas também têm uma tendência natural de comunicar-se mais com seus semelhantes, com quem é mais fácil compartilhar e transferir conhecimento (Rogers, 1983; Ruef, Aldrich, Carter, 2003; Tsui & O'Reilly, 1989; Zenger & Lawrence, 1989). Por sua vez, grupos coesos podem vir a ter percepções negativas a respeito de indivíduos de fora, isolando-os de possíveis transferências de conhecimento (Hansen, Mors, Lovas, 2005), particularmente em relação a processos de categorização social que impedem o uso de informações (Dahlin, Weingart, Hinds, 2005). Isso muitas vezes significa que mulheres e minorias são excluídas das redes informais, tendo seu acesso negado a redes de conhecimento restrito (Ibarra, 1993).

A demografia organizacional é capaz de causar grandes impactos. Primeiro, os fatores demográficos podem afetar as práticas de recrutamento e o quanto uma organização delegará de autoridade a seus membros, uma vez recrutados. Segundo, podem afetar os modelos de controle (por exemplo, a competitividade que deriva de determinada faixa etária particularmente grande). Desse modo, grande número de novos funcionários em uma empresa em crescimento levaria ao estabelecimento de um controle por meios burocráticos, em vez de culturais, visto que os novos integrantes não tiveram tempo de socializar-se. Em todo caso, quanto mais alta a proporção de novos membros, maior a quantidade de comunicação que precisará ser destinada a sua socialização (McNeil & Thompson, 1971). Essas questões também podem afetar o número de supervisores necessários e sua amplitude de controle (Pfeffer, 1982).

Um terceiro ponto relacionado com a demografia é o conflito entre grupos. Se um supervisor também faz parte de outro grupo demográfico, ocupando nele uma posição privilegiada, isso pode dificultar o desenvolvimento das relações, como aproximar-se de seus subordinados. Também há diferenças fundamentais entre gerações na compreensão de questões importantes, principalmente ligadas à tecnologia e seu impacto sobre forças econômicas maiores. A relativa homogeneidade das equipes e do contexto organizacional em que estão inseridas também tem implicações para sua exposição a novas ideias e seu nível de conflito (Joshi, 2006). Por fim, esses fatores, quando combinados, podem ter influência sobre a rotatividade do quadro de funcionários. Por exemplo, verificou-se que a presença de um grupo dominante, e de lacunas consideráveis entre grupos demográficos em departamentos nas universidades, determina taxas mais altas de aposentadorias voluntárias, pedidos de demissão e renúncias a cargos (McCain, O'Reilly, Pfeffer, 1983).

Um dos assuntos mais pesquisados, tradicionalmente relacionado com demografia organizacional e redes, enfoca os desequilíbrios nas proporções de seus integrantes, particularmente associados a atributos como o sexo. Kanter (1977) afirmou que a integração de funcionários cujos atributos diferem dos da maioria do grupo de trabalho depende de seu *status* relativo de minoria. Assim, os indivíduos que representam uma pequena minoria dos funcionários – digamos, 15% – estão submetidos a pressões consideráveis pela sua visibilidade e singularidade. No entanto, conforme a proporção se torna mais equilibrada, o impacto de atributos distintivos se torna menos acentuado. Um dos efeitos mais importantes das políticas de integração simbólica das minorias (em inglês, *tokenism*) é que os indivíduos que as representam são isolados das redes de comunicação informal compostas por membros da maioria (Fairhurst, 1986). Brass (1985) verificou em uma empresa jornalística, com quantidades mais ou menos iguais entre os sexos, que os homens não se integravam muito bem às redes de comunicação das mulheres e vice-versa, e que as mulheres, em particular, não estavam bem integradas ao grupo dominante. Naturalmente, esses fatores podem retardar o fluxo de conhecimento.

Uma questão central a respeito das proporções é o impacto causado pela distribuição de estados relacionais (Kanter, 1977; Pfeffer, 1982 e 1983). Por exemplo, posso ser aberto quando todos os outros em meu ambiente são fechados? Embora isso possa referir-se a uma série de características relacionais (por exemplo, confiança e credibilidade), aqui trataremos da abertura, uma variável que historicamente recebeu considerável atenção (por exemplo, Jablin, 1978) e permeia vários níveis de análise (Dansereau & Markham, 1987) – e que, quase por definição, tem impacto direto sobre a disposição para compartilhar informações. Apesar de a abertura ser crucial para a transferência de conhecimento, há indícios importantes de que os subordinados não estão dispostos a ser abertos em suas relações de comunicação com os supervisores (Jablin, 1978), e alguns afirmam que ela talvez não seja benéfica em circunstância alguma, sobretudo quanto a suas consequências para os indivíduos (Eisenberg & Whetten, 1987).

Se os indivíduos entram na empresa com uma postura essencialmente aberta em suas relações com os outros, que fatores podem levá-los a mudá-la? Um desses fatores é a sensação de assimetria, isto é, quando "alguns outros" com quem uma pessoa se relaciona agem de maneira fechada. Agora, a principal questão é saber em que ponto a percepção de relações fechadas leva um indivíduo a mudar seu comportamento. Tal mudança é provocada por uma única experiência particularmente devastadora ou o mais provável é que uma proporção substancial de sua relação com os outros tenha sido de natureza fechada? Ou a pessoa fica mais criteriosa? Ela age de forma recíproca e se comporta tal qual os outros? Ela mantém relações fechadas apenas com as pessoas que a colocam em risco (por exemplo, quando desejo obter algo do outro ou quando ele pode me punir de alguma forma)? Essa postura defensiva pode ser dissipada com o tempo se os indivíduos lograrem certo grau de confiança.

Questões de proporção, tanto de relacionamentos quanto de experiências anteriores, podem ter impacto significativo sobre a formação de redes informais. Naturalmente, se uma pessoa tem tido consistentemente experiências positivas ou negativas, ela pode pretender reagir com mais ou menos abertura e ampliar ou restringir sua comunicação. O que realmente nos interessa saber é em que ponto entre esses dois extremos a tendência de um indivíduo passa a ser a de reagir negativamente.

O estudo de Jablin (1978), que examinou o conteúdo de mensagens na comunicação entre supervisor e subordinado, revela que uma quantidade mínima de mensagens negativas, sobretudo aquelas que concernem à relação entre as duas partes, pode, em alguns casos, levar a uma relação fechada. Jablin (1978) afirma que a aceitação recíproca de ambas as partes é crucial para uma relação aberta. Assim, para optar por ser aberto, o indivíduo deve perceber que haverá uma reação positiva tanto à sua mensagem quanto a quem ele é como pessoa. No entanto, em uma atmosfera de relações fechadas o indivíduo pode não sentir que essa precondição essencial está sendo satisfeita. Desse modo, os subordinados têm maior probabilidade de distorcer informações quando percebem que os supervisores estão retendo informações intencionalmente ou têm motivações políticas (Jablin, 1981). Obviamente, isso tem consequências importantes para o fluxo de informação.

Os fatores discutidos nesta seção também podem ajudar a explicar por que os pesquisadores muitas vezes encontram muito menos comunicação informal do que se esperaria em redes de comunicação reais (Johnson, 2005). De fato, afirmou-se que um dos motivos pelos quais os indivíduos que exercem função de ligação são procurados por outros é que eles são abertos com outros membros da empresa e dignos de confiança; no entanto, as ligações também são muito raras em redes de comunicação reais (Johnson, 2004). Com efeito, o ambiente humano em que as relações de comunicação estão inseridas pode desencorajar a ampla transferência e partilha de conhecimento, com a exceção de certos indivíduos singulares.[1]

Ambiguidade do papel

Os funcionários tratam de tentar entender quais comportamentos são adequados para o papel específico que desempenham na empresa (Pettigrew, 1971), uma forma única de conhecimento tácito muitas vezes associada com as profissões (Polanyi, 1974). Um papel é ambíguo quando um indivíduo não tem clareza do que os outros esperam dele e, por isso, é incapaz de prever como eles reagirão a seu comportamento, com relação a esse papel (Rizzo, House, Lirtzman, 1970). A ambiguidade é, muitas vezes, vivenciada como consequência da incerteza de um indivíduo quanto à definição de seu cargo (Organ & Bateman, 1986) e é um caso especial de conhecimento tácito para os funcionários dependentes da comunicação que ocorre na definição das funções que desempenham, uma rede específica que possui o conteúdo relativo aos seus papéis na empresa. Essa incerteza gira em torno das expectativas dos demais a respeito do desempenho funcional de um indivíduo, dos "passos necessários para que o indivíduo corresponda a essas expectativas e às consequências de seu comportamento" (Organ & Bateman, 1986, p. 389). Há diversas hipóteses acerca da origem da ambiguidade, incluindo muitas variáveis estruturais como formalização, participação nas decisões, amplitude de subordinação e *status* na empresa (Greene, 1978; Johnson *et al.*, 1998; Kahn *et al.*, 1964; Morris, Steers, Koch, 1979; Nicholson & Goh, 1983; Organ & Greene, 1981). Papéis ambíguos foram associados a muitos resultados psicológicos, emocionais e comportamentais negativos, incluindo tensão, esgotamento físico e mental, ansiedade, insatisfação e absentismo, bem como falta de comprometimento, baixo desempenho, pouco envolvimento e níveis reduzidos de autonomia (Brief & Aldag, 1976; Fisher & Gitelson, 1983; Jackson & Schuler, 1985; Miller, 1995; Van Sell, Brief, Schuler, 1981). Quando os indivíduos percebem sua função como extremamente ambígua, eles apresentam ansiedade, distorcem a realidade e têm um desempenho menos eficaz (Kahn *et al.*, 1964). Assim, em geral, os estudos relacionam a papéis ambíguos as percepções negativas que os funcionários têm de seu ambiente de trabalho, o que, por sua vez, pode afetar sua disposição para participar das redes

---

[1] De modo correlato, muito poucos estudos analisaram o ganho real de conhecimento que resulta de processos de orientação (*mentoring*) (Swap *et al.*, 2004), embora isso seja frequentemente presumido.

de conhecimento. As relações entre os indivíduos em uma organização podem ser especificadas formalmente com base na interação entre seus papéis, como decorrência da execução das tarefas do trabalho (isto é, na coordenação e no controle do fluxo de trabalho). A estrutura formal é planejada para lidar com papéis ambíguos determinando comportamentos específicos requeridos para executar uma tarefa ou desempenhar uma função formal. Kahn *et al.* (1964) verificaram que quando o tamanho e a complexidade da empresa excediam a capacidade de compreensão de um indivíduo, a ambiguidade poderia surgir. As relações formais, ao comunicar percepções similares acerca de um papel, podem conferir-lhe permanência. Em geral, acredita-se que "políticas e procedimentos comuns a toda a organização, que servem para facilitar as atividades do fluxo de trabalho, reduzem a ambiguidade [...] ao definir expectativas com relação aos papéis" (Bedeian, Mossholder, Armenakis, 1983, p. 170).

Ao discorrer sobre conjuntos de papéis, Katz e Kahn (1978) o fazem explicitamente em termos de equivalência estrutural, ao menos quanto às especificações de relações entre uma pessoa em foco (ego) e outras. O conjunto de papéis centra-se em um indivíduo e é composto por todos os outros que enviam mensagens relacionadas ao papel que ele desempenha. Assim, pode-se esperar que cada indivíduo possua seu conjunto de pessoas que se dirigem a ele com mensagens referidas ao seu papel. Em conjuntos de papéis extremamente densos, a coesão também pode estar em jogo. É de se esperar que esse campo de informação influencie o nível de ambiguidade de seu papel, dependendo da clareza de suas demandas e de seu foco comum.

No entanto, essa visão tradicional de conjunto de papéis ignora quase totalmente três pontos cruciais. Primeiro, os membros de um conjunto de papéis se comunicam uns com os outros desenvolvendo uma percepção mútua das expectativas relativas ao papel da pessoa em foco. Segundo, um conjunto similar de pessoas em foco pode se comunicar entre si e gerar uma percepção alternativa de seus papéis. Terceiro, os indivíduos em foco também podem ser membros de um grupo e contribuir para o desenvolvimento de percepções compartilhadas acerca de um papel.

De fato, grupos podem ser formados com base em percepções compartilhadas, adquiridas por padrões similares de relações de comunicação. Nesse caso, o foco está no impacto das redes de grupos sobre os processos cognitivos dos indivíduos. Conforme os membros desses grupos adquirem uma compreensão normativa sobre os comportamentos adequados – trata-se de uma forma de conhecimento tácito –, os papéis devem se tornar menos ambíguos. Assim, padrões similares de relações de comunicação podem explicar os diferentes níveis de ambiguidade vivenciados pelos indivíduos.

Indivíduos de *status* similares tendem a compartilhar informações quando se deparam com a incerteza (Danowski, 1980), um ponto importante que retomaremos mais tarde neste capítulo. Assim, conforme aumenta a incerteza sobre seu trabalho, as pessoas penderão a se comunicar com outros com quem compartilham o mesmo *status* (Blau, 1954). Portanto, uma vez que os indivíduos são agrupados por padrões de comunicação similares, eles terão uma tendência a compartilhar informações sobre os comportamentos que se esperam de um papel e as consequências de comportamentos alternativos. Por sua vez, os níveis de ambiguidade dos papéis dentro dos grupos devem ser reduzidos em decorrência desse compartilhamento de informações.

Hartman e Johnson (1989 e 1990) examinaram essas ideias em dois artigos em que estudaram uma organização ativista sem fins lucrativos em um grande estado do leste dos Estados Unidos. O primeiro artigo (Hartman & Johnson, 1989) revelou que, em toda a rede, a ambiguidade do papel estava mais associada com a equivalência estrutural que à coesão, e com uma menor variedade de conteúdos na rede, em particular aqueles relacionados a responsabilidades do cargo. No entanto, reconhecendo que os grupos podem ser mais influentes que a organização como um todo na redução da incerteza, Hartman e Johnson (1990) deram continuidade a esse estudo comparando agrupamentos formais e informais. Em geral, os resultados confirmaram parte da hipótese de que os grupos tinham mais impacto que a rede inteira. A importância de usar tanto a estrutura formal quanto a informal para analisar a relação entre processos estruturais e consequências organizacionais também foi constatada. Embora as relações entre os agrupamentos formais e informais não demonstrasse a superioridade destes últimos – algo que está implícito em muitas discussões de comunicação organizacional –, os resultados mostraram que ambos têm influência sobre a ambiguidade do papel. Ao que parece, ela também é afetada pelo tamanho do grupo e pela diversidade de seus membros, o que, conforme vimos no capítulo "Criatividade e inovação", também tem relação com a criatividade.

Também colaborei em um estudo que relacionou a importância e a frequência dos rituais com a ambiguidade do papel em uma empresa de tecnologia (Buster, Friedland, Eckert, Johnson, 1988). Os rituais apresentam uma oportunidade única para que os membros do conjunto de papéis de um indivíduo possam reunir e apresentar suas expectativas à pessoa em foco. Em geral, esse estudo constatou que quanto mais importante era considerado o ritual, e maior a participação nele, menos ambíguo o papel de um indivíduo.

Em novas formas organizacionais, os indivíduos, especialmente os mediadores, são confrontados com múltiplas mensagens, muitas vezes conflitantes, sobre o desempenho de seu papel. Essas novas formas organizacionais muitas vezes os desqualificam e trazem *offshoring* para eles, com a exceção de alguns poucos profissionais do conhecimento extremamente talentosos. Elas "empurram um grande número de seus cidadãos a uma situação de tensão permanente com foco na sobrevivência" (Child & McGrath, 2001, p. 145). De fato, uma habilidade crucial para os indivíduos é dedicar-se a produzir sentido que resulte em estratégias de sobrevivência individual exclusivas.

Cada vez mais, alguns membros da organização *esperam* vivenciar a ambiguidade ao desempenhar as tarefas associadas ao seu papel. Essa expectativa pode ser particularmente importante nas novas formas organizacionais. Gerenciar as tensões inerentes aos paradoxos de estabilidade e mudança é crucial para o funcionamento de formas organizacionais alternativas (Harter & Krone, 2001). De fato, gerenciar o processo de redução da incerteza, e não necessariamente lograr a certeza, pode ser o ponto fundamental (Babrow, 1992 e 2001; Harter & Krone, 2001). Assim, os funcionários desenvolvem as habilidades necessárias para atuar e até mesmo prosperar independentemente de quão ambíguo seja seu papel. Por exemplo, pode ser que alguém use a ambiguidade para encontrar soluções criativas em situações em que esta permite mais autonomia. Desse modo, a ambiguidade capacita os indivíduos para desempenhar tarefas cotidianas sem contradizer claramente as determinações para seu papel e, portanto, facilita a comunicação em vez de dificultá-la. De fato, funcionários que ocupavam cargos mais altos em uma nova forma organizacional referiram-se a uma ambiguidade significativamente menor em seus papéis do que aqueles em cargos inferiores, como se esse "lado positivo" dela os fizesse vê-la apresentando menos intensidade (Johnson *et al.*, 1998). Assim como as ligações, os indivíduos de *status* mais elevado parecem preferir certo grau de incerteza em suas vidas.

Motivações

As perspectivas estruturais tipicamente enfocam as forças que agem sobre os agentes, e não as questões associadas à ação individual. Desse modo, em uma empresa vibrante e em crescimento pode haver um efeito de contágio que aumenta minha predisposição para compartilhar informações com os outros. Nessa situação, uma maré alta levanta todos os barcos, e o sucesso de meus colegas também pode contribuir para o meu. As empresas que deixam de crescer passam a se caracterizar por jogos de soma zero – isto é, só tenho êxito à custa de outros –, o que pode ter consequências desastrosas para o fluxo de informações em redes informais. No entanto, os buracos estruturais de Burt redespertaram o interesse em incentivos e nas questões correlatas de motivações individuais.

Obviamente, a curiosidade dos indivíduos e seu interesse em aprender, bem como as demandas intelectuais de seus cargos influenciam sua busca por conhecimento (Gray & Meister, 2004; O'Dell & Grayson, 1998). Quanto maior a necessidade que as pessoas têm de certos tipos de informação, maior sua tendência a aceitar como crível o que receberem (Wathen & Burkell, 2002). Do outro lado das relações de transferência, um fator muito importante para a manutenção de relações eficazes é o nível de envolvimento dos outros – eles se empenham em resolver problemas ou agem como "lixeiras de informação" (Cross *et al.*, 2004)?

Comprometimento

Comprometimento é um conceito que estabelece uma relação direta entre as motivações individuais e a vida organizacional, e uma série de estudos centrou-se em seu vínculo com as redes. Embora o construto do comprometimento tenha sido definido de muitas formas, as pesquisas mais comuns e abrangentes sobre o tema empregaram a definição de Mowday, Steers e Porter (1979). Assim, o comprometimento é definido, para nossos propósitos, como: 1) uma profunda crença e aceitação dos objetivos e valores da empresa; 2) uma disposição para exercer esforço considerável em nome da empresa; e 3) um profundo desejo de continuar pertencendo à empresa (Mowday, Steers, Porter, 1979).

Em geral, afirmou-se que o comprometimento tem origem nas características estruturais de uma empresa (Steers, 1977). Também verificou-se que a integração social – um conceito intimamente vinculado às redes de conhecimento – leva ao comprometimento organizacional, sobretudo com relação a um profundo anseio de continuar pertencendo à empresa (Buchanan, 1974; Lodahl, 1964). Desse modo, foram encontradas relações diretas entre comprometimento e pertencimento a "panelinhas" informais (Becker, 1960), padrões gerais de participação (Antonovsky & Antonovsky, 1974) e atitudes de grupo para com a empresa (Buchanan, 1974; Patchen, 1970). Por outro lado, uma falta de integração parece estar associada ao desenvolvimento de atitudes negativas para com a organização (McLaughlin & Cheatam, 1977).

Os estudos indicaram que existe uma relação positiva entre envolvimento na rede e comprometimento organizacional (Buchanan, 1974; Eisenberg, Monge, Miller, 1983; Lodahl, 1964; Salancik, 1977; Salancik & Pfeffer, 1977). O envolvimento na rede foi definido como o grau em que as pessoas estabelecem e mantêm comunicação direta e/ou indireta com os outros na organização (Eisenberg, Monge, Miller, 1983). As pesquisas sobre esse aspecto do comprometimento relevaram primordialmente o papel da coesão, ou o contato direto de comunicação, ao promover nas redes "uma profunda crença e aceitação dos objetivos e valores da empresa", associando-o, portanto, com o primeiro elemento da definição de comprometimento apresentada acima.

Reforçando essas ideias, Hartman e Johnson (1989) também abordaram as relações entre o comprometimento e a teoria de contágio social de Burt (1982 e 1987). A hipótese de Hartman e Johnson (1989) é que a perspectiva da coesão do contágio social seria mais apropriada para explicar a relação entre redes de comunicação e comprometimento do que a da equivalência estrutural. Os resultados, que em geral corroboraram isso, demonstraram que, no que concerne às redes, o comprometimento é um conceito mais amplo que a ambiguidade do papel, o que tem uma relação importante com as explicações de contágio social baseadas na ideia de coesão.

Moch (1980) verificou que pessoas que estavam isoladas nas redes de trabalho olhavam para seus empregos como fontes alternativas de significado e de identidade. Desse modo, as responsabilidades do cargo e o comprometimento (definido como envolvimento na rede) podem servir como fontes distintas de gratificação individual relacionadas a processos organizacionais separados. Eisenberg, Monge e Miller (1983) constataram que para funcionários que não estavam empenhados em suas funções, o envolvimento em redes de comunicação associadas com o trabalho tendiam a levar ao comprometimento. Eles também afirmaram que o comprometimento poderia aumentar graças à participação em outras redes. Essa afirmação foi corroborada pelas descobertas do estudo de Hartman e Johnson (1989), em particular pela rede biplexa de objetivos e responsabilidades do cargo, que, quando se tornava multiplexa, aproximava-se da operacionalização de Eisenberg, Monge e Miller (1983).

Mais recentemente, Collins e Smith (2006) concluíram um estudo acerca de como as práticas de recursos humanos afetavam o desempenho de 136 empresas de tecnologia. Eles verificaram que as práticas associadas ao comprometimento – que demonstravam um investimento a longo prazo nos funcionários – estavam positivamente relacionadas com climas organizacionais caracterizados por confiança e cooperação. Essas práticas podiam incluir: promover candidatos internos; avaliar a plena adaptação dos funcionários à organização como um todo e não a uma função específica; implementar práticas de remuneração determinadas pelos resultados dos grupos e da empresa; e utilizar treinamentos de funcionários e sistemas de avaliação de desempenho que enfatizassem o crescimento a longo prazo, a formação de equipes e conhecimentos específicos da empresa. Curiosamente, essa combinação de atributos também reflete o interesse histórico na teoria Z (Ouchi, 1981) e na busca de excelência (Peters & Waterman, 1982), e está vinculada mais diretamente à cultura e ao clima da organização. Além disso, revela um comprometimento contínuo com o aprendizado organizacional, que é de fundamental importância para a inovação da empresa (Leonard, 2006). Essas práticas também contribuíram para a formação e consolidação de códigos e linguagem compartilhados que facilitaram a transferência de conhecimento, sobretudo o do tipo tácito. Ainda mais interessante é que essas medições de clima social afetaram a capacidade de uma empresa intercambiar e combinar conhecimentos – uma fonte essencial de vantagem competitiva em uma visão baseada em recursos –, o que repercutiu nas receitas provenientes de novos produtos e serviços, resultando no crescimento das vendas. Collins e Smith (2006) confirmaram essas proposições, bem como constataram uma relação entre elas, a estabilidade no emprego e a rotatividade de funcionários. Em suma, o comprometimento parece estar associado à integração dos indivíduos – e, por implicação, ao aprendizado – nas redes de conhecimento. Esses processos também se atrelam à dinâmica de *status* que discutirei posteriormente neste capítulo.

Caronas e bens públicos

O comprometimento é importante porque pressupõe ações positivas dos indivíduos em nome da organização; por outro lado, as caronas revelam um foco exclusivamente individual. O conhecimento pode ser entendido como um bem público que pode ser utilizado de várias maneiras. Assim como todo bem público, há uma constante tensão entre os benefícios individuais e organizacionais. Por exemplo, levar os indivíduos a contribuir para um repositório coletivo, tal como um banco de dados, pode ser um grande desafio (Fulk *et al.*, 2004; Yuan *et al.*, 2005). Os motivos para não compartilhar informações podem ser muitos, principalmente no caso de bancos de dados: são necessários esforços para documentar, aprender padrões de metadados, questões de propriedade intelectual, competição, proteção ao *human subject* e questões de confidencialidade, e assim por diante (Borgman, 2006). Muitas intranets fracassam porque as pessoas não estão suficientemente motivadas para contribuir com elas. Isso acontece, em parte, porque os que não cooperam não podem ser excluídos dos benefícios. Se todos escolhem pegar carona – isto é, obter benefícios sem contribuir –, não há bem público comum. Isso é ainda mais complicado pelo fato de que o valor do conhecimento está nos olhos de quem vê, algo que discutimos no capítulo "Formas de conhecimento". Acumular informações e dificultar seu compartilhamento são atitudes que também provêm das ameaças competitivas que os outros representam (Hansen, Mors, Lovas, 2005). Em alguns aspectos, a especialização – e o desconhecimento correlato da área de especialidade do outro – também pode resultar na percepção de que alguém está pegando carona.

Desconhecimento

> O que uma pessoa precisa saber também depende, em parte, do que os outros esperam que ela saiba.
> (Wilson, 1983, p. 150)

> [...] todos somos ignorantes, só que sobre assuntos diferentes.
> (Will Rogers, *apud* Smithson, 1989, p. 92)

Todas as culturas elaboram regras que limitam o compartilhamento de informações. A linguagem natural é bem apropriada para a ambiguidade e o engano, e muitas vezes a disposição de ser educado nos leva a usar expressões ambíguas, a dissimular e dizer aos outros "mentiras inocentes". Num discurso polido, também podemos restringir o quanto revelamos de informações pessoais. Já os outros podem limitar as perguntas que sentem que podem nos fazer e restringir a estratégia adotada na busca de informações. A linha que separa a curiosidade natural da intromissão pode ser tênue. De fato, a palavra *nice* ("bom", "amável", "gentil", em inglês) deriva da raiz latina *nescius*, que significa ignorante, o que também pode explicar por que, na sociedade, a comunicação de boas notícias tende a ser mais frequente, rápida e espontânea (Smithson, 1989).

Por muito tempo, presumiu-se que para superar o desconhecimento organizacional bastava melhorar os sistemas e processos de comunicação. Não é que as organizações não coletem informação ou não aprendam, mas muitas vezes elas coletam as informações erradas, das fontes erradas e pelos motivos errados. Assim, muitas empresas tendem a desconsiderar fontes de informação externas em razão da síndrome de que "não foi inventado aqui", o que pode resultar em quedas significativas no desempenho de grupos de pesquisa e desenvolvimento quando seus membros são estáveis por um período prolongado (Katz & Allen, 1982). Por causa das normas sociais, as empresas também coletam mais informações do que necessitam para tomar decisões (Feldman & March, 1981). "As pessoas parecem buscar não a certeza do conhecimento, mas sua legitimação social" (March, 1994, p. 40).

Desconhecimento é diferente de não querer conhecer, que normalmente acontece em uma empresa quando um indivíduo tem consciência de que um problema existe, mas escolhe não confrontá-lo. O desconhecimento pode ocorrer em diversas grandes áreas e é muito disseminado nas organizações. Primeiro, os funcionários podem ser treinados inadequadamente para desempenhar as tarefas específicas de seu cargo – essa situação, embora interessante, está além do escopo deste livro. Segundo, conforme vimos no capítulo "Formas de conhecimento", os indivíduos podem não estar cientes do conhecimento, prontamente disponível em outra parte da empresa, e que teria impacto direto sobre suas funções. Terceiro, o desconhecimento, por exemplo, dos benefícios a que tem direito os funcionários, que tem clara influência sobre sua vida pessoal, também é amplamente disseminada (Mitchell, 1988), apesar dos procedimentos determinados pelo governo para mantê-los informados (quadro 12.1). Quarto, os indivíduos podem não conhecer a organização como um todo, especialmente sua cultura. De fato, uma reclamação muito comum nas empresas é: "Por que ninguém sabe nada?" (Downs, Clampitt, Pfeiffer, 1988; Johnson, 1993).

Tendo em vista a importância pragmática dessa questão, é um pouco surpreendente que ela tenha recebido tão pouca atenção das pesquisas científicas (Guetskow, 1965; Jablin, 1987; Smithson, 1989). A gestão muitas vezes pressupõe que, se uma informação for devidamente comunicada, qualquer problema desaparecerá ou será atenuado (Axley, 1984). Em geral, os estudos tradicionais trataram das muitas consequências disfuncionais do desconhecimento. Primeiro, ele tende a resultar em ineficiências consideráveis nas operações da empresa, com impactos como mal-entendidos, duplicação de esforços, dedicação a propósitos conflitantes, atrasos e assim por diante (Inman, Olivas, Golen, 1986). Segundo, o desconhecimento pode levar a consequências desastrosas para as organizações (Paisley, 1980), como a tragédia do ônibus espacial Challenger (Brody, 1986; Lewis, 1988) ou a explosão dos tanques de combustível do Ford Pinto (Strobel, 1980), em que ao menos alguns funcionários sabiam que esses resultados eram possíveis. Terceiro, essas ineficiências e consequências mais drásticas tendem a ter impacto sobre o estresse, tensão, esgotamento físico e mental e frustração dos funcionários, o que, por sua vez, pode levar ao desânimo, absentismo e rotatividade (Morrison, 1993a e b). Quarto, o desconhecimento pode resultar em uma integração insuficiente do indivíduo à cultura da empresa, contribuindo para uma sensação de anomia. Quinto, o desconhecimento pode estar associado a baixos níveis de participação (Marshall & Stohl, 1993) e comprometimento com os esforços de mudança organizacional (Miller, Johnson, Grau, 1994). Sexto, o desconhecimento a respeito do que está acontecendo em outra parte da empresa é uma importante barreira à transferência de conhecimento (O'Dell & Grayson, 1998).

Essas disfunções são bem documentadas, e as empresas se empenham em melhorar esse quadro de várias maneiras, mas o desconhecimento persiste. As abordagens convencionais enfocaram vários fatores que determinam o desconhecimento. Por exemplo, alguns afirmaram que sua natureza fortuita (por exemplo, a presença de ruídos ou perturbações em um sistema de comunicação) é um fator que contribui para sua existência. Outros enfatizaram o papel dos processos cognitivos humanos (por exemplo, a percepção seletiva) (Kurke, Weick, Ravlin, 1989) e os processos psicológicos como a negação (Smithson, 1989). Outros ainda apontaram falhas na comunicação como sua causa. Por exemplo, surpreendentemente poucos, cerca de 10%, passam adiante a informação que recebem por meio de boatos (Sutton & Porter, 1968).

A segmentação inevitavelmente leva ao desconhecimento; a estrutura organizacional o permite e até mesmo encoraja. Também leva a desequilíbrios de poder, e as áreas, paradoxalmente, tornam-se mais poderosas ao evitar depender de outros em organizações com vínculos pouco definidos (Astley & Zajac, 1991); além disso, não importa o tamanho da empresa, "nenhum gestor jamais saberá o suficiente para não depender do conhecimento de outros" (O'Reilly & Pondy, 1979, p. 133).

O DESCONHECIMENTO É UMA BÊNÇÃO

> [...] há algo sobre os desinformados que faz que seja mais difícil atingi-los, independentemente do nível ou da natureza da informação.
> (Hyman & Sheatsley, 1947, p. 414)

> [...] os cérebros têm dificuldade de processar todas as informações importantes - há informações em excesso, elas podem não corresponder a expectativas e padrões prévios, e parte delas pode simplesmente ser ameaçadora demais para ser aceita.
> (Mintzberg, 1975a, p. 17)

> A arte de ser sábio é a arte de saber o que ignorar.
> (William James)

Nas campanhas de comunicação pública, Hyman e Sheatsley (1947) verificaram que alguns indivíduos eram desinformados crônicos, que pareciam ter alguma formação psicológica que tornava impossível atingi-los. De modo similar, nos contextos sociais parece haver vários fatores psicológicos que tornam muito difícil atingir certos grupos de indivíduos. Esses processos têm relação direta com os de busca, muitas vezes irracionais, a que as pessoas se dedicam (Huber & Daft, 1987). É sobretudo nessas situações que desconhecimento não é necessariamente o mesmo que ignorância.

Smithson (1989) identificou três papéis normativos nas perspectivas psicológicas do desconhecimento. Primeiro, estão os "maximizadores de certeza", que tentam obter tanto controle e previsibilidade quanto possível aprendendo e reagindo adequadamente ao seu entorno. Segundo, está a tendência "estatística", popular entre os gestores, de tratar a incerteza em termos probabilísticos quando confrontados com o desconhecido, ignorando o desconhecimento onde ele não pode ser superado ou assimilado, e escolhendo alternativas que maximizem a utilidade a longo prazo. Por fim, está a tese dos "buscadores de conhecimento", que afirma que os indivíduos se esforçam para obter informações detalhadas e plena compreensão, e não ignoram nada que seja relevante. Quando discutimos a informação e o desconhecimento, a imagem que muitas vezes vem a nossa mente é a de um cientista debruçando-se sobre uma incógnita conhecida ou a de um detetive tentando solucionar um caso complicado. No entanto, para além da obsessão, da curiosidade e da criatividade, há uma série de motivos para não se buscar informações.

Em primeiro lugar, não é incomum os gestores esquivarem-se receber informações que os forçariam a tomar uma decisão para superar determinado problema. Eles sempre podem alegar que a deliberação foi falha porque eles ignoravam um fator crucial no processo decisório inicial (Smithson, 1993). Ao recusar-se a confrontar o problema, ao menos não estarão envolvidos (MacCrimmon & Taylor,

1976) e assim poderão evitar que a culpa e a responsabilidade recaiam sobre eles (O'Reilly & Pondy, 1979; Smithson, 1989).

Em segundo lugar, o desconhecimento pode ser usado como uma justificativa para a inação (Smithson, 1989), representada pela clássica racionalização: "não posso fazer nada enquanto não souber mais a respeito do problema". As pessoas avessas ao risco podem tentar obter mais informações como um modo de evitar cometer erros (Gray & Meister, 2004). O desconhecimento é muitas vezes utilizado como uma justificativa para manter o *status quo* (Smithson, 1993). Igualmente, a percepção dos indivíduos quanto ao grau em que podem definir ou controlar os acontecimentos também terá impacto sobre seu nível de consciência. Para diversas pessoas, não faz muito sentido saber coisas sobre as quais elas não têm controle, e por isso aquelas que não têm poder tendem a não buscar informações (Katz, 1968).

Em terceiro lugar, um especialista pode dizer que você não deve fazer muitas perguntas a respeito das ações que ele adotar, do contrário estará insinuando que não confia nele (Smithson, 1989), um fator essencial na autonomia profissional. De modo correlato, a confiança é um importante mediador do intercâmbio aberto de informações (D'Aprix, 1988) e de relações cooperativas nas empresas (Smith, Carroll, Ashford, 1995). Sobretudo em atmosferas politicamente carregadas, compensa mais ser fechado (Eisenberg & Whetten, 1987). Nesses contextos, buscar informações em áreas proibidas e tabus pode resultar em sanções que fazem do desconhecimento uma alternativa preferível.

Em quarto lugar, muitas vezes o desconhecimento é uma forma de evitar o conflito. Posso presumir tacitamente que alguém concorda comigo, quando o conhecimento real de sua postura levaria à controvérsia (Smithson, 1989). Isso tem relação direta com o uso estratégico da ambiguidade nas organizações, o obscurecimento proposital daquilo que um indivíduo realmente quer dizer (Eisenberg, 1984; Smithson, 1993).

Em quinto lugar, em muitas ocasiões o desconhecimento pode garantir um estado confortável de inércia, ao passo que o conhecimento pode despertar para a ação (Smithson, 1989) ou incitar o medo. Os aprendizes adultos se tornaram muito hábeis em se proteger da dor e da ameaça apresentadas por situações de aprendizado (Senge, 1990) e, com frequência, aqueles que buscam informações por meio de um processo pouco familiar, até mesmo um processo simples como ir à biblioteca, vivenciam considerável frustração e ansiedade em razão da estranheza causada pela situação (Kuhlthau, 1991; Taylor, 1968).

Os portadores de informação talvez sejam evitados porque aumentam a incerteza e, portanto, estimulam o medo (Donohew *et al*., 1987; Swinehart, 1968), que pode exercer um papel importante ao retardar a busca de conhecimento (Atkin, 1979). O medo pode ser tão debilitante que torna uma pessoa incapaz de pensar racionalmente sobre um problema (Rosenstock, 1974). Ainda, em algumas situações, um estado contínuo de ansiedade pode ser preferível à possibilidade de que seus temores se confirmem (McIntosh, 1974). Ao obter informações e tornar-se mais consciente, uma pessoa pode defrontar-se com uma incerteza maior e, em decorrência, sofrer mais estresse. Consequentemente, os indivíduos e as organizações muitas vezes escolhem aliviar essa situação desconfortável por meio de processos associados à negação e à apatia.

Com frequência, as organizações e seus integrantes negam a presença de informações perturbadoras em vez de confrontá-las, escolhendo atenuar as diferenças entre as áreas (Lawrence & Lorsch, 1967). Eles não querem saber de determinadas coisas ou esperam que os problemas simplesmente desapareçam. Em geral, afirmou-se que a busca de informações talvez não resolva a ambiguidade; em vez disso, pode aumentá-la ainda mais, visto que nos força a confrontar um universo muitas vezes misterioso e incompreensível (Babrow, 1992).

Em sexto lugar, embora em certas ocasiões admitir o desconhecimento possa aumentar a credibilidade de uma pessoa (Smithson, 1993) e até mesmo justificar sua ação, ao menos quanto a investigar incógnitas conhecidas, o próprio ato de buscar informações pressupõe reconhecer a sua ocorrência (Conrad, 1985). No entanto, quando se trata da área de competência de um indivíduo, essa atitude pode ter consequências imprevisíveis. Muitas vezes, afirmar o desconhecimento de outros pode ser um meio de obter vantagens competitivas (Smithson, 1993). Admiti-la tem custos significativos para o próprio ego. Alguns indivíduos simplesmente não possuem as habilidades interpessoais necessárias para formar a rede de relações informais requerida para obter informações (Wilson & Malik, 1995). Outros têm autoestima tão baixa que temem que toda informação que receberem confirmará o péssimo conceito que fazem de si mesmos. Em decorrência, os indivíduos só admitirão o desconhecimento em situações limitadas, conforme demonstrado na pesquisa de Blau discutida no quadro 11.1.

Por fim, e fundamentalmente, conforme detalhei, há limites cognitivos à quantidade de informação que as pessoas são capazes de processar, sobretudo na memória de curto prazo. A observação clássica de Miller de que só conseguimos ter em mente sete coisas ao mesmo tempo impõe uma barreira absoluta ao processamento de informações. Além desse limite incondicional, a existência de informações adicionais, especialmente em situações de sobrecarga, diminui essa capacidade já restrita (Mintzberg, 1975a). Embora tenha se tornado um truísmo dizer que ensinar a buscar informações – em vez de transmitir conhecimentos perecíveis – deveria ser algo prioritário em nossos sistemas de educação, os limites da memória de curto prazo indicam que ter uma rica e sólida base de conhecimento é fundamental para a tomada de decisões gerenciais (Lord & Maher, 1990; Mintzberg, 1975a).

Há indícios de que a capacidade de um indivíduo manipular informações pode melhorar muito quando ele ocupa um cargo que demanda um nível mais alto de processamento (Zajonc & Wolfe, 1966) e tem longa experiência em funções gerenciais. Assim, à maneira dos mestres de xadrez, que com base em sua experiência reagem rapidamente à jogada do adversário, deslindando todo seu intrincado encadeamento futuro, os gestores superiores desenvolvem uma intuição de como reagir a padrões complexos de informação nas empresas (Simon, 1987).

Além das limitações de memória, as pessoas têm baixa capacidade de processar e interpretar informações, uma questão que discutiremos em mais detalhes no capítulo "Processos decisórios". Elas tendem a exagerar as informações que registram (Wales, Rarick, Davis, 1963) e, constantemente, estão inclinadas a confirmá-las ignorando ou desconsiderando indícios que as contradizem. Muitas vezes, as pessoas ignoram sua base de conhecimento corrente (a negligência da probabilidade *a priori*), privilegiando novas informações quando as consideram mais atraentes. Assim, por exemplo, um funcionário irresponsável, que sempre teve um desempenho baixo, pode vir a ser bem visto se recentemente tiver participado de uma experiência positiva. As pessoas também tendem a negligenciar o tamanho da amostra, fazendo generalizações baseadas em experiências muito limitadas. Desse modo, se um produto recente obteve sucesso em um novo mercado, elas presumem que outros apresentarão resultado similar. Na melhor das hipóteses, os seres humanos têm uma capacidade restrita de buscar, processar e interpretar informações de forma correta (Smithson, 1989).

Em suma, o desconhecimento é apenas um dos muitos problemas com que um indivíduo tem de lidar em uma empresa. Em certas ocasiões, é melhor confiar em informações obtidas facilmente que gastar o esforço necessário para buscá-las de forma completa. Em síntese, os custos de superar o desconhecimento são, às vezes, maiores que os ganhos (e é incrível como são baixos os custos que impõem barreiras absolutas à busca de informações). É até mesmo possível estar saciado – ter adquirido informações suficientes –, ao menos acerca de assuntos específicos. No fim das contas, pode haver tantas razões, se não mais, para não criar vínculos em uma rede de conhecimento quanto para expandi-la.

Barreiras sociais às redes de conhecimento

Os custos potenciais de buscar informações com os outros (por exemplo, o risco interpessoal de admitir o desconhecimento) é crucial para a formação de redes de conhecimento (Nebus, 2006), embora outras pressões (acessibilidade, tempo, o risco de não saber, a natureza da tarefa, etc.) possam contribuir para amenizá-los (Borgatti & Cross, 2003; Hirsch & Dinkelacker, 2004; Xu, Tan, Yang, 2006), além de traços de personalidade como um bom nível de autoestima (Madzar, 2001). De fato, o custo de buscar informações na empresa pode ser tão significativo que as pessoas preferem buscá-las fora, em vez de fazer internamente perguntas consideradas óbvias (Miller & Jablin, 1991). Ter uma sensação de "segurança" ao fazer perguntas "estúpidas" é importante quando se busca informações (Cross & Sproull, 2004).

Status

Um fator crucial que claramente impede essa sensação de segurança é a ameaça da perda de *status* e reputação. Com efeito, as pessoas de baixo *status* estão sistematicamente tentando "tomar emprestado" o capital social de outros indivíduos mais centrais e com posição mais elevada (Balkundi & Kilduff, 2005).[2] Desse modo, o *status* é um importante indicador de resultado das redes de conhecimento (Argote, McEvily, Reagans, 2003).

Allen (1977) verificou que uma barreira significativa para a interação cara a cara em que se busca um conselho é o dano ao ego de quem inicia a interação. Os engenheiros preferem não buscar informações com um colega para não perder prestígio diante dele. No entanto, eles buscam conselhos quando conhecem socialmente o companheiro de profissão, supostamente porque essas relações mais multiplexas têm intercâmbios mais ricos. Portanto, posso compartilhar meu co-

---

2 De modo correlato, para a implementação de muitas inovações a principal motivação existente é a conquista de *status* (por exemplo, pense na adoção de novos produtos por aqueles que ditam tendências) (Bandura, 2006).

nhecimento profissional com um colega em troca de umas dicas sobre como evitar uma marcação individual em um jogo de basquete.

De modo similar, em seu estudo clássico sobre uma burocracia governamental, Blau (1954) verificou que a busca de conselhos estava associada ao status percebido nos grupos organizacionais (quadro 11.1). O *status* de um funcionário era "rebaixado" se ele procurava informações constantemente com outros que ocupavam uma posição mais elevada que a dele, sobretudo quando não lhe pediam nada em troca. As pessoas preferem estabelecer relações de intercâmbio quando os laços são mais multiplexos ou onde há uma troca de conselhos. Às vezes, os funcionários escolhiam "compartilhar o desconhecimento", mesmo quando isso era um comportamento explicitamente proibido, em vez de buscar informações mais fidedignas de alguém melhor posicionado na estrutura da organização.

Isto é, em alguns aspectos, uma variação do que Bianconi e Barabasi (2001) e outros estudiosos descobriram a respeito das leis de potência e comunicação na web – os ricos ficam cada vez mais ricos; quanto mais laços um indivíduo tem, maior a probabilidade de que os outros sejam atraídos por ele. De modo similar, nos grupos, em razão da dinâmica do poder e da dependência, seus integrantes estão mais comprometidos e têm mais chance de ajudar aqueles vistos como especialistas, o que frustra o desempenho e o aprendizado do agrupamento como um todo (Van der Vegt, Bunderson, Oosterhof, 2006). Fundamentalmente, quando se tenta estabelecer uma relação para compartilhar informações, é preciso que haja uma aceitação mútua determinada por interesses utilitários do valor delas e pela reputação social das partes. Pode ser por isso que as redes de aconselhamento são tão caracterizadas por relações esporádicas, assimétricas e/ou não recíprocas (Nebus, 2006). A presença de laços entre dois atores também serve como um prisma, um indício informacional que os outros podem usar para determinar a qualidade de um ou de ambos em um mercado, e que indica seu *status* e reputação relativos (Podolny, 2001). Daí o infame episódio de um financista do século XIX, que andando pelo pregão da bolsa de valores com alguém que queria obter um empréstimo com ele, diz: "eu não vou lhe emprestar o dinheiro, mas outros que nos virem juntos, sim".

QUADRO 11.1. BUSCA DE CONSELHOS EM UMA BUROCRACIA

Em seu clássico estudo sobre uma burocracia governamental, Blau (1954 e 1955) verificou que a busca de conselhos estava vinculada ao *status* percebido nos grupos organizacionais. Curiosamente, em sua carreira Blau utilizou uma combinação de métodos para estudar organizações formais, começando com abordagens qualitativas, e então, de modo um pouco singular, prosseguindo com procedimentos quantitativos mais rigorosos. Nesse estudo, Blau enfocou um grupo de dezesseis agentes em um órgão federal de segurança pública que investigava estabelecimentos de negócios. Ele fez observações diretas de suas interações, mantendo registro do número total de contatos, contatos originados, contatos recebidos e, finalmente, de um índice de iniciativa em interação social.

A competência era medida por avaliações de desempenho dos supervisores, e verificou-se que os agentes mais qualificados tinham um número desproporcional de contatos em decorrência de laços iniciados por outros. Isso confirma as descobertas dos estudos sobre as ligações, que revelam que os indivíduos em posições centrais são frequentemente procurados por outros pelo conhecimento que detêm. Já os agentes menos competentes, em parte por necessidade, tomavam mais a iniciativa de buscar os outros e cultivar relações. No entanto, a competência precisava estar associada com a percepção de que o indivíduo era cooperativo e se dispunha a ajudar os outros para que fosse alvo de buscas ativas.

Curiosamente, algumas pessoas também estabeleciam contatos com esses agentes de *status* superior para que pudessem elevar seu próprio prestígio e reputação no grupo. No entanto, se um indivíduo buscava constantemente informações de alguém em posição superior, sobretudo quando o outro não pedia informações em troca, seu *status* tendia a ser rebaixado. Essa dinâmica fez que até mesmo os agentes mais competentes se tornassem propensos a não pedir informações pelo temor de que isso resultasse em *status* diminuído. Nas relações ocorridas dentro dos grupos, como durante um almoço, as pessoas poderiam se expor ao ridículo se revelassem sua ignorância em discussões informais, o que desencorajava a participação e a integração dos agentes menos competentes, que prefeririam trocar informações onde os laços eram mais multiplexos ou onde havia uma troca efetiva de conselhos, que se dava de modo aparentemente indireto nos contextos sociais.

Em consequência, às vezes os agentes preferiam compartilhar o desconhecimento, em vez de buscar informações mais confiáveis com alguém que dispusesse de um *status* superior. Esperava-se que eles trabalhassem nos casos individualmente, sob orientação direta de um supervisor. Os casos que lhes eram atribuídos podiam resultar em decisões legais difíceis e, tendo em vista o risco de abrir precedentes para ações futuras, eles deveriam consultar os supervisores. No entanto, por temer comprometer a taxa de desempenho e deixar de ser beneficiados pelos sistemas de incentivos, eles temiam fazer isso, uma vez que poderia afetar sua competência. Em vez disso, embora fosse explicitamente proibido, os agentes buscavam nos colegas as respostas às perguntas que podiam ter. Muitas vezes, eles preferiam buscar respostas com quem mantinham uma relação amistosa, independentemente de seu nível de competência, e assim tendiam a acumular o desconhecimento. Mas, conforme vimos, isso tinha outras consequências e apresentava sólidas barreiras para que os indivíduos buscassem respostas às perguntas que surgiam em seu trabalho.

Um tema comum relacionado com a pesquisa demográfica, que tem ligação direta com as redes de conhecimento, é o isolamento relativo de certos grupos (Fairhurst & Snavely, 1983; Kanter, 1977) e o fenômeno frequentemente observado de membros de status inferior ensejando comunicar-se com outros de *status* superior e não com seus pares (Ruef, Aldrich, Carter, 2003). Por exemplo, Allen

(1977) verificou que, em laboratórios de pesquisa e desenvolvimento, aqueles que não eram PhD estavam relativamente isolados dos PhD. Esse isolamento se devia primordialmente à diferença de *status*: enquanto os que não eram PhD podiam aumentar seu *status* ao comunicar-se com os PhD, ocorria o contrário com estes últimos. De modo similar, quando os que não eram PhD comunicavam-se uns com os outros, eles reforçavam seu *status* mais baixo. Em consequência, os que não eram PhD não se comunicavam com muitas pessoas nessas organizações. De fato, as implicações de uma troca de favores pode inibir o surgimento de relações mais gerais (Nebus, 2006) e os indivíduos atentos à reciprocidade temem ser explorados em relações de troca e, portanto, passam a ver com desconfiança o acesso ao conhecimento de outros (Gray & Meister, 2004).

No entanto, os membros isolados podem estar mais predispostos a compartilhar informações exclusivas como um modo de melhorar sua reputação dentro de um grupo (Thomas-Hunt, Ogden, Neale, 2003). Curiosamente, uma vez que eles possuem uma menor reputação, também têm maiores chances de compartilhar informações divergentes, em parte porque não se deparam com as mesmas pressões sociais que os membros relativamente conectados (Argote, McEvily, Reagans, 2003). Portanto, as diferenças de status podem, de fato, facilitar a mudança organizacional ao instituir uma motivação importante para internalizar perspectivas externas que acabam minando os pontos de vista das elites existentes na organização.

Processos grupais

Um fato ainda mais desconcertante é que as informações corretas muitas vezes têm pouco impacto sobre decisões importantes por causa dos processos grupais (Cross, Rice, Parker, 2001). O modo como os outros veem nossas relações muitas vezes determina o modo como nós também as olhamos. Assim, o ambiente humano em que a estrutura organizacional está inserida afeta a natureza de nossas relações diádicas e, por meio delas, a estrutura da rede de conhecimento. Assim, conforme revela o quadro 11.2, sobre eco e largura de banda, o tipo de informação que é compartilhado muitas vezes depende de percepções dos sentimentos dominantes em um grupo e age para silenciar os membros da organização, um tema que continuaremos a explorar no capítulo "Processos decisórios". Em geral, um excesso de socialização pode ser algo ruim, em parte pelos custos sociais de se manter muitas relações, frequentemente redundantes (Cross, Nohria, Parker, 2004; Ibarra, 1993), e pelos custos de oportunidade de vínculos que não se estabelecem (Cross, Borgatti, Parker, 2003).

QUADRO 11.2. ECO NO PROJETO 2

[...] minha conclusão é que o caráter fechado da rede não facilita a confiança tanto quanto aumenta as predisposições, criando uma artrite estrutural em que as pessoas não conseguem aprender o que já não sabem.
(Burt, 2001, p. 63)

As pesquisas relatadas aqui fizeram parte do projeto do Consórcio de Pesquisa e Serviço de Informação do Câncer (Cancer Information Service Research Consortium – CISRC), descrito no capítulo "Internalizando o mundo exterior", que enfocaram a implementação de três intervenções na área de saúde pública. Em muitos aspectos, o projeto 2 foi a intercessão mais interessante, inovadora e fundamentalmente distinta. Seu propósito era incentivar as mulheres a se submeter a mamografias regulares. Nessa nova estratégia de intervenção, mulheres de baixa renda e de grupos minoritários em determinadas comunidades do Colorado receberam telefonemas do Serviço de Informação sobre o Câncer (Cancer Information Service-CIS). O caráter singular do projeto foi o fato de que os telefonemas eram feitos pelo CIS, uma atividade notadamente distinta do papel tradicional de um serviço de atendimento telefônico, que responde a chamadas feitas por pessoas da comunidade a um número gratuito. O procedimento de fazer chamadas não era comum para os atendentes especializados, que eram treinados para dar informações em resposta às perguntas feitas pelo público. Pela sua abordagem única, esse projeto só foi realizado em um escritório regional (Crane et al., 1998 e Crane et al., 2000, para o estudo seguinte).

Marcy Meyer (1996a), em sua tese premiada, ao examinar a implementação do projeto 2 ao longo do tempo, centrou-se nos laços fracos e na percepção dos indivíduos quanto ao caráter inovador do clima organizacional e às características (favoráveis ou desfavoráveis) de uma dada inovação, em quatro momentos distintos, para estudar a dinâmica teórica implícita. A pesquisa explorou, ao longo do tempo, em que medida as percepções dos funcionários quanto ao caráter inovador do clima organizacional são determinadas por sua experiência com uma inovação específica.

As medições de abrangência ou diversidade e de proeminência são indicadores de estruturas de redes de comunicação (Burt, 1991), especificamente de laços fracos, os quais, conforme vimos no capítulo "Criatividade e inovação", têm importantes implicações para a inovação. Os indivíduos que são expostos a informações sobre a inovação provenientes de várias fontes têm maior probabilidade de perceber que trabalham em um ambiente inovador, e usam-nas para avaliar seus prós e contras. O estudo de Meyer (1996a) analisou os laços fracos utilizando as medições de abrangência de contatos e contatos não redundantes e as medições de proeminência (Burt, 1991). Uma vez que esses índices são característicos da diversidade de contatos de um indivíduo, eles são comparáveis aos de seus laços fracos na rede (Granovetter, 1973). Para simplificar, e como resultado do estudo psicométrico detalhado (Meyer, 1996b), os atributos da inovação – vantagem relativa, observabilidade, adaptabilidade e aceitação – compõem um único traço manifesto, os prós, ao passo que a complexidade e o risco constituem os contras.

Com base em nossas discussões anteriores, parece provável que os laços fracos, bem como a percepção dos indivíduos quanto ao caráter inovador do clima organizacional e acerca dos prós e contras da inovação, sejam construtos intimamente relacionados. A estrutura de comunicação informal em um momento específico deve impactar essas percepções em períodos posteriores. Um clima inovador deve indicar o quanto os indivíduos apoiarão determinada inovação. Igualmente, esses indivíduos, com base em sua experiência com uma inovação específica no contexto organizacional, formam uma percepção geral de quão inovador é o clima em que trabalham. Em uma análise detalhada de diversas alternativas teóricas, Meyer e Johnson (1997) elaboraram um modelo ideal da interação desses vários fatores. Essa pesquisa demonstrou que, com o tempo, os laços fracos afetavam o modo como os funcionários percebiam a inovação; e que quando eles sentiam que trabalhavam em um ambiente inovador, tendiam a perceber os prós da inovação. Essas descobertas sugerem que o clima indica em que medida os funcionários apoiarão determinadas inovações.

Embora os laços fracos afetassem as percepções das características da inovação, a relação entre esses fatores se mostrou surpreendentemente tênue; os resultados mais notórios foram os efeitos retardados. Essa descoberta revelou que leva tempo para que os indivíduos processem novas ideias. De modo similar, observou-se que a transferência de conhecimento não é instantânea; demanda tempo para as pessoas absorverem informações (Jensen & Meckling, 1995). Embora os indivíduos que possuem muitos laços fracos possam ser expostos a informações sobre inovação provenientes de várias fontes, esse tipo de comunicação não tem um impacto imediato sobre o quanto eles percebem que trabalham em um ambiente inovador ou o quanto apoiam determinadas inovações. No longo prazo, entretanto, a comunicação informal relativa à inovação pode ter consequências mais pronunciadas sobre como os indivíduos avaliam seus prós e contras.

O "efeito de amplificação" (Renn, 1991) indica que os laços fracos devem impactar as percepções futuras a respeito das inovações ao ampliar as atitudes existentes com relação a seus prós e contras. Se as pessoas se comunicam com seus laços fracos sobre os aspectos favoráveis de uma inovação, isso, com o tempo, pode ter um efeito positivo sobre as atitudes gerais perante ela. Se, por outro lado, elas se comunicam sobre os aspectos desfavoráveis, tal impacto pode ser negativo. Em contraste com o efeito de amplificação, o fenômeno da "espiral do silêncio" (Noelle-Neumann, 1974) propõe que as atitudes para com a inovação podem não se converter em comunicação entre os laços fracos. Os funcionários podem ter pontos de vista diferentes sobre a inovação, mas a pessoa com relativamente menos conhecimento sobre o tema pode não conseguir expressar suas opiniões porque percebe que não tem conhecimento suficiente ou não está disposta a contrariar as opiniões predominantes. Nesse caso, os pontos de vista manifestos sobre a inovação são os que prevalecem na rede.

Os dados comprovaram o efeito de amplificação. Ao menos nesse caso, os laços fracos no momento 1 e no momento 2 têm impactos relativamente fortes e negativos sobre as percepções dos prós da inovação no momento 4. Esse efeito retardado talvez se deva, em parte, à escassez de comunicação relativa à inovação nessa empresa. Tal descoberta sugere que as percepções da inovação são influenciadas pelo efeito de amplificação social em redes altamente segmentadas, mas em menor medida e a um ritmo muito mais lento do que se esperaria em redes densas. Também demonstra a importância de estudar a força dos laços fracos (Krackhardt, 1992) para garantir o apoio à inovação.

Além disso, os efeitos retardados refletem a descoberta inesperada de Weenig e Midden (1991) de que conselhos negativos provinham mais de laços fracos que de fortes. Possivelmente, os indivíduos eram mais propensos a fazer avaliações negativas de uma inovação quando não tinham um interesse pessoal nela. Uma vez que a percepção do caráter inovador da organização no momento 1 teve um forte impacto negativo sobre os prós e contras no momento 4, os funcionários talvez não tenham apoiado essa inovação em particular por não tê-la percebido como adequada a esse clima inovador.

A descoberta inesperada de que os contras no momento 2 tinham um forte efeito negativo sobre os laços fracos no momento 3 aponta para uma explicação estrutural da inovação e da comunicação (Lewis & Seibold, 1993). Aparentemente, as percepções dos aspectos desfavoráveis de uma dada inovação podem desencorajar a comunicação futura a respeito dela. Essa descoberta confirma o velho ditado "Se você não tem nada de bom a dizer, não diga nada". Infelizmente, essa espiral do silêncio pode ter consequências negativas para o curso de determinadas inovações nas empresas.

Mais recentemente, Burt (2001 e 2005) introduziu os conceitos de largura de banda e eco para explicar esses processos, associando-os a buracos estruturais, intermediação e confiança. A hipótese da largura de banda propõe que o caráter fechado da rede melhora o fluxo de informação, ao passo que a do eco sugere que não, em decorrência da existência de uma "propagação" no sistema social que reforça as predisposições provenientes de laços redundantes e da etiqueta social a não revelar informações presumidamente discordantes com o que os outros dizem. Inevitavelmente, esses processos levam a uma incapacidade de aprender e se adaptar em grupos coesos; assim, "a ambiguidade, associada ao caráter fechado da rede, produz a certeza pelo desconhecimento" (Burt, 2005, p. 222). De modo ainda mais insidioso, a fofoca se torna uma força de coesão social, visto que muitas vezes definimos a nós mesmos por aquilo que não somos.

Os laços fracos são mais propensos a compartilhar informações negativas, em parte porque não estão tão cientes das opiniões predominantes em grupos coesos. A opinião favorável é amplificada pela confiança, enquanto a dúvida se traduz em desconfiança por aqueles que disseminam opiniões negativas.

RESUMO

Neste capítulo, examinamos o lado humano das redes de conhecimento. Começamos no nível macroambiental, analisando a composição humana geral de uma organização, conforme representada nas abordagens demográficas. Passamos então a enfoques microambientais mais clássicos centrados no indivíduo, considerando fatores como motivações e ambiguidade do papel. Por fim, percorremos o lado mais obscuro, examinando como o desconhecimento e o status limitam o fluxo de informações nas organizações.

Leitura complementar

Allen, T. J. *Managing the Flow of Technology: Technology Transfer and the Dissemination of Technological Information within the R&D Organization.* MIT Press, 1977.

Exposição sistemática da busca de informações por parte de engenheiros em laboratórios de pesquisa e desenvolvimento, com uma abordagem abrangente das redes e do efeito de contextos físicos.

Blau, P. M. "Patterns of interaction among a group of officials in a government agency". Em *Human Relations,* nº 7, 1954, pp. 337-348.

Blau, P. M. *The Dynamics of Bureaucracy: a Study of Interpersonal Relations in Two Government Agencies.* University of Chicago Press, 1955.

Descrição clássica dos efeitos do status sobre o compartilhamento de informações, descrito em mais detalhes no quadro 11.1.

Hartman, R. L. & Johnson, J. D. "Social contagion and multiplexity: communication networks as predictors of commitment and role ambiguity". Em *Human Communication Research*, nº 15, 1989, pp. 523-548.

Aplicação sistemática de conceitos essenciais da análise de redes ao comprometimento e à ambiguidade do papel. Os resultados revelam que, no que concerne às redes, o comprometimento é um conceito mais amplo que a ambiguidade do papel.

Kanter, R. M. *Men and Women of the Corporation*. Basic Books, 1977.

Análise abrangente da importância das proporções entre os sexos nas empresas para o status e o progresso na carreira.

Pfeffer, J. *Organizations and Organization Theory*. Pitman, 1982.

Pfeffer, J. "Organizational demography". Em *Research in Organizational Behavior*, nº 5, 1983, pp. 299-357.

Algumas das primeiras descrições sistemáticas dos impactos da demografia sobre a estrutura organizacional.

12

Encontrando conhecimento

> [...] ao que parece, a busca de informações é um de nossos métodos mais fundamentais para lidar com nosso entorno. As estratégias que aprendemos a usar ao coletar informações podem, a longo prazo, revelar-se muito mais importantes que os conhecimentos específicos que assimilamos em nossa educação formal e, conforme tratamos de lutar contra os problemas cotidianos, logo esquecemos.
> (Donohew, Tipton, Haney, 1978, p. 389)

No futuro, os que vencerão na vida e na carreira serão aqueles que souberem aonde ir para encontrar informações, conseguirem processá-las em grande quantidade e, enfim, forem capazes de compreendê-las, transformando-as em conhecimento útil. Conforme vimos, encontrar conhecimento nas organizações é um fenômeno complexo, e há muitas barreiras que aqueles que o buscam devem superar. Os capítulos anteriores foram dedicados a compreender as redes de conhecimento. Neste, abordarei as estratégias individuais que ajudam as pessoas a identificar onde o conhecimento pode estar situado em uma rede, a busca por feedback para determinar a reação dos outros ao nosso desempenho no trabalho, e o modo como se pode forragear informações da melhor forma possível. O papel da gestão nas redes de conhecimento passa a ser, em grande medida, o de determinar que questões cruciais precisam ser exploradas, e então facilitar e aprimorar a obtenção de conhecimento relacionado a elas, criando campos de informação significativos.

Estratégias individuais

Em geral, o foco dos estudos tem sido colocado sobre a maneira como fornecer informações aos membros de uma organização, e não o que os motiva a buscar respostas às perguntas que formulam a si mesmos – este último processo foi chamado de prospecção de conhecimento (Gray & Meister, 2004). Não sabemos muito a respeito do que motiva um indivíduo a buscar informações, principalmente quanto à procura mais altruísta associada a crescimento pessoal, criatividade, curiosidade ou compartilhamento de informações com os colegas de trabalho (Burke & Bolf, 1986). Uma afirmação constantemente encontrada na literatura é que as pessoas com grande necessidade de crescimento são as mais propensas a consultar fontes de informação variadas (Varlejs, 1986). As organizações devem "nutrir" esses indivíduos, dando-lhes autonomia para realizar essas buscas. Em suma, devem proporcionar um ambiente que valorize e encoraje o aprendizado (McGee & Prusak, 1993).

As organizações podem desejar encorajar o desenvolvimento de um estado em que os indivíduos sintam que estão "no ritmo", em sintonia com o ambiente de informação a sua volta (Eisenberg, 1990). As pessoas querem maximizar sua carga cognitiva, bem como sua satisfação (Marchionini, 1992); elas não gostam de tarefas ou sistemas de informação que lhes causem frustrações ou interrompam o desempenho de suas funções. Elas preferem sistemas que sejam intrinsecamente gratificantes, que lhes provoquem uma sensação intuitiva, como se estivessem participando de um jogo (Paisley, 1993).

Assim, por exemplo, os usuários não gostam de sistemas de informação que citam fontes de informação que eles devem consultar mais tarde. Tem-se afirmado que o conceito de fluxo, que capta a experiência exploratória e a brincadeira, encoraja as pessoas a usar tecnologias da informação novas e pouco familiares. A teoria do fluxo, associada principalmente ao trabalho de Csikszentmihalyi, afirma que o envolvimento em um estado de fluxo é automotivador porque é agradável e enseja a repetição (Naumer, 2005; Trevino & Webster, 1992). Um estado de fluxo existe quando os indivíduos sentem-se no controle da tecnologia (por exemplo, receber feedback ou escolher entre várias opções), sua atenção é focada e sua curiosidade é aguçada, e a atividade a que estão se dedicando é intrinsecamente interessante. Cada vez mais, os melhores softwares, sobretudo aqueles com capacidades multimídia, captam as condições de um estado de fluxo.

Conforme vimos, há uma discrepância significativa entre o comportamento idealizado e o padrão típico de aquisição de conhecimento encontrado nas organizações. Uma forma de as empresas lidarem com isso é sendo muito criteriosas em suas práticas de recrutamento e contratação, para se assegurar de que estão selecionando funcionários autossuficientes no que concerne à busca de informações. É preciso reconhecer que a aquisição de informações é uma importante habilidade, que deve ser primordial em nossos esforços educacionais para promover o aprendizado permanente, inclusive no treinamento de profissões específicas. A maioria dos problemas importantes em nossas vidas está relacionada com a falta de conhecimento, aptidões ou capacidade de avaliar riscos. As informações e habilidades para adquiri-las são cruciais para superar esses percalços.

Outra estratégia possível de ser adotada é destacar essas questões por meio de programas de treinamento adequados que se destinem a enfatizar a importância da adoção de comportamentos de busca ideais (por exemplo, seleção apropriada de palavras-chave) e habituar o pessoal com fontes de informação pouco conhecidas. Em geral, as empresas não orientam suficientemente seus funcionários sobre quais são as melhores fontes de informação (Burke & Bolf, 1986). Familiarizar os indivíduos com fontes que são relevantes (Saracevic, 1975) e úteis em seu trabalho imediato é o primeiro passo fundamental para desenvolver hábitos mais apropriados de aquisição de conhecimento. Parte do conhecimento tácito que uma profissão requer provém do aprendizado sobre como adquirir informações e de saber o valor relativo de diferentes tipos de conhecimento (Polanyi, 1974).

Ao examinar a atuação dos trabalhadores, devemos reconhecer que as situações de comunicação nas organizações são orientadas por um conjunto de objetivos com várias motivações. As estratégias que as pessoas adotam podem ser complexas; uma tentativa de buscar informações pode estar mascarada por uma mensagem persuasiva sobre outro assunto (Contractor & Eisenberg, 1990). Desse modo, ao me dirigir a meu chefe com uma sugestão para melhorar o trabalho no escritório, a resposta que realmente estaria buscando seria se ele ainda me valoriza o suficiente para me dar apoio material. Nesta seção, abordaremos três questões: como as pessoas sabem aonde ir nas redes para obter informações; as estratégias pelas quais um indivíduo tenta obter feedback sobre seu desempenho profissional e a perspectiva mais abstrata de forrageamento de informações derivada da psicologia evolutiva.

Como as pessoas sabem aonde ir?

> Embora muitas pesquisas tenham enfocado a questão da transferência de conhecimento, poucas se dedicaram a estudar indivíduos buscando conhecimentos existentes. A capacidade de fazer isso pode ser limitada pelo simples fato de que aqueles que buscam conhecimento possivelmente não sabem quem o possui [...]
> (Kayworth & Leidner, 2003, p. 245).

Um dos fatores que determina a eficácia das relações em redes de conhecimento é saber o que o outro sabe e quando se dirigir a ele (Cross, Rice, Parker, 2001). Em parte apoiando-se nas discussões clássicas sobre a validade dos relatos pessoais acerca dos vínculos em uma rede, alguns estudiosos afirmaram que os indivíduos têm fortes intuições categóricas, ainda que rudimentares, das estruturas sociais que os circundam – por exemplo, eles sabem quem está vinculado a quem em uma rede estável[1] (Corman & Scott, 1994; Freeman, 1992; Freeman, Romney, Freeman, 1987; Romney & Faust, 1982) – e, por conseguinte, fazem alguma ideia de onde se encontram as informações. Burt (2005) afirmou que as pessoas podem ser treinadas para identificar buracos estruturais.

No entanto, não estamos investigando aqui como as pessoas obtêm informações rotineiras de seus laços fortes, que de fato podem ter-se formado para criar um campo de informação. Em vez disso, interessa saber como elas buscam, ativamente, respostas a perguntas que podem exceder a capacidade de sua rede existente. Essa questão se torna ainda mais relevante com as clássicas descobertas dos estudos sobre o tema, que demonstraram que as pessoas tentarão obter informações de fontes interpessoais (Cross, Rice, Parker, 2001) – que são acessíveis e podem condensar as informações de forma significativa – e que elas não são muito persistentes nem sofisticadas em seu comportamento de busca (Johnson, 1997a). Também aborda o dilema organizacional de como estabelecer relações entre novos conhecimentos e aqueles que devem possuí-los (Schulz, 2001).

Tradicionalmente, uma grande vantagem de um organograma formal – que discutimos em mais detalhes no capítulo "Estruturando redes de conhecimento" – é sua capacidade de lidar com essa questão. Com efeito, o organograma oferece um mapa para confrontar o problema (tabela 12.1); ele identifica claramente quem deve deter o conhecimento em áreas específicas, quem é a fonte oficial e quem possui o treinamento e a experiência requeridas. A organização formal, de fato, foi descrita como um computador primitivo (Beninger, 1990) com um diretório (cargos), uma linguagem de programação (regras formais), sistemas de armazenamento de informações (registros escritos) e memória de acesso aleatório (a memória dos gestores). Obviamente, tudo isso está racionalizado, muitas vezes de modo explícito, por meio de relações formalizadas (por exemplo, tenho de responder a certas solicitações de informação em decorrência dos requerimentos do

---

1 Ainda que elas talvez tenham uma imagem mais otimista de seu próprio posicionamento nessa estrutura social (Kumbasser, Romney, Batchelder ,1994).

cargo). Portanto, no mundo da estrutura formal, uma busca muitas vezes passa a ser uma questão de formular uma pergunta de maneira apropriada e dirigi-la à pessoa incumbida de exercer o papel formal. No entanto, pouco ajuda ampliar as possibilidades de uma busca em novas formas organizacionais, se todos continuarem se dirigindo ao supervisor por ignorar outras possíveis fontes de informação (Krackhardt, 1994) – o que, conforme vimos no capítulo anterior, traz muitos danos ao ego (Blau, 1954 e 1955). Voltamos, então, ao ponto de como os indivíduos negociam em seu mundo informal mais obscuro na busca de respostas para suas perguntas. Isso é algo que, conforme revela o quadro 12.1, sobre programas de assistência relacionados à manutenção do equilíbrio entre trabalho e vida pessoal, pode ser especialmente difícil no caso de informações confidenciais, em que as pessoas estariam propensas a obter informações mais anônimas, encontradas na web (Case *et al.*, 2004).

TABELA 12.1 - BUSCANDO INFORMAÇÕES

	Abordagem estrutural	
Conceito de busca	Formal	Informal
Ações de busca de informação	Especificadas	Preferências individuais, normas
Fontes consultadas	Papéis formais	Atributos pessoais
Conhecimento individual	Relativo ao cargo Treinamento Experiência Recrutado para	Movido pela necessidade Limites cognitivos
Distribuição do conhecimento	Planejada	Aleatória, histórica, cultural
Alcance/abrangência	Toda a organização	Localizado, de mundo pequeno
Diretório	Cargo	Reputação
Programação	Regras formais	Regras informais, roteiros, rotinas, limites cognitivos
Armazenamento	Sistema de arquivos, bases de dados	"Literatura cinzenta", memória pessoal
Necessidades	Requerimentos do cargo	Promoção, curiosidade, *status*

Os estudos fazem alusão a uma série de fatores que podem determinar as buscas por novas informações: relações com laços fracos, liderança de opinião, o papel mais geral dos corretores, acessibilidade, e as estruturas de *status* em que estão inseridos os indivíduos que buscam informações. A experiência prévia com uma fonte e a confiança da pessoa são particularmente importantes. Cross, Rice e Parker (2001) descreveram isso, mais recentemente, como o grau de segurança em uma relação que promove o aprendizado e a criatividade (ver também quadro 12.1.).

Líderes de opinião

Tanto os estudos tradicionais sobre liderança de opiniões (Katz & Lazarsfeld, 1955) quanto os que enfocam o papel das redes (Reynolds & Johnson, 1982) afirmam que as pessoas procuram indivíduos instruídos em suas redes informais para obter respostas a suas perguntas (Burt, 1999). Classicamente, a noção de liderança de opinião pressupõe que as ideias fluem dos meios aos líderes de opinião e então por meio deles alcançam os segmentos menos ativos da população (Katz, 1957). Os líderes de opinião não só realizam uma função de retransmissão, como também fornecem informações de apoio social aos indivíduos e reforçam as mensagens pela influência social que exercem. Entende-se que o apoio social está "intrinsecamente entrelaçado com o comportamento comunicacional" (Albrecht & Adelman, 1987c, p. 14). Em geral, distinguem-se duas dimensões importantes do apoio social: a informacional e a emocional. A primeira é associada à sensação de domínio e controle sobre o ambiente em que o indivíduo está inserido (Freimuth, 1987) e a segunda é essencial para satisfazer as necessidades de autocontrole e de pertencimento e manter a autoestima elevada (Albrecht & Adelman, 1987b). O apoio tem sido relacionado a importantes variáveis de resultado organizacional, como estresse, absentismo, esgotamento físico e mental, rotatividade, produtividade e estado de ânimo (Ray, 1987). Também está diretamente vinculado às abordagens de análise de redes.

QUADRO 12.1. APLICANDO O MODELO ABRANGENTE DE BUSCA DE INFORMAÇÕES À QUESTÃO DA MANUTENÇÃO DO EQUILÍBRIO ENTRE TRABALHO E VIDA PESSOAL

A questão da manutenção do equilíbrio entre trabalho e vida pessoal tem recebido cada vez mais atenção de várias disciplinas, em parte pela ampla gama de problemas com que se deparam os trabalhadores contemporâneos. Obviamente, o trabalho e a família são dois dos âmbitos mais importantes da vida de uma pessoa, e eventualmente um pode prejudicar o outro, levando à incerteza e a uma necessidade de regulamentar as informações, para poder lidar com o problema.

Normalmente, as empresas usam programas formais de assistência a funcionários para lidar com esses assuntos, e por isso eles serão, aqui, o foco pragmático. Nos Estados Unidos, os problemas verificados em áreas tradicionalmente abrangidas pelos serviços dos programas de assistência a funcionários dão conta da gravidade da questão. Estima-se que 10% dos empregados estão suficientemente debilitados para necessitar de intervenção comportamental em saúde (Poverny & Dodd, 2000). Historicamente, esses programas enfocaram sobretudo o abuso de álcool e drogas. Nos últimos tempos, passaram a ser adotados programas mais amplos, que oferecem uma vasta gama de benefícios e abordagens para lidar com esses problemas complexos. Os serviços mais abrangentes de assistência a funcionários podem incluir programas para tratar depressão, estresse, problemas conjugais, jogo patológico, questões relativas à carreira profissional, questões legais e financeiras, cuidado dos filhos e dos idosos, saúde e bem-estar, violência e assim por diante. Tipicamente, os usuários desses programas são os trabalhadores mais vulneráveis; eles tendem a ser menos usados por funcionários com *status* mais alto e por homens (Poverny & Dodd, 2000).

Nas organizações, encontrar ajuda em programas de assistência a funcionários é uma tarefa complexa, e há muitas barreiras que os trabalhadores que os procuram devem superar. A desinformação a respeito dos benefícios a que os funcionários têm direito é "disseminada" (Picherit-Duthler & Freitag, 2004), apesar, muitas vezes, dos procedimentos governamentais para mantê-los informados. Falta de confiança e preocupações com a confidencialidade podem fazer que os funcionários busquem fontes de informação informais ou externas para lidar com seus problemas, visto que querem evitar ser rotulados ou categorizados irreversivelmente (Geist-Martin, Horsley, Farrell, 2003). Em consequência, alguns trabalhadores podem simplesmente se retrair, percebendo que a cultura da organização demanda que ele sofra em silêncio.

Em geral, o foco dos departamentos de recursos humanos tem sido sobre como fornecer informações aos funcionários, e não em identificar o que os motiva a buscar respostas para suas perguntas e como estabelecer suas próprias estratégias para lidar com esses dilemas. Uma abordagem para examinar essas questões é encontrada no Modelo Abrangente de Busca de Informações (CMIS, na sigla em inglês) e sua aplicação às redes de conhecimento no local de trabalho.

O CMIS foi testado empiricamente em vários processos de busca de informações relativas ao câncer (Johnson, 1993; Johnson & Meischke, 1993) e em contextos organizacionais (Johnson *et al.*, 1995a). Johnson (2003) comparou sistematicamente esses dois contextos e suas implicações para o CMIS. O modelo centra-se nos antecedentes que explicam por que as pessoas passam a buscar informações, quais são as características dos portadores de informação que definem o modo como as pessoas realizam suas buscas e quais são as ações que refletem a natureza da própria busca.

Os antecedentes do CMIS incluem demografia, experiência pessoal, saliência e crenças. Um tema comum nas pesquisas demográficas, que tem ligação direta com as redes de conhecimento, é o relativo isolamento de certos grupos. Isso pode se aplicar ao estigma associado ao abuso de drogas, que serve para isolar indivíduos na maioria das organizações (Dietz, Cook, Hersch, 2005). A busca de informações pode ser desencadeada pelo grau de experiência pessoal e direta de um indivíduo com o problema em questão, que para alguns programas de assistência a funcionários pode ser extenso e específico.

Na perspectiva do CMIS, dois fatores de relevância pessoal, a saliência e as crenças, são vistos como os principais determinantes na tradução da percepção de uma lacuna em busca ativa por informações. A saliência se refere à importância pessoal da informação para o indivíduo. Alguém pode se perguntar: "É importante que eu faça algo?". Os custos potenciais de tentar obter informações com os outros (por exemplo, o risco interpessoal de admitir o desconhecimento) são cruciais para o desenvolvimento de redes. Conforme vimos, um fator importante que claramente impede essa sensação de segurança envolve a perda de reputação e *status*.

A aquisição de mais informações e uma maior consciência podem aumentar a incerteza de um indivíduo e, assim, seu nível de estresse. Em consequência, os indivíduos e as organizações muitas vezes escolhem aliviar esse estado desconfortável adotando comportamentos de negação, inércia e apatia. As organizações, assim como seus membros, frequentemente negam a presença de informações perturbadoras em vez de confrontá-las. Eles não querem saber de determinadas coisas ou aguardam que os problemas "desapareçam". No entanto, nesse contexto em que os problemas pessoais interferem no trabalho, pode-se aumentar a saliência com intervenções gerenciais formais, como o encaminhamento do funcionário para um programa de tratamento de dependentes de drogas.

Nos programas de assistência a funcionários, a busca de informações também é afetada por vários fatores culturais, visto que todas as culturas criam regras que limitam o compartilhamento de informações. A linguagem natural é bem apropriada para a ambiguidade e o engano, e muitas vezes o desejo de ser educado nos leva a usar expressões ambíguas, a dissimular, e a dizer aos outros "mentiras inocentes". Num discurso polido, também podemos restringir o quanto revelamos de informações pessoais. Já os outros podem limitar as perguntas que sentem que podem nos fazer e restringir a estratégia adotada na busca de informações. Fundamentalmente, quando um indivíduo tenta estabelecer uma relação com o outro para compartilhar informações, é preciso que haja aceitação mútua, que é determinada pelos interesses utilitários do valor da informação e pela reputação social das partes. Pode ser por isso que as redes de aconselhamento são tão caracterizadas por relações esporádicas, assimétricas e/ou não recíprocas (Nebus, 2006), e isso talvez seja especialmente verdadeiro para as interações em programas de assistência a funcionários.

A percepção dos indivíduos quanto ao grau em que podem definir ou controlar os acontecimentos também terá impacto sobre seu nível de consciência. Para muitas pessoas, não faz muito sentido saber coisas sobre as quais elas não têm controle, e por isso aquelas que não têm poder tendem a não buscar informações. Case et al. (2005) demonstraram sistematicamente por que evitar informações pode ser uma atitude muito racional em determinadas situações em que as pessoas se consideram pouco eficazes ou se deparam com informações ameaçadoras ao desempenho de sua função (Ashford, Blatt, VandeWalle, 2003). Desse modo, torna-se perfeitamente razoável evitar informações quando não há nada que se possa fazer com as respostas obtidas. Se a ameaça é extrema, ou se não se espera que as possíveis respostas sejam eficazes, a alternativa atraente é ignorar totalmente a ameaça – o que, em troca, promove a consistência cognitiva (Case et al., 2005). As pessoas que são frequentemente encaminhadas a esses programas costumam estar com a capacidade limitada para lidar com seus problemas. Elas não acreditam que serão capazes de interpretar e reagir corretamente a uma nova informação que receberem. O uso da web e de fontes formais internas e externas normalmente requer que o indivíduo se julgue capaz de lidar com as informações que encontrará. A crença de um indivíduo na eficácia dos vários programas também exerce um papel importante.

Os atributos dos portadores de informação contidos no CMIS são retirados de um modelo de avaliação e exposição na mídia (MEA, na sigla em inglês) que foi testado em vários portadores de informação, incluindo fontes e canais, e em diversos contextos culturais (Johnson, 1983, 1984a e b, 1987; Johnson & Oliveira, 1988). Seguindo o MEA, o CMIS enfoca o tom editorial, o potencial de comunicação e a utilidade. No CMIS, as características são compostas pelo tom editorial, que reflete a percepção de credibilidade por parte de um membro da audiência – ou nos termos das redes organizacionais, a questão crucial da confiança –, ao passo que o potencial de comunicação está ligado a questões de estilo e abrangência.

A utilidade, tanto no caso do CMIS quanto do MEA, estabelece uma relação direta entre as características de um meio e as necessidades de um indivíduo, e tem muito em comum com as perspectivas de usos e gratificações (Palmgreen, 1984). Por exemplo, a informação contida no meio é relevante, atual e importante para os propósitos do indivíduo?

As pesquisas sobre o CMIS indicam que ele constitui o esqueleto de uma estrutura causal, embora a natureza das relações específicas contidas no modelo pareça depender do contexto. Os testes do CMIS em situações de saúde revelam que o modelo funciona melhor em canais oficiais, como os representados por médicos, que são alvos de buscas intensas e com objetivos claros (Johnson, 1993; Johnson & Meischke, 1993), e para tarefas racionais e programadas que estão mais próximas do indivíduo (Johnson *et al.*, 1995a). Essas características certamente estão relacionadas com o papel formal dos programas de assistência a funcionários nas organizações.

A busca de informações nos programas de assistência a funcionários é muitas vezes emocional e irracional, governada pelo lado obscuro das redes de conhecimento. Por causa do seu foco no indivíduo, esses programas raramente se concentraram em questões de saúde social e capital social em torno da rede de relações de um indivíduo, incluindo camaradagem com os colegas, comunicação com os superiores e reconexão com a família (Farrell & Geist-Martin, 2005). Assim, por exemplo, os líderes de opinião não só disseminam ideias, como também, pela natureza interpessoal de seus laços, exercem pressão adicional por conformidade, um fator essencial no sucesso de programas de reabilitação para dependentes de álcool ou drogas. Eles não só desempenham uma função de retransmissão, como também fornecem informações de apoio social para os indivíduos, e reforçam as mensagens pela influência que exercem. No clássico problema do mundo pequeno, um indivíduo deve entrar em contato com uma pessoa distante (por exemplo, alguém que sabe como lidar com abuso de drogas), até então desconhecida, por meio de intermediários. No entanto, nos programas de assistência a funcionários, as situações normalmente demandam uma busca direcionada, em vez de ampla, porque as pessoas só farão perguntas a alguém a quem possam confiar informações sensíveis e confidenciais.

Os líderes de opinião não só disseminam ideias, como também, pela natureza interpessoal de seus laços, exercem pressão adicional por conformidade (Katz, 1957). O modo como uma pessoa influencia outra é muitas vezes determinado por seu posicionamento estrutural no grupo (Katz & Lazarsfeld, 1955). Uma descoberta clássica das pesquisas sobre as relações entre canais interpessoais e meios de comunicação massivos é que os indivíduos tendem a "selecionar materiais que, de alguma forma, serão imediatamente úteis para a vida no grupo" (Riley & Riley, 1951, p. 456). Alguns chegaram a afirmar que o pertencimento ao grupo pode ser previsto com base nas preferências de um indivíduo quanto à busca de informações (Kasperson, 1978), e há quem diga que os líderes de opinião são corretores de informações que atuam nas margens dos agrupamentos (Burt, 1999). Eles são corretores duas vezes, visto que, por meio de laços coesos, transmitem informações para indivíduos com pouca equivalência estrutural, e assim desencadeiam o contágio pelas fronteiras sociais dos grupos (*Ibidem*). No entanto, esses estudos não são tão claros sobre como as pessoas vêm a saber quem são esses outros. A reputação e o prestígio podem ser particularmente importantes nesse processo de descobrir quem são os gurus.

Acessibilidade

A acessibilidade, no que concerne tanto à proximidade física quanto à resposta oportuna, também é importante para a busca de informações (Borgatti & Cross, 2003; Cross, Rice, Parker, 2001; Hirsch & Dinkelacker, 2004). Uma das observações clássicas sobre a comunicação é que há maior probabilidade de que ela ocorra quando a distância física observada entre os interlocutores não for restritiva (Johnson, 1993), fato que tem profundas implicações para a busca de informações (Allen, 1977), conforme vimos no capítulo "Distribuição espacial do conhecimento". A resposta oportuna é uma questão cada vez mais importante no mundo frenético da organização contemporânea, assim como sua qualidade. A pessoa tratará de resolver o problema ou simplesmente atuará como um depósito de conhecimento? (Cross, Rice, Parker, 2001).

Questões de disponibilidade, acessibilidade e qualidade da resposta estão muitas vezes relacionadas com sistemas informais de *status* nas organizações. Conforme vimos, admitir o desconhecimento pode causar danos consideráveis ao ego. Alguns indivíduos simplesmente não têm habilidades interpessoais para formar a rede de relações informais necessária para adquirir informações (Wilson e Malik 1995).

Memória transacional

> [...] uma comunidade ou rede de conhecimento parece requerer um conector ou comutador humano, cuja função é saber quem sabe e saber o que se sabe.
> (Earl, 2001, p. 225)

Saber quem sabe o quê é uma questão fundamental para as redes de conhecimento (Borgatti & Cross, 2003). Usar ferramentas de busca computacionais e redes de computadores como metáfora pode trazer esclarecimentos interessantes sobre esses sistemas humanos. Se considerarmos as pessoas como computadores, todo grupo social poderá ser visto como uma rede de computadores com seus problemas e soluções correspondentes (Wegner, 1995), tendo que criar meios de recuperar e alocar informações para realizar tarefas coletivas (Palazzolo *et al.*, 2006). Mas aqui não estamos interessados nos hardwares e softwares disponíveis para buscar conhecimento, as clássicas ferramentas de gestão do conhecimento usadas em muitas organizações (por exemplo, bancos de dados de projetos, diretórios, "páginas amarelas"). Talvez o limite mais grave dessas tecnologias seja determinado pela preferência recorrente dos indivíduos por fontes interpessoais de informação que possam assimilar e resumir grandes quantidades de dados para quem pretenda obtê-las (Johnson 1996b). Quando alguém divulga informações em um banco de dados da organização, está dando um sinal aos outros de que detém conhecimento em determinadas áreas, o que pode levar ao estabelecimento de contato entre duas partes (Contractor & Monge, 2002), como acontece ao se usar um serviço de relacionamentos. Alguns afirmaram, então, que a unidade essencial de memória transacional são as unidades tarefa-especialidade-pessoa (TEP), que respondem, em aspectos fundamentais, à pergunta "quem sabe?" (Brandon & Hollingshead, 2004).

A memória transacional explica como as pessoas desenvolvem redes cognitivas de conhecimento que as ajudam a identificar as habilidades e os conhecimentos específicos de outros indivíduos (Monge & Contractor, 2003; Palazzolo, 2006; Palazzolo et al., 2006). Ela pode melhorar a eficiência e a eficácia de um grupo promovendo a divisão de trabalho em certas tarefas de processamento de informações, ao passo que também fornece mecanismos para a integração (Brandon & Hollingshead, 2004; Hollingshead, 1998). Verificou-se que os grupos em que o conhecimento especializado de seus membros é divulgado compartilham mais informações exclusivas (Thomas-Hunt, Ogden, Neale, 2003). Vários processos inter-relacionados estão envolvidos, incluindo coordenação de recuperação, atualização de diretório e alocação de informações (Palazzolo, 2006; Palazzolo et al., 2006; Wegner, 1995). A coordenação de recuperação especifica procedimentos para encontrar informações. A atualização de diretório possibilita saber quem sabe o quê, ao passo que a alocação de informações atribui itens de memória a membros do grupo. Desse modo, uma equipe de trabalho *ad hoc* pode inicialmente se reunir para determinar o conhecimento especializado de seus membros, atribuindo-lhes tarefas de pesquisa e especificando procedimentos para coletar informações relativas a suas atividades em um formato que possa ser compartilhado. Para os grupos existentes, as unidades TEP podem ser atribuídas formalmente, com base nos papéis dos indivíduos, da memória, de várias construções sociais, de documentos e assim por diante (Brandon & Hollingshead, 2004). Quando a expertise de um indivíduo é conhecida, ele tem mais chances de se tornar alvo de buscas de informação (Borgatti & Cross, 2003). Em um teste empírico recente, Palazzolo (2006) constatou que redes reais de trabalho em equipe dependem mais da percepção que os outros têm do conhecimento especializado de um indivíduo que da expertise relatada por ele próprio.

Estratégias de mundo pequeno

A maioria das pessoas carece de habilidades para lidar com informações e tem um repertório limitado de comportamentos de busca (Johnson, 1996b). A esse respeito, a estrutura formal de uma organização e o treinamento profissional podem ser de grande auxílio, visto que grande parte deles fornece um conjunto formalizado de regras para coletar informações que apoiem a tomada de decisões (Leckie, 2005) (tabela 12.1). No entanto, as buscas efetuadas fora dessa estrutura não são governadas pelo mesmo conjunto de regras que aquelas realizadas tendo em vista decisões programadas. Felizmente, sólidos programas de pesquisa realizados em duas áreas podem nos ajudar a entender como as pessoas se comportam em buscas específicas e não programadas.

O *status* informal é muitas vezes associado ao conhecimento especializado, o que pode fornecer uma indicação para as buscas de informação. A diferença é que não temos como alvo um "outro específico", mas informações particulares que alguém talvez possua. Desse modo, uma pista pode estar na reputação de "outros radiais", ou em pressupostos que podem ser feitos a respeito de seus atributos exclusivos (por exemplo, eles têm contatos variados que podem conduzir ao meu alvo). Nesse tipo de rede "especializada", o conhecimento substituiria a autoridade formal para a identificação de alvos, mas podem surgir problemas similares de acesso, gestão da atenção, sobrecarga e enfileiramento (Krackhardt, 1994).

No problema clássico do mundo pequeno, a tarefa de um indivíduo é entrar em contato com um outro distante, até então desconhecido, por meio de intermediários (Barabasi, 2003; Buchanan, 2002). A maior parte das pesquisas nessa área enfocou os aspectos gerais da estrutura dos vínculos pelos quais passa um indivíduo, tendo sido dedicada uma atenção menor na maneira como as pessoas selecionam estrategicamente determinados intermediários. Desse modo, as descobertas recentes realizadas em redes de e-mail revelam que os indivíduos têm maior probabilidade de encaminhar uma mensagem quando o destinatário almejado parece mais fácil de alcançar (Newman, Barabasi, Watts, 2006). Recentemente, Watts (2003) examinou esse último aspecto do problema. Ele afirmou que os indivíduos começam com duas estratégias gerais. Uma delas é se empenhar em uma busca ampla em que se dirige a todos que conhece. Estes, por sua vez, podem contatar seus conhecidos até que um alvo seja atingido, ou, neste caso, uma resposta seja encontrada. Essa abordagem é rudimentar e tem vários problemas patentes: 1) revela amplamente o desconhecimento do indivíduo; 2) implica um grande número de outros, distraindo-o de suas outras tarefas; 3) pode produzir uma grande quantidade de informações que precisam ser filtradas por alguns critérios (por exemplo, credibilidade, relevância, etc.). O alcance e a seletividade são, muitas vezes, estratégias conflitantes para a disseminação de informações em uma organização. Em um mundo ideal, um indivíduo pode querer alcançar a todos com uma busca, mas os custos de adotar essa estratégia são proibitivos (Monge & Contractor, 2003), sobretudo para questões que um indivíduo desejaria manter em segredo.

A alternativa, a busca direcionada, pode começar com a adoção de determinados critérios (por exemplo, perguntar somente a cientistas). Nesse caso, os alvos podem ser categorizados em convenções gerais que potencialmente contenham a informação que se necessita. Obviamente, o melhor critério é aquele que apresente algum indício da posição de um alvo na estrutura social geral (por exemplo, eles estão bem conectados com outros diversos; a que grupos sociais eles pertencem; somos homogêneos?) (Watts, 2003). Em geral, Watts (2003) verificou que é mais fácil efetuar buscas nas redes quando os indivíduos são capazes de avaliar sua semelhança com os outros em vários aspectos. Curiosamente, quando as pessoas têm de fazer buscas direcionadas repetidas, surge uma estrutura geral que não resulta em um gargalo no topo da hierarquia, apresenta grandes possibilidades de busca (em parte pelo reconhecimento de mais laços fracos), e é relativamente robusta em resposta a mudanças do entorno. Watts chega a afirmar que construir estruturas sociais eficazes pode ser uma solução melhor para a busca de informações do que contar com bancos de dados e ferramentas planejadas centralmente para solucionar problemas.

Busca de feedback

Com relação à busca de informações de feedback nas organizações, o tema que provavelmente recebeu mais atenção nas pesquisas científicas durante as duas últimas décadas foi o feedback relacionado ao desempenho individual (Ashford, Blatt, VandeWalle, 2003; Ashford & Tsui, 1991), principalmente aquele que acontece nos primeiros meses após a entrada do membro na organização ou a mudança de cargo (por exemplo, Brett, Feldman, Weingart, 1990; Comer, 1991; Morrison & Bies, 1991; Morrison,1993a e b). De particular interesse têm sido a identificação das estratégias que os funcionários adotam para descobrir informações sobre as expectativas operacionais, culturais e de outros tipos que uma empresa pode ter a respeito de seu desempenho (Miller & Jablin, 1991). As informações que os recém-chegados adquirem são cruciais para determinar sua adaptação à empresa e sua atuação dentro dela. Desse modo, a busca de informações se torna um importante mecanismo de adaptação para os indivíduos (Brett, Feldman, Weingart, 1990). Tipicamente, a busca do feedback de desempenho está relacionada à adaptação positiva dos novos funcionários e à adaptação insatisfatória daqueles que mudaram de cargo (*Ibidem*), que possivelmente pensavam conhecer mais sobre a nova função, baseados em suas experiências tácitas passadas, do que de fato sabiam.

Um novo funcionário é muitas vezes confrontado com uma grande quantidade de informações que deve compreender, a fim de adotar comportamentos adequados. Formalmente, seu supervisor pode apresentar um conjunto de expectativas, que são então reforçadas por uma planilha com a descrição do cargo. Informalmente, podem lhe dizer que o desempenho de suas funções não é o mais importante, e sim sua atuação na equipe de boliche da empresa. A solicitação de feedback muitas vezes complementa os esforços formais de socialização na empresa, preenchendo as lacunas e interpretando aparentes discrepâncias nas informações fornecidas aos funcionários. A busca ativa de informações é muitas vezes necessária porque as empresas as retêm inadvertida ou propositadamente (Miller & Jablin, 1991). As empresas talvez não queiram compartilhar todos os seus segredos até que o funcionário tenha concluído uma fase de iniciação e seja digno de confiança. Além disso, podem querer "protegê-los" durante o período inicial de "lua de mel". Às vezes, tentam evitar que os novos funcionários entrem em contato com trabalhadores dissidentes que retardariam os esforços de socialização. Elas talvez queiram mantê-lo nervoso porque presumem que não fornecer feedback positivo o levará a se esforçar mais. Independentemente da informação adquirida, ela deve ser rapidamente assimilada, visto que, em geral, sobretudo em empresas norte-americanas, as impressões sobre a capacidade de um funcionário se formam muito rápido.

O vasto leque de informações a que os novos funcionários são expostos, e as lacunas existentes naquelas que lhes foram fornecidas, frequentemente resultam em grande incerteza. Esse estado afeta sua percepção quanto à ambiguidade do papel que desempenham e é capaz de prejudicar sua produtividade e comprometer sua satisfação no trabalho; e, em última instância, afetar sua estabilidade no emprego. Diante de tal desconforto, os funcionários são levados a buscar as informações que reduziriam a incerteza que estão vivenciando (*Ibidem*). Mas eles podem sentir-se duplamente aflitos, por não possuir a experiência requerida para buscar informações e não saber quais estratégias são apropriadas ou úteis em sua empresa. Desse modo, muitas vezes um funcionário ingênuo pensará que fazer perguntas é a única estratégia disponível para obter informações, sem perceber que levantar questões diretas sobre temas sensíveis pode representar um tabu. Somando-se à incerteza que os novatos vivenciam estão os custos sociais de buscar informações (Miller & Jablin, 1991) e o desejo de controlar a impressão que eles passam aos outros (Morrison & Bies, 1991). Esse controle é um processo sutil, e a busca ativa de informações negativas está associada às impressões positivas dos supervisores (Ashford & Tsui, 1991), pois ela parece estar motivada por um desejo de melhorar.

Os custos, conforme vimos, são reais e numerosos e em alguma medida impedirão a busca de informações. Os indivíduos podem temer ir à fonte com demasiada frequência e serem privados das informações dela provenientes. Eles podem presumir que alguém pensará que são estúpidos por fazer determinada pergunta ou pensar que a busca de informações tem um reflexo negativo em sua competência e no seu preparo para o desempenho de determinada tarefa (Ashford, 1986). Esses fatores podem fazer que os indivíduos adotem meios menos explícitos de adquirir informações (Miller & Jablin, 1991), conforme vimos no estudo de caso de Blau (quadro 11.1).

A busca de informações por parte dos novos funcionários difere em vários aspectos daquela realizada pelos companheiros de trabalho já estabelecidos. Conforme vimos, ela pode envolver muito mais incerteza e urgência. Também tende a ser mais cuidadosa, com os novatos ponderando conscientemente a eficácia das várias estratégias que podem empregar, uma vez que ainda não criaram o hábito de buscar informações particulares a sua profissão e a um contexto organizacional específico (Miller & Jablin, 1991). Além disso, os recém-chegados enfocam três tipos principais de conteúdo: referente (quais são os requerimentos do meu cargo?), avaliativo (estou indo bem?) e relacional (as outras pessoas gostam de mim?) (*ibidem*).

ESTRATÉGIAS PARA A BUSCA DE FEEDBACK

Nesta seção, nosso foco primordial estará nas estratégias de busca de feedback utilizadas pelos novos funcionários, mas tentaremos elaborar uma lista mais abrangente delas, que são empregadas de modo geral pelos demais integrantes das empresas. Assim, a busca de informações pode estar diretamente relacionada com a autoavaliação do desempenho, em que os indivíduos procuram saber se estão alcançando padrões e metas pessoais (Ashford, 1986 e 1989; Ashford & Cummings, 1985; Ashford & Tsui, 1991).

A estratégia mais óbvia e, ao que parece, a mais eficiente (Comer, 1991), é fazer perguntas diretas sobre o assunto de interesse. Desse modo, se sou um novo assistente administrativo, posso perguntar se devo preparar o café todas as manhãs. Espera-se que os funcionários façam perguntas explícitas, e eles devem ser encorajados a fazê-las desde o início. Essa estratégia tende a ser utilizada quando um indivíduo se sente confortável com a situação ou quando quer uma resposta imediata e oficial. Um funcionário pode se sentir embaraçado fazendo perguntas diretas se perceber que os outros o verão constantemente como um inoportuno, ou quando uma questão revelar mais sobre ele do que gostaria que os outros soubessem (por exemplo, não sei como desempenhar adequadamente minha função) (Miller & Jablin, 1991). Perguntar também requer escolher o alvo da questão (Ashford, 1986), o que por si só pode ser difícil (Morrison, 1993b), como já vimos. De modo similar, sempre há o risco de que uma pergunta (por exemplo, estou indo bem?) receba uma resposta negativa (Brett, Feldman, Weingart, 1990), algo que tanto o supervisor quanto o funcionário poderiam querer evitar (Ashford, 1986; Larson, 1989).

Quando alguém se sente desconfortável, normalmente faz perguntas indiretas (Miller & Jablin, 1991), que costumam assumir a forma de uma simples declaração ou observação, muitas vezes disfarçada por uma conversa aparentemente casual, cuja intenção é obter informações. Blau (1955) observou que os funcionários criam situações para fazer a busca de informações convivendo com outros, isto é, meramente estando presentes em situações informais.

Outra estratégia possível é usar um terceiro como intermediário para obter a informação. Assim, em vez de perguntar a seu supervisor, que serve como fonte primária, você pode dirigir-se ao assistente dele, uma fonte secundária de informação (Miller & Jablin, 1991). Essa estratégia costuma ser empregada com mais frequência quando a fonte primária está indisponível ou o funcionário se sente incomodado em abordá-la diretamente. O lado negativo dela é que ela requer que a fonte secundária seja digna de confiança e represente de fato a fonte primária. Às vezes, os indivíduos com mais possibilidade de serem abordados pelos novos funcionários são justamente aqueles que têm maior chance de desvirtuar as fontes primárias, por ter suas próprias motivações para minar a autoridade de um supervisor ou dar uma versão alternativa da cultura da empresa.

Outra tática, mais perigosa, que os indivíduos podem adotar é testar os limites da comunicação (*ibidem*). Desse modo, se um subordinado realmente quiser descobrir como seu supervisor reagirá a possíveis atrasos, ele chegaria ao trabalho um pouco mais tarde a cada dia. É claro que essa estratégia é potencialmente confrontadora e o funcionário corre o risco de o supervisor generalizar a má impressão causada, com base nesse comportamento específico, para avaliações mais globais (por exemplo, "esse funcionário não é digno de confiança"). No entanto, os indivíduos podem usar isso como último recurso, sobretudo quando a questão é de suprema importância para eles.

Uma estratégia menos direta é a da observação (*ibidem*). Os funcionários podem atentar para o comportamento de seus supervisores e colegas de trabalho e compará-lo com o que eles dizem. Os gerentes também tendem a dar crédito especial àquilo que observam (McKinnon & Bruns, 1992). Os funcionários podem, muitas vezes, aprender a lidar com situações críticas simplesmente estando com alguém experiente. Desse modo, um indivíduo discretamente imitaria o comportamento de outro. Entretanto, há limites para o que um novo funcionário consegue perceber diretamente, sobretudo quanto aos processos de reflexão que estariam por trás de determinadas ações.

Além das estratégias de busca de informações adotadas por novatos, tradicionalmente identificadas na literatura, há outras – por exemplo, *skimming* (busca rápida e superficial de informações para se ter uma ideia geral), *berrypicking* (seleção de informações segundo critérios que vão se modificando no decorrer da busca) (Bates, 1989 e 2005), encadeamento, e monitoramento de fontes importantes para acompanhar desdobramentos futuros (Ellis, 1989) – que foram consideradas nos estudos de ciências da informação e também podem dizer respeito ao assunto, e, de modo mais geral, a outras situações de busca de informações. Provavelmente, a mais interessante delas é a exploração (*browsing*), pela sua aparência aleatória e não racional.

A exploração, em essência, consiste no exame dos conteúdos de uma base de recursos (Chang, 2005). É frequentemente usada como uma estratégia inicial em um processo de busca ou quando alguém está examinando seu entorno (O'Conner, 1993). Um elemento essencial da exploração é a prontidão para ser surpreendido e acompanhar as novidades que surgirem (Chang & Rice, 1993). Assim, enquanto fazia uma pesquisa para este livro, eu prestava atenção em outros títulos identificados em buscas computadorizadas mais formais e racionais. Ao fazer isso, muitas vezes encontrei trabalhos que eram mais interessantes para mim do que aqueles provenientes dos objetivos imediatos de minha busca. Uma capacidade de exploração inadequada é, tradicionalmente, uma grande falha da maioria dos softwares de busca computadorizada (*ibidem*). A exploração em contextos sociais muitas vezes assume a forma de redes informais. Conversas casuais (por exemplo, fofocas) em um grupo podem adotar elementos da exploração, quando um indivíduo acompanha com mais afinco os tópicos que lhe interessam. Até mesmo o princípio clássico de gerenciar caminhando pela empresa (por exemplo, visitando uma fábrica) foi identificado como um tipo de exploração. A exploração é facilitada pela acessibilidade, flexibilidade e interatividade (*ibidem*).

Embora muitas estratégias tenham sido identificadas, pouco sabemos sobre que fatores desencadearão o uso de uma delas em particular. Também não temos respostas a perguntas fundamentais, como quantas estratégias os indivíduos conhecem e realmente utilizam em seu repertório comportamental; e conhecemos pouco sobre a sucessão de estratégias e o modo como as pessoas combinam-nas para obter resultados específicos (Miller & Jablin, 1991). O que sabemos é que os novos funcionários empregam vários canais e obtêm informações sobre diversos conteúdos (Comer, 1991), com os canais e fontes específicos estando associados uns aos outros. Assim, por exemplo, os contadores têm maior probabilidade de usar a estratégia de fazer perguntas para resolver problemas de ordem técnica e de consultar colegas de trabalho acerca de informações sociais e normativas (Morrison, 1993b).

Forrageamento de informações

Mais recentemente, outra abordagem sistemática à coleta individual de informações surgiu na psicologia evolutiva, com base em estudos anteriores de ecologia comportamental e antropológica acerca do modo como os seres humanos obtêm alimento. Segundo a teoria do forrageamento de informações, as pessoas modificarão suas estratégias e a estrutura de seus campos de informação para maximizar a taxa de obtenção de informações valiosas. Essa teoria propõe três tipos de modelos para descrever a maneira como os indivíduos adaptam sua busca pelo conhecimento ao fluxo de informações em seu ambiente. Os modelos de substrato (*patch*) da informação lidam com o tempo alocado e as atividades de filtragem e enriquecimento realizadas quando a informação é detectada em grande quantidade no ambiente de um indivíduo. Os modelos de cheiro (*scent*) da informação tratam das pistas que os indivíduos usam para determinar o valor potencial das informações. Finalmente, os modelos de dieta (*diet*) da informação enfocam as decisões relacionadas à seleção e adoção de certas informações. Fundamentalmente, fornecer acesso à informação não é um problema no mundo de hoje; "o problema é maximizar a alocação da atenção humana em informações que sejam úteis [...]" (Pirolli & Card, 1999, p. 643).

Essa discussão revela vários tipos claros de estratégias que são usados para melhorar a busca de informações. Curiosamente, os autores dessa abordagem eram pesquisadores do famoso centro de pesquisa da Xerox em Palo Alto, que estavam confrontando diretamente as tecnologias da informação necessárias para melhorar a busca de conhecimento nas organizações. Primeiro, podemos aumentar a proximidade dos indivíduos aos substratos de informação, diminuindo assim o "tempo ocioso" quando eles não estão forrageando. Segundo, é possível aprimorar as habilidades dos indivíduos para rastrear informações, facilitando a detecção dos substratos mais apropriados para efetuar o forrageio. Terceiro, uma vez que eles estejam em um substrato, podemos aumentar sua capacidade de forragear por meio de atividades de filtragem e enriquecimento que moldem o ambiente para adequá-lo às estratégias disponíveis. Os especialistas centram-se em substratos extremamente densos, ao passo que os generalistas coletam informações de uma ampla variedade deles (Jacoby, 2005).

Assim como o uso de toda metáfora, esta traz um conjunto particularmente atraente de conceitos que são aplicados à aquisição de conhecimento, mas ela pode não responder perfeitamente às descobertas empíricas anteriores. Embora todos os seres humanos tenham algum apetite por comida, há variação individual quanto aos tipos de alimento que se procura, e, conforme vimos, os estudos sobre busca de informações demonstram que nem todos os indivíduos têm um estímulo para forragear informações, apesar da caracterização da espécie humana como "informívora" (Pirolli & Card, 1999).

RESUMO

A busca de informações em redes de conhecimento é, muitas vezes, um grande desafio para os indivíduos. Eles têm de superar sua tendência a querer negar as más notícias, e a de talvez querer evitar problemas desagradáveis associados à vida na organização. Também precisam estar dispostos a acreditar que suas ações individuais farão diferença, e que ao buscar informações eles adquirem certo controle e domínio sobre suas tarefas. Além disso, é necessário enfrentar os limites impostos pela sua base de conhecimento e educação. Eles devem possuir habilidades para buscar informações, conhecimento de bancos de dados, familiaridade com a internet e capacidade de avaliar fontes conflitantes de informação e decidir sobre sua credibilidade. Em suma, qualquer um dos fatores nessa longa cadeia pode retardar drasticamente, se não interromper, a aquisição de conhecimento.

Muitas dessas barreiras tradicionais à busca de informações podem ser superadas. Programas de treinamento e estruturas de apoio são planejados para suprir a carência de habilidades e a falta de conhecimento dos indivíduos acerca das fontes de informação. Eles também podem aumentar a saliência da construção de redes de conhecimento como uma importante habilidade para a vida e para a carreira. Talvez seja ainda mais relevante o fato de que as novas tecnologias, que exploramos detalhadamente no capítulo "Tecnologia", oferecem a possibilidade de superar e/ou substituir os problemas tradicionais de acessibilidade, inércia e as limitações dos seres humanos como processadores de informação. Mas, conforme detalha Paisley (1993), as pesquisas sobre a disseminação de conhecimento passaram por ciclos similares de entusiasmo com novas tecnologias promissoras que se perderam no caminho. Talvez o desafio mais importante colocado para essas tecnologias seja atender a preferência recorrente dos indivíduos por fontes de informação interpessoais que possam assimilar e resumir uma grande quantidade de informações para aqueles que as buscam. Para a maioria de nós, o problema não é encontrar alimento, e sim obter o máximo de energia com o esforço despendido.

O papel da gestão

O dilema é claro: por um lado, os gestores recebem informações em excesso, e por outro, eles não têm quantidade suficiente de informações apropriadas.
(Katzer & Fletcher, 1992, p. 227)

[...] um possível perfil do supervisor que tende a promover mais fluxo de informação proveniente dos níveis hierárquicos inferiores. Tal indivíduo terá poder e influência crescente, priorizará os funcionários, em geral não estará sobrecarregado e valorizará as informações que recebe dos subordinados.
(Glauser, 1984, p. 622)

Os gestores se deparam com uma árdua tarefa no ambiente contemporâneo da informação, designado por termos como "mosaico" (McKinnon & Bruns, 1992) e "selva" (Holsapple & Whinston, 1988). Eles devem ser capazes de emitir pareceres inteligentes, tendo em vista uma confusão de fatos, previsões, fofocas e intuições que compõem seu ambiente informacional. Talvez o fato mais importante, no entanto, seja que os gestores não são apenas responsáveis por si mesmos; eles também devem nutrir e aumentar as capacidades de informação de seus subordinados. Os gestores suprem uma fonte de informação e constituem-se em um elo com o ambiente informacional mais amplo da organização (Madzar, 2001).

Aparentemente, quase todas as questões relativas ao comportamento organizacional podem ser examinadas em dois níveis: seu impacto sobre os indivíduos e sobre a empresa como instituição. Nesta seção, primeiro descreveremos as estratégias de busca tradicionais usadas pelos gestores para obter informações em burocracias muitas vezes recalcitrantes; então, passaremos a examinar o que eles fazem para facilitar a atuação das redes de conhecimento de outros integrantes de sua organização. Conforme vimos ao discutir as estruturas formais, o principal problema para os gestores é condensar uma riqueza de informações de modo a obter uma descrição acurada da empresa, algo em que as novas tecnologias têm sido de grande ajuda (Porter & Millar, 1985). No entanto, esse imperativo muitas vezes cria a oportunidade para que os subordinados deliberadamente distorçam e soneguem informações necessárias aos gestores.

As burocracias encorajam os gestores a conceber um fluxo de comunicação de mão única, de cima para baixo. Historicamente, os gestores se apoiaram nos meios de comunicação massivos, sobretudo os canais escritos, para alcançar de modo eficiente um grande número de funcionários em suas campanhas (por exemplo, melhorar a segurança ou a qualidade). Essas máximas consagradas e a falta de interatividade no modo de comunicação pretendiam mais desestimular as redes de conhecimento que incentivá-las. Muitas abordagens e hipóteses formuladas pelas pesquisas tradicionais sobre os meios de comunicação estiveram recorrentemente permeadas por essa concepção.

De modo similar à histórica teoria hipodérmica dos meios de comunicação de massa, pensava-se que os funcionários eram uma audiência relativamente passiva e indefesa. A comunicação, com efeito, poderia "adentrá-los" sem resistência, tal como uma agulha (Schramm, 1973). Essa visão de comunicação estava inserida em noções mais gerais de estímulo-resposta, populares nas pesquisas psicológicas da época (Rogers & Storey, 1987). No entanto, logo ficou evidente que, embora houvesse alguns sucessos notáveis, as audiências podiam se mostrar notadamente resistentes às campanhas, sobretudo quando a mensagem não correspondia às visões de sua rede social imediata (Huckfeldt, Johnson, Sprague, 2004; Katz & Lazersfeld, 1955; Rogers & Storey, 1987).

Isso criou uma tendência entre os teóricos das campanhas de comunicação de considerar "a audiência como 'maus garotos', difíceis de atingir, obstinados e recalcitrantes" (Dervin, 1989, p. 73). O termo "audiência obstinada" foi cunhado por Bauer em seu artigo clássico, no qual detalha o papel ativo que os membros da audiência exercem no processamento de mensagens de comunicação (Bauer, 1972). Em situações naturais, segundo Bauer, a audiência seleciona as informações em que vai prestar atenção. Tais seleções muitas vezes dependem de interesses que se refletem em seu nível de conhecimento e na força de suas convicções. Embora a exposição seja o primeiro passo para a persuasão (McGuire, 1989), aqueles que têm mais chance de prestar atenção a mensagens dirigidas pelos gestores são os funcionários já comprometidos com elas. Dervin (1989), a esse respeito, afirmou que a estratégia mais apropriada talvez seja alterar a "instituição" que envia a mensagem, em vez de esperar que a audiência mude padrões de comportamento profundamente arraigados. De fato, as campanhas de gestão podem estar atingindo sobretudo os que já estão convencidos. Ainda que isso possa ter o efeito benéfico de reforçar crenças, os membros da organização que mais necessitariam ser atingidos são precisamente aqueles que têm menor probabilidade de prestar atenção à mensagem dos gestores.

As campanhas da gestão muitas vezes fracassam porque os efeitos benéficos recomendados não estarão visíveis para os funcionários se elas não forem capazes de identificar, na audiência total, segmentos que requeiram abordagens de comunicação diferentes, alinhadas com suas necessidades específicas (Robertson & Wortzel, 1977). A questão decisiva é que as pessoas interessadas adquirem por conta própria a maior parte das informações disponíveis sobre qualquer assunto (Hyman & Sheatsley, 1947).

Um benefício pragmático essencial da perspectiva adotada neste livro é o estabelecimento de uma maior "correlação" entre os esforços de comunicação entre os gestores e suas audiências. É necessário centrar-se nos indivíduos, uma vez que a percepção que eles têm do ambiente informacional em que se encontram determinará o uso que farão das informações, independentemente da natureza "objetiva" desse entorno. Os indivíduos são agentes ativos, e não simplesmente receptores passivos; a natureza dinâmica de seus padrões de redes de conhecimento se mostrou um indicador mais eficiente do mecanismo de aquisição de informações que um enfoque em áreas tradicionais como demografia ou exposição aos meios (Dervin, Jacobson, Nilan, 1982). Isso indica que discriminações mais refinadas da estrutura social da audiência podem ser necessárias para assegurar campanhas de comunicação eficazes.

Conforme vimos, talvez a melhor estratégia a ser adotada seja lograr uma "correspondência" entre os portadores de informação a quem os gestores escolhem disseminar conhecimento e os perfis de busca de informação dos indivíduos. Desse modo, a questão passa a ser muito mais sofisticada: colocar o conteúdo mais apropriado, no canal mais adequado, onde tenha maior probabilidade de ser usado por uma audiência predeterminada.

Os esforços da gestão também padecem de expectativas pouco realistas. A maioria das campanhas publicitárias ficaria feliz com um nível de mudança de 3% a 5% ao ano em sua audiência (Robertson & Wortzel, 1977). McGuire (1989) também salientou as baixíssimas chances de sucesso das campanhas de comunicação, tendo em vista a longa sequência de etapas que devem ser cumpridas (por exemplo, primeiro conquistar a atenção da audiência), cada uma das quais com uma probabilidade apenas moderada de sucesso.

As teorias modernas da comunicação gerencial tendem a enfatizar a importância de uma visão dialógica da interação, em que ambas as partes se alternam na troca de mensagens. Elas também incorporam um papel muito mais específico para as redes de conhecimento, que nas concepções tradicionais foram quase que totalmente ignoradas. Segundo essa perspectiva, a atribuição mais importante da gestão é a de criar estímulos ou prover pistas para a ação. Os gestores devem definir as questões mais importantes com as quais uma organização terá de lidar, estabelecendo uma lista de prioridades.

Rogers (1995) verificou que definir prioridades é uma atribuição central dos gestores na difusão de inovações. Ainda segundo essa perspectiva, a gestão identifica e prioriza uma necessidade, e também encoraja a pesquisa minuciosa de informações no ambiente de uma empresa, em busca de possíveis soluções. Curiosamente, nesse processo, as organizações muitas vezes encontram soluções para problemas que elas nem sabiam que existiam, o que as leva a implementar inovações que não eram consideradas por ninguém.

Uma carta do presidente no boletim de notícias de uma empresa pode comunicar uma das principais prioridades da organização (por exemplo, desenvolver novos produtos para atender à competição cada vez maior). A definição de uma prioridade, no entanto, não traz em si resposta alguma; ao contrário, ela implica um conjunto de perguntas para as redes de conhecimento: por que nossos concorrentes estão se saindo melhor? O que podemos fazer quanto a isso? A capacidade de estabelecer uma agenda para lidar com essas questões resultará em numerosos comportamentos proativos de busca de informações por parte dos funcionários. Assim, um papel crucial dos gestores no processo de inovação é o de gerenciar a atenção requerida (Van de Ven, 1986).

REDES DE CONHECIMENTO DE GESTÃO

Em outra oportunidade detalhamos as sólidas barreiras com que os gestores se deparam ao buscar informações em estruturas burocráticas tradicionais: segmentação, motivações individuais contrárias, falta de confiança, e assim por diante. Aqui, abordaremos as estratégias que os gestores podem usar para adquirir conhecimento nessas estruturas.

Infelizmente, muitas organizações têm estruturas duais. A estrutura colaborativa em rede existe lado a lado com a estrutura formal tradicional, sendo a primeira utilizada para fazer que o trabalho seja realizado e a segunda para preservar e manter o poder e garantir o cumprimento de metas estritas de produtividade. O uso consistente de algumas das estratégias discutidas nesta seção pode levar os gestores a seguirem as velhas formas, impedindo a adoção de novos métodos.

Muitas das seções anteriores deste livro trataram de estruturas e canais de comunicação que os gestores usam para satisfazer suas necessidades de informação. Várias das estratégias utilizadas pelos novos funcionários para obter informações, que discutimos anteriormente neste capítulo, também são empregadas pelos gestores. Por exemplo, a exploração (*browsing*) pode servir para alertar os gestores quanto aos problemas existentes na organização, sobretudo pelo seu caráter aleatório e não estruturado. Gerenciar caminhando pela empresa é uma forma de exploração – especialmente útil para as primeiras etapas do processo decisório (Saunders & Jones, 1990) – a que os gestores podem recorrer (Peters & Waterman, 1982; Chang & Rice, 1993). Desse modo, eles reservariam algumas horas por semana para realizar visitas aparentemente aleatórias pelas instalações da organização; outra possibilidade seria olhar ao acaso a papelada produzida pelos níveis hierárquicos inferiores, em vez de se apoiar apenas em relatórios mais formais e condensados.

Gestores perspicazes escutam seus subordinados e aprendem com eles. Enquanto estão dando uma volta pela empresa, podem fazer uma pausa para "jogar conversa fora" com os funcionários. Essa conversa será de pouca ajuda para as redes de conhecimento se eles passarem o tempo todo falando ou tentando persuadir os funcionários a adotar uma nova forma de trabalhar. Um gestor deve estar preparado para fazer perguntas neutras e ouvir as respostas com atenção. Assim, a exploração também é um exemplo específico de uma estratégia mais geral de ir direto à fonte de conhecimento, em vez de deixar que a informação seja filtrada por vários intermediários em uma estrutura formal. Quase 90% dos gestores relatam ter constatado mudanças organizacionais importantes por meio dessas estratégias informais de obtenção de informações (Katzer & Fletcher, 1992).

Contar com informantes estratégicos designados para domínios específicos de informação é de grande ajuda para os gestores (Mintzberg, 1976). Tradicionalmente, esses agentes foram descritos como filtros, pelo seu papel de separar informações e condensá-las de modo compreensível (Downs, 1967). A tendência atual é de eliminar os intermediários, mantendo a hierarquia achatada, o que se reflete na necessidade de que o gestor esteja mais próximo das fontes de informação para que as mensagens não sejam distorcidas (*ibidem*). No entanto, ele não pode ir regularmente à fonte direta de informação; não há tempo suficiente para isso. Nesse caso, um gestor pode empregar muitas das sugestões de Burt (1992) relacionadas à abordagem de buracos estruturais, contando com uma ampla gama de fontes não redundantes e localizadas estrategicamente, que lhe conferirão a visão mais ampla possível da organização. Ao fazer isso, ele também deverá contar com fontes de informação externas à empresa (por exemplo, clientes, fornecedores e mídias) que possam lhe dar uma ideia de como a empresa está funcionando (Downs, 1967).

Ao mesmo tempo que os gestores estão estabelecendo vínculos diversos, eles precisam garantir um número suficiente de laços redundantes que lhes proporcione fontes alternativas de informação a respeito de questões cruciais (Burt, 1992). Criar fontes concorrentes para a mesma informação, com responsabilidades coincidentes e recompensando uma diversidade de visões (*Ibidem*), também permite superar a tendência perturbadora de muitos indivíduos de distorcer informações. Embora o incentivo seja preferível à punição, ter à mão um mecanismo de retaliação explícito, ainda que não seja utilizado, ajuda. Por exemplo, sistemas de avaliação de desempenho devem recompensar explicitamente o compartilhamento de informações e punir sua sonegação. Os funcionários devem perceber que existe a ameaça da investigação e que o gestor acompanhará os problemas (*Ibidem*) e os corrigirá. Os gestores que têm maior influência e contato com outros acima dele na hierarquia têm maior probabilidade de receber comunicações ascendentes provenientes de seus subordinados (Glauser, 1984), em parte porque isso implica o acesso a recompensas e evita as punições. Desse modo, quando alguém transmite informações a um gestor, é importante que a fonte saiba o que este fez com elas, para que fique ciente do impacto que a comunicação de fato teve.

Embora os gestores muitas vezes tenham motivos contundentes para ocultar informações e não dividi-las com os outros, a eficiência e a eficácia das organizações modernas dependem do compartilhamento delas. Eles devem perceber que têm um interesse pessoal em aprimorar as aptidões e capacidades de seus subordinados para buscar informações, se não por outro motivo, pelo fato de que isso aumentará a qualidade do conhecimento que eles transmitem e das decisões a que chegam (More, 1990). No entanto, conforme verificaram Marshall e Stoll (1993) em seu estudo sobre delegação de autoridade e participação nas redes, os gestores frequentemente resistem a um grande envolvimento dos funcionários, entendendo que isso os afasta dos objetivos mais estritos de produtividade.

Facilitando a busca de informações

> A eficiência requer que os membros da audiência sejam tratados de modo amorfo e se curvem à instituição. A eficácia requer que os indivíduos sejam auxiliados a sua própria maneira.
> (Dervin, 1989, p. 85)

Embora em seu cerne toda estrutura organizacional disponha de uma burocracia, as questões que estão surgindo nas organizações contemporâneas derivam de um conjunto de novas tecnologias e processos de coordenação horizontal que, segundo muitos estudiosos, estão resultando em uma nova forma estrutural: a organização em rede (Nohria & Eccles, 1992). Nessa nova configuração, a principal função dos gestores não é extrair informações de funcionários ingratos, nem fornecê-las de cima para baixo. O papel da gestão nas organizações em rede consiste em facilitar o fluxo de informações e garantir que exista apoio para a infraestrutura informacional da empresa, que foi descrita em detalhes no capítulo "Tecnologia". Muitas empresas perceberam que há vantagens estratégicas reais – sobretudo ao aprimorar a qualidade e desenvolver inovações – em investir em tecnologias que permitam uma forma de organização em rede, altamente colaborativa, que aumente as relações de coordenação necessárias.

Conforme assinalam Porter e Millar (1985), as vantagens competitivas decorrem não só da melhora no desempenho, mas também das novas formas proporcionadas à organização para que ela supere os concorrentes e do desenvolvimento de novos negócios de informação. O aprimoramento da gestão de informações, associado a habilidades analíticas e à utilização do conhecimento, deve ser a principal prioridade dos gestores (McGee & Prusak, 1993). No entanto, com muita frequência os sistemas de informação são ignorados pelos usuários pela dificuldade de acesso ou de uso (McKinnon & Bruns, 1992); e melhorar a afluência dos funcionários ao conhecimento interno se mostrou mais difícil que parecia a princípio (Gray & Meister, 2004).

A tarefa básica da gestão é modificar estruturas, infraestrutura de informação, tecnologia e a cultura organizacional (por exemplo, regras de transmissão) (Downs, 1967) para promover o compartilhamento e a busca de informações em uma rede de conhecimento. Com efeito, os gestores devem servir como guias que indicam as áreas e fontes com maior probabilidade de possuir informações valiosas. Em formas organizacionais mais modernas, a função elementar dos gestores não é encontrar informações, e sim facilitar sua busca por parte de todos os seus integrantes. Eles devem servir como analistas estruturais responsáveis por planejar sistemas de informação e estruturas organizacionais mais eficazes (Galbraith, 1995), proporcionando a infraestrutura de informação sofisticada discutida no capítulo "Tecnologia".

Em parte, é possível aprimorar as redes de conhecimento melhorando o clima organizacional. Funcionários satisfeitos, seguros, interessados e com alto desempenho ficam menos propensos a distorcer mensagens (Glauser, 1984) e, ao deixar de fazer isso, permitem que as informações sejam obtidas pelos outros. Em uma empresa vibrante e em crescimento, também pode haver um efeito de contágio que aumenta minha predisposição para compartilhar informações com outros. Nessa situação, conforme já visto no capítulo 11, uma maré alta levanta todos os barcos, e o sucesso de meus colegas também pode contribuir para o meu sucesso. As empresas que deixam de crescer passam a ser caracterizadas por jogos de soma zero (só há êxito à custa de outros), o que pode ter consequências desastrosas para o fluxo de informações em redes informais. Buscar informações sobre o que a organização deve fazer no futuro, em vez de enfocar as realizações do passado – uma perspectiva que apresenta mais ameaças ao ego – (Downs, 1967), contribui para o desenvolvimento de climas mais positivos. Promover a sensação de que os problemas estão sendo solucionados, encorajando a experimentação e a indagação também contribui para melhorar o clima. Os melhores gestores nesses novos ambientes organizacionais são teóricos e práticos que solucionam enigmas, concentrando-se em informações quantitativas e objetivas sempre que possível (*ibidem*).

Toda estratégia adotada para facilitar a busca de informações deve intentar eliminar as várias barreiras ao seu acesso. Compete às empresas facilitar o compartilhamento e o uso de informações (Menon & Varadarajan, 1992). Os funcionários devem ter acesso a informações técnicas detalhadas e atualizadas e estar capacitados a servir-se delas por meio de modernos sistemas de bancos de dados e de telecomunicações. Ao criar tais sistemas, os gestores devem estar dispostos a deixar que as indagações dos funcionários fluam livremente. É contraproducente monitorar *bulletin boards* e outras formas de comunicação eletrônica (Zuboff, 1988), uma vez que isso frustra sua função primordial de compartilhamento de informações.

Talvez o fato mais importante para a boa qualidade da comunicação esteja na disposição dos gestores de divulgar os tipos de informação que eles consideram mais importantes para o futuro da empresa e de compartilhar suas interpretações a respeito delas. Em suma, eles devem estar dispostos a serem alvos e recursos para as buscas de informação realizadas pelos funcionários. Algo que poderia levar a um diálogo melhor seria aumentar a base de conhecimento dos funcionários. Para fornecer informações melhores, os subordinados precisam entender quais mensagens são relevantes para seus supervisores e quais são importantes para eles próprios (Glauser, 1984).

Nas organizações emergentes baseadas no mercado, as recompensas são inerentes à realização de buscas e trocas de informação. Os mercados permitem que algumas poucas regras centrais de fácil aplicabilidade sejam estabelecidas para governar as relações, o que possibilita a delegação de autoridade para que os indivíduos determinem por si mesmos o valor supremo de toda troca de informação. A gestão deve pensar cuidadosamente nos incentivos a serem oferecidos para uma busca mais ativa de informações. Em muitos contextos organizacionais, compartilhar ideias é "um ato pouco natural", sobretudo quando o desempenho individual é o único foco dos sistemas de recompensa (*Business Week*, 1994). Como regra geral, os gestores devem encorajar os funcionários a desenvolver laços fracos para estimular o compartilhamento de informações em toda a empresa. Tradicionalmente, a busca de informações foi punida de várias maneiras. Se você descobrisse algo de errado na empresa, era colocado na clássica posição do mensageiro cuja cabeça foi cortada, a mando do imperador, por ter trazido más notícias.

De modo similar, uma coordenação mais eficaz requer uma compatibilidade entre os vários sistemas de informação (Malone, Yates, Benjamin, 1987), além de algum tipo de padrão organizacional para o processamento de informações (Hoffman, 1994). Os custos de coordenação aumentam com a quantidade de trabalho distribuído e com as linhas de comunicação mais extensas (Keen, 1990), e o problema das assimetrias de informação (por exemplo, qualidade) pode ser insuperável em se tratando de criar infraestruturas de informação corporativa totalmente abertas (Connolly & Thorn, 1990). Por exemplo, em hospitais, os diretores executivos recebiam o dobro e o triplo de informações relativas a processos decisórios, em comparação, respectivamente, com seus superiores e sua equipe médica (Thomas, Clark, Gioia, 1993). Em consequência, eles tinham bases de conhecimento e modelos interpretativos consideravelmente distintos dos demais. Os tipos de informações processadas por especialidades funcionais também diferem, e as de produção tendem a ser mais certas e quantificáveis que a típica combinação feita entre as de marketing e vendas (McKinnon & Bruns, 1992). Essa fragmentação, que pode ser aumentada e acentuada pelas tecnologias da informação, torna ainda mais difícil que grupos diferentes se comuniquem para além de suas fronteiras (Hoffman, 1994).

EDUCANDO OS INTEGRANTES DA ORGANIZAÇÃO SOBRE AS CAPACIDADES DOS PORTADORES DE INFORMAÇÃO

Os trabalhadores de hoje podem "evitar" facilmente as comunicações da gestão porque, em geral, usam canais e fontes que são pouco familiares a ela. Os gestores precisam entender as expectativas normativas que os membros da organização têm em relação aos portadores de informação, e quando elas estiverem equivocadas, correções devem ser implementadas por meio de programas de treinamento, uma vez que evitar fontes oficiais de comunicação atrapalha o desempenho individual, fazendo muitas vezes que se trabalhe em prol de objetivos que entram em conflito com os da instituição.

Aumentar a familiaridade de um indivíduo com possíveis fontes oficiais de informação, como aquelas alocadas formalmente para determinados projetos, deve ser um aspecto a ser considerado por todo programa de treinamento. Há uma vasta literatura nas ciências da informação sobre as diferenças existentes na busca e no uso de informações em diferentes profissões (Case, 2007). Até mesmo cientistas altamente capacitados podem não conhecer ferramentas bibliográficas sofisticadas. Um dos objetivos dos programas de treinamento deve ser o de sensibilizar os indivíduos para outras fontes de comunicação e aumentar suas capacidades de busca de informações.[2] Indivíduos mais instruídos têm "uma visão melhor da estrutura [...] [e estão] mais capacitados a localizar os recursos específicos inseridos nela" (Lin, 2001, p. 57). Cada vez mais, quando os funcionários usam fontes como a internet, que contém muitas vozes conflitantes, eles precisam ser treinados para saber como avaliar a credibilidade das várias fontes existentes. A exposição a um leque diverso de fontes aumenta a legitimidade de toda síntese e permite às pessoas contrastar informações conflitantes. Para uma busca de informações aprimorada, o treinamento e o desenvolvimento de habilidades são essenciais, mas uma questão importante ligada ao aumento da utilização da tecnologia é a desqualificação, isto é, o uso da TI para reduzir o nível de conhecimento especializado

---

2   As empresas que têm êxito ao implementar tecnologias da informação muitas vezes gastam três dólares em treinamento para cada dólar gasto em hardware (Hoffman 1994).

dos operadores humanos de um sistema. Em seu nível mais simples, isso pode ser observado no trabalho de balconistas e funcionários administrativos em empresas varejistas, que interagem com sistemas de informação de gestão cada vez mais sofisticados e que fazem o trabalho por eles (por exemplo, verificam o preço de itens individuais e automaticamente calculam os preços de um lote de vendas). Esses sistemas podem monitorar o ritmo de trabalho dos funcionários, garantindo que eles tenham um alto nível de desempenho. Eles também proporcionam mais controle gerencial; e, ao mesmo tempo, demandam menos do trabalhador (Palmquist, 1992). Contrabalançando essa tendência, há a possibilidade de um sistema apresentar informações sobre uma tarefa de trabalho, fornecendo aos trabalhadores feedback constante a respeito de seu desempenho e, ao fazê-lo, permitir o aprimoramento de suas habilidades. Por exemplo, o monitoramento computadorizado do desempenho de um atleta pode fornecer um retorno essencial sobre a técnica adotada, o que pode resultar em uma melhor atuação. Com efeito, o atleta se associa a um treinador automatizado que lhe fornece uma visão cada vez mais sofisticada de sua performance.

Um resultado fundamental dos programas de treinamento deve ser o de melhorar os processos decisórios. O ponto não é simplesmente adquirir informações, mas obter aquelas relacionadas ao trabalho ou ao alcance das metas. Em um extremo, alguns usuários de informação passam tanto tempo comunicando-se que têm pouco tempo para serem produtivos (Brittain, 1970; McGee & Prusak, 1993). No outro extremo, estão os indivíduos que tentam tornar a decisão o mais simples possível, buscando uma causa perto de seu efeito e buscando uma solução próxima de uma já existente (MacCrimmon & Taylor, 1976).

CRIANDO CAMPOS DE INFORMAÇÃO SIGNIFICATIVOS
Ao possibilitar que os gestores superiores obtenham informações locais com rapidez e precisão, os sistemas de informação de gestão reduzem o desconhecimento e ajudam os gestores a tomar decisões que, do contrário, eles não estariam dispostos a tomar [...]
(Huber, 1990, p. 56)

Todos têm o direito de ter sua própria opinião, mas não seus próprios dados.
(Galbraith, 1995, p. 94)

Outra alternativa possível para melhorar as redes de conhecimento é aumentar a riqueza dos campos de informação de um indivíduo e da infraestrutura de informação corporativa (Grover & Davenport, 2001). Essa estratégia é especialmente apropriada para aqueles que não costumam se dedicar à busca ativa de informações, mas que estão interessados e preocupados com as questões fundamentais da empresa. Ela amplia a consciência acerca de questões corporativas mais amplas para além das funções imediatas de um indivíduo, uma vez que elimina as barreiras à aquisição de informações. Além disso, pode estender a base de conhecimento dos integrantes da organização, tornando mais provável uma comunicação eficaz com os gestores quando do surgimento de um problema. Por outro lado, tem o efeito de minar o poder dos gestores, que dependem de ocultar informações para continuar no controle (Hoffman, 1994).

Aumentar a disponibilidade de informações também é particularmente conveniente para pessoas que só têm motivações casuais para buscá-las. O estudo de Allen (1977) em laboratórios de pesquisa e desenvolvimento indica que uma maior familiaridade com os portadores de informação aumenta as percepções de acessibilidade, mas isso pouco ajuda se a informação não for percebida como útil. Essas estratégias também são essenciais para criar equidade informacional (Siefert, Gerbner, Fisher, 1989), que pode servir para reduzir lacunas críticas no conhecimento e na tomada de consciência de questões organizacionais relevantes. Os gestores devem facilitar a implementação de mudanças, visto que a maioria dos funcionários tende a resistir a elas, especialmente as relacionadas com tecnologias da informação (Hoffman, 1994).

Por causa da falta de disposição das pessoas para dedicar grande esforço à aquisição de informações, conforme observado anteriormente, é importante que os gestores tratem de que elas estejam facilmente disponíveis para as audiências desejadas, aumentando o acesso físico no ambiente imediato de trabalho. Conforme vimos, o acesso físico fornece a oportunidade e a ocasião para as interações (Sykes, 1983). Reuniões representam um contexto particularmente rico para compartilhar informações e devem ser consideradas um espaço da infraestrutura informacional da empresa (Johnson, 2005). Elas abrem a oportunidade para contar histórias, explicar e focar, que são formas primordiais de obtenção de informações (Solomon, 2002). Em laboratórios de pesquisa e desenvolvimento, esforços consideráveis são dedicados a descobrir o *layout* físico ideal para propiciar o compartilhamento de ideias (por exemplo, Allen, 1977).

Tudo isso revela a importância cada vez maior da informação como um bem estratégico para as organizações, que deve ser sistematicamente incorporado ao planejamento da alta gestão (Marchand & Horton, 1986). As empresas também precisam reconhecer o benefício potencial de divulgar sua expertise e seu conhecimento corporativo exclusivo a outros buscadores de informações. Por exemplo, grandes empreendimentos agrícolas podem ter construído conhecimentos auxiliares exclusivos relacionados à previsão meteorológica, que propiciariam novos negócios derivados, que outros provavelmente gostariam de adquirir.

RESUMO

Neste capítulo, tratamos das estratégias utilizadas para encontrar conhecimento. As estratégias individuais concebidas devem reconhecer os limites básicos dos seres humanos, que não são os buscadores racionais de conhecimento que os desenvolvedores de sistemas de informação ou a literatura da área costumam supor. É desconcertante o fato de que, embora os estudos tenham demonstrado que os indivíduos são usuários muito rudimentares de ferramentas de busca on-line aparentemente onipresentes, eles estão satisfeitos com sua própria capacidade de encontrar as respostas que desejam (Markey, 2007). De modo similar, as pessoas em geral têm apenas uma compreensão limitada de aonde podem ir em uma rede de conhecimento para obter respostas as suas perguntas. Elas tendem a se apoiar em agentes humanos facilmente acessíveis, como os líderes de opinião, e não são muito sofisticadas ao buscar o feedback que melhoraria seu desempenho. O papel da gestão nas organizações modernas é o de reconhecer esses limites e projetar sistemas para superá-los. Em uma visão baseada em recursos, as organizações que enfrentarem essa realidade terão enormes vantagens estratégicas.

Leitura complementar

Ashford, S. J.; Blatt, R.; VandeWalle, D. "Reflections on the looking glass: a review of research on feedback-seeking behavior in organizations". Em *Journal of Management*, nº 29, 2003, pp. 773-799.
   Ashford, talvez a principal autoridade na área, faz uma análise abrangente desses estudos.

Case, D. O. *Looking for Information*. 2ª ed. Academic Press, 2007.
   O livro contemporâneo definitivo sobre os estudos de busca de informações.

Fisher, K. E.; Erdelez, S.; McKechnie, L. (orgs.). *Theories of Information Behavior*. Information Today, 2005.
   Resumo útil das principais teorias nos estudos de ciências da informação.

Johnson, J. D. *Information Seeking: an Organizational Dilemma*. Quorum, 1996.
   Análise inicial abrangente sobre os estudos da busca de informações nas organizações.

Wegner, D. M. "A computer network model of human transactive memory". Em *Social Cognition*, nº 13, 1995, pp. 319-339.
   Artigo pioneiro sobre memória transacional.

13

Processos decisórios

> O único ponto em que o conhecimento pode afetar um sistema social é por meio de seu impacto sobre as decisões.
> (Boulding, 1966, p. 30)
>
> Decisões requerem clareza, conclusão e confiança. Sendo assim, uma ação decisiva vem mais facilmente dos ignorantes que dos sábios, mais facilmente dos míopes que daqueles que têm visão de futuro.
> (March, 1991, p. 265)
>
> Os decisores buscam informações, mas veem o que esperam ver e ignoram o inesperado.
> (March, 1994, p. 11)
>
> Damos por certo que parte das informações que são importantes para que a organização tome decisões acertadas não está diretamente disponível aos decisores. Ao contrário, está nas mãos de outros indivíduos ou grupos que não têm o poder de tomar decisões, mas têm um interesse direto em seus resultados [...]. Em tais situações, os membros da organização podem ter um incentivo para tentar manipular as informações que geram e fornecem, a fim de influenciar as decisões em benefício próprio.
> (Milgram & Roberts, 1988, p. 156)

Todos os dias, presenciamos as consequências de decisões mal tomadas, principalmente na vida política. O termo *groupthink*, o pensamento único de um grupo, chegou a simbolizar os processos grupais propriamente humanos (por exemplo, coesão e conformidade) que conspiram contra decisões "boas" e racionais. Janis (1971), ao traçar um histórico do processo decisório da política externa norte--americana atinente à guerra do Vietnã e à crise dos mísseis da baía dos Porcos, em Cuba, encontrou um tema recorrente: o modo como os processos grupais e os limites dos processos decisórios restringiam a gama de informações buscadas, bem como as alternativas consideradas, uma vez que a informação era obtida. O quadro 13.1, sobre *Como pensam os médicos*, detalha o impacto de processos decisórios similares nas interações entre médicos e pacientes, revelando alguns problemas profundos presentes nas redes de conhecimento.

Tradicionalmente, o principal impulso para a busca de informações nas redes de conhecimento organizacionais é dado pelo papel que elas desempenham nos processos decisórios. Isso se aplica na maioria das vezes (Case, 2007) e pode ser visto como o resultado definitivo desses processos. Primeiro, abordaremos a teoria comportamental da decisão, representada principalmente por Cyert, March, Simon e a Universidade Carnegie Mellon. Para essa vertente teórica, os processos decisórios são o tema central das pesquisas organizacionais, e as redes de conhecimento exercem um papel fundamental neles (Farace, Monge, Russell, 1977). Em seguida, passaremos a uma discussão sobre a função dos grupos coesos e dos processos correlatos de eco e largura de banda na determinação das decisões. Então, analisaremos a necessidade de se equilibrar vários aspectos na tomada de decisões, contrastando a exploração e a utilização do conhecimento e considerando os limites importantes impostos pelos processos de satisfação suficiente e gestão da atenção. Por fim, trataremos das barreiras que os processos cognitivos e problemas de busca mais técnicos impõem à tomada de decisões.

QUADRO 13.1. COMO PENSAM OS MÉDICOS

Como pensam os médicos (*How Doctors Think*), de Groopman, é um livro sobre a tomada de decisões: trata da maneira como os médicos coletam informações, enfocando primordialmente sua relação com os pacientes, e como eles lidam (ou não) com a incerteza ao ponderar as alternativas cabíveis para se fazer os diagnósticos. O médico Jerome Groopman ocupa uma cátedra financiada na Escola Médica de Harvard. Também é chefe de medicina experimental no Centro Médico Beth Israel Deaconness. Talvez seja mais conhecido por seus escritos populares que aparecem nos principais jornais e revistas dos Estados Unidos. Sua obra é um interessante complemento ao quadro 13.2, sobre sistemas de decisão clínica, uma vez que, com frequência, é escrita em oposição a eles, como um apelo à tomada de decisões médicas mais humanistas.

O livro começa com capítulos que assentam a base para o que vem a seguir, enfatizando a singularidade de cada paciente e, portanto, o caráter crítico de sua interação com o médico, para que juntos possam chegar a um diagnóstico acertado. Por meio de estudos de caso detalhados, o livro centra-se no treinamento e na exposição inicial de Groopman a respeito de "decisões de carne e osso", seu encontro vacilante com um paciente com dissecção aórtica, e as dificuldades de um residente para aplicar os "conhecimentos livrescos" que havia adquirido a situações reais. Então, detalha vários casos que salientam problemas clássicos dos processos decisórios, como os erros de representatividade e outros provenientes da criação de estereótipos e de processos emocionais; esse problema gerencial é comum em representantes que trabalham com muitas tarefas de uma vez. O livro também enfoca o estudo ganhador do prêmio Nobel, de Tversky e Kahneman, e erros cognitivos clássicos cometidos ao se tomar decisões, como disponibilidade heurística, tendências de confirmação e ancoragem, com aplicação especial nos contextos dos pronto-socorros. Centra-se em pediatras que muitas vezes trabalham com atenção limitada, privados de sono, pela natureza frenética de suas práticas. Unidades de terapia intensiva enfrentam problemas clássicos ao tomar decisões, como a formação de protótipos mentais, o "recuo da zebra" (tendência a evitar diagnósticos raros) e o impulso do diagnóstico (tendência a se apegar a diagnósticos anteriores). Lida com a incerteza do especialista ao atender crianças com malformação cardíaca e os problemas tradicionais de se tomar decisões quando todas as informações relevantes não estão disponíveis. Aborda os problemas enfrentados pelo próprio Groopman para obter o diagnóstico correto de uma tendinite no pulso, mesmo consultando alguns dos especialistas mais importantes dos Estados Unidos. Mais uma vez, o que presenciamos são problemas tradicionais de processos decisórios, como desvios de missão, a tendência a preferir a ação, muitas vezes em decorrência de súplicas desesperadas dos pacientes para que se faça algo – qualquer coisa no lugar da inação –, que também pode ser uma forma de obter satisfação suficiente. O objetivo padrão-ouro da medicina moderna, os exames médicos de vários tipos, em particular de imagens radiológicas, são muitas vezes imprecisos. Em consequência, para problemas sérios, deve-se não só buscar uma segunda opinião, como também um segundo exame. Isso cria uma interessante tabela de contingência com apenas uma célula, exame correto/diagnóstico correto, que tende a levar a resultados superiores. O livro conclui com um epílogo que enfoca como os pacientes podem definir seu tratamento, superando alguns dos problemas destacados nos capítulos anteriores, e como podem ser verdadeiros parceiros do médico no diagnóstico e no tratamento.

O livro ressalta algumas descobertas inquietantes. Primeiro, os médicos se apressam para dar um parecer, muitas vezes interrompendo os pacientes com perguntas para confirmar seu diagnóstico inicial (tipicamente feito em vinte segundos depois de iniciada a consulta). Em segundo lugar, uma abordagem algorítmica e um enfoque em árvores de decisão (detalhado no quadro 13.2, sobre sistemas de decisão clínica), que podem ser apropriados em situações limitadas, encorajam a escuta desatenta e a observação realizada de olhos vendados, e impedem o paciente de contar sua própria história. Em terceiro lugar, os médicos rapidamente formam estereótipos que afetam sua interação com os pacientes; por exemplo, eles podem evitar pessoas enfermas por causa de sua própria impotência para lidar com elas. Em quarto lugar, ao tomar decisões, os médicos estão sujeitos a tendências clássicas verificadas nas pesquisas sobre processos decisórios em uma série de contextos diferentes. Em quinto lugar, pouca atenção é dada a como corrigir essas falhas no sistema médico, o que contribui para o nível inaceitavelmente alto de erros médicos no sistema norte-americano, destacados no perturbador relatório "Errar é humano", do Instituto de Medicina dos Estados Unidos, publicado no ano 2000. Cada vez mais, as decisões médicas estão inseridas no trabalho de equipes que formam sua própria rede de conhecimento para tratar os pacientes, o que complica ainda mais esses problemas.

O doutor Groopman propõe soluções para os problemas: evitar juízos precipitados; escutar e observar com atenção; enfatizar decisões tomadas em conjunto com o paciente; aceitar a incerteza; refletir sobre coisas que deram errado; e retornar aos princípios da prática clássica. O autor também fornece dicas úteis para que os pacientes ajudem os médicos a tomar decisões, e estimula-os a corrigir os problemas sistêmicos que ele identifica. Groopman contradiz diretamente a ênfase atual dada aos sistemas de decisão clínica que utilizam a medicina baseada em evidências. Apela para um retorno a processos decisórios mais humanistas, embora reconheça que esse foi, muitas vezes, um método caótico para treinar clínicos no antigo sistema de ofícios.

Teoria comportamental da decisão e incerteza

> [...] os retornos da exploração [de novos conhecimentos] são sistematicamente menos certos, mais remotos no tempo e organizacionalmente mais distantes do local de ação e adaptação.
> (March, 1991, p. 73)

Na teoria comportamental da decisão, uma organização pode ser concebida como um sistema de apoio ao processo decisório; e a questão central para as organizações é a tomada acertada de decisões. Nessa abordagem, o processamento de informações, a incerteza e os processos decisórios estão intrinsecamente relacionados. A rede de comunicação em que um indivíduo está inserido exerce um papel fundamental nas decisões (Connolly, 1977). Influencia a diversidade de fontes de informação de um indivíduo, bem como o volume de informação a que ele será exposto. Seguindo esses argumentos, o principal propósito das redes de comunicação é "garantir a presença de certos tipos de informação" (O'Reilly, Chatham, Anderson, 1987, p. 610) para auxiliar os processos decisórios (Daft & Huber, 1987; March, 1994). Essa teoria também é responsável por alguns conceitos centrais das redes de conhecimento, como racionalidade limitada, satisfação suficiente ou "satisficiência" (do inglês *satisficing*, neologismo criado a partir da junção entre *satisfy* e *suffice*) e redução da incerteza. Em consonância com esse modelo, muitos teóricos da comunicação historicamente afirmaram que a principal função da comunicação é a de reduzir a incerteza.

Grande parte dos estudos sobre a busca de informações também se baseia no papel central da redução da incerteza (Kuhlthau, 2004). Esta é, em essência, uma abordagem de redução de impulsos (Case, 2005) e solução de problemas aceita como fundamentalmente racional. Essas noções estão implícitas na visão popular de Dervin a respeito das lacunas de informação (Dervin, 2003) e no modelo frequentemente citado de Belkin (2005) de estados anômalos de conhecimento (ASK, na sigla em inglês). Conforme afirmou Kuhlthau (1991), preencher lacunas vai além da mera redução da incerteza e, muitas vezes, causa ansiedade considerável no indivíduo quando ele se depara com o desconhecido. Nessa perspectiva, o simples desconhecimento, por si só, não costuma ser um incentivo para a busca de informações. As pessoas só estão motivadas a buscar informações quando não sabem o suficiente *e* as informações faltantes se tornam salientes. Assim, a aquisição de informações é desejada não só por seu valor instrumental (isto é, "fazer algo" a respeito de uma possível ameaça), como também por seu valor emocional (por exemplo, para sentir-se seguro de que uma ameaça não é iminente). Uma vez que a incerteza é vista como equivalente à carência de informações apropriadas (Mac-Crimmon & Taylor, 1976), a estrutura da rede de conhecimento é crucial para sua redução. Recentemente, a teoria da integração problemática (Brashers, Goldsmith, Hsieh, 2002) e a teoria da gestão da incerteza (Babrow, 2001) questionaram os pressupostos de que os seres humanos desejam reduzir a incerteza. A última delas, em particular, destaca como as pessoas, em certas ocasiões, aumentam deliberadamente a incerteza (por exemplo, por estimulação ou para entretenimento).

Por outro lado, a incerteza pode ser definida em função do número de padrões alternativos existentes em dado conjunto e da probabilidade de cada alternativa (Farace, Monge, Russell, 1977). As informações podem eliminar ou diminuir a incerteza ajudando a definir as probabilidades relativas, mas também contribuiriam para aumentá-la quando levassem ao reconhecimento de alternativas adicionais ou mudassem a avaliação das chances de cada opção. A incerteza, naturalmente, está associada aos atributos cognitivos dos indivíduos.

O principal elemento de toda definição de processo decisório é sua seleção de alternativas. Se não há opções reais, a decisão já está tomada. Mas, se há muitas alternativas, todas igualmente benéficas ou problemáticas, não temos em que nos basear para fazer discernimentos, restando uma decisão extremamente incerta, uma vez que não temos como saber qual escolha é melhor. Desse modo, o número de alternativas, de duas ao infinito, tem muito a ver com a complexidade da decisão a ser tomada e da busca de informações que a auxiliem. Precisamos coletar informações não só sobre cada opção, considerando os vários critérios que as diferenciam, como também sobre como elas interagem e são comparadas. Assim, redes densas e coesas diminuem a incerteza, ao passo que redes diversificadas e compostas de laços fracos possivelmente a aumentam.

Um paradoxo interessante nesses estudos diz respeito à relação entre carga de informação e processo decisório. Os decisores geralmente buscam mais informações do que é necessário, mesmo quando isso induz à sobrecarga. Embora esse excesso de informações diminua a qualidade da decisão, aumenta a confiança

(O'Reilly, Chatham, Anderson, 1987) e a satisfação (O'Reilly, 1980) dos decisores. Com efeito, muitos tendem a se viciar em informações e sempre desejam mais, mesmo quando isso tem efeitos cognitivos nocivos sobre eles. De modo um pouco paradoxal, os estudiosos de processos decisórios estão se afastando cada vez mais da base de cognição mais racional (Dow, 1988). Esse movimento se deve, em parte, ao reconhecimento de que grande parte da aquisição de informações para embasar decisões ocorre de modo não racional, e de que muitas pessoas se encontram em posições ambíguas.

As normas e expectativas culturais também têm impacto sobre o nível de processamento de informação nas organizações. Estas, como consequência das normas sociais existentes, muitas vezes coletam mais informação do que necessitam para tomar decisões (Feldman & March, 1981). Assim, há uma distinção fundamental entre as informações utilizadas para tomar decisões e aquelas usadas para auxiliá-las (O'Reilly, Chatham, Anderson, 1987).

Pode-se considerar que os processos decisórios e as regras formais a eles atreladas são a expressão máxima das normais gerais da sociedade e das normas específicas da organização no que concerne ao valor reputado à racionalidade (March, 1994). A coleta de informações muitas vezes fornece uma garantia ritualística de que as normas estão sendo seguidas (Feldman & March, 1981) e que alguém agindo como um decisor eficaz está cumprindo seu papel na cultura da organização (March, 1994). No contexto dos grupos, os membros têm maior probabilidade de compartilhar entre eles informações que já discutiram do que informações exclusivas que possuam (Stasser, Taylor, Hanna, 1989). Ao que parece, buscas muito repetitivas de informação visam, na verdade, aumentar a confiança dos decisores acerca de uma escolha que já fizeram (March, 1994). As pessoas se dedicam a buscar valor em vez de procurar informações, visto que o novo conhecimento pode ser uma ameaça (Bates, 2005). As redes de conhecimento, então, tornam-se um ritual que corrobora a emergência de decisões racionais.

Largura de banda, eco e grupos coesos

[...] o objetivo do processo decisório é ver o mundo com
confiança, e não com precisão [...]
(March, 1994, p. 40)

A relação entre tomar uma decisão e processar informações racionalmente tende a ser muito mais fraca do que gostaríamos de acreditar (Feldman & March,

1981), com interações insidiosas entre os processos grupais e os processos cognitivos individuais. Em certa medida, somos todos prisioneiros de nosso passado e de nossa ideologia. Alguns afirmam que o ponto de partida do processo decisório reside na visão de mundo ou na base de conhecimento que o indivíduo construiu por meio de seus campos de informação preexistentes e seu posicionamento nas estruturas de comunicação (Carley, 1986). A estrutura de comunicação em que um indivíduo está inserido é parte fundamental do processo decisório (Connolly, 1977), influenciando o volume de informações e a diversidade de suas fontes (Johnson, 1993). Assim, com efeito, somos duplamente frustrados: as estruturas em que nos apoiamos para determinar alternativas podem já ter pré-configuradas as opções que tendemos a identificar. Portanto, o esclarecimento essencial proporcionado pelos argumentos da força dos laços fracos também deve ser aplicado às abordagens que enfocam os processos decisórios, sobretudo para decisões únicas e não programadas; se quisermos tomar decisões melhores, precisamos expandir a gama de fontes de comunicação de que nos servimos.

Conforme vimos repetidas vezes, o pertencimento a grupos coesos limita a gama de alternativas consideradas em decorrência da pressão por conformidade e, de modo correlato, a construção de relações de confiança. Os membros do grupo não compartilham informações que não corroborem as opiniões do grupo, a posição de uma pluralidade de outros integrantes, suas preferências ou as informações que outros membros do grupo já possuem (Stasser & Titus, 1985). Essas descobertas se repetiram, apesar de discussões e instruções mais estruturadas para enfocar processos grupais em que costuma haver maior probabilidade de compartilhamento de informações (Stasser, Taylor, Hanna, 1989).

A tentativa de preservar o pensamento consonante do grupo suprimindo opiniões contrárias (um fenômeno denominado *mindguarding*) atua para limitar drasticamente a busca de informações depois que uma decisão é tomada; de fato, em uma organização, os decisores muitas vezes ignoram as informações que têm a sua disposição (Feldman & March, 1991). Com efeito, só se busca informações em fontes corroborativas, e até mesmo os especialistas da organização são deixados de fora do processo decisório (Janis, 1971). Várias pesquisas laboratoriais também revelaram que os indivíduos requerem menos informações para chegar a uma decisão que os favoreça do que a uma que contrarie seus interesses (O'Reilly & Pondy, 1979). Infelizmente, quanto mais incerta a informação, mais ela está sujeita à distorção favorável por parte daqueles que a relatam (Downs, 1967); e quando a informação é vitalmente requerida, há uma tendência a tratá-la como mais confiável que de fato é (Adams, 1980). Sobretudo em situações de ameaça, as organizações podem restringir sua busca de informação e mostrar-se incapazes de reagir às circunstâncias de seu entorno (Staw, Sandelands, Dutton, 1981). Nesses casos, elas se apoiam em comportamentos existentes, restringem seus campos de informação e reduzem o número de canais de comunicação consultados.

No que concerne ao eco, discutido em mais detalhes no capítulo "O lado humano", o sistema social do qual os decisores fazem parte atua para reforçar as perspectivas existentes, em vez de propor alternativas verdadeiras. Os decisores estão mais propensos a usar as redes para descobrir como tomar decisões legítimas do que para melhorar as informações que usam para fazê-lo; isso cria pressões por imitação, especialmente sobre os indivíduos de status mais baixo (March, 1994). Os decisores muitas vezes solicitam mais informações (afinal de contas, isso é parte do ritual do processo decisório), mesmo quando já as têm em número suficiente para tomar uma decisão (Feldman & March, 1981). Eles sabem que dificilmente serão criticados por coletar informações adicionais, mas podem ser responsabilizados por não terem sido capazes de obter uma informação crucial (*Ibidem*). Sobretudo em uma etapa final do processo decisório, as fontes talvez sejam consultadas unicamente porque podem dizer que o decisor já está em condições de concluir o processo decisório (Saunders & Jones, 1990). Infelizmente, a interação desses processos pretende que as redes de conhecimento reforcem um nível subjetivo de confiança.

Desse modo, muitas vezes os indivíduos coletam informações para justificar uma decisão já tomada, em vez de utilizá-las para chegar a uma deliberação melhor (Staw, Sandelands, Dutton, 1981). Durante as últimas três décadas, estudos de investigação e de observação demonstraram repetidamente que tomar decisões é um processo irracional. Ironicamente, por causa das forças associadas ao eco e à largura de banda (Burt, 2005), talvez a confirmação definitiva do quão acertada é uma decisão deva vir de fora da rede coesa de laços fortes de um indivíduo (Cross, Rice, Parker, 2001). Ter uma problemática explícita e bem definida reduz a importância da confiança (*Ibidem*) e dos processos grupais, e torna mais provável uma decisão racional; no entanto, estes são, muitas vezes, os pontos menos críticos para a organização.

Exploração *versus* utilização

> A glorificação da exploração obscurece o fato de que a maioria das novas ideias são ruins, a maioria das mudanças são prejudiciais e a maioria das invenções originais não valem o esforço dedicado a produzi-las.
> (March, 1994, p. 238)

> O vínculo fraco na cadeia de informação é a capacidade de absorção, cada vez mais inadequada, de indivíduos e organizações. As tecnologias de computação não ajudam muito, a não ser que as informações inerentes sejam quantitativas e estruturadas, e as perguntas, bem definidas.
> (Noam, 1993, p. 203)

Se sigo uma rotina para tomar uma decisão, suas premissas e as informações usadas para corroborá-la serão bem familiares. Essa aquisição ritualística de informações, característica do uso, é muitas vezes problemática, visto que as empresas normalmente não reconhecem os custos de coletar informações, sobretudo quanto aos custos de oportunidade ou benefícios abdicados (Feldman & March, 1981). Essas oportunidades abdicadas se refletem na abordagem clássica de March da exploração, discutida no capítulo "Produtividade: eficiência e eficácia".

As decisões programadas são aquelas rotineiras e repetitivas, para as quais a organização elaborou um processo específico, normalmente quantitativo e computadorizado (MacCrimmon & Taylor, 1976; Simon, 1960). Decisões desse tipo são extremamente formalizadas, com a existência de regras a serem seguidas e penalidades para quem desrespeitá-las. Assim, por exemplo, uma aquisição do governo é baseada em algum meio de encontrar o licitante com o menor preço. À primeira vista, este é um meio racional e rentável de tomar uma decisão de compra. Mas, como diz o velho chiste, como você se sentiria se fosse um astronauta que estivesse sentado sobre um lançador de foguetes cujas peças tivessem sido todas selecionadas porque eram as mais baratas?

As decisões não programadas são novas, desestruturadas e importantes, e só podem ser submetidas a modelos muito gerais de processo decisório (Cyert, Simon, Trow, 1956; Simon, 1960). Em seu clássico estudo de caso de uma decisão inicial de negócio, enfocando a adoção de uma tecnologia de processamento de informações, Cyert, Simon e Trow (1956) salientam quão tortuosas e desgastantes podem ser as decisões não programadas. Com efeito, a empresa precisa determinar como decidir. O processo decisório envolve ao menos duas deliberações importantes, e a primeira delas contém muitas surpresas. Pode ser que você descubra que um aspecto importante, que não havia sido especificado no início, precise ser levado em conta. Assim, toda a decisão tem de aguardar enquanto você dá um passo atrás para tratar disso. Quando você obtém informações a respeito, descobre que elas interagem de forma não prevista com coisas que pensou que já sabia, o que então o força a repensar alguns pontos já tidos como certos. Para algumas deliberações importantes, novas e extremamente complexas, as empresas podem, literalmente, dar voltas e voltas durante meses, se não anos, antes de chegar às etapas finais de tomada de decisão. Um problema elementar com a maioria das estruturas tecnológicas de apoio à decisão é que elas se baseiam em processos decisórios racionais, mas o processo real da alta gestão muitas vezes enfoca escolhas não programadas e, assim, tende a ser irracional (Mintzberg, 1975a, b) e/ou intuitivo (Simon, 1987).

Da mesma forma, uma vez que a busca de informações serve para auxiliar a decisão, você também pode se deparar com alternativas sobre como coletar informações ou como estruturar sua rede de conhecimento. Portanto, essa também é uma distinção crucial nas organizações, e alguns afirmam que as empresas tomam dois tipos de decisão: sobre a importância do tema e sobre como buscar informações (O'Reilly, Chatham, Anderson, 1987).

Conforme vimos, o papel das redes de conhecimento consiste, primordialmente, em apoiar o processo decisório determinando alternativas e reunindo informações relacionadas a elas. A questão central aqui é que uma gama completa de alternativas deve ser selecionada, tendo que se coletar as informações pertinentes a cada uma delas. Um fator importante que distingue processos decisórios organizacionais, em oposição àqueles puramente individuais, é o papel central da comunicação, sobretudo na seleção de fontes e no modo como elas inevitavelmente "filtram" informações (Cyert, Simon, Trow, 1956). Os processos de comunicação também exercem papel fundamental na maneira como as alternativas são discutidas e, finalmente, como as decisões são implementadas, conforme vimos no capítulo "Criatividade e inovação".

Embora a seleção de uma extensa lista de alternativas pareça ser um procedimento direto, qualquer análise desinteressada de estudos de caso sobre processos decisórios revelaria que, muitas vezes, os decisores se apoderam de uma gama limitada de opções e tendem a coletar informações para corroborar essa escolha anterior, limitando prematuramente a exploração. As empresas norte-americanas parecem estar tão focadas em encontrar soluções para os problemas que não prestam atenção suficiente nos aspectos iniciais do processo decisório (Jablin & Sussman, 1983; Nutt, 1984). De fato, ao que parece, os executivos "preferem copiar as ideias de outros ou procurar soluções já prontas em vez de inovar" (Nutt, 1984, p. 445). Isso ocorre, em parte, porque ser o primeiro a experimentar ou usar novas ideias aumenta a probabilidade de fracasso, cujos custos muitas vezes são maiores do que as recompensas que a implementação bem-sucedida de uma inovação poderia trazer (Nutt, 1984).

Uma vez que as principais alternativas tenham sido identificadas, é preciso reunir informações sobre os aspectos cruciais de cada uma delas e suas consequências (Cyert, Simon, Trow, 1956). Em muitos aspectos, esse assunto, ainda que tenha sido pouco estudado, se comparado com os processos psicológicos associados à tomada de decisões (O'Reilly, Chatham, Anderson,1987; Saunders & Jones, 1990), revela algumas das descobertas mais intrigantes relacionadas às pesquisas sobre o tema. Em particular, anuncia a descoberta muitas vezes repetida, em diversos contextos, de que as pessoas conscientemente usarão fontes de informação acessíveis de baixa qualidade (Johnson, 1996b; Case, 2007), o que também tem relação direta com as fortes preferências dos gestores por fontes orais/interpessoais de informação (Mintzberg, 1975a e b; O'Reilly, Chatham, Anderson, 1987).

Ao analisar 78 estudos de caso, Nutt (1984) descreve duas estratégias de busca básicas empregadas pelas organizações para tomar uma decisão. Uma busca isolada, usada em 60% dos casos, era realizada quando o gerente sentia que uma necessidade estava mal-definida e isso era ameaçador, precisamente o caso da maioria das decisões não programadas. Nessa situação, normalmente eram empregadas estratégias passivas e defensivas; apenas uns poucos outros eram envolvidos na busca e, muitas vezes, os gestores aguardavam a descoberta casual e feliz da informação. Uma busca aberta, aparentemente o tipo mais frequente na literatura acadêmica, era usada para suprir necessidades vistas como triviais e/ou vagas, e só então os subordinados eram levados a ajudar.

As tecnologias avançadas de informação são normalmente consideradas de grande ajuda para os processos decisórios, pois, graças a elas: mais indivíduos se convertem em fontes de informação (o que se traduz em maior variedade de fontes); menos pessoas participam do grupo decisor; há menos níveis organizacionais envolvidos; dedica-se menos tempo a reuniões e outras atividades correlatas; logram-se deliberações de maior qualidade; e as decisões são mais oportunas (Fulk & Boyd, 1991; Huber, 1990). A TI, conforme detalha o quadro 13.2, sobre apoio à decisão clínica, também facilita os processos decisórios individuais.

QUADRO 13.2. SISTEMAS DE APOIO À DECISÃO

Há vários softwares para auxiliar os processos decisórios. Eles normalmente centram-se no acesso a bancos de dados e em outros tipos de informação que possam facilitar a tomada de decisões. Basicamente, esses sistemas existem desde que surgiram os computadores, e vários deles foram comercializados, mas nem sempre corresponderam ao entusiasmo que provocaram (Power, 2007). Na medicina, esses aplicativos são usados para facilitar as decisões de pacientes, médicos e outros profissionais de saúde. Para tanto, eles guiam o decisor passo a passo por árvores de decisão muitas vezes complicadas. Sistemas mais avançados podem dar a sensação de se estar participando de um jogo, e estão vinculados a dados mais oficiais. No trabalho clínico, esses softwares costumam ser empregados para reduzir erros médicos, fazendo que os profissionais se apoiem menos na memória e aumentando seu acesso à medicina baseada em evidências. Eles fornecem alertas e lembretes, assistência diagnóstica, verificação e planejamento terapêutico, informações de prescrição, reconhecimento de imagens e orientações para a interpretação dos dados (Coiera, 2003). Embora muitas vezes aumentem o desempenho dos profissionais, uma análise sistemática só encontrou indícios inconsistentes de que tragam melhores resultados para os pacientes (Garg et al., 2005).

Os algoritmos, que constituem um mecanismo de inferência para facilitar as decisões clínicas, geralmente estão inseridos em prontuários médicos, onde costumam se apoiar na prática baseada em evidências e são utilizados como diagnósticos auxiliares (Coiera, 2003). No entanto, seu uso tem sido criticado por médicos por ser um entrave à avaliação clínica (Groopman, 2007; Sweeney, 2006), conforme detalhamos no quadro 13.1. Eles também requerem mais tempo e esforço que os métodos tradicionais (Coiera, 2003; Garg et al., 2005).

Outro aplicativo popular são os sistemas de apoio às decisões em grupo (GDSS, na sigla em inglês), que usam softwares sofisticados para fornecer acesso imediato a bancos de dados e sistemas de manipulação de informações e facilitar a tomada de decisões coletiva. Os sofwares GDSS são projetados para conduzir os decisores sistematicamente por cada etapa do processo decisório, assegurando, por exemplo, que várias alternativas sejam ponderadas e avaliadas. Uma vez que as alternativas tenham sido avaliadas, eles disponibilizam vários métodos para se chegar a uma decisão, da simples votação a uma votação ponderada entre os vários membros do grupo (por exemplo, alta gestão, diferentes departamentos e outros).

As experiências recentes dos GDSS, e o uso geral da tecnologia para auxiliar as decisões, muitas vezes parecem ser tentativas de reintroduzir a racionalidade no processo decisório, desviando o foco das pessoas e centrando-se em ideias. Os GDSS são projetados para superar muitos problemas sintomáticos do *groupthink*, ao promover o pensamento crítico e eliminar as considerações de *status*. Os GDSS encorajam a decisão por consenso e a participação igualitária. A maior coesão que daí resulta, bem como a competitividade de seus membros, também podem contribuir para promover a busca de informações (Smith & Jones, 1968).

Seus proponentes salientam a melhoria nos processos decisórios que é promovida por esses sistemas um tanto caros (Hoffman, 1994). Infelizmente, essa melhoria ainda teria de ser corroborada pelas pesquisas (Fulk & Boyd, 1991), em parte porque as empresas modificam os sistemas em uso para refletir sua própria cultura. Os sistemas de apoio à decisão clínica são, muitas vezes, produtos "criados em casa" por equipes locais. Por isso, torna-se complicado exportá-los e processá-los em novos sistemas de gestão ou outras atualizações de software (Garg et al., 2005). Há, literalmente, centenas de sistemas que foram desenvolvidos, o que cria problemas para compartilhar dados (Raghavan, 2005). No entanto, em seu uso real, eles também se deparam com os mesmos limites que outros processos: os limites do processo decisório humano e as fronteiras artificiais que lhes são impostas pela cultura da organização (Poole & DeSanctis, 1990).

Cada vez mais, as empresas devem se estruturar para promover a coleta e o compartilhamento de informações. Elas enfrentam um dilema constante: o imperativo, que em parte deriva da necessidade de eficiência, de limitar a acessibilidade às informações, e o reconhecimento de que os projetos estruturais muitas vezes são falhos e que as circunstâncias mudam, o que requer que os indivíduos busquem informações normalmente indisponíveis para eles. No entanto, a estrutura formal e as recompensas a ela associadas (por exemplo, uma promoção) muitas vezes se destinam a desencorajar especificamente o compartilhamento de informações (Powell, 1990). Não só há limites estruturais à quantidade e aos tipos de informação a que o indivíduo tende a ser exposto, como também há restrições reais ao que ele é capaz de processar, considerando-se esses limites (Guetskow, 1965) e os de suas funções formais. Como os gestores resolvem esses imperativos conflitantes é uma questão crucial para a organização moderna.

Gerenciando a atenção e a satisfação suficiente

O limite mais elementar que se impõe à atuação dos membros de uma organização é o fator tempo – essencial, por exemplo, nos processos decisórios médicos, como detalha o quadro 13.1, sobre o livro *Como pensam os médicos*. Até mesmo as tarefas mais triviais em uma organização poderiam, teoricamente, levar uma eternidade, se fossem coletadas todas as informações necessárias para compreendê-las. O problema, então, não é decidir buscar informações, mas definir quando parar de fazê-lo. Os decisores experientes sabem, por intuição, o momento em que coletaram informações suficientes para determinado propósito. Eles ficam suficientemente satisfeitos. Esses decisores desenvolvem sua própria intuição para reconhecer o ponto em que já gastaram energia suficiente para buscar informações e decidir o que fazer diante de um problema específico (March, 1994). Também aprendem a chegar perto ou a discernir sobre quando podem tomar uma decisão suficientemente boa para dada circunstância (Farace, Monge, Russell, 1977). Assim, os decisores buscam uma solução adequada, não a ideal (Hickson, 1987). Eles chegam a essas decisões porque aprenderam a avaliar qual é o seu limite; são capazes de processar mentalmente tanta informação quanto possibilita o tempo que dispõem.

O grande objetivo da racionalidade talvez seja desenvolver um senso de coerência muito simples que satisfaça suficientemente, e não idealmente, as necessidades (Bates, 2005; Pirolli & Card, 1999). Muitos afirmaram que a maioria das pessoas não quer ter muitas opções, em parte porque nossos limites cognitivos para processar informações seriam excedidos (Schwartz, 2004). De modo similar, as pessoas podem buscar informações não para adquirir novos conhecimentos, mas para validar, legitimar e reformular os que já têm (Cross, Rice, Parker, 2001). Tendemos a presumir que as pessoas gastarão muita energia para enfrentar problemas importantes e para garantir a qualidade das fontes e das respostas, mas, claramente, não é isso que acontece (Case, 2002 e 2007; Johnson, 1996b e 1997a; Johnson *et al.*, 2006). A acessibilidade das fontes é, muitas vezes, um fator determinante para seu uso (Bates, 2005), até mesmo para engenheiros extremamente racionais (Case, 2002 e 2007). Os teóricos tendem a confrontar o mundo com um modelo científico que pressupõe buscas e verificações exaustivas para se chegar à conclusão correta. No entanto, a maioria dos indivíduos deixará de buscar informações quando descobrir a primeira resposta um pouco plausível para sua pergunta. De fato, pode ser profundamente racional preservar o desconhecimento e vivenciar seus muitos benefícios (Johnson, 1996b).

O ritmo das atividades dos gestores e a variedade de tarefas em que estão envolvidos aumentam os problemas relacionados a qualquer decisão, visto que seu nível ideal de desempenho reduz-se à medida que sua energia é focada em várias questões, conforme detalha o quadro 13.1, sobre *Como pensam os médicos*. Portanto, quanto mais decisões eles têm de tomar, menos conseguem se dedicar verdadeiramente a uma busca de informações concentrada em cada uma delas. Quando a isso se soma a enorme quantidade de informações disponíveis sobre a maioria dos assuntos relativos a negócios, os gestores se deparam com um volume alarmante de apreciações a serem feitas.

Além desses fatores, há o fato ainda mais deprimente de que algumas informações cruciais relativas à decisão podem estar indisponíveis. Uma das ironias da era do conhecimento, e das afirmações constantes e batidas de que estamos todos sobrecarregados de informação, é que nunca parece haver um número suficiente delas para responder a perguntas operacionais muito específicas. E, o que é pior, nunca sabemos que surpresas o futuro pode nos reservar, sendo elas capazes de alterar até mesmo os planos mais cuidadosos.

Como decido seguir em frente e tomar uma decisão ainda que me faltem informações? Primeiro, preciso decidir quão útil e obtenível uma informação realmente é. Se a informação faltante (por exemplo, o que meu concorrente está planejando) pode ser facilmente encontrada em fontes especializadas e é crucial para o que farei, decido gastar o tempo e a energia extra necessários para obtê-la.

Se ela está indisponível, apesar de todos os meus esforços, e tem pouca relevância, posso seguir em frente e tomar a decisão, tendo percebido, ao menos, que essa alternativa não era viável. (Postergar uma decisão é sempre uma opção por manter as coisas como elas estão.) Os melhores gestores têm uma sensação intuitiva de quando chegaram ao um equilíbrio ideal entre esses fatores; eles alcançaram um nível subjetivo de confiança de que sabem o suficiente para tomar a melhor decisão naquelas circunstâncias.[1]

Limites cognitivos

Na área de pesquisa organizacional, também há um grande interesse em cognição (Weick, 1979), sobretudo no que concerne ao aprendizado organizacional (Daft & Huber, 1987; Duncan & Weiss, 1979), visto que se relaciona com o processamento de informações. Há inclusive uma tendência a caracterizar toda a organização como uma entidade pensante.

Conforme vimos, há limites cognitivos à quantidade de informações que os indivíduos podem processar, sobretudo na memória de curto prazo. A observação clássica de Miller de que só conseguimos ter em mente sete coisas ao mesmo tempo impõe uma barreira absoluta ao processamento de informações. Para além desse limite, a presença de informações adicionais, especialmente em situações de sobrecarga, até mesmo diminui essa capacidade já restrita (Mintzberg, 1975a). Embora tenha se tornado um truísmo dizer que ensinar a buscar informações – em vez de transmitir conhecimentos perecíveis – deveria ser prioridade em nossos sistemas de educação, os limites da memória de curto prazo indicam que ter uma rica e sólida base de conhecimento é fundamental para a tomada de decisões gerenciais (Lord & Maher, 1990; Mintzberg, 1975a).

Há indícios de que a capacidade de um indivíduo manipular informações pode melhorar muito quando ele ocupa um cargo que demanda um nível mais alto de processamento (Zajonc & Wolfe, 1966) e tem longa experiência em funções gerenciais. Assim, como os mestres de xadrez, que com base em sua experiência reagem rapidamente à jogada do adversário, deslizando todo seu intrincado encadeamen-

---

1 Os gestores também podem sentir certo consolo em saber que normalmente conseguem controlar o andamento das coisas (por exemplo, podem fornecer mais recursos se for necessário fazer algo funcionar), e determinar, em certa medida, a maneira como os resultados são interpretados (Thayer, 1988).

to futuro, os gestores superiores desenvolvem uma intuição de como reagir a padrões complexos de informação nas empresas (Simon, 1987).

Além das limitações de memória, as pessoas têm baixa capacidade de processar e interpretar informações. Elas tendem a exagerar as informações que registram (Wales, Rarick, Davis, 1963) e, constantemente, estão inclinadas a confirmá-las ignorando ou desconsiderando indícios que as contradizem. Muitas vezes, as pessoas ignoram sua base de conhecimento corrente (a negligência da probabilidade *a priori*), privilegiando novas informações quando as consideram mais atraentes. Assim, por exemplo, um funcionário irresponsável, que sempre teve um desempenho baixo, pode vir a ser bem visto se recentemente tiver participado de uma experiência positiva. As pessoas também tendem a negligenciar o tamanho da amostra, fazendo generalizações baseadas em experiências muito limitadas. Desse modo, se um produto recente obteve sucesso em um novo mercado, elas presumem que outros apresentarão resultado similar. Na melhor das hipóteses, os seres humanos têm uma capacidade restrita de buscar, processar e interpretar informações de forma correta (Smithson, 1989).

Em uma organização, seus membros geralmente precisam processar uma incrível gama de variadas informações – muitas delas de fora do âmbito do conjunto de requerimentos de sua posição formal –, que devem ser consolidadas de novas maneiras para possibilitar a tomada de decisões. A complexidade cognitiva é um conceito que estabelece uma relação direta entre as capacidades cognitivas individuais e os diferentes ambientes de informação dos indivíduos, e pode estar associada às preferências pessoais por certas posições nas redes de conhecimento.

Conforme explicado por Schroder, Driver e Streufert (1967), a complexidade cognitiva se refere à capacidade de um indivíduo diferenciar, discriminar e integrar informações. A diferenciação se refere ao número de dimensões ou atributos necessários para que o indivíduo possa distinguir um estímulo de outro de dado conjunto. A discriminação é definida como a capacidade de um indivíduo ordenar estímulos em determinada dimensão. A integração se refere à capacidade de um indivíduo situar os estímulos de modo coerente em sua estrutura cognitiva preexistente. Nessa perspectiva, presume-se que a complexidade cognitiva é uma condição prévia para a ocupação de posições específicas na estrutura.

As funções de comunicação nas redes de conhecimento estão associadas com as noções de complexidade cognitiva, conforme exploramos no capítulo "Análise de redes". Diferentes funções de comunicação implicam em variados padrões cognitivos no processamento de informações de um integrante de rede. Um indivíduo que exerce a função de ligação, pelos vínculos que mantêm com diferentes grupos, está naturalmente exposto a comunicações mais diversas que um agente isolado. O papel do gerente de vendas revela uma situação organizacional um tanto típica. Uma pessoa que ocupa esse cargo deve lidar com linguagens e perspectivas inerentemente distintas e muitas vezes conflitantes e estabelecer um modelo que satisfaça a maioria das partes, se não todas, com que mantêm relações. Esse indivíduo tem de tratar não só com a comunicação intraorganizacional, como também com a interorganizacional. Sendo assim, ele precisa ocupar-se, ao mesmo tempo, com a incerteza do ambiente externo à organização. Alguém nessa posição, assim como os mediadores em geral, além de sentir-se confortável com a incerteza, deve ser capaz de sintetizar informações em perspectivas únicas, criando suas próprias visões tácitas. Assim, as características de processamento de informações de um agente estão naturalmente relacionadas com o desempenho de sua função, e também podem estar vinculadas a seu desejo de exercer certos papéis.

Essas afirmações são corroboradas por muitas descobertas empíricas relacionadas com o surgimento de ligações e a intermediação de buracos estruturais (Johnson, 2004). Por exemplo, as ligações tendem a deter *status* elevados na organização, ter contatos estruturalmente mais diversos, ser fontes primárias de informação, constituir-se como líderes de opinião, e estar há mais tempo no cargo. Os laços fracos também foram associados a indivíduos cognitivamente mais flexíveis (Granovetter, 1982). Uma vez que as redes de comunicação não são necessariamente regidas por regras formais, os agentes que são capazes de processar informações de várias fontes são procurados por outros e, quando são encontrados, eles se tornam ligações em razão de suas capacidades cognitivas únicas.

A complexidade cognitiva determina a quantidade, o tipo e a diversidade de informações que um indivíduo é capaz de processar. Ela estrutura os padrões cognitivos do indivíduo da mesma forma que as redes configuram os padrões de relações de comunicação em uma empresa. Portanto, a complexidade cognitiva deve ter importantes impactos sobre a preferência de um indivíduo por ocupar certas posições em uma rede de relações. Isso porque quando um indivíduo é incumbido de um papel que se afasta notadamente de suas capacidades cognitivas, isso gera estresse e incerteza. Os indivíduos acabam por assumir papéis na rede que mais se aproximam de sua estrutura cognitiva. Desse modo, as funções de ligação requerem indivíduos que tenham uma preferência pela contingência, porque essa função é caracterizada por um nível necessariamente alto de absorção da incerteza. Também se afirmou que as pessoas que têm tolerância à ambiguidade perceberão informações equívocas como menos incertas que aqueles menos transigentes, e por isso poderão ocupar essas posições sentindo menos tensão (Downey & Slocum, 1975).

Vários estudos empíricos verificaram a existência de uma relação entre complexidade cognitiva e posições ocupadas nas redes de comunicação. Schreiman e Johnson (1975) encontraram evidências moderadas de uma correlação entre a complexidade cognitiva e a quantidade e variedade de comunicação em redes sociais. Albrecht (1979) constatou que comunicadores estratégicos (indivíduos que exercem funções de ligação nas redes) têm espaços cognitivos mais coerentes. Também há indícios empíricos de que os empreendedores estruturam os ambientes de informação de seu negócio de acordo com sua complexidade integradora (McGaffey & Christy, 1975). Sypher e Zorn (1986) apuraram que a diferenciação cognitiva explicava uma variação substancial no nível do cargo e na mobilidade ascendente em uma empresa de seguros. Walker (1985), em uma pesquisa realizada com uma empresa de software, observou que a posição ocupada na rede era um indicador mais forte e mais estável das diferenças de cognição que o tipo de função que um indivíduo desempenhava e o tipo de produto em que trabalhava.

Talvez o estudo mais interessante nessa área seja o de Zajonc e Wolfe (1966). À diferença dos estudos anteriores, eles analisaram esse tema em uma perspectiva formal. Os pesquisadores afirmaram que a hierarquia das organizações resultava em um desequilíbrio na natureza das informações que fluíam para determinadas posições, sobretudo quanto a sua diversidade. Foram analisados os desempenhos de funcionários de uma empresa industrial que tinham diferentes cargos administrativos em distintos níveis de *status*. Embora usasse uma nomenclatura um pouco diferente, essa pesquisa examinou a complexidade cognitiva considerando aspectos similares aos discutidos aqui. O argumento central desse estudo era que "a estrutura cognitiva de um indivíduo é influenciada por seu acesso à informação" (p. 144). Zajonc e Wolfe verificaram que níveis mais altos de comunicação formal tinham maior probabilidade de levar à diferenciação, complexidade, segmentação e organização cognitivas, mas não encontraram uma relação significativa entre os níveis de comunicação informal e essas variáveis. Isso sugere, em parte, que os indivíduos podem ser impelidos a ampliar suas estruturas cognitivas em decorrência de certos requerimentos funcionais. Portanto, há evidências empíricas de que as estruturas cognitivas dos indivíduos estão associadas ao seu posicionamento nas estruturas organizacionais.

Mapas cognitivos

> As organizações existem em grande medida na mente, e sua existência assume a forma de mapas cognitivos. Assim, o que mantém uma organização unida é o que mantém os pensamentos unidos.
> (Weick & Bougon, 1986, p. 102)

Os mapas cognitivos representam o padrão de conhecimento pessoal dos indivíduos oriundo de suas experiências nas organizações. Também se referem a como as pessoas identificam fontes de informação, um problema que discutimos no capítulo anterior. Uma forma de mapa cognitivo é aquele que identifica um percurso rotinizado para ir de um ponto a outro. Esses mapas de percursos podem estar diretamente relacionados com o encaminhamento de mensagens por estruturas formais e informais (como as redes de conhecimento) nas organizações.

Outra forma mais complexa de mapeamento resulta do mapa causal, que representa conceitos unidos por relações de causalidade. Esses mapas eliminam a ambiguidade, situando os conceitos uns em relação aos outros e fazendo uso da estrutura em situações vagas. Os indivíduos podem interagir uns com os outros com base em uma coleção de mapas, uma combinação ou uma média. O objetivo geral da análise dos mapas causais dos indivíduos em uma organização é descobrir regularidades estruturais. Os mapas causais foram diretamente relacionados a dois componentes básicos da complexidade cognitiva: a diferenciação e a integração. Os conceitos contidos nos mapas causais também servem como uma forma de relacionar indivíduos nas organizações (Weick & Bougon, 1986).

Em um nível um pouco menor de complexidade e abstração, também foram usados roteiros para explicar o comportamento dos indivíduos nas organizações. Um roteiro é uma estrutura de conhecimento guardada na memória, que especifica sequências de comportamento que são apropriadas em situações familiares (Gioia & Poole, 1984; Lord & Kernan, 1987). Eles podem ser aplicados inconscientemente em determinadas situações, sobretudo aquelas que sejam convencionais, previsíveis e frequentes (Gioia & Poole, 1984). Essa utilização de roteiros está intimamente relacionada com a realização de rituais, como reuniões de funcionários (Gioia & Poole, 1984). Considera-se que eles cumprem duas funções para os membros da organização: ajudam a entender os acontecimentos organizacionais e fornecem um guia para um comportamento apropriado. Muitas vezes, os roteiros incluem múltiplos caminhos para alcance de objetivos que podem ser usados em estruturas teleológicas hierárquicas (Lord & Kernan, 1987).

Esses roteiros são importantes porque também revelam a base normativa de informação a que os indivíduos serão expostos, isto é, o padrão habitual de fontes que eles consultam em determinadas situações (Lord & Kernan, 1987). Roteiros fracos são aqueles que especificam comportamentos particulares que são esperados em determinada situação, e roteiros fortes estabelecem o tipo de sequência progressiva de comportamentos contidos nesse exemplo (Gioia & Poole, 1984). Os roteiros e mapas fornecem claros precedentes dos comportamentos de comunicação dos indivíduos – e, portanto, das estruturas – nas organizações.

Limitações da busca

> As organizações, como decorrência das limitações organizacionais ou humanas, podem ser incapazes de processar as informações que possuem.
> (Feldman & March, 1981, p. 875)

As barreiras associadas a problemas técnicos de busca podem decorrer da falta de familiaridade ou de acesso às fontes de informação. Por esse motivo parecem, à primeira vista, muito mais fáceis de serem superadas por meio de soluções racionais. Infelizmente, o limiar em que essas questões se tornam barreiras absolutas à busca de informações é baixo (Johnson, 1996b; Case, 2007). Grande parte da educação técnica consiste em definir quais são as fontes apropriadas de informação e como as pessoas podem obter acesso a elas. O nível educacional de um indivíduo é, provavelmente, o fator mais importante em sua busca subsequente por informações (Chen & Hernon, 1982).

No entanto, a educação e a experiência podem ter efeitos colaterais insidiosos, pois quando alguém está familiarizado com uma fonte tende a continuar utilizando-a (Culnan, 1983). Isso leva a certa inércia no uso de fontes de informação. As pessoas relutam em passar das velhas fontes testadas e aprovadas, em parte porque eles se abstêm de avaliar uma nova alternativa enquanto não tem alguma experiência no seu uso (*Ibidem*). Curiosamente, quase dois terços dos entrevistados em uma pesquisa regional declararam que retornariam a uma fonte, mesmo quando a haviam categorizado como a "menos útil" (Chen & Hernon, 1982).

O problema da inércia é exacerbado pelo número de fontes de informação concorrentes disponíveis sobre dado assunto. A maioria dos indivíduos acredita, em parte pelas pressões de tempo, que não pode se dedicar a uma busca abrangente. Considerando-se que existam dez fontes de informação disponíveis e existe familiaridade com duas delas, nas quais confiam por experiências anteriores, eles podem perceber poucos benefícios em consultar alguma das oito restantes. Na maioria das vezes, "a busca de alternativas termina quando uma solução satisfatória foi descoberta, mesmo que não se tenham esgotado todas as possibilidades" (Cyert, Simon, Trow, 1956, p. 246). Isso acontece, em parte, porque cada informação adicional torna mais difícil determinar o que pode ser relevante para um problema em particular (O'Reilly & Pondy, 1979). Os indivíduos também caem em armadilhas de competência; eles não aprenderão técnicas novas, muitas vezes melhores, porque obtêm um bom desempenho com as velhas (March, 1994).

É claro, cada uma das fontes de informação adicional aumenta a confiança em um curso de ação se corrobora as demais. Mas, se as fontes não fornecem respostas consistentes, uma situação nada improvável, fica mais complicado tomar uma decisão. De fato, mais comunicação pode resultar em mais ambiguidade e incerteza, e não em decisões melhores (Rice & Shook, 1990). Embora, muitas vezes, informações inconsistentes possam ser um incentivo para realizar uma busca adicional a fim de encontrar uma fonte que sirva para o "desempate", não há garantia de que ela não apresentará uma nova alternativa importante. Desse modo, fica mais fácil entender por que pode haver benefícios reais, ao menos quanto à quantidade de esforço despendido, em consultar apenas uma gama limitada de fontes conhecidas.

Acesso

Em muitos aspectos, as descobertas relativas à importância do acesso são algumas das mais contundentes nas ciências sociais. O que mais fascina é o conjunto consistente de revelações indicando que o limiar em que uma fonte é considerada inacessível é muito baixo. Por exemplo, as pessoas não investem muito tempo para aprender mecanismos de busca na internet e costumam contar com um número muito limitado de comandos (Markey, 2007).

Ainda mais desconcertante é que o acesso também pode ser o critério mais importante para os usuários avaliarem um sistema de informação (Rice & Shook, 1986). Portanto, a acessibilidade supera a qualidade ao eleger as fontes de informação. De fato, muitos estudos constataram que as pessoas tendem a eleger conscientemente fontes de informação de qualidade inferior para resolver seus problemas, porque seria necessário despender demasiado esforço na obtenção de informações mais confiáveis (Case, 2007; Johnson, 1996b). Uma série de estudos documenta casos em que os membros da organização buscam informações em fontes inferiores por causa dos custos mais baixos (Allen, 1977; Blau, 1954). Allen (1977), em sua pesquisa envolvendo a comunicação em laboratórios de pesquisa e desenvolvimento, verificou que os profissionais tendem a buscar fontes de informação mais prontamente acessíveis – tanto no que concerne a sua distância física quanto a sua abrangência –, em vez de buscar as "melhores", que oferecem informações mais competentes em termos profissionais. De modo correlato, menos de 20% da população, quando encaminhados por um especialista de informação, consulta profissionais ou instituições para obter respostas a suas perguntas (Chen & Hernon, 1982). Para os gestores, além da acessibilidade, a relevância da informação também é mais importante que sua qualidade (Menon & Varadarajan, 1992), e os entrevistados não estão muito preocupados com quão atualizada é a informação (Chen & Hernon, 1982).

Mesmo quando as pessoas precisam de informações, elas normalmente não as buscam de forma ativa e abrangente; em vez disso, esperam até que se deparem com elas por acaso, muitas vezes em encontros interpessoais (Scott, 1991), o que aumenta a importância da gama de contatos de um indivíduo na rede de conhecimento. "Muitos entrevistados relataram que só lembraram de usar um fornecedor de informações quando se depararam com outra necessidade" (Chen & Hernon, 1982, p. 57).

Com frequência, os problemas de busca estão associados a seus "custos", quando comparados com os benefícios que a informação procurada proporcionará, particularmente tratando-se de processos decisórios (March, 1994). Os custos da aquisição de informações são muitos: psicológicos, temporais e materiais. A maioria dos que buscam parece presumir que é melhor contar com informações obtidas facilmente – afinal de contas, eles já têm uma resposta, independentemente de quão incerta ela seja – do que empreender o esforço necessário para consegui-las mais completas. Os "custos", na forma de tempo e empenho extras para realizar uma busca abrangente, que também podem resultar em oportunidades postergadas, complicações para tomar uma decisão e maior sobrecarga de informações, são reais. Também há outros custos psicológicos, como perda de autoestima e frustração, que decorrem de uma busca malsucedida (Hudson & Danish, 1980).

RESUMO

Tradicionalmente, a teoria comportamental da decisão afirma que o principal impulso dado para as redes de conhecimento nas organizações foi seu papel no auxílio aos processos decisórios. Conforme vimos, as teorizações nessa área se afastam cada vez mais de uma abordagem estritamente racional de tais processos e passam a analisar a incerteza e os muitos limites humanos presentes no processamento de um volume crescente de informações. As pessoas passaram a avaliar melhor os dilemas apresentados pelos processos decisórios e a necessidade de equilibrar várias forças opostas: embora os grupos coesos sejam necessários para a construção de conhecimento tácito, eles também atuam para limitar a consideração de uma vasta gama de alternativas; de modo correlato, as organizações precisam equilibrar a exploração de novos conhecimentos com a utilização eficiente daqueles existentes; e, por fim, a necessidade de responder simultaneamente a muitos problemas conflitantes leva à busca de satisfação suficiente e a uma percepção cada vez maior dos limites que tornam improvável a decisão "perfeita".

Leitura complementar

Groopman, J. *How Doctors Think*. Houghton Mifflin, 2007.
>Aplicação dos princípios dos processos decisórios aos problemas confrontados pelos médicos ao emitir pareceres clínicos. Descrito em mais detalhes no quadro 13.1.

Janis, I. L. "Groupthink". Em *Psychology Today*, novembro de 1971.
>Clássica análise de estudos de caso de decisões irracionais provocadas por processos grupais. Útil condensação de práticas que podem ser usadas para superar os problemas identificados.

March, J. G. "Exploration and exploitation in organizational learning". Em *Organizational Science*, nº 2, 1991, pp. 71-87.
>Análise detalhada do clássico dilema existente entre explorar novas ideias e utilizar as existentes, que as organizações enfrentam ao tomar decisões.

March, J. G. *A Primer on Decision Making: how Decisions Happen*. New Free Press, 1994.
>Uma cartilha para executivos que condensa descobertas de uma vida de pesquisas sobre os processos decisórios.

14
Conclusão e comentários

As pessoas subestimam o valor daquilo que não sabem, e sobreestimam o valor daquilo que sabem.
(Bates, 2005, p. 5)

A informação sempre foi fonte de poder, mas hoje é, cada vez mais, fonte de confusão. Em todas as esferas da vida moderna, a situação crônica é um excesso de informações, insatisfatoriamente integradas ou perdidas em algum lugar no sistema.
(Wilensky, 1968, p. 331)

Simplesmente propor maior quantidade ou melhor qualidade de comunicação é a mais antiga recomendação do livro - e ninguém realmente precisa de mais reuniões.
(Cross *et al.*, 2004, p. 67)

Neste capítulo, retomo muitos temas centrais e aponto para o futuro. Uma característica interessante das pesquisas sobre redes de conhecimento é que elas se situam na intersecção de muitas questões teóricas e políticas importantes mencionadas no capítulo 1, como a convergência em torno da globalização e do "achatamento" de nosso mundo, a complexidade cada vez maior de novas formas organizacionais e a diluição de suas fronteiras, e os grandes desafios enfrentados pelos indivíduos ao eleger carreiras e fidelidades (ou falta delas). Essa tendência traz uma série de dilemas, tanto para os indivíduos quanto para as organizações, na construção e no compartilhamento do conhecimento nas redes.

Discuti os conceitos fundamentais, os alicerces das redes de conhecimento, nos capítulos 2 e 3, que constituem a primeira unidade do livro. No capítulo 2, defini conhecimento, distinguindo-o de termos próximos como informação e sabedoria. Nesse capítulo também tratei das várias formas que o conhecimento pode assumir

PRAGMÁTICA

nas organizações, fazendo distinções cruciais que podem ser usadas na definição das relações. Além disso, apresentei o conceito contrastante de desconhecimento, algo que abordarei novamente ao concluir este trabalho. O capítulo 3 enfocou a área em expansão da análise de redes, descrevendo a maneira como podemos utilizar conceitos básicos como entidades, vínculos e fronteiras para construir análises cada vez mais sofisticadas de percursos, panelinhas, centralização e densidade, que são fundamentais para entendermos a transferência e a difusão do conhecimento nas organizações.

A unidade seguinte enfocou os contextos em que o conhecimento está inserido. Conforme detalha o capítulo 4, os contextos definem e situam o conhecimento em várias estruturas de governança, determinando sua distribuição. Se o conhecimento é a expressão máxima de nossas relações sociais, compreender o papel do contexto é essencial, pois a contextualização e a produção de sentido são processos inter-relacionados. O capítulo 5 centrou-se na estrutura formal e em outras questões de estrutura organizacional que promovem ou inibem o fluxo de conhecimento. Grande parte do atual interesse pelas redes de conhecimento está associada às novas tecnologias da informação e de telecomunicações discutidas no capítulo 6. O capítulo 7 detalhou a distribuição espacial do conhecimento, um fator limitante de sua disseminação que revela, principalmente, novas formas de representá-lo no espaço. As fronteiras organizacionais estão se tornando cada vez menos nítidas, e o capítulo 8 tratou da maneira como as empresas internalizam o mundo exterior por meio da mediação e da formação de consórcios.

A unidade sobre pragmática enfocou o uso do conhecimento para diversos fins. Assim, o capítulo 9 examinou o papel das redes de conhecimento nos processos de criatividade e inovação, que são de fundamental importância para as organizações. O capítulo 10 detalhou como as redes de conhecimento se relacionam com a produtividade, a eficiência e a eficácia. Passamos então, no capítulo 11, aos tópicos correlatos do lado humano e do lado obscuro das redes de conhecimento. Como as pessoas encontram conhecimento e então o utilizam para tomar decisões foram os assuntos dos capítulos 12 e 13.

Neste capítulo, tratarei de alguns tópicos abrangentes levantados no âmbito das redes de conhecimento. Primeiro, discutirei várias questões éticas (e, às vezes, legais) que impactam no fluxo de conhecimento das organizações. Em seguida, passarei a questões políticas mais amplas a respeito dos possuidores e despossuídos da organização em nossa sociedade. Os estudos sobre redes de conhecimento estão apenas começando, e por isso discutirei alguns temas de alta prioridade para as próximas pesquisas, incluindo uma visão mais profunda das relações na análise de redes. Há muitos paradoxos e dilemas em torno da gestão de redes de conhecimento, o que enfatiza a importância da decisão gerencial. Entre eles, a possibilidade de que os gestores concedam mais autonomia aos indivíduos e, simultaneamente, submetam-nos a um controle maior. Concluo com aquele que é, talvez, o maior de todos os paradoxos: a necessidade, por parte da organização e dos indivíduos, de promover o desconhecimento, ao mesmo tempo que eles facilitam a construção do conhecimento.

Questões éticas

Não é de surpreender que haja uma série de questões éticas associadas às redes de conhecimento. Uma vez que o conhecimento pode ter grande valor, ele é protegido por vários direitos de propriedade, sendo às vezes até ocultado pelas pessoas. É, também, algo cuja beleza está nos olhos de quem vê; desse modo, pode ter pouco valor para uma pessoa e ser muito valioso para outra. Conforme vimos, essas questões estão relacionadas ao uso de caronas – muitas vezes as pessoas se beneficiam quando o conhecimento é compartilhado, mas não contribuem plenamente na sua construção – e ao desenvolvimento de bens públicos, como bancos de dados, nas organizações. Em parte por isso, há uma série de inquietações acerca de como coletar empiricamente dados sobre determinadas relações e pessoas envolvidas nas redes de conhecimento, e isso levanta preocupações específicas a respeito da preservação da privacidade e da proteção do sujeito que as acessa.

Propriedade intelectual

Cada vez mais, as organizações veem o conhecimento como um de seus principais recursos estratégicos e, com isso, passam a dar maior importância ao usufruto de sua propriedade intelectual (Earl, 2001); como decorrência, os trabalhadores muitas vezes relutam em compartilhar conhecimento com pessoas de fora, porque isso pode prejudicar a posição competitiva de sua empresa (Hew & Hara, 2007). Um problema essencial do conhecimento está na dificuldade de possuí-lo "materialmente". Além disso, ele pode surgir da interação com outras pessoas. Muitas vezes, essas interações se dão com indivíduos de fora da empresa (por exemplo, clientes, colegas de profissão, a comunidade científica). As comunidades, e suas relações com as organizações e os indivíduos que as constituem, defrontam-se com questões difíceis de lidar, no que concerne a proteger os interesses de um integrante e, ao mesmo tempo, beneficiar-se com sua participação (Lee & Cole, 2003).

Uma das funções essenciais de todo sistema de gestão do conhecimento é a proteção da propriedade intelectual (Gold, Malhotra, Segars, 2001). No entanto, monitorar, medir e supervisionar o desenvolvimento da propriedade intelectual não só é caro e muitas vezes pouco prático, como também pode ser contraproducente (Jarvenpaa & Staples, 2001). Questões de pan-óptico (visualização de todas as partes) associadas ao controle burocrático formal e à centralização (D'Urso, 2006) podem facilmente reprimir o fluxo de conhecimento. Afinal de contas, a quem pertence o conhecimento, sobretudo se admitirmos que ele é inerentemente social? Há também uma distinção interessante entre o conhecimento especializado de um indivíduo (que pode resultar em bens futuros) e os produtos que ele desenvolve enquanto trabalha para a organização (Jarvenpaa & Staples, 2001). As organizações estão reconhecendo, cada vez mais, que o ponto fundamental não é o que se sabe, e sim dispor de uma maior capacidade de saber; ou seja, importa agir com maior rapidez que os demais para gerar novos conhecimentos acionáveis (Dyer & Nobeoka, 2000). Crenças com relação a quem possui os produtos do trabalho têm importantes implicações para a motivação dos funcionários, e nas organizações há fortes normas culturais – resultantes dos processos de socialização – para lidar com algumas dessas questões (Constant, Kiesler, Sproull, 1994). Curiosamente, uma percepção de parceria, de conhecimento como um bem coletivo, em que os produtos do trabalho de um indivíduo são de propriedade coletiva, pode ser a abordagem mais eficaz (Jarvenpaa & Staples, 2001).

Questões de privacidade

Estima-se que 80% das organizações adotam algum tipo de supervisão de funcionários, e a maioria das formas utilizadas está associada ao monitoramento eletrônico possibilitado pelas tecnologias da informação (D'Urso, 2006). Essas supervisões que podem ser inerentes aos sistemas de gestão do conhecimento, muitas vezes aumentam o potencial e a sofisticação de um sistema de supervisão. Parte dessa supervisão visa evitar a disseminação de conhecimento particular e/ou propriedade intelectual (D'Urso, 2006).

Isso pode ser um pouco atenuado pelo conhecimento tácito, que se baseia em experiências locais cuja compreensão é difícil para os gestores. Ele é um pouco similar às gírias criadas por subculturas que surgem em oposição a uma cultura dominante. Os gestores talvez tenham uma compreensão limitada do que é conhecimento tácito fundamental.

Uma abordagem teórica desse problema é encontrada na Teoria da Gestão de Privacidade da Comunicação, que se apoia nos seguintes princípios: 1) os indivíduos ou os grupos acreditam possuir informações privadas; 2) portanto, eles têm o direito de controlar o fluxo delas; 3) as regras de privacidade determinam o acesso de outros que são percebidos como externos ao grupo social; 4) os indivíduos que revelam informações presumem que o outro estará submetido às mesmas regras que eles, ou negociará explicitamente regras novas; e 5) a gestão da privacidade das informações nas fronteiras é imperfeita, resultando em desconfiança, raiva e suspeita de compartilhamento de conhecimento privado (Petronio, 2007).

ÉTICA EM PESQUISA E PROTEÇÃO DO SUJEITO QUE COMPARTILHA INFORMAÇÕES

Nas pesquisas de avaliação, a análise de redes se torna um modo de apoiar as relações que são cruciais para as redes de conhecimento e identificar quais delas devem ser nutridas (Introcaso, 2005). Os pesquisadores e consultores normalmente descrevem como os gestores podem usar as informações para ajudar indivíduos específicos (ver Cross, Nohria, Parker, 2004) ou conectar pessoas para transpor buracos estruturais (Krebs, 2008), até mesmo em situações extremamente tensas como disputas laborais (ver Michael, 1997); mas eles deixam de mencionar os problemas que o compartilhamento desses resultados pode trazer para os indivíduos. Cada vez mais, a análise de redes deve confrontar questões relativas à ética em pesquisa e à proteção do sujeito que compartilha informações.

Um requisito fundamental das abordagens de análise de redes baseadas em censos é que elas demandam a identificação das pessoas com quem alguém se comunica. Isso pode levar a problemas de "culpa por associação", entre outros, mas também cria dificuldades para os que podem optar por não responder pela sua preocupação com a privacidade. Além disso, o analista tem uma descrição unilateral, por meio do relato de outros, da posição ocupada por um indivíduo na estrutura social. A esse respeito, há a questão fundamental da diferença existente entre os relatos de um indivíduo acerca de suas próprias atitudes e acerca do comportamento de outros com os quais está envolvido (por exemplo, um laço social). A sutileza dessas questões provocou reações muito variadas nos comitês de ética em pesquisa (Borgatti & Molina, 2003).

A coleta automatizada de dados de conhecimento explícito, com relação a uma supervisão maior dos funcionários, é cada vez mais possível, mas, para o conhecimento tácito, a interpretação inerente aos relatos pessoais é crucial. Uma dificuldade recorrente da pesquisa de redes, portanto, é que normalmente os resultados precisam de interpretações adicionais,[1] muitas vezes baseadas em levantamentos realizados com os participantes. Isso complica ainda mais o âmbito da proteção ao sujeito que compartilha informações (Durland, 2005), porque os comunigramas costumam fazer pouco sentido se não estão definidas as características das pessoas que ocupam certas posições, e porque as informações adicionais proporcionadas para a interpretação podem ser extremamente pessoais.

Isso também levanta questões acerca do consentimento livre e esclarecido dos sujeitos que compartilham informações. Embora a maioria das pessoas esteja ciente das implicações dos testes psicológicos e de inteligência, elas têm pouca familiaridade com o modo como seus relatos individuais podem ser agregados (por exemplo, em comunigramas, limitação, centralização, intermediação) na pesquisa em análise de redes (Borgatti & Molina, 2003). Conforme as pessoas se familiarizam com a análise de redes, elas podem desenvolver estratégias mais sofisticadas para responder aos questionários (Zwijze-Koning & de Jong, 2005). Desse modo, mesmo sendo socialmente isoladas, podem declarar possuir laços com outros indivíduos que são vistos como mais centrais na rede.

Em suma, a combinação dos problemas relacionados com a ética na pesquisa, do impacto notório da abstenção da resposta nos dados da rede e da participação de entrevistados perspicazes, é capaz de comprometer drasticamente a validade dos resultados da análise, limitando sua aplicação a questões políticas e pragmáticas, bem como sua utilidade científica (Borgatti & Molina, 2003).

Questões políticas

Os conceitos de "lacuna de informação" e "pobreza de informação" foram apresentados como importantes questões de ordem política, geralmente no que concerne a seus amplos desdobramentos na sociedade, incluindo os de caráter ético. Na sociedade, muito poucas pessoas utilizam nossa infraestrutura existente de informações (Dervin, 1980; Dervin & Nilan, 1986). Afirma-se que há uma

---

[1] Os resultados das análises de redes são muito parecidos com os testes projetivos em psicologia; normalmente revelam muito sobre o modo de pensar do indivíduo.

diferença crescente no acesso à informação para os distintos segmentos sociais e que, cada vez mais, essa brecha também reflete outras classificações demográficas, como *status* socioeconômico. Esses indivíduos situados à margem da sociedade da informação correm o risco de tornarem-se membros de uma subclasse permanente.

As novas tecnologias criam um ambiente de informação cada vez mais fragmentado e privatizado, em oposição às tecnologias de acesso de um público massivo representadas pela televisão e pelo rádio (Siefert, Gerbner, Fisher, 1989). Recentemente, tem havido forças integradoras compensatórias, com o advento dos sites de redes sociais. No entanto, em vez de promover a igualdade, as novas tecnologias da informação podem servir para aumentar as lacunas entre os membros da organização, que interagem sob interessantes aspectos com a demografia organizacional.

Segundo a hipótese da brecha de conhecimento (Tichenor, Donohue, Olien, 1970), com o tempo essa lacuna aumentará, uma vez que os indivíduos com alto nível de educação serão capazes de assimilar novas informações com mais rapidez que os de baixo nível; ademais, eles mantêm contatos sociais mais relevantes, com quem provavelmente discutirão questões de importância – uma versão inicial dos argumentos de lei de potência e de conexão preferencial. Além disso, a disponibilidade de softwares e tecnologia tende a ser maior para os grupos privilegiados. Inevitavelmente, o acesso diferenciado à informação (e sua compreensão nas distinções clássicas entre tácito e explícito) produz taxas de participação diferentes em qualquer coletividade (Lievrouw, 1994), quer seja uma organização ou a sociedade como um todo. Tradicionalmente, nossas infraestruturas de meios de comunicação de massa produziram campos de informação que atuam como instrutores. Eles são ajustados para fornecer as informações que selecionam, sendo então "consumidos" por sua audiência. As tecnologias da informação possibilitam o envolvimento dos membros da audiência por meio de suas capacidades interativas e a oferta de maiores oportunidades para a realização de buscas de informação (*ibidem*). Um motivo fundamental para se estabelecer a igualdade de oportunidades de acesso é que quanto maior a gama de ideias disponíveis para os indivíduos, maior a probabilidade de que a pluralidade tenderá à ideia "correta", evitando-se, desse modo, processos odiosos de pensamento único no grupo.

Um impedimento importante para a busca de informações por parte de alguns grupos pode ser a falta de habilidades necessárias, algo tão fundamental quanto uma educação deficiente. Claramente, a busca de informações difere de acordo com o nível educacional dos indivíduos. Portanto, é importante não só fornecer acesso à super-rede de informações, como também disponibilizar o treinamento necessário para usá-la. Em vez de considerar tão somente o acesso puro e simples ao conhecimento, talvez seja melhor recorrer à utilização de ferramentas intelectuais divertidas que permitam aos indivíduos compreender um ambiente sobrecarregado de informação (Entman & Wildman, 1992).

Entre nós, sempre houve ludistas que rejeitaram novas tecnologias porque elas eram social e economicamente desvantajosas para eles. Também há muitas pessoas (a respeito das quais normalmente não gostamos de falar) que na verdade não querem saber das coisas, que estão mais interessadas em "vegetar" e se divertir (Fortner, 1995). Embora as corporações enfatizem repetidas vezes a necessidade que elas têm de contar com indivíduos que estejam em constante crescimento e sejam aprendizes permanentes, deve-se reconhecer que alguns preferem um mundo confortável em que eles não precisam mudar ou fazer esforços para se tornar participantes plenos na sociedade da informação.[2]

Estimou-se que apenas 10% dos altos executivos usam as tecnologias da informação a que têm acesso (Fortner, 1995). Alguns estudiosos mais céticos das redes de conhecimento profissionais afirmam que talvez a motivação mais forte para que médicos e advogados se mantenham atualizados é a ameaça sempre presente de um processo por prática negligente (Paisley, 1993). A maioria das outras profissões não tem motivações externas tão contundentes quanto essa para manter seus profissionais bem informados; elas não têm sanções para o "desconhecimento remediável" ou para as ações que dupliquem ou ignorem o conhecimento existente (Paisley, 1980). Essas profissões, com efeito, podem conspirar para dizer que é inútil manter-se atualizado. Elas também têm grande interesse em preservar o conhecimento pessoal exclusivo a sua profissão, garantindo que haja custos elevados de aquisição de informação para os demais membros de seu sacerdócio, o que desencoraja a intermediação. No entanto, o conhecimento secreto nunca foi tão acessível àqueles que nele estão interessados. Grande parte das pessoas que escrevem e refletem sobre tecnologias da informação, bem como a maioria das que as implementam, são "viciadas" em informação, e pouco compreendem (ou tole-

---

2   As redes de conhecimento são predominantemente concebidas como "forças do bem", mas também existem redes obscuras (por exemplo, crime organizado, forças monopolistas, terroristas e outras) (Raab & Milward, 2003). Essas redes prestam mais atenção nas questões relativas a encobrimento e capacidade de sobrevivência, no caso das relações serem removidas, comparando isso com as pressões contrárias necessárias para coordenar e controlar as atividades de seus membros, e adotando, assim, estruturas extremamente localizadas.

ram) esses indivíduos. Alguns apresentam patologias no outro extremo e estão tão preocupados em adquirir informações que elas se tornam um fim em si mesmo, em vez de servir a um propósito organizacional em particular. Esses indivíduos, que muitas vezes são profissionais da informação, tendem a sobrecarregar os sistemas que desenvolvem, fornecendo aos usuários informações e opções em excesso. Eles são incapazes de fazer a distinção entre o que as pessoas "precisam saber" e o que seria "bom que elas soubessem se tivessem tempo ilimitado" (Paisley, 1993).

Ainda mais inquietante que a lacuna de informação é a "brecha de entendimento" que está surgindo entre os indivíduos que têm acesso a uma rica gama de fontes diversas e recursos necessários para consolidar informações. "[...] as ideias ruins se espalham mais rápido entre os informados que entre os desinformados" (March, 1994, p. 246). Nossas elites, tanto por meio de suas instituições quanto pelos seus integrantes, estão formando uma visão de mundo consideravelmente distinta daquela de outros membros de nossa sociedade, em parte pelos níveis diferenciados de capacidades e habilidades que dispõem no acesso às redes de conhecimento. Até mesmo entre as elites, a constante seleção pessoal de fontes de informação está produzindo visões de mundo diferentes. A revolução da informação está contribuindo para acelerar a fragmentação de nossa cultura (Fortner, 1995).

Cada vez mais, há processos organizacionais correspondentes a essas tendências sociais. Muitas empresas não têm os recursos necessários para manter elaboradas infraestruturas internas de informação, por elas serem um tanto caras. Surgiram diversos programas governamentais para auxiliá-las a atender suas necessidades de informação, sobretudo aos pequenos negócios. As empresas maiores, com recursos suficientes, estão encontrando vantagens competitivas na brecha crescente que se forma entre elas e as demais organizações (por exemplo, WalMart). Em uma visão orientada aos recursos, as empresas visam usar tais disparidades para obter mais vantagens competitivas. Isso levou a muitas considerações de que os indivíduos e as empresas com recursos e acesso perpetuarão (ou até aumentarão) as brechas de informação para preservar ou incrementar seu poder e suas vantagens econômicas.

Até recentemente, a maior parte das atividades de processamento de informações nas organizações se destinava a automatizar tarefas; hoje, cada vez mais, os computadores estão sendo usados para aumentar as capacidades humanas informatizando o trabalho; e a onda do futuro pode residir na reestruturação de tarefas de modo que elas possam ser assim transformadas (Cash *et al.*, 1994). Por exemplo, a próxima geração de computadores poderá rapidamente ultrapassar a capacidade humana de simular modelos complexos – incluindo muito mais variáveis que nós somos capazes de considerar e visualizar – e produzir cenários com vários níveis de plausibilidade para os decisores humanos tomarem suas decisões. Cada vez mais, a busca e a interpretação de informações serão delegadas a softwares inteligentes (Maes, 1995). Esses softwares, no entanto, não serão capazes de tomar decisões éticas e políticas acerca do papel do ser humano e de questões mais gerais com que se deparam as sociedades. Hoje, é incontestável que os sistemas de decisão e de informação computadorizada se sobressaem em tarefas programadas que lidam com o conhecimento explícito. No entanto, eles não têm um bom desempenho, e podem até ser perigosos, quando se trata de realizar tarefas tácitas que são ambíguas, que necessitam de criatividade e discernimento (Keen & Morton, 1978). Portanto, a busca incansável por eficiência, em parte provocada pelas tendências econômicas globais, pode confrontar diretamente as necessidades humanas de mais participação e democratização que o livre acesso à informação encoraja (Cheney, 1995).

Direções futuras para a pesquisa em redes de conhecimento

O estudo do conhecimento, como ele é gerenciado e como flui nas redes, é inerentemente interdisciplinar, englobando portanto uma série de áreas importantes – difusão de inovações, tecnologias da informação, cognição, ciências da informação, gestão, comunicação organizacional, sistemas colaborativos, e assim por diante. Ele também tem importantes implicações para o aprendizado organizacional, uma vez que está diretamente relacionado a três dos quatro componentes que normalmente se reconhece nele: a aquisição, a disseminação, a interpretação compartilhada e a construção[3] da memória organizacional (Tippins & Sohi, 2003).

No entanto, uma vez que as pesquisas ligadas a redes de conhecimento estão avançando em inúmeras áreas, é difícil acumular descobertas e assegurar um progresso acadêmico metódico (Argote, McEvily, Reagans, 2003). Também há uma preponderância de trabalhos conceituais sobre os empíricos (*ibidem*), em parte pelos difíceis problemas de ordem metodológica que discutimos no capítulo "Análise de redes". Nesta seção, trataremos de quatro questões metateóricas concernentes à estrutura: o contexto, a natureza das relações, os vínculos entre níveis profundos e superficiais de estrutura, e as visões planejadas *versus* emergentes da estrutura. Essas questões constituíram temas recorrentes em todo o livro e apon-

---

3   Esse componente pode estar associado a algumas visões de memória transativa em grupos.

tam para alguns importantes problemas sem solução que devem guiar as investigações futuras sobre as redes de conhecimento.

Contexto e ação individual

Ainda que o contexto seja parte integrante da definição de conhecimento – sendo muitas vezes essencial para a construção do conhecimento tácito –, sua relação com outras concepções é limitada pela carência de estudos significativos a respeito (Johnson, 2003). Exploramos isso em mais detalhes no capítulo "Contexto"; aqui, contrastaremos duas formas diferentes de conceitualizar contexto, campo e percurso, que têm implicações diretas para as redes de conhecimento (Johnson et al., 2006). A noção de campo, desde o início, tem sido fundamental para as abordagens sociométricas (Scott, 2000), embora seja difícil expressá-la em termos da rede de conhecimento. O conceito de percurso tem relação mais direta com a teoria de grafos, conforme discutimos no quadro 10.1. Os campos descrevem mais precisamente as redes radiais imediatas que caracterizam os laços fortes e diretos de um indivíduo. Para além desses laços, no entanto, estão as noções de mundo pequeno, de como posso me vincular a alguém que tem algo que eu quero (por exemplo, informação, conhecimento). Isso nos leva aos conceitos de percurso, acessibilidade, tamanho da zona, e assim por diante.

O campo de informação de um indivíduo fornece o contexto mais estático para as redes de conhecimento. Contém recursos, limitações e portadores de informação. A natureza do campo de informação estável de um indivíduo pode definir sua busca mais ativa por informações, uma vez que fornece um ponto de partida para a procura. As pessoas estão inseridas em campos de informação que determinam seu nível de consciência e conhecimento acerca de determinados assuntos. A natureza deles também determina a probabilidade de que um indivíduo seja exposto a mensagens capazes de desencadear o ensejo de buscar mais informações ou de mudar seu comportamento de alguma maneira. A presença de laços fracos pode expô-lo a informações que o levem ao menos a considerar a possibilidade de mudança, o que contribuiria para expandir seu campo de informação. Além disso, os canais mediados a que os indivíduos são constantemente expostos por meio de terminais de informação podem conter mensagens relativas a uma campanha de comunicação que os conduza a buscar mais conhecimento.

Os indivíduos podem realizar sua busca por conhecimento negociando percursos em uma matriz de informação formada por canais, fontes e mensagens. Esse conceito do contexto da rede de conhecimento é muito diferente daquele de campo. É mais dinâmico e ativo, enfocando ações individuais em sequências de respostas encontradas no decorrer do tempo (Emirbayer & Mische, 1998).[4] Também salienta a especificidade do tempo ou a extensão em que a informação perde valor se não for usada assim que se tornar disponível (Christiaanse & Venkatraman, 2002). As empresas empreendem buscas sequenciais, interrompendo a procura quando sentem que têm informações suficientes. Esse movimento ao longo do tempo pode implicar na mudança de contexto (ou entorno), em decorrência da escolha individual e como uma resposta ao que o buscador descobriu. Nesse contexto, a ação individual é mais significativa. No entanto, os indivíduos podem, com o tempo, vir a ter percursos e/ou planos habituais para negociar essa matriz (Taylor, 1968). Um percurso, portanto, é uma rota que alguém segue à procura de respostas a perguntas na matriz de busca de informações.

As concepções de campo e percurso encerram diferentes relações entre os atores e seus ambientes de informação, e, portanto, condensam distintas visões da relação entre as ações individuais e os contextos. Os campos estão associados às clássicas abordagens causais da ação humana, ao passo que os percursos refletem noções mais modernas de narrativa (Sharf & Vanderford, 2003) e uma busca por padrões típicos (Abbott, 1990).[5] Em muitos aspectos, as comparações entre campo e percurso são fundamentalmente sobre a diferença entre ações sequenciais e independentes e conjuntos de variáveis mais deterministas. Para os percursos, é necessário uma abordagem mais narrativa, de processo, que se afaste da perspectiva metodológica longitudinal e transversal padrão (Poole *et al.*, 2000). Os modelos de laços fracos e mundo pequeno oferecem grande expectativa de recuperar as especificidades, os percursos pelos quais o conhecimento é difundido nas organizações e as fontes a que um indivíduo é exposto.

Os percursos requerem estudos longitudinais e técnicas analíticas específicas que estão se desenvolvendo apenas lentamente nas ciências sociais. Os resultados, sobretudo nos pontos mais distantes da jornada de um indivíduo, podem ser extremamente específicos, definidos por acontecimentos bastante singulares. Os campos, uma abordagem mais convencional com métodos e técnicas analíticas um tanto estáticos,[6] costumam ser o ponto de partida para essas jornadas, forne-

---

4 É também uma visão mais difícil de ser captada sequencialmente nos modelos tradicionais de comunigramas.
5 De modo similar, esses conceitos representam, em alguns aspectos, a distinção entre as abordagens "objetivadas" e "interpretativas" de contexto (Talja, Keso, Pietilainen, 1999).
6 Não tão coincidentemente, mais e mais pesquisas de redes são determinadas por um foco na rede radial imediata de laços diretos de um indivíduo (Burt, 2007).

cendo um conjunto de condições iniciais, normalmente determinadas por acessibilidade, que definem a probabilidade de sucesso de um indivíduo – seriam os pontos de partida para os caminhos que um indivíduo poderia tomar. Em alguns aspectos, essas duas perspectivas podem ser comparadas à clássica relação entre estratégia e tática: a primeira determina uma abordagem geral e um objetivo final, e a segunda, ações específicas que resultam no alcance de metas ou objetivos. Basicamente, o domínio sobre a vida depende de que ambas as abordagens operem em conjunto.

Essas abordagens contemporâneas também chamam nossa atenção para o papel ativo que os indivíduos exercem ao contextualizar seus ambientes. Vários observadores fizeram comentários incisivos a respeito da falta de um foco significativo sobre o contexto nos estudos de comunicação (por exemplo, Dervin, 1997) e pesquisas organizacionais (Baker & Cullen, 1993; Cappelli & Sherer, 1991; Porter, 1996). Quando há uma necessidade tão óbvia, e ainda assim pouco se faz, é porque deve haver fortes pressões contrárias para que se preserve o *status quo*. Essa necessidade é especialmente crítica para as redes de conhecimento, pois o contexto em que o conhecimento está inserido muitas vezes determina sua usabilidade, a possibilidade de ser descoberto, e a probabilidade de que seja transferido (Postrel, 2002). A maioria dos pesquisadores fica presa a uma realidade tomada por certa, em que o contexto se torna um conjunto de pressupostos iniciais ou condições limitantes em sua área de investigação. Somos os peixes de McLuhan, que não reconhecem a presença fundamental da água, nem percebem que outras possibilidades podem existir fora desse meio. Assim, o contexto passa ser concebido como restrições e limitações à ação individual (Valsiner & Leung, 1994), e não como propiciador delas.

Esse problema é reforçado pela natureza habitual e imutável de muitos ambientes, ao menos em intervalos de tempo curtos considerados em estudos transversais, o que leva a uma falta de interesse neles ou à dificuldade de percebê-los (Thorngate, 1995). Para muitos pesquisadores, sobretudo aqueles que enfocam intervalos de tempo restritos, pode fazer sentido ignorar os efeitos do contexto. Não é por acaso que os pesquisadores mais interessados em contextos são aqueles que se deparam com ambientes em constante mudança (por exemplo, psicólogos desenvolvimentistas), um fator que, em nosso mundo muitas vezes tumultuoso, tem renovado o interesse pelo seu estudo nas organizações. Assim, a maioria dos estudiosos de organizações que analisam contextos enfocam os processos de mudança organizacional ou de inovação (por exemplo, Bartunek & Franzak, 1988).

Além disso, o contexto também pode interagir com o tempo, e distintos níveis de entorno atuam em períodos diferentes. Desse modo, a longo prazo a cultura pode ser determinante para o sucesso das organizações, enquanto a curto prazo as estruturas é que seriam cruciais (Ranson, Hinings, Greenwood, 1980).

Há também o problema dos níveis de análise (Rousseau, 1985). Com efeito, para fenômenos de nível inferior (por exemplo, a comunicação diádica), é preciso estudar os contextos do contexto. Pela hierarquia implícita dos efeitos em muitas dessas abordagens, fenômenos de nível inferior são subordinados aos de ordem superior (Rickert, 1994; Rousseau, 1985). Muitos efeitos do contexto em situações de comunicação são reflexos de tendências sociais e/ou organizacionais mais abrangentes (Gresov & Stephens, 1993).[7] Entornos específicos de níveis inferiores podem ser determinados por contextos sociais, históricos ou econômicos mais amplos (Thorngate, 1995), mas essa visão também pode defraudar as características emergentes representadas em fenômenos que vão do particular ao geral.

Os diferentes critérios existentes para identificar e explicar os objetos de estudo significativos também dificultam os estudos transversais. Por exemplo, os pesquisadores de análise de redes introduzem a simplicidade no nível diádico – o que é no mínimo inquietante para os estudiosos do discurso, da interação social e interpessoal – para enfocar a complexidade na ordem do sistema social (Burt & Schott, 1985). De modo similar, os estudos transversais prosseguem com tal nível de abstração e são tão gerais que simplesmente deixam de ter valor (Schon & Rein, 1994), ecoando a clássica distinção entre o ético e o êmico nos estudos interculturais (Pike, 1966).

Em sistemas sociais complexos, o contexto de todos é um tanto único, considerando-se a aparição de diferenças individuais atribuíveis a variáveis particulares locais (Richards, 1993). O conceito de campo tem longa tradição nas ciências sociais, que remonta ao trabalho pioneiro de Lewin (Scott, 2000), com variações recentes interessantes, como a abordagem de horizontes de informação, proposta por Sonnenwald, Wildemuth e Harmon (2001), áreas de informação (Fisher, Durrance, Hinton, 2004) e mundo pequeno (Huotari & Chatman, 2001). Esses contextos comuns são importantes para transferir conhecimento em nossas organizações cada vez mais virtuais. Desse modo, a ação e as escolhas individuais podem ser determinadas pelo entorno, mas a diversidade de contextos existentes

---

[7] Por exemplo, a análise de Barley e Kunda (1992) acerca do impacto das ideologias sociais normativas sobre o discurso gerencial no decorrer de um século e meio.

torna difícil enxergar isso. Os indivíduos também podem escolher contextos que correspondam melhor a suas características, que podem ajudar no surgimento das ligações (discutidas no capítulo "Análise de redes"), obscurecendo ainda mais seu impacto (Kindermann & Valsiner, 1995a e b).

Em suma, portanto, os indivíduos estão inseridos em um "campo heurístico" que engloba seu conhecimento tácito (Polanyi, 1974) e define o contexto de sua rede de conhecimento. A natureza desse campo determina sua exposição a informações que desencadeiam o ensejo de buscar mais conhecimento. Por exemplo, os laços fracos podem expor um indivíduo a informações que indicam que mudanças devem ser exploradas, o que o leva a expandir seu campo. Além disso, os canais mediados nos terminais de informação podem conter informações que levem as pessoas a buscar outras, ou a expandir seu campo explorando novos percursos para obter informações relativas a possíveis ameaças a elas ou à organização de que são parte.

Relações

Na análise de redes, tem havido um interesse crescente acerca da natureza das relações. Esses estudos tendem a abordar as relações em um sentido binário: ou elas existem ou não existem (Johnson, 1989). Claramente, no entanto, há gradações na intensidade das relações e, o que é ainda mais interessante, há várias possibilidades de uma relação ocorrer ou não. A análise de redes tende a enfocar um senso mais estrito de relações, envolvendo vínculos diretos entre entidades humanas. No entanto, as relações que não ocorrem (por exemplo, a ausência de comunicação entre duas unidades de trabalho inter-relacionadas) podem ser quase tão importantes quanto as que acontecem (Knoke & Kuklinski, 1982), sobretudo no contexto das restrições e suas implicações para a partilha de conhecimento. Fundamentalmente, os ativos de conhecimento residem nas relações e são afetados quando elas estão danificadas (Introcaso, 2005). Examinar as relações ausentes pode ser mais frutífero para identificar os fatores que definem as estruturas do que analisar as existentes.

Os conceitos de gradiente e equivalência estrutural nos levam a uma reflexão mais ampla sobre as relações, pois revelam um mundo mais probabilístico de forças e campos, que discutimos na seção anterior, em que as localizações podem ser entidades ou indivíduos. Os gradientes podem ser concebidos como intensidades relativas que estão unidas espacialmente. Assim, considerar uma ampla gama de abordagens também nos leva a expandir nossa noção de relação – um tópico interessante para futuras investigações teóricas.

Conforme observamos no capítulo anterior, há nos estudos de processos decisórios uma grande vertente que enfatiza uma visão mais irracional do comportamento humano. Durante as últimas décadas, também predominou na comunicação organizacional uma concepção mais subjetiva, pós-moderna, das organizações. Um problema correlato ao desenvolvimento de análise de redes na comunicação é a riqueza de suas definições de relação (Susskind *et al.*, 2005).[8] A ênfase no conhecimento tácito só aumenta a necessidade de conceitos mais ricos. Conforme apresentamos nos capítulos "Formas de conhecimento" e "Análise de redes", a distinção entre conhecimento tácito e explícito é fundamental para as redes de conhecimento. Classicamente, no entanto, os métodos das redes centraram-se em operacionalizações simplistas de conteúdo aparente e frequências. Mas, quando passamos às redes de conhecimento, ao reconhecer a importância do discurso e da construção social, esses movimentos oscilantes que se aproximam e se afastam da racionalidade se tornam ainda mais importantes.

Em alguns aspectos, o ato de focar o conhecimento tácito é, em si mesmo, um reconhecimento da natureza subjetiva e peculiar da experiência pessoal. Entretanto, ao relevar as ferramentas tecnológicas disponíveis para a realização de buscas de informação modernas e as tecnologias associadas à gestão do conhecimento, reintroduz-se o lógico e o racional, já que esses sistemas normalmente requerem abordagens muito lógicas (por exemplo, buscas por palavras-chave) por parte dos usuários (Corman, 2005). A informação como produto, uma *commodity*, pode ser a única acepção que faz sentido para os sistemas de informação (Buckland, 1991). De fato, esses sistemas são muitas vezes mecanicistas, uma abordagem teórica das organizações que claramente ficou obsoleta. Conforme afirmou Drucker (1974), embora a informação possa ser inerentemente racional, a percepção e sua interpretação pelo sujeito são subjetivas.

Um ponto essencial para as pesquisas estruturais é o vínculo entre função e forma, entre os níveis mais profundos e superficiais da estrutura. Como um tipo de conhecimento determina outro? Pouco se compreende acerca da natureza desses vínculos e suas consequências para a organização (Nonaka, 1991). Essas questões requerem uma abordagem muito mais rica da multiplexidade. Na maioria

---

8   Recentemente, houve algumas tentativas promissoras de associar as redes de conhecimento e as estruturas formais com processos discursivos mais particulares (Gibson, 2005).

das redes, o agrupamento de relações apresenta-se como um problema empírico importante, e pode ser uma nova forma de tratar a multiplexidade (Newman, Barabasi, Watts, 2006), sobretudo quando está ligado a combinações complexas de redes de conhecimento tácito e explicito, detalhadas no capítulo "Análise de redes". Como captamos essa riqueza é uma questão metodológica fundamental.

A organização sem fronteiras

Estabelecer fronteiras em torno das redes de conhecimento tem sido um problema constante, incluindo dificuldades como tentar identificar a "escola" de pesquisadores em determinadas áreas praticamente sem as fronteiras convencionais das organizações. Cada vez mais, as redes de conhecimento também configuram um fenômeno destituído de fronteiras, sobretudo com o advento das organizações virtuais (DeSanctis & Monge, 1999). Os profissionais buscam respostas as suas perguntas onde elas estiverem disponíveis mais facilmente, seja dentro ou fora da organização. A existência de sofisticados agentes de busca e corretores só aceleram essa tendência. Portanto, será cada vez mais difícil definir o domínio limitado de qualquer organização ou profissão, assim como o contexto da rede de conhecimento. De fato, a criação de vínculos entre os profissionais do conhecimento podem encorajar ainda mais a realização de alianças entre as empresas (Corman, 2005). As organizações formam consórcios para os quais o objetivo é a disseminação de informações e a geração e síntese de conhecimento. Ao estabelecer consórcios, as organizações normalmente se associam a grupos de investigação e profissionais importantes das universidades. Portanto, um ponto de partida mais moderno para estabelecer fronteiras talvez seja examinar as comunidades de conhecimento tácito. A Toyota lida com essa questão estimulando o aprendizado na rede de fornecedores. Assim, as organizações aprendem colaborando com outras que compartilham um propósito comum, e não só observando e importando conhecimento; esta se torna, então, a unidade ou nível de análise mais apropriado (Dyer & Nobeoka, 2000).

Visões planejadas *versus* emergentes

O quarto problema metateórico consiste em saber se as estruturas, tais como as redes de conhecimento, devem ser pensadas como planejadas ou emergentes. As redes de conhecimento podem ser vistas como ilhas de intensa atividade, circundadas (assim se espera) por um mar de desconhecimento planejado. Cada vez mais, as abordagens mercadológicas podem nos levar a renunciar ao determinismo inerente às conceitualizações de estrutura.[9] Isto é, as estruturas podem ser uma expressão das necessidades individuais, e enquanto elas forem previsíveis e temporariamente estáveis, o nível de ação continuará sendo o individual. É, pois, a atividade conjunta dos atores organizacionais no decorrer do tempo que revela a estrutura. Uma maior compreensão das características das redes de conhecimento emergentes pode ajudar a planejar os sistemas de informação, uma vez que os analistas estruturais tendem a ignorar as necessidades humanas (Solomon, 2002). Esses analistas podem atuar como arquitetos paisagistas, colocando calçadas onde naturalmente surgem trilhas.

Gerenciando redes de conhecimento

> Francamente, quanto mais gestão, menos conhecimento há para "gerenciar". E quanto mais o "conhecimento" importa, menos espaço há para que a gestão faça diferença.
> (Alvesson & Karreman, 2001, p. 996)

Em alguns aspectos, as visões tradicionais da gestão, que enfatizam a construção de conhecimento explícito – antecipando, documentando e controlando problemas –,[10] são antagônicas ao desenvolvimento de redes de conhecimento nas organizações, fomentando assim uma visão de que os gestores gerenciam melhor deixando as coisas acontecerem. No entanto, um componente fundamental de toda definição de conhecimento é que ele fornece uma base para a ação, e é justamente na ação que reside a liderança. Conforme exploramos em mais detalhes nesta seção, talvez o papel fundamental da gestão seja confrontar atentamente os muitos paradoxos e dilemas existentes em torno das redes de conhecimento, para garantir que se alcance um equilíbrio entre mudança e estabilidade, entre o conhecido e o desconhecido.

---

9   Por outro lado, os estudos de rede, em geral, têm a tendência infeliz de ignorar a hierarquia formal, e raramente reportam um organograma para que possamos compará-la a redes formadas com base em outros tipos de relação (Grandori & Kogut, 2002).

10 Assim como os gestores excessivamente centralizadores, que tendem a não delegar decisões e responsabilidades e, desse modo, não permitem que seus funcionários aprendam com o fracasso e a experimentação.

Paradoxos

> O conhecimento que uma empresa retém, ela não pode usar. E o que ela utiliza, não pode reter.
> (Brown & Duguid, 2002, p. 150)

Conforme vimos repetidas vezes, há uma série de paradoxos nas redes de conhecimento. Por exemplo, Hansen e Hass (2001) encontraram um interessante nos mercados de conhecimento: quanto menos informações um indivíduo fornecia, mais eram usadas, pois ele construíra uma reputação positiva pelo seu foco e qualidade. Tais paradoxos revelam atributos contraditórios e/ou inconsistentes, afirmações que parecem absurdas, mas que de fato podem ser verdadeiras. Eles nos estimulam a uma reflexão mais profunda, que somada à disposição de encontrar soluções, pode conduzir ao desenvolvimento de modelos teóricos. Os paradoxos também mostram a necessidade da intervenção gerencial nas redes de conhecimento.

Poole e Van de Ven (1989) propuseram quatro formas de trabalhar os paradoxos que são instrutivas para o futuro desenvolvimento da teoria nas redes de conhecimento. Em primeiro lugar, aceitamos o paradoxo e o usamos de modo construtivo, o que pode ser a melhor abordagem para os dilemas que apresentaremos na próxima seção. Desse modo, especialistas perspicazes contratarão consultores para dizer à organização o que ela já sabe, pois percebem que as informações externas serão mais valorizadas (Menon & Pfeffer, 2003). Em segundo lugar, identificamos diferentes níveis de análise que podem servir para resolver o paradoxo. Assim, por exemplo, a construção de conhecimento tácito promove uma profissão e resolve um conflito, o que traz mais conflito e dificulta o progresso no nível da organização como um todo, onde muitos profissionais competem para solucionar os problemas. Em terceiro lugar, examinar a dinâmica temporal por trás desses processos também é uma forma de resolver certas questões. É possível que circunstancialmente um nível maior de diferenciação seja inerente ao crescimento organizacional, que posteriormente seria compensado com o desenvolvimento de mecanismos adequados de integração. Por fim, novas relações, como os corretores de buracos estruturais, podem incorporar ambas as dimensões do paradoxo, com os buracos estruturais representando processos implícitos de diferenciação e os corretores figurando como mecanismos de integração.

Dilemas

Enquanto os paradoxos revelam elementos aparentemente contraditórios das redes de conhecimento, os dilemas costumam mostrar a presença de forças contrastantes que podem representar extremidades opostas e ortogonais de um *continuum*. Geralmente é muito difícil ser forçado a escolher entre alternativas desagradáveis, enfadonhas e desfavoráveis, mas o que importa é que os gestores estejam cientes delas e se dêem conta de seus custos e benefícios, visto que muitas vezes há consequências não previstas quando se escolhe uma em detrimento de outra. Assim, por exemplo, enquanto os gestores estruturam uma organização para potenciar uma questão estratégica (por exemplo, clientes, produtos, especialidades funcionais), eles devem, por meio de suas próprias ações, tentar amenizar os efeitos de seus projetos estruturais sobre outros valores organizacionais importantes. Portanto, nessa visão, o papel central do gestor passa a ser o de absorver a incerteza em nome do restante da organização. Às vezes, como nos conceitos de *yin/yang* das religiões orientais, talvez seja melhor aceitar a existência de uma moeda de duas faces e apreciar a interação entre os dois lados (Gupta, Smith, Shalley, 2006), em vez de privilegiar um em detrimento de outro. Destacamos vários desses dilemas no decorrer deste trabalho. Aqui, enfocaremos quatro deles, que por vezes apresentam-se inter-relacionados: a necessidade de equilibrar cooperação e competição, o foco de atenção, a gestão da incerteza e o esquecimento.

Primeiro, deve-se alcançar um equilíbrio entre cooperação e competição, mais notadamente ao compartilhar informações que são de interesse coletivo, apesar das motivações individuais para ocultá-las (Kalman *et al.*, 2002). Quanto mais esforços são dedicados à especialização, o que implica que uns se beneficiam do trabalho de outros, mais relutantes estarão alguns em abrir mão do que sabem, sobretudo para aqueles vistos como caronas.[11] Alguns afirmaram que a melhor motivação para o compartilhamento de conhecimento é um senso de coletivismo e reciprocidade (Hew & Hara, 2007).[12] Mas o quanto você dá e o tanto que recebe pode ser o principal problema a ser resolvido nos consórcios, e empresas como a Toyota perceberam a vantagem competitiva primordial de solucionar esse dilema criando capacidades de aprendizado dinâmicas, tornando-se mais ágeis que seus

---

11 Isso pode ser um pouco similar à compreensão, a que se chegou recentemente, de que os paradigmas nas ciências não mudam de fato até que o grupo dominante envelheça e saia de cena.
12 Os indivíduos também relutam em compartilhar informações com aqueles que, segundo acreditam, são incapazes de entendê-las (Hew & Hara, 2007).

concorrentes para aprender e assimilar o conhecimento em práticas rotineiras (Dyer & Nobeoka, 2000).

Os gestores precisam de conhecimento tácito e de uma compreensão profunda para realizar uma mudança fundamental, mas esse conhecimento se apoia em estruturas de comunicação existentes e em várias forças inerciais. As redes de conhecimento podem resultar em coalizões e disputas de poder (que, com frequência, são um subproduto do conhecimento tácito) e no surgimento de tabus e sacerdócios. Um resultado social decisivo da construção de redes de conhecimento é o conhecimento tácito; no entanto, ele pode levar a problemas de controle combativo, redundando em conformidade e influência. Embora precisemos do apoio de outros, eles também limitam nossas ações.

Segundo, os gestores devem focar a atenção dos funcionários nas questões mais importantes, algo que normalmente fazem ao estabelecer prioridades. Muitos estudiosos comentaram que o recurso escasso nas organizações é a atenção, e não a informação (por exemplo, Hansen & Hass, 2001; Pirolli & Card, 1999; Simon, 1987; Van de Ven, 1986); fundamentalmente, devemos aceitar os limites humanos atinentes ao processamento de informações. Algumas pessoas chegam a um ponto de saturação; elas não podem gastar mais tempo algum comunicando-se (Fortner, 1995). Mas sempre há uma demanda para fazer mais, para reconhecer as principais ameaças no ambiente, por exemplo, contextualizando ativamente ou expandindo nossa noosfera. Embora seja possível produzir com eficiência uma quantidade crescente de informações, há um aumento concomitante nos custos de consumi-las – por exemplo, interpretá-las e analisá-las (More, 1990). As empresas, cada vez mais, serão organizadas como um conjunto de especialistas em conhecimento e profissionais reagindo a um tema comum, assumindo muitas das características de funcionamento de uma orquestra sinfônica (Drucker, 1988). Em uma orquestra, deve haver um fio condutor para que não haja dissonância no empenho individual de cada um de seus integrantes. Alguma melodia simplificadora é requerida para que os músicos possam realizar suas performances solo, das quais depende todo o espetáculo. Outra variante dessa abordagem é a identificação de alguns fatores cruciais de sucesso (por exemplo, ordens) que possam ser quantificados e amplamente compartilhados (McKinnon & Bruns, 1992).

Terceiro, os analistas estruturais, tradicionalmente, estiveram interessados em reduzir a incerteza, mas visões mais modernas afirmam que, em um mundo cada vez mais turbulento, a verdadeira questão está em gerenciá-la. O grande objetivo da racionalidade talvez seja desenvolver um senso de coerência que satisfaça suficientemente, e não idealmente, as necessidades que se apresentam (Bates, 2005; Pirolli & Card, 1999). Muitos propalaram que a maioria das pessoas não quer ter muitas opções, em parte porque nossos limites cognitivos para processar informações são restritos (Schwartz, 2004). De modo similar, as pessoas podem buscar informações não para adquirir novos conhecimentos, mas para validar, legitimar e reformular os que já têm (Cross, Rice, Parker, 2001).

Considerando-se os problemas convencionais com que os atores se deparam para obter certezas relacionadas ao desempenho de seus papéis, é talvez compreensível que eles tenham dificuldade em reintroduzir a incontingência em suas vidas. Isso foi chamado de "a maldição do conhecimento", que reflete a dificuldade que as pessoas têm para abandonar conhecimentos prévios (Carlile, 2004). Muitas vezes, quando são confrontados com situações de crise, a incapacidade dos indivíduos de adotar reações apropriadas e criativas está ligada a uma indisposição para "abrir mão das ferramentas existentes" (Weick, 1996) e abandonar as competências possuídas (Leonard, 2006; Rosenkopf & Nerkar, 2001). A negação do conhecimento é, de fato, um importante processo organizacional; permite desconsiderar ideias que se mostraram inválidas e reconhecer outras que ainda não estão desenvolvidas o suficiente para contrariar a sabedoria organizacional convencional, e é um modo de lidar com a sobrecarga de informações (Zaltman, 1994). Essa tendência também revela a necessidade de reintroduzir a simplicidade e pensar cuidadosamente sobre que informação deve ser excluída do processamento na organização.

Por fim, embora uma organização deva manter sua essência (seu DNA), o modo como ela trata de esquecer o que sabe é uma questão fundamental (Argote, 1999; Argote & Epple, 1990; Govindarajan & Trimble, 2005). Os gestores devem ser tão cuidadosos ao decidir quais informações descartar e ignorar quanto ao escolher quais eles têm que adquirir, outro aspecto da relação entre objeto e contexto, crucial à investigação contextual. O lado obscuro da tendência de reduzir a incerteza é que, uma vez obtidas as respostas e tomada a decisão, pode ocorrer um bloqueio a qualquer busca posterior de informações (Smithson, 1989). Por quanto tempo devemos nos ater a uma resposta que nos custou tanto esforço para conseguir? Essas questões ficam ainda mais complicadas pela sobreposição que pode haver entre conhecimento e identificação organizacional, quando ele se tornou a fonte de identidade para os funcionários e descartá-lo passa a significar desfazer-se do que eles acreditavam que a empresa fosse, o que contribui para manter a inércia estratégica (Nag, Corley, Gioia, 2007). Conforme vimos, muitas vezes surgem consequências desastrosas de situações em que as ideias do grupo foram inadvertidamente aceitas como verdadeiras, tendo desencorajado até mesmo a possibilidade de se buscar informações discordantes.

Na literatura há uma percepção implícita de progresso, mas o conhecimento encontrado nem sempre é retido, conforme demonstra o quadro 2.2, sobre Stradivari. O conhecimento dos trabalhadores frequentemente se perde quando eles se aposentam ou saem da empresa, uma das razões pelas quais se aposta nos sistemas especialistas como um meio de preservá-lo. De modo similar, quando as organizações sucumbem diante das forças da destruição criativa que Schumpeter anunciou, sua sabedoria coletiva e social também pode desaparecer, sobretudo se forem instituições privadas, desperdiçando-se um grande nível de conhecimento tácito (Hoetker & Agarwal, 2007). Vários processos sociais também podem levar as pessoas a evitar o conhecimento de empresas falidas, pois ele está manchado pelo seu próprio fracasso. As organizações têm de se debater constantemente entre explorar novas possibilidades ou utilizar velhas certezas (March, 1991), o que muitas vezes está associado ao ato de esquecer e ignorar, conforme discutimos no capítulo "Criatividade e inovação".

Uma palavra final

Como conclusão, organizaremos nossa discussão em torno do conteúdo apresentado na tabela 14.1. As células nessa tabela são classificadas por nível de desconhecimento (consciência das coisas conhecidas pelos outros na organização) e custos ou benefícios proporcionados aos membros e à organização como um todo pelo desconhecimento. Tipicamente, os estudos e as teorias discorreram sobre o conteúdo das células 2 e 3, em detrimento do das células 1 e 4. É analisando estas últimas, entretanto, que podemos entender melhor a persistência do desconhecimento e, reciprocamente, o papel das redes de conhecimento que dele resulta. Basicamente, o paradoxo final talvez seja o de que só conseguimos chegar a níveis mais profundos de conhecimento se promovermos ativamente o desconhecimento; é preciso reconhecer que há uma enorme quantidade de desconhecimento nas organizações, e que ninguém pode ficar sabendo o que está sendo maximizado na organização como um todo.

TABELA 14.1 – CUSTOS E BENEFÍCIOS DE DIFERENTES NÍVEIS DE DESCONHECIMENTO

Nível de desconhecimento	Benefícios	Custos
Alto	(1) Conforto da negação Controle facilitado Menor redundância Maior eficiência Mediadores de buracos estruturais têm muitas recompensas Manipulação facilitada Menor custo de processamento da informação Preservação dos estados inerciais	(2) Problemas não são confrontados Falta de coordenação Redes fragmentadas Menor integração Maior anomia entre buracos estruturais Oportunidades perdidas Predomínio de conhecimento explícito
Baixo	(3) Maior probabilidade de enfrentar problemas Maior coordenação Níveis elevados de conhecimento tácito Maior integração Oportunidades aproveitadas	(4) Contenção Mais conflito Maior dificuldade de controle Custos mais altos de processamento de informações Especialização reduzida

A célula 2 (o pior cenário, com alto nível de desconhecimento e custos elevados) é o modelo ao qual a célula 3 é normalmente comparada. Nessa situação, a empresa não confronta problemas e, consequentemente, não os corrige oportunamente. Também não aproveita as oportunidades que podem resultar da resolução bem-sucedida de problemas. Como no caso da clássica organização segmentada discutida anteriormente, há uma falta geral de coordenação e de esforços integradores para a consecução de objetivos organizacionais comuns. Desse modo, temos uma rede extremamente fragmentada, com muitos buracos estruturais. Em consequência, na melhor das hipóteses, há grande perda de energia; na pior delas, os membros desse tipo de organização trabalham com propósitos conflitantes.

As pessoas não investem o suficiente na busca de informações (Bates, 2005), porque descobrir mais pode implicar uma necessidade de mudança, ou – o que talvez seja ainda mais perigoso – elas não acreditam na sua capacidade de interpretar e reagir corretamente às informações com que se depararem. Normalmente, tendo em vista a atitude da cultura ocidental para com o conhecimento e o progresso, o desconhecimento é visto como algo que precisa ser superado. Um corolário crucial desse pressuposto é que adquirir informação inevitavelmente ajuda (Case, 2007). Também tomamos por certo que as pessoas interpretam e aplicam corretamente as informações que adquirem; no entanto, Hersh e seus colegas (2000 e 2002) verificaram que um percentual desconcertante de profissionais de saúde não interpretou corretamente as informações médicas obtidas de sistemas de informação de saúde, e – o que é ainda pior – em algumas ocasiões a busca efetuada os levou a substituir informações corretas por informações incorretas. Essa pesquisa, portanto, demonstra que a preocupação com a necessidade de educação informacional se aplica mesmo aos nossos profissionais altamente capacitados.

No entanto, conforme vimos, o alto nível de desconhecimento nas organizações também traz benefícios (célula 1). Esse é o conjunto de condições que serve para manter o desconhecimento, que muitas vezes tem sido desconsiderado pelos teóricos da gestão e, de modo geral, negligenciado pelas pesquisas científicas. Nas organizações hierárquicas tradicionais, os gestores podem usar a segmentação para dividir e conquistar, assim como os corretores de buracos estruturais (Johnson, 2003). É sempre possível pressionar os funcionários obrigando-os a realizar mudanças: "se você soubesse o que sei, agiria como eu". Sendo assim, é mais fácil lograr controle nesse tipo de organização. Além disso, há menos carga de informações e, portanto, menos custos de processamento. Os indivíduos também têm o conforto de negar a existência de problemas que eles teriam de se esforçar para superar. Isso pode preservar forças inerciais poderosas nas empresas. Particularmente para os indivíduos, os benefícios de um alto nível de desconhecimento podem superar os custos, que, em grande medida, recaem sobre futuros funcionários; isso aumenta as pressões, que resultam em mudanças esporádicas impactantes (Weick & Quinn, 1999). Também relutamos em abrir mão de nossas relações, e dos grandes investimentos que fizemos nelas, mesmo quando percebemos os ganhos substanciais de conhecimento que a construção de novas ligações poderia proporcionar (Kim, Oh, Swaminathan, 2006).

Os custos de alcançar níveis baixos de desconhecimento são significativos, sobretudo para os sistemas de processamento de informações eficazes (Hoffman, 1994). Esses custos (célula 4) são, muitas vezes, o impulso para a construção de redes de conhecimento mais eficazes. Curiosamente, o conhecimento mais detalhado de como o sistema realmente funciona por vezes resulta em maior ceticismo (Bellah *et al.*, 1991; Greider, 1992). Alguns afirmaram que uma vez que o importante em uma organização é a ação coordenada, compartilhar informações sobre valores e crenças pode ser disfuncional por causa da possibilidade de aumentar o conflito (Eisenberg & Riley, 1988), sobretudo entre profissões. Uma vez que os comportamentos tradicionais e a manutenção de valores costumam depender, em parte, do fato de se ignorar possibilidades alternativas (Moore & Tumin, 1949), o desconhecimento, com frequência, serve para reforçar valores essenciais e promover um senso de comunidade (Smithson, 1989). Em muitos aspectos, a célula 3, caracterizada por baixos níveis de desconhecimento e muitos benefícios, é a ideal, pois traduz o conjunto de condições que muitos teóricos organizacionais e popularizadores de questões de gestão, e muitos defensores das redes de conhecimento, parecem sugerir que deveríamos buscar (Dean & Bowen, 1994; Galbraith, 1995; Peters & Waterman, 1982). Nesse mundo utópico, temos altos níveis de coordenação e integração, com funcionários instruídos confrontando e solucionando problemas, sem deixar a oportunidade escapar diante de seus olhos.

Como dissemos, o desconhecimento é visto como algo que deve ser superado, em parte dedicando-se mais atenção à busca de informações (Smithson, 1989). Essa crença está tão arraigada que é difícil para as ciências sociais conceber o desconhecimento como uma área de investigação (LaFollette, 1993; Ravetz, 1993; Smithson, 1989 e 1993), embora, curiosamente, a incerteza tenha se legitimado como tal (Smithson, 1993). No entanto, às vezes a dimensão que o desconhecimento ocupa é planejada, e superá-la pode prejudicar os objetivos de especialização e eficiência, o que, portanto, representa um dilema considerável para as organizações. De fato, o desconhecimento persiste porque é útil em vários aspectos, isso se ele não for uma necessidade premente da própria organização e de seus membros (Moore & Tumin, 1949; Smithson, 1989 e 1993). Com efeito, afirmou-se que em vez de aumentar sua complexidade, as empresas que são bem-sucedidas em seu nicho se esforçam para se tornar mais simples, como decorrência de uma série de fatores – gerenciais, estruturais, culturais e processuais (Miller, 1993). A questão para as organizações é saber se os benefícios proporcionados por facilitar o desempenho das redes de conhecimento, e as complicações que daí resultarem, valem o risco muito real para a organização de que alguma estratégia seja implementada para superar o desconhecimento. Tradicionalmente, afirmou-se que a forma de melhorar as organizações não é produzir mais informações, e sim reduzir a quantidade delas que cada subsistema deve processar (March & Simon, 1958).

No fim das contas, conforme vimos, há sólidas barreiras para a atuação das redes de conhecimento – estruturais, culturais, os limites dos decisores individuais, e assim por diante. Infelizmente, muitas dessas barreiras apresentam dilemas e paradoxos insuperáveis, e um equilíbrio delicado atua a favor de todos os interessados em facilitar os fluxos e transferências de informações, em parte porque maximizar o conhecimento significa minimizar processos organizacionais importantes (por exemplo, preservar bases de poder existentes, manter normas de grupos). Como em nossa sociedade mais ampla – e, talvez, em maior medida, visto que há menos proteções individuais (por exemplo, liberdade de expressão) –, podem existir mais forças promovendo o desconhecimento nas organizações que buscando a construção e a partilha de conhecimento nas redes.

Leitura complementar

Argote, L. *Organizational Learning: Creating, Retaining and Transferring Knowledge.* Kluwer, 1999.
Sumariza o amplo programa de pesquisa do autor sobre o aprendizado organizacional, com um enfoque nos fatores subjacentes que levam às curvas diferenciais de aprendizado e à questão correlata do esquecimento.

Borgatti, S. P. & MOLINA, J. L. "Ethical and strategic issues in organizational social network analysis". Em *Journal of Applied Behavioral Science*, nº 39, 2003, pp. 337-349.
Abordagem sistemática de uma série de questões de ética em pesquisa, mas claramente inclinada para os interesses dos pesquisadores.

D'Urso, S. C. "Toward a structural-perceptual model of electronic monitoring and surveillance in organizations". Em *Communication Theory*, nº 16, 2006, pp. 281-303.
Panorama da monitoração e supervisão eletrônica da comunicação social no local de trabalho, aplicando as tradicionais questões pan-ópticas.

Moore, W. E. & Tumin, M. M. "Some social functions of ignorance". Em *American Sociological Review*, nº 14, 1949, pp. 787-795.
Clássica discussão pioneira do desconhecimento, com um enfoque em seus benefícios e funções.

Poole, M. S. & Van de Ven, A. H. "Using paradox to build management and organizational theories". Em *Academy of Management Review*, nº 14, 1989, pp. 562-578.
Abordagem muito útil do paradoxo e de seu papel no desenvolvimento de teorias organizacionais.

Bibliografia

DICIONÁRIOS

American Heritage Dictionary of the English Language. Houghton Mifflin, 1979.
Merriam-Webster's Collegiate Dictionary. 4ª ed. Merriam-Webster, 1995.

OUTRAS OBRAS

Abbott, A. *Conceptions of time and events in social science methods: causal and narrative approaches. Historical Methods,* nº 23, 1990.
Abelson, R. P. "Mathematical models of the distribution of attitudes under controversy." Em Frederiksen, N. & Gulliksen, H. (orgs.). *Contributions to Mathematical Psychology.* Holt, Rinehart and Winston, 1964.
Adams, J. S. "The structure and dynamics of behavior in organizational boundary roles". Em Dunnette, M. D. (org.). *Handbook of Industrial and Organizational Psychology.* Rand McNally, 1976.
_____. "Interorganizational processes and organizational activities." Em Bacharach, S. B. (org.). *Research in Organizational Behavior.* Vol. 2. JAI Press, 1980.
Adelman, M. B.; Parks, M. R; Albrecht, T. L. "Beyond close relationships: support in weak ties." Em Albrecht, T. L. & Adelman, M. B. (orgs.). *Communicating Social Support.* Sage, 1987.
Adler, P. S. & Kwon, S.-W. *Social capital: prospects for a new concept. Academy of Management Review,* nº 27, 2002, pp. 17-40.
Agrell, A. & Gustafson, R. "Innovation and creativity in work groups." Em West, M. (org.). *Handbook of Work Group Psychology.* Wiley, 1996. Ahuja, G. "Collaboration networks, structural holes, and innovation: a longitudinal study." Em *Administrative Science Quarterly,* nº 45, 2000.
Ahuja, M. K. & Carley, K. M. *Network structure in virtual organizations. Organization Science,* nº 10, 1999.
Aiello, J. R. & Thompson, D. E. "Personal space, crowding, and spatial behavior in a cultural context". Em Altman, I.; Rapoport, A; Wohlwill, J. F. (orgs.). *Human Behavior and Environment: Advances in Theory and Research.* Plenum, 1980.
Aiken, M. & Hage, J. *The organic model and innovations. Sociology,* nº 5, 1971.
Alba, R. D. "Taking stock of network analysis: a decade's results". Em: Bacharach, S. B. (org.). *Research in the Sociology of Organizations.* JAI Press, 1982.
Albert, R.; Jeong, H; Barabasi, A. "Error and attack tolerance of complex networks". Em *Nature,* nº 406, 2000.
Albrecht, T. L. "The role of communication in perceptions of organizational climate." Em Nimmo, D. (org.). *Communication Yearbook,* nº 3. Transaction Books, 1979.
_____ & Adelman, M. B. "Communication networks as structures of social support." Em Albrecht, T. L. & Adelman, M. B. (orgs.). *Communicating Social Support.* Sage, 1987a.

_____. "Dilemmas of supportive communication." Em Albrecht, T. L. & Adelman, M. B. (orgs.). *Communicating Social Support*. Sage, 1987b.

_____. "Rethinking the relationship between communication and social support: an introduction." Em Albrecht, T. L. & Adelman, M. B. (orgs.). *Communicating Social Support*. Sage, 1987c.

_____ & Hall, B. "Relational and content differences between elites and outsiders in innovation networks." Comunicação apresentada na Convenção Anual da International Communication Association, São Francisco, 1989.

_____ & Ropp, V. A. "Communicating about innovation in networks of three US organizations". Em *Journal of Communication*, nº 34, 1984.

Aldrich, H. & Herker, D. "Boundary spanning roles and organizational structure." Em *Academy of Management Review*, nº 2, 1977.

Alexander, J. W. & Randolph, W. A. "The fit between technology and structure as a predictor of nursing subunits." Em *Academy of Management Journal*, nº 28, 1985.

Allen, B. & Kim, K. "Person and context in information seeking: interactions between cognitive and task variables." Em *New Review of Information Behaviour Research*, nº 1, 2000.

Allen, M. W. *Factors influencing the power of a linking role: an investigation into interorganizational boundary spanning*. Louisiana State University, 1989.

Allen, T. J. "Performance of information channels in the transfer of technology." Em *Industrial Management Review*, nº 8, 1966.

_____. *Managing the Flow of Technology: Technology Transfer and the Dissemination of Technological Information within the R&D Organization*. MIT Press, 1977.

_____ & Gerstberger, P. G. "A field experiment to improve communications in a product engineering department: the non-territorial office." Em *Human Factors*, nº 15, 1973.

Almeida, P. & Phene, A. "Subsidiaries and knowledge creation: the influence of the MNC and host country on innovation." Em *Strategic Management Journal*, nº 25, 2004.

Alvesson, M. & Karreman, D. "Odd couple: making sense of the curious concept of knowledge management." Em *Journal of Management Studies*, nº 38, 2001.

Amabile, T. M. *et al*. "Acedemic-practitioner collaboration in management research: a case of cross-profession collaboration." Em *Academy of Management Journal*, nº 44, 2001.

Amidon, D. M. & Mahdjoubi, P. "An atlas for knowledge innovation: migration from business planning to innovation strategy." Em Holsapple, C. W. (org.). *Handbook for Knowledge Management: Knowledge Directions*. Springer Verlag, 2003.

Anand, N.; Gardner, H. K.; Morris, T. "Knowledge-based innovation: emergence and embedding of new practice areas in management consulting firms." Em *Academy of Management Journal*, nº 50, 2007.

Andersen, T. J. & Segars, A. H. "The impact of IT decision structure on firm performance: evidence from the textile and apparel industry." Em *Information and Management*, nº 39, 2001.

Antonovsky, H. F. & Antonovsky, A. "Commitment in an Israeli kibbutz." Em *Human Relations*, nº 27, 1974.

Applegate, J. L. "Engaged graduate education: skating to where the puck will be." Em *Spectra*, nº 37, 2001.

_____. "Skating to where the puck will be: engaged research as a funding strategy for the communication discipline." Em *Journal of Applied Communication Research*, nº 30, 2002.

Archea, J. "The place of architectural factors in behavioral theories of privacy." Em *Journal of Social Issues*, nº 33, 1977.

Argote, L. *Organizational Learning: Creating, Retaining and Transferring Knowledge*. Kluwer, 1999.

Argote, L. & Epple, D. "Learning curves in manufacturing." Em *Science*, nº 247, 1990.

REFERÊNCIAS BIBLIOGRÁFICAS

Argote, L.; McEvily, B.; Reagans, R. "Managing knowledge in organizations: an integrative framework and review of emerging themes." Em *Management Science*, nº 49, 2003.

Ashford, S. J. "Feedback seeking in individual adaptation: a resource perspective." Em *Academy of Management Journal*, nº 29, 1986.

_____. "Self assessments in organizations: a literature review and integrative model". Em Bacharach, S. B. (org.). *Research in Organizational Behavior*, vol. 11. JAI Press, 1989.

_____; Blatt, R.; VandeWalle, D. "Reflections on the looking glass: a review of research on feedback-seeking behavior in organizations." Em *Journal of Management*, nº 29, 2003.

_____ & Cummings, L. L. "Proactive feedback seeking: the instrumental use of the information environment." Em *Journal of Occupational Psychology*, nº 58, 1985.

_____ & Tsui, A. S. "Self regulation for managerial effectiveness: the role of active feedback seeking." Em *Academy of Management Journal*, nº 34, 1991.

Ashforth, B. E. "Climate formation: issues and extensions." Em *Academy of Management Review*, nº 10, 1985.

Astley, W. G. & Zajac, E. J. "Intraorganizational power and organizational design: reconciling rational and coalitional models of organization." Em *Organization Science*, nº 2, 1991.

Atkin, C. "Research evidence on mass mediated health communication campaigns." Em Nimmo, D. (org.). *Communication Yearbook*, nº 3. Transaction Books, 1979.

_____. "Mass communication research principles for health education." Em Meyer, M. (org.). Em *Health Education by Television and Radio: Contributions to an International Conference with a Selected Bibliography*. Saur, 1981.

Axley, S. R. "Managerial and organizational communication in terms of the conduit metaphor." Em *Academy of Management Review*, nº 9, 1984.

Ba, S.; Stallaert, J.; Whinston, A. B. "Optimal investment in knowledge within a firm using a market mechanism." Em *Management Science*, nº 47, 2001.

Babrow, A. S. "Communication and problematic integration: understanding diverging probability and value, ambiguity, ambivalence and impossibility." Em *Communication Theory*, nº 2, 1992.

_____. "Guest editor's introduction to the special issue on uncertainty, evaluation, and communication." Em *Journal of Communication*, nº 51, 200.

_____ & Mattson, M. "Theorizing about health communication". Em Thompson, T. L. et al. (orgs.). *Handbook of Health Communication*. Lawrence Erlbaum Associates, 2003.

Bach, B. "The effect of multiplex relationships upon innovation adoption: a reconsideration of Rogers' model." Em *Communication Monographs*, nº 56, 1989.

Bach, B. W. & Bullis, C. "An explication and test of relationship multiplexity as a predictor of organizational identification". Apresentada na Convenção Anual da International Communication Association. São Francisco, 1989.

Bacharach, S. B. & Aiken, M. "Communication in administrative bureaucracies." Em *Academy of Management Journal*, nº 20, 1977.

Backer, T. E. et al. "Writing with Ev: words to transform science into action." *Journal of Health Communication*, nº 10, 2005.

Baker, D. D. & Cullen, J. B. "Administrative reorganization and configurational context: the contingent effects of age, size, and change in size." Em *Academy of Management Journal*, nº 36, 1993.

Baker, L. M. & Pettigrew, K. E. "Theories for practitioners: two frameworks for studying consumer health information-seeking behavior." Em *Bulletin of Medical Library Association*, nº 87, 1999.

Baker, W. E. "Network organization in theory and practice." Em Nohria, N. & Eccles, R. G. (orgs.). *Networks and Organizations: Structure, Form, and Action*. Harvard Business School Press, 1992.

Bakos, J. Y. "Information links and electronic marketplaces: the role of interorganizational information systems in vertical markets." Em *Journal of Management Information Systems*, nº 8, 1991.

Baldridge, J. V. & Burnham, R. A. "Organizational innovation: individual, organizational, and environmental impacts." Em *Administrative Science Quarterly*, nº 20, 1975.

Bales, R. F. *Interaction Process Analysis*. Harvard University Press, 1950.

Baliga, B. R. & Jaeger, A. M. "Multinational corporations: control systems and delegation issues." Em *Journal of International Business Studies*, nº 14, 1984.

Balkundi, P. & Harrison, D. A. "Ties, leaders, and time in teams: strong inference about network structure's effect on team viability and performance." Em *Academy of Management Journal*, nº 49, 2006.

Balkundi, P. & Kilduff, M. "The ties that lead: a social network approach to leadershipp." Em *Leadership Quarterly*, nº 16, 2005.

Bandura, A. "Social cognitive theory: an agentic perspective." Em *Annual Review of Psychology*, nº 52, 2001.

_____. "On integrating social cognitive and social diffusion theories." Em Singhal, A. & Dearing, J. W. (orgs.). *Communication and Innovations: a Journey with Ev Rogers*. Sage, 2006.

Banker, R. D. & Kauffman, R. J. "The evolution of research on information systems: a fiftieth-year survey of the literature in management Science." Em *Management Science*, nº 50, 2004.

Barabasi, A. L. *Linked: How Everything is Connected to Everything Else and What It Means for Business, Science, and Everyday Life*. Plume, 2003.

Barley, S. R. & Kunda, G. "Design and devotion: surges of rational and normative ideologies of control in managerial discourse." Em *Administrative Science Quarterly*, nº 37, 1992.

Barnes, J. A. *Social Networks*. Addison-Wesley, 1972.

Barnett, G. A. & Rice, R. E. "Longitudinal non-Euclidean networks: applying Galileo." Em *Social Networks*, nº 7, 1985.

Bartunek, J. M. & Franzak, F. J. "The effects of organizational restructuring on frames of reference and cooperation." Em *Journal of Management*, nº 14, 1988.

Bates, D. W. & Gawande, A. A. "Improving safety with information technology." Em *New England Journal of Medicine*, nº 348, 2003.

Bates, M. J. "The design of browsing and berrypicking techniques for the online search interface." Em *Online Review*, nº 13, 1989.

_____. "Information as an economic good: a reevaluation of theoretical approaches." Em Ruben, B. D. & Lievrouw, L. A. (orgs.). *Information and Behavior*. Vol. 3. Transaction Books, 1990.

_____. "An introduction to metatheories, theories, and models." Em Fisher, K. E.; Erdelez, S.; McKechnie, L. (orgs.). *Theories of Information Behavior*. Information Today, 2005.

_____. "Fundamental forms of information." Em *Journal of the American Society for Information Science and Technology*, nº 57, 2006.

Bauer, R. A. "The obstinate audience: the influence process from the point of view of social communication." Em Schramm, W. & Roberts, D. F. (orgs.). *The Process and Effects of Mass Communication*. University of Illinois Press, 1972.

Baum, A. & Valens, S. *Architecture and Social Behavior: Psychological Studies of Social Density*. Lawrence Erlbaum Associates, 1977.

Becker, G. S. & Murphy, K. M. "The division of labor, coordination costs, and knowledge." Em *Quarterly Journal of Economics*, nº 107, 1992.

Becker, H. "Notes on the concept of commitment." Em *American Journal of Sociology*, nº 66, 1960.

Becker, M. H. "Factors affecting diffusion of innovations among health professionals." Em *American Journal of Public Health*, nº 60, 1970.

REFERÊNCIAS BIBLIOGRÁFICAS

Bedian, A. G.; Mossholder, K. W.; Armenikas, A. A. "Role perception-outcome relationships: moderating effects of situational variables." Em *Human Relations*, nº 36, 1983.
Belkin, N. J. "Anomalous state of knowledge." Em Fisher; K. E., Erdelez, S.; McKechnie, E. F. (orgs.). *Theories of Information Behavior*. Information Today, 2005.
Bellah, R. N. et al. *The Good Society*. Knopf, 1991.
Beninger, J. R. *The Control Revolution: Technological and Economic Origins of the Information Society*. Harvard University Press, 1986.
_____. "Conceptualizing information technology as organization, and vice versa." Em Fulk, J. & Steinfield, C. (orgs.). *Organizations and Communication Technology*. Sage, 1990.
Bennett, C. *Spaces for People: Human Factors in Design*. Prentice Hall, 1977.
Bennis, W. G. "Theory and method in applying behavioral science to planned organizational change." Em *Applied Behavioral Science*, nº 1, 1965.
Benson, J. K. "The interorganizational network as a political economy." Em *Administrative Science Quarterly*, nº 20, 1975.
Berelson, B. & Steiner, G. A. *Human Behavior: an Inventory of Scientific Findings*. Harcourt, Brace e World, 1964.
Berger, P. L. & Luckmann, T. *The Social Construction of Reality*. Anchor Books, 1967.
Berlo, D. K. *The Process of Communication: an Introduction to Theory and Practice*. Holt, Rinehart e Winston, 1960.
_____. *Human communication: the basic proposition*. East Lansing: Department of Communication – Michigan State University, 1969.
Bernard, H. R. & Killworth, P. D. "Informant accuracy in social network data II." Em *Human Communication Research*, nº 4, 1977.
Bernard, H. R.; Killworth, P. D.; Sailer, L. "Informant accuracy in social network data, IV: a comparison of clique-level structure in behavioral and cognitive network data." Em *Social Networks*, nº 2, 1980.
_____. "Informant accuracy in social network data, V: an experimental attempt to predict actual communication from recall data." Em *Social Science Research*, nº 11, 1982.
Berscheid, E. "Opinion change and communicator-communicatee similarity and dissimilarity." Em *Journal of Personality and Social Psychology*, nº 4, 1966.
Beyer, J. M. & Trice, H. M. "Current and prospective roles for linking organizational researchers and users." Em Thomas, K. W. et al (orgs.). *Producing Useful Knowledge for Organizations*. Jossey-Bass, 1994.
Bianconi, G. & Barabasi, A. L. "Competition and multiscaling evolving networks." *Europhysics Letters*, nº 54, 2001.
Birkinshaw, J.; Nobel, R.; Ridderstrale, J. "Knowledge as a contingency variable: do the characteristics of knowledge predict organization structure?" *Organization Science*, nº 13, 2002.
Blackler, F. "Knowledge, knowledge work, and organizations: an overview and interpretation." Em *Organization Studies*, nº 16, 1995.
Blau, P. M. "Patterns of interaction among a group of officials in a government agency." Em *Human Relations*, nº 7, 1954.
_____. *The Dynamics of Bureaucracy: a Study of Interpersonal Relations in Two Government Agencies*. University of Chicago Press, 1955.
_____. "Formal theory of differentiation in organizations." Em Blau, P. M. (org.). *On the Nature of Organizations*. Wiley, 1974.
_____ & Schoenherr, R. *The Structure of Organizations*. Basic Books, 1971.
Boahene, M. & Ditsa, G. "Conceptual confusions in knowledge management and knowledge management systems: clarifications for better KMS development." Em Coakes, E. (org.). *Knowledge Management: Current Issues and Challenges*. IRM Press, 2003.

Bolman, L. G. & Deal, T. E. *Reframing Organizations: Artistry, Choice, and Leadershipp*. Jossey--Bass, 1991.

Bolton, P. & Dewatripoint, M. "The firm as a communication network." Em *Quarterly Journal of Economics*, nº 109, 1994.

Boone, M. E. *Leadership and the Computer*. Prima Publishing, 1991.

Borgatti, S. P. "Centrality and network flow." Em *Social Networks*, nº 27, 2005.

_____ & Cross, R. "A relational view of information seeking and learning in social networks." Em *Management Science*, nº 49, 2003.

_____; Everett, M. G.; Freeman, L. C. *Ucinet for Windows: Software for Social Network Analysis*. Analytic Technologies, 2002.

_____ & Foster, P. C. "The network paradigm in organizational research: a review and typology." Em *Journal of Management*, nº 29, 2003.

_____ & Molina, J. L. "Ethical and strategic issues in organizational social network analysis." Em *Journal of Applied Behavioral Science*, nº 39, 2003.

Borgman, C. L. "Disciplines, documents, and data: convergence and divergence in the scholarly information infrastructure." Apresentada na Sessão Plenária da Conferência da I-School, Ann Arbor, MI, 2006.

Boulding, K. E. "The economics of knowledge and the knowledge of economics." Em *American Economic Review*, nº 56, 1966.

Boulos, M. N. K. & Wheeler, S. "The emerging Web 2.0 social software: an enabling suite of sociable technologies in health and health care education." Em *Health Information and Library Journal*, nº 24, 2007.

Boyd, N. R. et al. "*Quit Today!: a targeted communications campaign to increase use of the Cancer Information Service by African-American smokers*." Em *Preventive Medicine*, nº 27, 1998.

Bradach, J. L. & Eccles, R. G. "Price, authority, and trust: from ideal types to plural forms." Em *Annual Review of Sociology*, nº 15, 1989.

Bradley, E. H. et al. "Translating research into practice: speeding the adoption of innovative health care programs, 2004." Disponível em http://www.commonwealthfund.org/publications/publicationsshow.htm?doc id=233248.

Brailer, D. Apresentação na Conferência da National Governors' Association, 2005. Disponível em http://www.louhie.org/library.htm.

Brandon, D. P. & Hollingshead, A. B. "Transactive memory systems in organizations: matching tasks, expertise, and people." Em *Organization Science*, nº 15, 2004.

Branham, R. J. & Pearce, W. B. "Between text and context: toward a rhetoric of contextual reconstruction." Em *Quarterly Journal of Speech*, nº 71, 1985.

Brashers, D. E.; Goldsmith, D. J.; Hsieh, E. "Information seeking and avoiding in health contexts." Em *Human Communication Research*, nº 28, 2002.

Brass, D. J. "Structural relationships, job characteristics, and worker satisfaction and performance." Em *Administrative Science Quarterly*, nº 26, 1981.

_____. "Men's and women's networks: a study of interaction patterns and influence in an organization." Em *Academy of Management Journal*, nº 28, 1985.

Brett, J. M.; Feldman, D. C.; Weingart, L. R. "Feedback seeking behavior of new hires and job changers." Em *Journal of Management*, nº 16, 1990.

Brewer, J. "Flow of communications, expert qualifications and organizational authority structures." Em *American Sociological Review*, nº 36, 1971.

Brief, A. P. & Aldag, R. J. "Correlates of role indices." Em *Journal of Applied Psychology*, nº 61, 1976.

Brittain, J. M. *Information and its Users: a Review with Special Reference to the Social Sciences*. Bath University Press, 1970.

REFERÊNCIAS BIBLIOGRÁFICAS

Broadbent, M. & Koenig, M. E. D. "Information and information technology management." Em Williams, M. E. (org.). *Annual Review of Information Science and Technology*. Vol. 23. Elsevier Science, 1988.

Brody, M. "NASA's challenge: isolation at the top." Em *Fortune*, 12-5-1986. Brower, S. N. "Territory in urban settings." Em Altman, I.; Rapoport, A.; Wohlwill, J. F. (orgs.). *Human Behavior and Environment: Advances in Theory and Research*. Plenum, 1980.

Brown, J. S. & Duguid, P. "Organizational learning and communities-of-practice: toward a unified view of working, learning, and innovation." Em *Organization Science*, nº 2, 1991.

_____. "Organizing knowledge." Em *California Management Review*, nº 40, 1998.

_____. *The Social Life of Information*. Harvard Business School Press, 2002.

Brown, M. H. & McMillan, J. J. "Constructions and counterconstructions: organizational power revisited." Apresentada na Convenção Anual da Speech Communication Association, Nova Orleans, 1988.

Browning, L. D.; Beyer, J. M.; Shetler, J. C. "Building cooperation in a competitive industry: Sematech and the semiconductor industry." Em *Academy of Management Journal*, nº 38, 1995.

Buchanan, B. I. "Building organizational commitment: the socialization of managers in work organization." Em *Administrative Science Quarterly*, nº 19, 1974.

Buchanan, M. *Nexus: small worlds and the groundbreaking science of networks*. W.W. Norton, 2002.

Buckland, M. *Information and Information Systems*. Greenwood Press, 1991.

Burke, R. J. & Bolf, C. "Learning within organizations: Sources and content." Em *Psychological Reports*, nº 59, 1986.

Burt, R. S. "Innovation as a structural interest: rethinking the impact of network position on innovation adoption." Em *Social Networks*, nº 2, 1980.

_____. *Toward a Structural Theory of Action: Network Models of Social Structure, Perception, and Action*. Academic Press, 1982.

_____. "A note on inference concerning network subgroups." Em: Burt, R. S. & Minor, M. J. (orgs.). *Applied Network Analysis: a Methodological Introduction*. Sage, 1983.

_____. "Social contagion and innovation: cohesion *versus* structural equivalence." Em *Applied Journal of Psychology*, nº 92, 1987.

_____. *Structure reference manual*, versão 4.2. Center for the Social Sciences – Columbia University, 1991.

_____. *Structural Holes: the Social Structure of Competition*. Harvard University Press, 1992.

_____. "The social capital of opinion leaders." Em *Annals of the American Academy*, nº 566, 1999.

_____. "The network structure of social capital." Em *Research in Organization Behavior*, nº 22, 2000.

_____. "Bandwidth and echo: trust, information, and gossip in social networks." Em Rauch, J. E. & Casella, A. (orgs.). *Networks and Markets*. Russel Sage Foundation, 2001.

_____. "Bridge decay." Em *Social Networks*, nº 24, 2002.

_____. "Social capital and good ideas." Apresentado em Gatton College of Business and Economics, University of Kentucky, 2003.

_____. "Structural holes and good ideas." Em *American Journal of Sociology*, nº 110, 2004.

_____. *Brokerage and Closure: an Introduction to Social Capital*. Oxford University Press, 2005.

_____. "Secondhand brokerage: evidence on the importance of local structure for managers, bankers, and analysts." Em *Academy of Management Journal*, nº 50, 2007.

Burt, R. S. & Bittner, W. M. "A note on inferences regarding network subgroups." Em *Social Networks*, nº 3, 1981.

_____ & Doreian, P. "Testing a structural model of perception: conformity and deviance with respect to journal norms in elite sociological methodology." Em *Quality and Quantity*, nº 16, 1982.

_____ & Schott, T. "Relation contents in multiple networks." Em *Social Science Research*, nº 14, 1985.

_____ & Uchiyama, T. "The conditional significance of communication for interpersonal influence." Em Kochen, M. (org.). *The Small World*. Ablex, 1989.

Burton-Jones, A. *Knowledge Capitalism: Business, Work, and Learning in the New Economy*. Oxford University Press, 1999.

Bush J. R., J. B. & Frohman, A. L. "Communication in a 'network' organization." Em *Organizational Dynamics*, nº 20, 1991.

Business Week. "The information revolution". Em *Business Week*. Edição especial, nº 107, 1994.

Buster, R. L. et al. "The impact of communication rituals on role ambiguity and commitment in a high-tech organization." Apresentada na Convenção Anual da International Communication Association, Nova Orleans, 1988.

Buttimer, A. "Social space and the planning of residential areas". Em: Buttimer, A. & Seamon, D. (orgs.). *The Human Experience of Space and Place*. St. Martin's Press, 1980.

Canter, D. "The physical context of work." Em Osborne, D. J. & Gruneberg, M. M. (orgs.). *The Physical Environment at Work*. Wiley, 1983.

Canter, D. & Kenny, C. "The spatial environment." Em Canter, D. & Stringer, P. (orgs.). *Environmental Interaction: Psychological Approaches to our Physical Surroundings*. International University Press: 1975.

Caplow, T. "Rumors in war." Em *Social Forces*, nº 25, 1947.

Cappelli, P. & Sherer, P. D. "The missing role of context in OB: the need for a meso-level approach." Em *Research in Organization Behavior*, nº 13, 1991.

Carley, K. "An approach for relating social structure to cognitive structure." Em *Journal of Mathematical Sociology*, nº 12, 1986.

Carlile, P. R. "Transferring, translating, and transforming: an integrative framework for managing knowledge across boundaries." Em *Organization Science*, nº 15, 2004.

Carroll, G. R. & Teo, A. C. "On the social networks of managers." Em *Academy of Management Journal*, nº 39, 1996.

Carter, N. M. "Computerization as a predominate technology: its influence on the structure of newspaper organizations." Em *Academy of Management Journal*, nº 27, 1984.

_____ & Culnan, J. B. *The Computerization of Newspaper Organizations: the Impact of Technology on Organizational Structuring*. University Press of America, 1983.

Case, D. et al. "From two-step flow to the Internet: the changing array of sources for genetics information seeking." Em *Journal of the American Society for Information Science and Technology*, nº 55, 2004.

Case, D. O. *Looking for Information*. Academic Press, 2002.

_____. "Principle of least effort." Em Fisher; K. E., Erdelez, S.; McKechnie, L. (orgs.). *Theories of Information Behavior*. Information Today, 2005.

_____. *Looking for Information*. 2ª ed. Academic Press, 2007.

_____ et al. "Avoiding *versus* seeking: the relationship of information seeking to avoidance, blunting, coping, dissonance and related concepts." Em *Journal of the Medical Libraries Association*, nº 93, 2005.

Cash JR., J. I. et al. *Building the Information Age Organization: Structure, Control, and Information Technologies*. Irwin, 1994.

Chang, S. J. & Rice, R. E. "Browsing: a multidimensional framework." Em Williams, M. E. (org.). *Annual Review of Information Science and Technology*. Vol. 23. Learned Information, 1993.

Chang, S. L. "Chang's browsing." Em Fisher, K. E.; Erdelez, S.; McKechnie, E. F. (orgs.). *Theories of Information Behavior*. Information Today: 2005.

_____ & Lee, Y. "Conceptualizing context and its relationship to the information behaviour in dissertation research process." Em *New Review of Information Behaviour Research*, nº 2, 2001.

Chen, C. & Hernon, P. *Information Seeking: Assessing and Anticipating User Needs*. Neal-Schuman, 1982.

Cheney, G. "Democracy in the workplace: theory and practice from the perspective of communication." Em *Journal of Applied Communication Research*, nº 23, 1995.

_____ & Ashcraft, K. L, "Considering 'the professional' in communication studies: implications for theory and research within and beyond the boundaries of organizational communication." Em *Communication Theory*, nº 17, 2007.

Cheng, J. L. C. "Interdependence and coordination in organizations: a role system analysis." Em *Academy of Management Journal*, nº 26, 1983.

Child, J. & McGrath, R. G. "Organizations unfettered: organizational form in an information-intensive economy." Em *Academy of Management Journal*, nº 44, 2001.

Choi, B. C. K. "Understanding the basic principles of knowledge translation." Em *Journal of Epidemiology and Community Health*, nº 59, 2005.

Choo, C. W. *The Knowing Organization: How Organizations Use Information to Construct Meaning, Create Knowledge, and Make Decisions*. 2ª ed. Oxford University Press, 2006.

_____ & Auster, E. "Environmental scanning: acquisition and use of information by managers." Em *Annual Review of Information Science and Technology*, vol. 28. Learned Information, 1993.

Choudhury, V.; Hartzel, K. S.; Konsynski, B. R. "Uses and consequences of electronic markets: an empirical investigation in the aircraft parts industry." Em *MIS Quarterly*, nº 22, 1998.

Christiaanse, E. & Venkatraman, N. "Beyond Sabre: an empirical test of expertise exploitation in electronic channels." Em *MIS Quarterly*, nº 26, 2002.

Cicourel, A. V. "Basic and normative rules in the negotiation of status and role." Em Sudnow, D. (org.). *Studies in Social Interaction*. Free Press, 1972.

Clark, M. S. "Record keeping in two types of relationships." Em *Journal of Personality and Social Psychology*, nº 47, 1984.

Clemons, E. K. & Row, M. C. "Sustaining IT advantage: the role of structural differences." Em *MIS Quarterly*, nº 15, 1991.

Cleveland, H. "The twilight of hierarchy: speculations on the global information society." Em Corman, S. R. et al (orgs.). *Foundations of Organizational Communication*. Longman, 1985.

Coase, R. H. "The nature of the firm." Em *Economica*, nº 4, 1937.

Coff, R. W.; Coff, D. C.; Eastvold, R. "The knowledge-leveraging paradox: how to achieve scale without making knowledge imitable." Em *Academy of Management Review*, nº 31, 2006.

Cohen, W. M. & Levinthal, D. A. "Innovation and learning: the two faces of R&D." Em *Economic Journal*, nº 99, 1989.

_____. "Fortune favors the prepared firm." Em *Management Science*, nº 40, 1994.

Coiera, E. *Guide to Health Informatics*. 2ª ed. Arnold, 2003.

Cole, C. "Operationalizing the notion of information as a subjective construct." Em *Journal of the American Society for Information Science*, nº 45, 1994.

Coleman, J.; Katz, E.; Menzel, H. "The diffusion of an innovation among physicians." Em *Sociometry*, nº 20, 1957.

Collins, C. J. & Smith, K. G. "Knowledge exchange and combination: the role of human resource practices in the performance of high-technology firms." Em *Academy of Management Journal*, nº 49, 2006.

Collins, R. "On the microfoundations of macrosociology." Em *American Journal of Sociology*, nº 86, 1981.
Comer, D. R. "Organizational newcomers' acquisition of information from peers." Em *Management Communication Quarterly*, nº 5, 1991.
Connolly, T. "Information processing and decision making in organizations." Em Staw, B. M. & Salancik, G. R. (orgs.). *New Directions in Organizational Behavior*. St. Clair Press, 1977.
Connolly, T. & Thorn, B. K. "Discretionary databases: theory, data, and implications." Em Fulk, J. & Steinfield, C. (orgs.). *Organizations and Communication Technology*. Sage, 1990.
Conrad, C. *Strategic Organizational Communication*. CBS College Publishing Co., 1985.
Constant, D.; Kiesler, S.; Sproull, L. "What's mine is ours, or is it?: a study of attitudes about information sharing." Em *Information Systems Research*, nº 5, 1994.
Contractor, N. S. & Eisenberg, E. M. "Communication networks and new media in organizations." Em Fulk, J. & Steinfield, C. (orgs.). *Organizations and Communication Technology*. Sage, 1990.
_____ & Monge, P. R. "Managing knowledge networks." Em *Management Communication Quarterly*, nº 16, 2002.
_____ & Seibold, D. R. "Theoretical frameworks for the study of structuring process in group decision support systems: adaptive structuration theory and self-organizing system theory." Em *Human Communication Research*, nº 19, 1993.
Cook, K. S. "Network structures from an exchange perspective." Em Marsden, P. V. & Lin, N. (orgs.). *Social Structure and Network Analysis*. Sage, 1982.
Cool, C. "The concept of situation in information science." Em *Annual Review of Information Science and Technology*. Vol. 35. *Learned Information*, 2001.
Corman, S. R. "The reticulation of quasi-agents in systems of organizational communication." Em Barnett, G. A. (org.). *Organizational Communication: Emerging Perspectives, vol. VI: Power, Gender, and Technology*. Ablex, 2005.
_____ *et al.* "Studying complex discursive systems: centering resonance analysis of communication." Em *Human Communication Research*, nº 28, 2002.
_____ & Scott, C. R. "Perceived networks, activity foci, and observable communication in social collectives." Em *Communication Theory*, nº 4, 1994.
Crane, L. A. *et al.* "Effectiveness and cost-effectiveness of multiple outcalls to promote mammography among low-income women." Em *Cancer Epidemiology, Biomarkers, and Prevention*, nº 9, 2000.
_____ *et al.* "Cancer information service-initiated outcalls to promote screening mammography among low-income and minority women: design and feasibility testing." Em *Preventive Medicine*, nº 27, 1998.
Cross, R.; Borgatti, S. P.; Parker, A. "Making invisible work visible: using social network analysis to support strategic collaboration." Em Cross, R.; Parker, A.; Sasson, L. (orgs.). *Networks in the Knowledge Economy*. Oxford University Press, 2003.
_____ & Cummings, J. N. "Tie and network correlates of individual performance in knowledge-intensive work." Em *Academy of Management Journal*, nº 47, 2004.
_____; Nohria, N.; Parker, A. "Six myths about informal networks: and how to overcome them." Em Lesser, E. & Prusak, L. (orgs.). *Creating Value with Knowledge: Insights from the IBM Institute for Business Value*. Oxford University Press, 2004.
_____ *et al.* "Knowing what we know: supporting knowledge creation and sharing in social networks." Em Lesser, E. & Prusak, L. (orgs.). *Creating Value with Knowledge: Insights from the IBM Institute for Business Value*. Oxford University Press, 2004.
_____; Parker, A.; Sasson, L. (orgs.). *Networks in the Knowledge Economy*. Oxford University Press, 2003.

_____ & Prusak, L. *The people who make organizations go: or stop*. Harvard Business Review, nº 80(6), 2002.

_____. "The people who make organizations go: or stop." Em Cross, R.; Parker, A.; Sasson, L. (orgs.). *Networks in the Knowledge Economy*. Oxford University Press, 2003.

_____; Rice; R. E.; Parker, A. "Information seeking in social context: structural influences and receipt of information benefits." Em *IEEE Transactions on Systems, Man, and Cybernetics. Part C: Applications and Reviews*, nº 31, 2001.

_____ & Sproull, L. "More than an answer: information relationships for actionable knowledge." Em *Organization Science*, nº 15, 2004.

Crowston, K. "A coordination theory approach to organizational process design." Em *Organization Science*, nº 8, 1997.

Cullen, P. et al. *Knowledge-seeking strategies of natural resource professionals*, Technical Report 2/2001. Cooperative Research Centre for Freshwater Ecology, 2001.

Cullen, P. W. et al. "Collaboration in scientific research: a critical need for freshwater ecology." Em *Freshwater Biology*, nº 42, 1999.

Culnan, M. J. "Environmental scanning: the effects of task complexity and source accessibility on information gathering behavior." Em *Decision Sciences*, nº 14, 1983.

_____ & Markus, M. L. "Information technologies." Em Jablin, F. M. et al (orgs.). *Handbook of Organizational Communication: An Interdisciplinary Perspective*. Sage, 1987.

Cyert, R. M.; Simon, H. A.; Trow, D. B. "Observation of a business decision." Em *Journal of Business*, nº 29, 1956.

Czepiel, J. A. "Patterns of interorganizational communications and the diffusion of a major technological innovation in a competitive industrial community." Em *Academy of Management Journal*, nº 18, 1975.

D'Aprix, R. "Communication as process: the managers' view." Em Goldhaber, G. M. & Barnett, G. A. (orgs.). *Handbook of Organizational Communication*. Ablex, 1988.

D'Urso, S. C. "Toward a structural-perceptual model of electronic monitoring and surveillance in organizations." Em *Communication Theory*, nº 16, 2006.

Daft, R. L. "A dual-core model of organizational innovation". Em *Academy of Management Journal*, nº 21, 1978, pp. 193-210.

_____ & Huber, G. P. "How organizations learn: a communication framework." Em Tomoso, N. D. & Bacharach, S. B. (orgs.). *Research in Organizational Behavior*. JAI Press, 1987.

_____ & Lengel, R. H. "Organizational information requirements: media richness and structural design." Em *Management Science*, nº 32, 1986.

Dahlin, K. B.; Weingart, L. R.; Hinds, P. J. "Team diversity and information use." Em *Academy of Management Journal*, nº 48, 2005.

Dalton, D. R. et al. "Organization structure and performance: a critical review." Em *Academy of Management Review*, nº 5, 1980.

Damanpour, F. "Organizational innovation: a meta-analysis of effects of determinants and moderators." Em *Academy of Management Journal*, nº 34, 1991.

Danes, J. E.; Hunter, J. E.; Woelfel, J. "Mass communication and belief change: a test of three mathematical models." Em *Human Communication Research*, nº 4, 1978.

Danowski, J. A. "Group attitude uniformity and connectivity of organizational communication networks for production, innovation, and maintenance content." Em *Human Communication Research*, nº 6, 1980.

_____. "Organizational infographics and automated auditing: using computers to unobtrusively gather as well as analyze communication." Em Goldhaber, G. M. & Goldhaber, G. A. (orgs.). *Handbook of Organizational Communication*. Ablex, 1988.

_____. "Network analysis of message content." Em Richards JR., W. D. & Goldhaber, G. A. (orgs.). *Progress in Communication Sciences*. Ablex, 1993.

Dansereau, F. & Markham, S. E. "Superior subordinate communication: multiple levels of analysis." Em Jablin, F. M. *et al.* (orgs.). *Handbook of Organizational Communication: An Interdisciplinary Perspective.* Sage, 1987.

Darnell, D. K. "Information theory: an approach to human communication." Em Budd, R. W. & Ruben, B. D. (orgs.). *Approaches to Human Communication.* Spartan Books, 1972.

Davenport, T. H. & Prusak, L. *Working Knowledge: How Organizations Manage What They Know.* Harvard Business School Press, 1998.

Davies, E. "Communities of practice." Em Fisher, K. E.; Erdelez, S.; McKechnie, L. L. (orgs.). *Theories of information behavior.* Information Today, 2005.

Davis, K. *The care and cultivation of the corporate grapevine. Dun's Review*, nº 108, 1973.

Davis, T. R. "The influence of the physical environment in offices." Em *Academy of Management Review*, nº 9, 1984.

De Chardin, P. *The Phenomenon of Man.* Harper, 1961.

De Nooy, W.; Mrvar, A.; Batagelj, V. *Exploratory Social Network Analysis with Pajek.* Cambridge University Press, 2005.

De Tocqueville, A. *Democracy in America.* Harper & Row, 1966 [1835].

Dean, A. & Kretschmer, M. "Can ideas be capital? Factors of production in the postindustrial economy: a review and critique." Em *Academy of Management Review*, nº 32, 2007.

Dean J. R., J. W. & Bowen, D. E. "Management theory and total quality: improving research and practice through theory development." Em *Academy of Management Review*, nº 19, 1994.

Dearing, J. *Dilemmas of evaluation research. ICA News*, nº 5 e nº 7, 2000.

Dearing, J. W. "The emerging science of translational research." Apresentada na Conferência de Comunicação e Saúde da Universidade do Kentucky, Lexington, KY, 2006.

_____; Meyer, G.; Kazmierczak, J. "Portraying the new: communication between university innovators and potential users." Em *Science Communication*, nº 16, 1994.

Denison, D. R. "What is the difference between organizational culture and organizational climate? A native's point of view on a decade of paradigm wars." Em *Academy of Management Review*, nº 21, 1996.

Dent, E. B. & Goldberg, S. G. "Challenging 'resistance to change'." *Journal of Applied Behavioral Science*, nº 35, 1999.

Dervin, B. "Communication gaps and inequities: moving toward a reconceptualization." Em Dervin, B. & Voight, M. J. (orgs.). *Progress in Communication Sciences.* Ablex, 1980.

_____. "Users as research inventions: how research categories perpetuate inequities." Em *Journal of Communication*, nº 39, 1989.

_____. "Given a context by any other name: methodological tools for taming the unruly beast." Em Vakkari, P.; Savolainen, R.; Dervin, B. (orgs.). *Information Seeking in Context.* Taylor Graham, 1997.

_____. "Sense-making theory and practice: an overview of user interests in knowledge seeking and use." Em *Journal of Knowledge Management*, nº 2, 1998.

_____. "Human studies and user studies: a call for methodological inter-disciplinarity." Em *Information Research*, nº 9, 2003.

_____; Jacobson, T. L.; Nilan, M. S. "Measuring aspects of information seeking: a test of quantitative/qualitative methodology." Em Burgoon, M. (org.). *Communication Yearbook 6.* Sage, 1982.

_____ & Nilan, M. S. "Information needs and uses." Em Williams, M. A. (org.). *Annual Review of Information Science and Technology.* Vol. 21. Knowledge Industry Publications, 1986.

DeSanctis, G. & Monge, P. "Introduction to the special issue: communication processes for virtual organizations." Em *Organization Science*, nº 10, 1999.

Dess, G. G. et al. "The new corporate architecture." Em *Academy of Management Executive*, nº 9, 1995.

Devaraj, S. & Kohli, R. "Information technology payoff in the health care industry: a longitudinal study." Em *Journal of Management Information Systems*, nº 16, 2000.

Diesner, J.; Frantz, T. L.; Carley, K. M. "Communication networks from the Enron Email Corpus 'It's always about the people. Enron is no different.'" Em *Computational and Mathematical Organization Theory*, nº 11, 2005.

Dietz, D.; Cook, R.; Hersch, R. "Workplace health promotion and utilization of health services: follow-up data findings." Em *Journal of Behavioral Health Services and Research*, nº 32, 2005.

Doctor, R. D. "Social equity and information technologies: moving toward information democracy." Em Williams, M. E. (org.). *Annual Review of Information Science and Technology*. Vol. 27. Learned Information, 1992.

Donohew, L. et al. "Sensation seeking, marijuana use, and response to prevention messages: implications for public health campaigns." Apresentado no Encontro da International Communication Association, Montreal, 1987.

_____; Tipton, L.; Haney, R. *Analysis of information seeking strategies. Journalism Quarterly*, nº 55, 1978.

Dorsey, A. M. "Lessons and challenges from the field." Em Thompson, T. L. et al. (orgs.). *Handbook of Health Communication*. Lawrence Erlbaum Associates, 2003.

Dow, G. K. "Configurational and coactivational views of organizational structure." Em *Academy of Management Review*, nº 13, 1988.

Downey, H. K. & Slocum, J. W. 1975. "Uncertainty: measures, research and sources of variation." Em *Academy of Management Journal*, nº 18.

Downs, A. *Inside Bureaucracy*. Little, Brown, 1967.

Downs, C. W.; Clampitt, P. G.; Pfeiffer, A. L. "Communication and organizational outcomes." Em Goldhaber, G. M. & Barnett, G. A. (orgs.). *Handbook of Organizational Communication*. Ablex, 1988.

_____ & Hain, T. "Productivity and communication." Em Burgoon, M. (org.). *Communication Yearbook*, nº 5. Transaction Books, 1982.

Drake, L. E. & Donohue, W. A. "Communication framing theory in conflict resolution." Em *Communication Research*, nº 23, 1996.

Drazin, R.; Glynn, M. A.; Kazanjian, R. K. "Multilevel theorizing about creativity in organizations: a sensemaking perspective." Em *Academy of Management Review*, nº 24, 1999.

Drazin, R. & Van De Ven, A. "Alternative forms of fit in contingency theory." Em *Administrative Science Quarterly*, nº 30, 1985.

Drucker, P. F. *Management: tasks, responsibilities, practices*. Harper & Row, 1974.

_____. "The coming of the new organization". Em *Harvard Business Review*, nº 66, 1988.

Duncan, R. "What is the Right Organization Structure? Decision Tree Analysis Provides the Answer." Em *Organizational Dynamics Special Report*, American Management Association, 1988.

_____ & Weiss, A. "Organizational learning: implications for organizational design." Em Bacharach, S. B. (org.). *Research in Organizational Behavior*. JAI Press, 1979.

Durland, M. E. "A formative evaluation of the integration of two departments." Em *New Directions for Evaluation*, nº 107, 2005.

Dyer, J. H. & Nobeoka, K. "Creating and managing a high-performance knowledge-sharing network: the Toyota case." Em *Strategic Management Journal*, nº 21, 2000.

Earl, M. "Knowledge management strategies: toward a taxonomy." Em *Journal of Management Information Systems*, nº 18, 2001.

Ebadi, Y. M. & Utterback, J. M. "The effects of communication and technical innovation." Em *Management Science*, nº 30, 1984.

Eccles, R. & White, H. "Price and authority in inter-profit center transactions." Em *American Journal of Sociology*, suplemento, nº 94, 1988.

Edwards, J. A. & Monge, P. R. "The validation of mathematical indices of communication structure." Em Ruben, B. D. (org.). *Communication Yearbook 1*. Transaction Books, 1977.

Egelhoff, W. G. "Strategy and structure in multinational corporations: an information processing approach." Em *Administrative Science Quarterly*, nº 27, 1982.

Eisenberg, E. M. "Ambiguity as strategy in organizational communication." Em *Communication Monographs*, nº 51, 1984.

_____. "Jamming: transcendence through organizing." Em *Communication Research*, nº 17, 1990.

_____; Contractor, N. S.; Monge, P. R. "Semantic networks in organizations." Apresentado no Encontro da International Communication Association, Nova Orleans, 1988.

_____ *et al.* "Communication linkages in interorganizational systems: review and synthesis." Em: Dervin, B. & Voight, M. (orgs.). *Progress in Communication Sciences*, vol. 6. Ablex: 1985.

_____; Monge, P. R.; Miller, K. I. "Involvement in communication networks as a predictor of organizational commitment." Em *Human Communication Research*, nº 10, 1983.

_____; Murphy, A.; Andrews, L. "Openness and decision making in the search for a university provost." Em *Communication Monographs*, nº 65, 1998.

Eisenberg, E. M. & Riley, P. "Organizational symbols as sense making." Em Goldhaber, G. M. & Goldhaber, G. A. (orgs.). *Handbook of Organizational Communication*. Ablex: 1988.

Eisenberg, E. M. & Whetten, M. G. "Reconsidering openness in organizational communication." Em *Academy of Management Review*, nº 12, 1987.

Elliott, D. S. & Mihalic, S. "Issues in disseminating and replicating effective prevention programs." Em *Prevention Science*, nº 5, 2004.

Ellis, D. "A behavioral model for information retrieval system design." Em *Journal of Information Science*, nº 15, 1989.

Emery, F. & Trist, E. "The causal texture of organizational environment." Em *Human Relations*, nº 18, 1965.

Emirbayer, M. & Mische, A. "What is agency?" *American Journal of Sociology*, nº 103, 1998.

Entman, R. M. & Wildman, S. S. "Reconciling economic and non economic perspectives on media policy: transcending the 'marketplace of ideas.'" Em *Journal of Communication*, nº 42, 1992.

Erickson, B. H. "Networks, ideologies, and belief systems". Em Marsden, P. V. & Lin, N. (orgs.). *Social Structure and Network Analysis*. Sage, 1982.

Eveland, W. P. J.; Marton, K.; Seo, M. "Moving beyond 'just the facts': the influence of online news and the content and structure of public affairs knowledge." Em *Communication Research*, nº 31, 2004.

Fairhurst, G. T. "Male-female communication on the job: literature review and commentary." Em McLaughlin, M. L. (org.). *Communication Yearbook 9*. Sage, 1986.

_____ & Snavely, B. K. "A test of the social isolation of male tokens." Em *Academy of Management Journal*, nº 26, 1983.

Farace, R. V. & Johnson, J. D. "Comparative analysis of human communication networks in selected formal organizations." Apresentada na Convenção Anual da International Communication Association, Nova Orleans, 1974.

_____ & Mabee, T. "Communication network analysis methods." Em Monge, P. R. & Cappella, J. N. (orgs.). *Multivariate Techniques in Human Communication Research*. Academic Press: 1980.

_____; MONGE, P. R.; Russell, H. *Communicating and Organizing*. Addison-Wesley, 1977.

REFERÊNCIAS BIBLIOGRÁFICAS

_____; Taylor, J. A.; Stewart, J. P. "Criteria for evaluation of organizational communication effectiveness: review and synthesis." Em Nimmo, D. (org.). *Communication Yearbook*, nº 2. Transaction Books, 1978.

Farrell, A. & Geist-Martin, P. "Communicating social health: perceptions of wellness at work." Em *Management Communication Quarterly*, nº 18, 2005.

Feldman, M. S. & March, J. G. "Information in organizations as signal and symbol." Em *Administrative Science Quarterly*, nº 26, 1981.

Ferlie, E. *et al.* "The nonspread of innovations: the mediating role of professionals." Em *Academy of Management Journal*, nº 48, 2005.

Ferratt, T. W. *et al.* "IT human resource management configurations and IT turnover: theoretical synthesis and empirical analysis." Em *Information Systems Research*, nº 16, 2005.

Festinger, L.; Schacter, S.; Back, K. *Social Pressures in Informal Groups: a Study of a Housing Project*. Harper, 1950.

Fidler, L. A. & Johnson, J. D. "Communication and innovation implementation." *Academy of Management Review*, nº 9, 1984.

Fink, G. & Holden, N. "The global transfer of management knowledge." Em *Academy of Management Executive*, nº 19, 2005.

Fiol, C. M. "Consensus, diversity, and learning in organizations." Em *Organization Science*, nº 5, 1994.

Fisher, C. D. & Gitelson, R. "A meta-analysis of the correlates of role conflict and ambiguity." Em *Journal of Applied Psychology*, nº 68, 1983.

Fisher, K. E.; Durrance, J. C.; Hinton, M. B. "Information grounds and the use of need-based services by immigrants in Queens, New York: a context-based, outcome evaluation approach." Em *Journal of the American Society for Information Science and Technology*, nº 55, 2004.

_____; Erdelez, S.; McKechnie, L. (orgs.). *Theories of Information Behavior*. Information Today, 2005.

Fleisher, L. *et al.* "Balancing research and service: the experience of the Cancer Information Service." Em *Preventive Medicine*, nº 27, 1998.

Florida, R. & Cohen, W. H. "Engine or infrastructure? The university role in economic development." Em L. Branscomb, M.; Kodoma, F.; Florida, R. (orgs.). *Industrializing Knowledge: University-Industry linkages in Japan and the United States*. MIT Press, 1999.

Fontaine, M. A. "Keeping communities of practice afloat: understanding and fostering roles in communities." Em Lesser, E. & Prusak, L. (orgs.). *Creating Value with Knowledge: Insights from the IBM Institute for Business Value*. Oxford University Press, 2004.

Foray, D. "Continuities and ruptures in knowledge management practices." Em de la Mothe, J. & Foray, D. (orgs.). *Knowledge Management in the Innovation Process*. Kluwer, 2001.

Ford, C. M. "A theory of individual creative action in multiple social domains." Em *Academy of Management Review*, nº 21, 1996.

Ford, D. P. "Trust and knowledge management: the seeds of success." Em Holsapple, C. W. (org.). *Handbook on Knowledge Management, vol. I: Knowledge Matters*. Springer-Verlag, 2003.

Ford, E. W. *et al.* "Mitigating risks, visible hands, inevitable disasters, and soft variables." Em *Academy of Management Executive*, nº 17, 2003.

Ford, J. D. & Slocum JR., J. W. "Size, technology, environment and the structure of organizations." Em *Academy of Management Review*, nº 2, 1977.

Form, W. H. "Technology and social behavior of workers in four countries: a sociotechnical perspective." Em *American Sociological Review*, nº 37, 1972.

Fortner, R. S. "Excommunication in the information society." Em *Critical Studies in Mass Communication*, nº 12, 1995.

Fouche, B. "Knowledge networks: emerging knowledge work infrastructures to support innovation and knowledge management." Em *ICSTI Forum*, nº 32, 1999.

Frances, J. et al. "Introduction." Em Thompson, G. et al (orgs.). *Markets, Hierarchies, and Networks: the Coordination of Social Life*. Sage, 1991.

Freeman, A. C. & Sweeney, K. "Why general practitioners do not implement evidence: qualitative study." Em *British Medical Journal*, nº 323, 2001.

Freeman, L. C. "A set of measures of centrality based on betweenness." Em *Sociometry*, nº 40, 1977.

_____. "Filling in blanks: a theory of cognitive categories and the structure of social affiliation." Em *Social Psychology Quarterly*, nº 55, 1992.

_____; Romney, A. K.; Freeman, S. C. "Cognitive structure and informant accuracy." Em *American Anthropologist*, nº 89, 1987.

Freimuth, V. S. "The diffusion of supportive information." Em Albrecht, T. L. & Adelman, M. B. (orgs.). *Communicating Social Support*. Sage, 1987.

French, J. R. P. "A formal theory of social power." Em *Psychological Review*, nº 63, 1956.

_____ & Raven, B. "The bases of social power." Em: Cartwright, D. (org.). *Studies in Social Power*. Institute for Social Research, 1959.

Friedkin, N. E. "A test of structural features of Granovetter's strength of weak tiés theory." Em *Social Networks*, nº 2, 1980.

_____. "Information flow through strong and weak ties in intraorganizational social networks." Em *Social Networks*, nº 3, 1982.

_____. "Structural cohesion and equivalence: explanation of social homogeneity." Em *Sociological Method and Research*, nº 12, 1984.

_____. *Snap: Social Network Analysis Procedures*. Aptech Systems, Inc., 2001.

Friedman, R. A. & Podolny, J. "Differentiation of boundary spanning roles: labor negotiations and implications for role conflict." Em *Administrative Science Quarterly*, nº 37, 1992.

Friedman, T. *The World is Flat: a Brief History of the Twenty-first Century*. Farrar, Strauss, and Giroux, 2005.

Frisee, M. E. "State and community-based efforts to foster interoperability." Em *Health Affairs*, nº 24, 2005.

Froehlich, T. J. "Relevance reconsidered: towards an agenda for the 21st century: Introduction to special topic issue on relevance research." Em *Journal of the American Society for Information Science*, nº 45, 1994.

Fry, L. W. & Smith, D. A. "Congruence, contingency, and theory building." Em *Academy of Management Review*, nº 12, 1987.

Fulk, J. & Boyd, B. "Emerging theories of communication in organizations." Em *Journal of Management*, nº 17, 1991.

Fulk, J. et al. "A test of the individual action model for organizational information commons." Em *Organization Science*, nº 15, 2004.

Fund for the Improvement of Post-Secondary Education. Innovation and impact: the comprehensive program FY 2004. Fund for the improvement of Post-Secondary Education, Washington, 2003.

Galbraith, J. R. *Designing Complex Organizations*. Addison-Wesley, 1973.

_____. "Organizational design: an information processing view." Em *Interfaces*, nº 4, 1974.

_____. "Designing the innovating organization." Em *Organizational Dynamics*, nº 10, 1982.

_____. *Designing Organizations: an Executive Briefing on Strategy, Structure, and Process*. Jossey-Bass, 1995.

Gales, L.; Porter, P.; Mansour-Cole, D. "Innovation project technology, information processing and performance: a test of the Daft and Lengel conceptualization." Em *Journal of Engineering and Technology Management*, nº 9, 1992.

Gans, D. et al. "Medical groups' adoption of electronic health records and information systems." Em *Health Affairs*, nº 24, 2005.

Garg, A. X. et al. "Effects of computerized clinical decision support systems on practitioner performance and patient outcomes." Em *Journal of American Medical Association*, nº 293, 2005.

Gargiulo, M. & Benassi, M. "Trapped in your own net? Network cohesion, structural holes, and the adaption of social capital." Em *Organization Science*, nº 11, 2000.

Geertz, C. *The Interpretation of Cultures*. Nova York: Basic Books, 1973.

_____. "The bazaar economy: information and search in peasant marketing." Em *American Economic Review*, nº 68, 1978.

Geist-Martin, P.; Horsley, K.; Farrell, A. "Working well: communicating individual and collective wellness initiatives." Em Thompson, T. L. et al. (orgs.). *Handbook of Health Communication*. Lawrence Earlbaum Associates, 2003.

Georgoudi, M. & Rosnow, R. L. *The emergence of contextualism. Journal of Communication*, nº 35, 1985.

Ghoshal, S. & Bartlett, C. A. "The multinational corporation as an interorganizational network." Em *Academy of Management Review*, nº 15, 1990.

Gibson, D. R. "Taking turns and talking ties: networks and conversational interaction." Em *American Journal of Sociology*, nº 110, 2005.

Gibson, D. V. & Rogers, E. M. *R&D Collaboration on Trial*. Harvard Business School Press, 1994.

Giddens, A. "Time, space and regionalization." Em Gregory, D. & Urry, J. (orgs.). *Social Relations and Spatial Structures*. Macmillan, 1985.

_____. "Structuration theory: past, present and future." Em Bryant, C. G. A. & Jary, D. (orgs.). *Giddens' Theory of Structuration: a Critical Appreciation*. Routledge, 1991.

Gioia, D. A. & Poole, P. P. "Scripts in organizational behavior." Em *Academy of Management Review*, nº 9, 1984.

Gittell, J. H. & Weiss, L. "Coordination networks within and across organizations: a multi-level framework." Em *Journal of Management Studies*, nº 41, 2004.

Glasgow, R. E.; Lichtenstein, E.; Marcus, A. C. "Why don't we see more translation of health promotion research to practice? Rethinking the efficacy-to-effectiveness transition." Em *American Journal of Public Health*, nº 93, 2003.

_____ et al. "The future of health behavior change research: what is needed to improve translation of research into health promotion practice?" Em *Annals of Behavioral Medicine*, nº 27, 2004a.

_____ et al. "Disseminating effective cancer screening interventions." Em *Cancer Supplement*, nº 101, 2004b.

_____; Vogt, T. M.; Boles, S. M. "Evaluating the public health impact of health promotion interventions: the RE-AIM framework." Em *American Journal of Public Health*, nº 89, 1999.

Glauser, M. J. "Upward information flow in organizations: review and conceptual analysis." Em *Human Relations*, nº 37, 1984.

Goerzen, A. "Managing alliance networks: emerging practices of multinational corporations." Em *Academy of Management Executive*, nº 19, 2005.

Goffman, E. *Frame Analysis: an Essay on the Organization of Experience*. Harvard University Press, 1974.

Gold, A. H.; Malhotra, A.; Segars, A. H. "Knowledge management: an organizational capabilities perspective." Em *Journal of Management Information Systems*, nº 18, 2001.

Goldberg, S. C. "Three situational determinants of conformity to social norms." Em *Journal of Abnormal and Social Psychology*, nº 9, 1954.

Goldenson, R. M. *Longman Dictionary of Psychology and Psychiatry*. Longman, 1984.

Goldhaber, G. M. et al. "Organizational communication: 1978." Em *Human Communication Research*, nº 5, 1978.

Goldhar, J. D.; Bragaw, L. W.; Schwartz, J. J. "Information flows, management styles, and technological innovation." Em *IEEE Transactions on Engineering Management*, nº 23, 1976.

Goodall, H. L. "On becoming an organizational detective: the role of context, sensitivity, and intuitive logics in communication consulting." Em *Southern Communication Journal*, nº 55, 1989.

Gottlieb, L. K. *et al.* "Regulatory and policy barriers to effective clinical data exchange: lessons learned from MedsInfo-Ed." Em *Health Affairs*, nº 24, 2005.

Gough, C. "Science and the Stradivarius." Disponível em: http://physicsworld.com/cws/article/print/696, 2000.

Govindarajan, V. & Trimble, C. "Organizational DNA for strategic innovation." Em *California Management Review*, nº 47, 2005.

Grandori, A. & Kogut, B. "Dialogue on organization and knowledge." Em *Organization Science*, nº 13, 2002.

Granovetter, M. S. "The strength of weak ties." Em *American Journal of Sociology*, nº 78, 1973.

_____. "The strength of weak ties: a network theory revisited." Em Marsden, P. V. & Lin, N. (orgs.). *Social Structure in Network Analysis*. Sage, 1982.

_____. "Economic action and social structure: the problem of embeddedness." Em *American Journal of Sociology*, nº 91, 198.

Gray, B. "Review of 'Frame reflection'." Em *Academy of Management Review*, nº 21, 1996.

Gray, P. H. & Meister, D. B. "Knowledge sourcing effectiveness." Em *Management Science*, nº 50, 2004.

Green, L. A. & Seifert, C. M. "Translation of research into practice: why we can't 'just do it'." Em *Journal of American Board of Family Medicine*, nº 18, 2005.

Green, L. W. & Glascow, R. E. "Evaluating the relevance, generalization, and applicability of research: issues in external validation and translation methodology." Em *Evaluation and the Health Professions*, nº 29, 2006.

Greene, C. N. "Identification modes of professionals: relationships with formalization, role strain, and alienation." Em *Academy of Management Journal*, nº 21, 1978.

Gregory, D. "Suspended animation: the stasis of diffusion theory." Em Gregory, D. & Urry, J. (orgs.). *Social Relations and Spatial Structures*. Macmillan, 1985.

_____ & Urry, J. "Introduction." Em Gregory, D. & Urry, J. (orgs.). *Social Relations and Spatial Structures*. Macmillan, 1985.

Gregory, K. L. "Native-view paradigms: multiple cultures and culture conflicts in organizations." Em *Administrative Science Quarterly*, nº 28, 1983.

Greider, W. *Who will tell the people?: the betrayal of American democracy*. Simon & Schuster, 1992.

Gresov, C. & Drazin, R. "Equifinality: functional equivalence in organization design." Em *Academy of Management Review*, nº 22, 1997.

Gresov, C. & Stephens, C. "The context of interunit influence attempts." Em *Administrative Science Quarterly*, nº 38, 1993.

Grimshaw, J. M. *et al.* "Effectiveness and efficiency of guideline dissemination and implementation strategies." Em *Health Technology Assessment*, nº 8, 2004.

Groopman, J. *How Doctors Think*. Houghton Mifflin, 2007.

Grover, V. & Davenport, T. H. "General perspectives on knowledge management: fostering a research agenda." Em *Journal of Management Information Systems*, nº 18, 2001.

Guetskow, H. "Communication in organizations." Em March, J. G. (org.). *Handbook of Organizations*. Rand-McNally, 1965.

_____ & Simon, H. A. "The impact of certain communication nets upon organization and performance in task oriented groups." Em *Management Science*, nº 1, 1955.

Gulati, R. *Managing Network Resources: Alliances, Affiliations, and Other Relational Assets*. Oxford University Press, 2007.

Gulati, R. & Kletter, D. "Shrinking core, expanding periphery: the relational architecture of high-performing organizations." Em *California Management Review*, nº 47, 2005.

Gullahorn, J. T. "Distance and friendship as factors in the gross interaction matrix." Em *Sociometry*, nº 15, 1952.

Gupta, A. K. & Govindarajan, V. "Knowledge flows and the structure of control within multinational organizations." Em *Academy of Management Review*, nº 16, 1991.

_____; Smith, K. G.; Shalley, C. E. "The interplay between exploration and exploitation." Em *Academy of Management Journal*, nº 49, 2006.

Gurbaxani, V. & Whang, S. "Knowledge flows and the structure of control within multinational organizations." Em *Communications of the ACM*, nº 24, 1991.

Hackbarth, G. & Milgate, K. "Using quality incentives to drive physician adoption of health information technology." Em *Health Affairs*, nº 24, 2005.

Hackman, J. "Group influences on individuals." Em M. Dunette (org.). *Handbook of Industrial and Organizational Psychology*. Wiley, 1983.

Hage, J. "Organizational innovation and organizational change." Em *Annual Review of Sociology*, nº 25, 1999.

_____ & Aiken, M. *Social Change in Complex Organizations*. Random House, 1970.

_____; Aiken, M.; Marrett, C. B. "Organization structure and communications." Em *American Sociological Review*, nº 36, 1971.

Hägerstrand, T. *Innovation Diffusion as a Spatial Process*. University of Chicago Press, 1953.

_____. *Diorama, path and project. Tijdschrift voor Economische en Sociale Geografie*, nº 73, 1982.

Halamka, J. *et al*. "Exchanging health information: local distribution, national coordination." Em *Health Affairs*, nº 24, 2005.

Hall, H. "Borrowed theory: applying exchange theories in information science research." Em *Library and Information Science Research*, nº 25, 200.

Hammond, W. E. "The making and adoption of health data standards." Em *Health Affairs*, nº 24, 2005.

Hansen, M. T. "The search-transfer problem: the role of weak ties in sharing knowledge across organization subunits." Em *Administrative Science Quarterly*, nº 44, 1999.

_____. "Knowledge networks: explaining effective knowledge sharing in multiunit companies." Em *Organization Science*, nº 13, 2002.

_____ & Hass, M. R. "Competing for attention in knowledge markets: electronic document dissemination in a management consulting company." Em *Administrative Science Quarterly*, nº 46, 2001.

Hansen, M. T.; Mors, M. L.; Lovas, B. "Knowledge sharing in organizations: multiple networks, multiple phases." Em *Academy of Management Journal*, nº 48, 2005.

Hanser, L. M. & Muchinsky, P. M. "Work as an information environment." Em *Organizational Behavior and Human Performance*, nº 21, 1978.

Hanson, R.; Porterfield, R. I.; Ames, K. "Employee empowerment at risk: effects of recent NLRB rulings." Em *Academy of Management Executive*, nº 9, 199.

Hargadon, A. & Fanelli, A. "Action and possibility: reconciling dual perspectives of knowledge in organizations." Em *Organization Science*, nº 13, 2002.

Hargadon, A. & Sutton, R. I. "Technology brokering and innovation in a product development firm." Em *Administrative Science Quarterly*, nº 42, 1997.

_____. "Building an innovation factory." Em *Harvard Business Review*, nº 78, 2000.

Harris, L. & Associates. *At a Tipping Point: Transforming Medicine with Health Information Technology: a Guide for Consumers*. L. Harris and Associates, 2005.

Harter, L. M. & Krone, K. J. "The boundary-spanning role of a cooperative support organization: managing the paradox of stability and change in non-traditional organizations." Em *Journal of Applied Communication Research*, nº 29, 2001.

Hartman, R. L. & Johnson, J. D. "Social contagion and multiplexity: communication networks as predictors of commitment and role ambiguity." Em *Human Communication Research*, nº 15, 1989.

_____. "Formal and informal group communication structures: an examination of their relationship to role ambiguity." Em *Social Networks*, nº 12, 1990.

Hatch, M. J. "Physical barriers, task characteristics, and interaction activity in research and development firms." Em *Administrative Science Quarterly*, nº 32, 1987.

Hellweg, S. A. "Organizational grapevines." Em Dervin, B. & Voight, M. J. (orgs.). *Progress in Communication Sciences*. Vol. 8. Ablex, 1987.

Hersh, W. R. et al. "Factors associated with success in searching Medline and applying evidence to answer clinical questions." Em *Journal of the American Medical Informatics Association*, nº 9, 2002.

_____. "Factors associated with successful answering of clinical questions using an information retrieval system." Em *Bulletin of Medical Library Association*, nº 88, 2000.

Hew, K. F. & Hara, N. "Knowledge sharing in online environments: a qualitative case study." Em *Journal of the American Society for Information Science and Technology*, nº 58, 2007.

Hickson, D. J. "Decision making at the top of organizations." Em *Annual Review of Sociology*, nº 13, 1987.

Hillestad, R. et al. "Can electronic medical record systems transform health care? Potential health benefits, savings, and costs." Em *Health Affairs*, nº 24, 2005.

Hinds, P. J. & Pfeffer, J. "Why organizations don't 'know what they know': cognitive and motivational factors affecting the transfer of expertise." Em Ackerman, M. S.; Pipek, V.; Wulf, V. (orgs.). *Sharing Expertise: Beyond Knowledge Management*. MIT Press, 2003.

Hirsch, S. & Dinkelacker, J. "Seeking information in order to produce information: an empirical study at Hewlett Packard Labs." Em *Journal of the American Society for Information Science and Technology*, nº 55, 2004.

Hjorland, B. "Information: objective or subjective/situational?" Em *Journal of the American Society for Information Science and Technology*, nº 58, 2007.

Hoetker, G. & Agarwal, R. "Death hurts, but it isn't fatal: the post exit diffusion of knowledge created by innovative companies." Em *Academy of Management Journal*, nº 50, 2007.

Hoffman, G. M. *The Technology Payoff: How to Profit with Empowered Workers in the Information Age*. Irwin, 1994.

Hollingshead, A. B. "Communication, learning, and retrieval in transactive memory systems." Em *Journal of Experimental Social Psychology*, nº 34, 1998.

Holsapple, C. W. "Knowledge and its attributes." Em Holsapple, C. W. (org.). *Handbook of Knowledge Management*, vol. I: *Knowledge Matters*. SpringerVerlag, 2003.

Holsapple, C. W. & Whinston, A. B. *The Information Jungle: a Quasi Novel Approach to Managing Corporate Knowledge*. Dow Jones-Irwin, 1988.

Howell, J. M. "The right stuff: identifying and developing effective champions of innovation." Em *Academy of Management Executive*, nº 19, 2005.

Huber, G. P. "A theory of the effects of advanced information technologies on organizational design, intelligence, and decision making." Em *Academy of Management Review*, nº 15, 1990.

_____ & Daft, R. L. "The information environment in organizations." Em Jablin, F. M. et al (orgs.). *Handbook of Organizational Communication: an Interdisciplinary Perspective*. Sage, 1987.

_____ & McDaniel JR., R. R. "Exploiting information technologies to design more effective organizations." Em Jarke, M. (org.). *Managers, Micros and Mainframes*. Wiley, 1988.

REFERÊNCIAS BIBLIOGRÁFICAS

Huckfeldt, R.; Johnson, P. E.; Sprague, J. *Political Disagreement: the Survival of Diverse Opinions within Communication Networks*. Cambridge University Press, 2004.

Hudson, J. & Danish, S. J. "The acquisition of information: an important life skill." Em *Personnel and Guidance Journal*, nº 59, 1980.

Huff, C.; Sproull, L.; Kiesler, S. "Computer communication and organizational commitment: tracing the relationship in a city government." Em *Journal of Applied Social Psychology*, nº 19, 1989.

Huotari, M. & Chatman, E. "Using everyday life information seeking to explain organizational behavior." Em *Library and Information Science Research*, nº 23, 2001.

Huysman, M. & van Baalen, P. "Editorial." Em *Trends in Communication*, nº 8, 2002.

Hyman, H. H. & Sheatsley, P. B. "Some reasons why information campaigns fail." Em *Public Opinion Quarterly*, nº 11, 1947.

Ibarra, H. "Personal networks of women and minorities in management: a conceptual framework." Em *Academy of Management Review*, nº 18, 1993.

Inkpen, A. C. & Tsang, E. W. K. "Social capital, networks, and knowledge transfer." Em *Academy of Management Review*, nº 30, 2005.

Inman, T. H.; Olivas, L.; Golden, S. P. "Desirable communication behaviors of managers." Em *Business Education Forum*, nº 40, 1986.

Introcaso, D. M. "The value of social network analysis in health care delivery." Em *New Directions for Evaluation*, nº 107, 2005.

Iverson, J. O. & McPhee, R. D. "Knowledge management in communities of practice: being true to the communicative character of knowledge." Em *Management Communication Quarterly*, nº 16, 2002.

Jablin, F. M. "Message response and 'openness' in superior–subordinate communication." Em Ruben, B. D. (org.). *Communication Yearbook*, nº 2. Transaction Books, 1978.

_____. "Organizational communication theory and research: an overview of communication climate and network research." Em Nimmo, D. (org.). *Communication Yearbook*, nº 4. Transaction Books, 1980.

_____. "An exploratory study of subordinates' perceptions of supervisory politics." Em *Communication Quarterly*, nº 28, 1981.

_____. "Formal organization structure." Em Jablin, F. M.; Putnam, L. L.; Roberts, K. H.; Porter, L. W. (orgs.). *Handbook of Organizational Communication: An Interdisciplinary Perspective*. Sage, 1987.

_____ et al. (orgs.) *Handbook of Organizational Communication: an Interdisciplinary Perspective*. Sage, 1987.

_____ & Sussman, L. "Organizational group communication: a review of the literature and model of the process." Em Greenbaum, H. H.; Falcione, R. L.; Hellweg, S. A. (orgs.). *Organizational Communication: Abstracts, Analysis, and Overview*. Sage, 1983.

Jackson, S. E. & Schuler, R. S. "A meta-analysis and conceptual critique of research on role ambiguity and role conflict in work settings." Em *Organizational Behavior and Human Decision Processes*, nº 36, 1985.

Jacoby, J. "Optimal foraging." Em Fisher, K. E.; Erdelez, S.; McKechnie, L. (orgs.). *Theories of Information Behavior*. Information Today: 2005.

James, L. R. & Jones, A. P. "Organizational climate: a review of theory and research." Em *Psychological Bulletin*, nº 16, 1974.

Janis, I. L. "Groupthink." *Psychology Today*, novembro de 1971.

Jansen, J. J. P.; van den Bosch, F. A. J.; Volberda, H. W. "Managing potential and realized absorptive capacity: how do organizational antecedents matter?" Em *Academy of Management Journal*, nº 48, 2005.

Jarvenpaa, S. L. & Staples, D. S. "Exploring perceptions of organizational ownership of information and expertise." Em *Journal of Management Information Systems*, nº 18, 2001.

Jensen, M. C. & Meckling, W. H. "Specific and general knowledge, and organizational structure." Em *Journal of Applied Corporate Finance*, nº 8, 1995.

Johnson, B. M. & Rice, R. E. *Managing Organizational Innovation: the Evolution of Word Processing to Office Information Systems*. Columbia University Press, 1987.

Johnson, J. D. "A test of a model of magazine exposure and appraisal in India." Em *Communication Monographs*, nº 50, 1983.

_____. "International communication media appraisal: tests in Germany." Em Bostrom, R. N. (org.). *Communication Yearbook*, nº 8. Sage, 1984a.

_____. "Media exposure and appraisal: Phase II, tests of a model in Nigeria." Em *Journal of Applied Communication Research*, nº 12, 1984b.

_____. "Multivariate communication networks." Em *Central States Speech Journal*, nº 38, 1987.

_____. "On the use of communication gradients." Em Goldhaber, G. M. & Barnett, G. (orgs.). Em *Handbook of Organizational Communication*. Ablex, 1988.

_____. "Structure: a software review." Em *Communication Education*, nº 37, 1988b.

_____. "Technological and spatial factors related to communication structure." Apresentada na Convenção Anual da International Communication Association, São Francisco, 1989.

_____. "Effects of communicative factors on participation in innovations." Em *Journal of Business Communication*, nº 27, 1990.

_____. "Approaches to organizational communication structure." Em *Journal of Business Research*, nº 25, 1992.

_____. *Organizational Communication Structure*. Ablex, 1993.

_____. "Approaches to communication structure: applications to the problem of information seeking." Em West, M. (org.). *Handbook of Work Group Psychology*. Wiley, 1996a.

_____. *Information Seeking: an Organizational Dilemma*. Quorum Books, 1996b.

_____. *Cancer-related Information Seeking*. Hampton Press, 1997a.

_____. "A framework for interaction (FINT) scale: extensions and refinement in an industrial setting." Em *Communication Studies*, nº 48, 1997b.

_____. "Frameworks for interaction and disbandments: a case study." Em *Journal of Educational Thought*, nº 32, 1998.

_____. "Researcher-practitioner relationships in consortia: the Cancer Information Services Research Consortium." Em *AIC Journal of Business*, nº 14, 2002.

_____. "On contexts of information seeking." Em *Information Processing and Management*, nº 39, 2003.

_____. "The emergence, maintenance, and dissolution of structural hole brokerage within consortia." Em *Communication Theory*, nº 14, 2004.

_____. *Innovation and Knowledge Management: the Cancer Information Services Research Consortium*. Edward Elgar, 2005.

_____. "A sociometric analysis of influence relationships within a community of practice." Em *Studies in Communication Sciences*, nº 6, 2006.

_____. "Dosage: a bridging metaphor for theory and practice." Em *International Journal of Strategic Communication*, nº 2, 2008.

_____ *et al.* "Fields and/or pathways: contrasting and/or complementary views of information seeking." Em *Information Processing and Management*, nº 42, 2006.

_____ *et al.* "Genomics: the perfect information seeking research problem." Em *Journal of Health Communication*, nº 10, 2005.

REFERÊNCIAS BIBLIOGRÁFICAS

_____ & Chang, H. J. "Internal and external communication, boundary spanning, innovation adoption: an over-time comparison of three explanations of internal and external innovation communication in new organization form." Em *Journal of Business Communication*, nº 37, 2000.

_____ et al. "Differences between formal and informal communication channels." Em *Journal of Business Communication*, nº 31, 1994.

_____. "A comprehensive model of information seeking: tests focusing on a technical organization." Em *Science Communication*, nº 16, 1995a.

_____. "Differences between organizational and communication factors related to contrasting innovations." Em *Journal of Business Communication*, nº 32, 1995b.

_____ et al. "The impact of formalization, role conflict, role ambiguity, and communication quality on perceived organizational innovativeness in the Cancer Information Service." Em *Evaluation and the Health Professions*, nº 21, 1998.

_____ & Meischke, H. "A comprehensive model of cancer related information seeking applied to magazines." Em *Human Communication Research*, nº 19, 1993.

_____ et al. "Testing two contrasting models of innovativeness in a contractual network." Em *Human Communication Research*, nº 24, 1997.

_____ & Oliveira, O. S. "A model of international communication media appraisal and exposure: a comprehensive test in Belize." Em *World Communication*, nº 17, 1988.

_____. "Communication factors related to closer international ties: an extension of a model in Brazil." Em *International Journal of Conflict Management*, nº 3, 1992.

_____; Oliveira, O. S.; Goldhaber, G. A. "Communication factors related to closer international ties: an extension of a model in Belize." Em *International Journal of Intercultural Relations*, nº 13, 1989.

_____ & Smith, D. A. "Effects of work dependency, response satisfaction and proximity on communication frequency." Em *Western Journal of Speech Communication*, nº 49, 1985.

_____ & Tims, A. R. "Communication factors related to closer international ties." Em *Human Communication Research*, nº 12, 1985.

Joshi, A. "The influence of organizational demography on the external networking behavior of teams." Em *Academy of Management Journal*, nº 31, 2006.

Kahn, R. L. et al. *Organizational Stress: Studies in Role Conflict and Ambiguity*. Wiley, 1964.

Kahn, W. A. "Psychological conditions of personal engagement and disengagement at work." Em *Academy of Management Journal*, nº 33, 1990.

Kalman, M. E. et al. "Motivations to resolve communication dilemmas in database-mediated collaboration." Em *Communication Research*, nº 29, 2002.

Kane, G. C. & Alavi, M. "Casting the net: a multimodal network perspective on user–system interactions." Em *Information Systems Research*, nº 19, 2008.

Kanter, R. M. *Men and Women of the Corporation*. Basic Books, 1977.

_____. *The Change Masters: Innovation and Entrepreneurship in the American Corporation*. Simon & Schuster, 1983.

_____. "When a thousand flowers bloom: structural, collective, and social conditions for innovation in organizations." Em *Research in Organizational Behavior*, nº 10, 1988.

Kashy, D. A. & Kenny, D. A. "Do you know whom you were with a week ago Friday? A re-analysis of the Bernard, Killworth, and Sailer studies." Em *Social Psychology Quarterly*, nº 53, 1990.

Kasperson, C. J. "An analysis of the relationship between information sources and creativity in scientists and engineers." Em *Human Communication Research*, nº 4, 1978.

Katila, R. & Ahuja, G. "Something old, something new: a longitudinal study of search behavior and new product introduction." Em *Academy of Management Journal*, nº 45, 2002.

Katz, D. & Kahn, R. L. *The Social Psychology of Organizations*. Wiley, 1966.

_____. *The Social Psychology of Organizations*. 2ª ed. Wiley, 1978.

Katz, E. "The two step flow of communication: an up to date report on an hypothesis." Em *Public Opinion Quarterly*, nº 21, 1957.

_____. "On reopening the question of selectivity in exposure to mass communications." Em Abelson, R. P. (org.). *Theories of Cognitive Consistency*. RandMcNally, 1968.

_____ & Lazersfeld, P. F. *Personal Influence: the Part Played by People in the Flow of Mass Communications*. Free Press, 1955.

Katz, N. *et al*. "Network theory and small groups." Em *Small Group Research*, nº 35, 2004.

Katz, R. & Allen, T. J. "Investigating the not invented here (NIH) syndrome: a look at the performance, tenure, and communication patterns of 50 R&D project groups." Em *R&D Management*, nº 12, 1982.

_____ & Tushman, M. L. "An investigation into the managerial roles and career paths of gatekeepers and project supervisors in a major R&D facility." Em *R&D Management*, nº 11, 1981.

Katzer, J. & Fletcher, P. T. "The information environment of managers." Em *Annual Review of Information Science and Technology*. Learned Information, 1992.

Kayworth, T. & Leidner, D. "Organizational culture as a knowledge resource." Em Holsapple, C. W. (org.). *Handbook of Knowledge Management*, vol. I: *Knowledge Matters*. Springer-Verlag, 2003.

Kearns, G. S. & Lederer, A. L. "A resource-based view of strategic IT alignment: how knowledge sharing creates competitive advantage." Em *Decision Sciences*, nº 34, 2003.

Keen, M. & Stocklmayer, S. "Science communication: the evolving role of rural industry research and development corporations." Em *Australian Journal of Environmental Management*, nº 6, 1999.

Keen, P. G. W. "Telecommunications and organizational choice." Em Fulk, J. & Steinfield, C. (orgs.). *Organizations and Communication Technology*. Sage, 1990.

_____ & Morton, M. S. S. *Decision Support Systems: an Organizational Perspective*. Addison-Wesley, 1978.

Keidel, R. W. "Baseball, football, and basketball: models for business." Em *Organizational Dynamics*, nº 12, 1984.

Keller, R. T. "A cross-national study of communication networks and technological innovation in research and development organizations." Apresentado no Encontro nacional da Academy of Management. Washington, 1989.

_____. "Cross-functional product groups in research and new product development: diversity, communications, job stress, and outcomes." Em *Academy of Management Journal*, nº 44, 2001.

Kenney, D. A.; Kashy, D. A.; Cook, W. L. *Dyadic Data Analysis*. Guilford Press, 2006.

Kerwin, A. "None too solid: medical ignorance." Em *Knowledge: Creation, Diffusion, Utilization*, nº 15, 1993.

Ketchen J. R., D. J.; Thomas, J. B.; Snow, C. C. "Organizational configurations and performance: a comparison of theoretical approaches." Em *Academy of Management Journal*, nº 36, 1993.

Kilduff, M. & Krackhardt, D. "Bringing the individual back in: a structural analysis of the internal market for reputation in organizations." Em *Academy of Management Journal*, nº 37, 1994, pp. 87-108.

_____ & Tsai, W. *Social Networks and Organizations*. Sage, 2003.

Killworth, P. D. & Bernard, H. R. "Informant accuracy in social network data." Em *Human Organizations*, nº 35, 1976.

_____. "Informant accuracy in social network data, III: a comparison of triadic structure in behavioral and cognitive data." Em *Social Networks*, nº 2, 1979.

Killworth, P. D.; Bernard, H. R.; McCarty, C. "Measuring patterns of acquaintanceshipp." Em *Current Anthropology*, nº 25, 1984.

REFERÊNCIAS BIBLIOGRÁFICAS

Kilmann, R. H.; Slevin, D. P.; Thomas, K. W. "The problem of producing useful knowledge." Em Kilmann, R. H. *et al* (orgs.). *Producing Useful Knowledge for Organizations*. Jossey-Bass, 1983.

Kim, L. "Organizational innovation and structure." Em *Journal of Business Research*, nº 2, 1980.

Kim, T.; Oh, H.; Swaminathan, A. "Framing interorganizational network change: a network inertia perspective." Em *Academy of Management Review*, nº 31, 2006.

Kimberly, J. R. & Evanisko, M. J. "Organizational innovation: the influence of individual, organizational, and contextual factors on hospital adoption of technological and administrative innovations." Em *Academy of Management Journal*, nº 24, 1981.

Kindermann, T. A. & Valsiner, J. "Directions for the study of developing person-context relations." Em Kindermann, T. A. & Valsiner, J. (orgs.). *Development of Person-context Relationships*. Lawrence Erlbaum Associates, 1995a.

_____. "Individual development, changing contexts and the co-construction of person-context relations in human development." Em Kindermann, T. A. & Valsiner, J. (orgs.). *Development of Person-context Relationships*. Lawrence Erlbaum Associates, 1995b.

Kirman, A. "Market organization and individual behavior: evidence from fish markets." Em Rauch, J. E. & Casella, A. (orgs.). *Networks and Markets*. Russel Sage, 2001.

Klein, K. J.; Palmer, S. L.; Conn, A. B. "Interorganizational relationships: a multilevel perspective." Em Klein, K. J. & Kozlowski, S. W. J. (orgs.). *Multilevel Theory, Research, and Methods in Organizations*. Jossey-Bass, 2000.

Klesges, L. M. *et al*. "Beginning with application in mind: designing and planning health behavior change interventions to enhance dissemination." Em *Annals of Behavioral Medicine*, nº 29, 2005.

Klovdahl, A. S. "A note on images of networks." Em *Social Networks*, nº 3, 1981.

Knoke, D. & Kuklinski, J. H. *Network Analysis*. Sage, 1982.

Kogut, B. "The network as knowledge: generative rules and the emergence of structure." Em *Strategic Management Journal*, nº 21, 2000.

Kogut, B. & Zander, U. "What firms do? Coordination, identity, and learning." Em *Organization Science*, nº 7, 1996.

Koka, B. R.; Madhavan, R.; Prescott, J. E. "The evolution of interfirm networks: environmental effects on patterns of network change." Em *Academy of Management Review*, nº 31, 20.

Komsky, S. H. "Electronic mail and democratization of organizational communication." Apresentada na Convenção Anual da International Communication Association. São Francisco, 1989.

Korzenney, F. "A theory of electronic propinquity: mediated communication in organizations." Em *Communication Research*, nº 5, 1978.

Krackhardt, D. "Graph theoretical dimensions of informal organizations." Apresentado no Encontro Nacional da Academy of Management, Washington, 1989.

_____. "The strength of strong ties: the importance of philos in organizations." Em Nohria, N. (org.). *Networks and Organizations: Structure, Form, and Action*. Harvard Business Review, 1992.

_____. "Constraints on the interactive organization as an ideal type." Em Heckscher, C. & Donnelon, A. (orgs.). *The Post-bureaucratic Organization: New Perspectives on Organizational Change*. Sage, 1994.

_____. "Closing remarks." Apresentado na Conferência de Redes intraorganizacionais, Lexington, 2007.

_____ & Porter, L. W. "When friends leave: a structural analysis of the relationship between turnover and stayers' attitudes." Em *Administrative Science Quarterly*, nº 30, 1985.

Kratzer, J.; Leenders, R. T. A. J.; van Engelen, J. M. L. "Stimulating the potential: creative performance and communication in innovation teams." Em *Creativity and Innovation Management*, nº 13, 2004.

Krebs, V. "Mapping community networks." Apresentado na Conferência Anual da International Network for Social Network Analysis (INSNA). St. Petersburg Beach, 2008.

Krippendorf, K. *Information Theory: Structural Models for Qualitative Data*. Sage, 1986.

Krizner, I. M. *Competition and Entrepreneurshipp*. University of Chicago Press, 1973.

Kuhlthau, C. "Inside the search process: information seeking from the user's perspective." Em *Journal of the American Society for Information Science*, nº 12, 1991.

_____. *Seeking Meaning: a Process Approach to Library and Information Services*. 2ª ed. Libraries Unlimited, 2004.

Kuhn, T. "Negotiating boundaries between scholars and practitioners: knowledge, networks, and communities of practice." Em *Management Communication Quarterly*, nº 16, 2002.

_____ & Corman, S. R. The emergence of homogeneity and heterogeneity in knowledge structures during a planned organizational change. *Communication Monographs*, nº 70, 2003.

Kuhn, T. S. *The Structure of Scientific Revolutions*. 2ª ed. Chicago: University of Chicago Press, 1970.

Kumbasar, E.; Romney, A. K.; Batchelder, W. H. "Systematic biases in social perception." Em *American Journal of Sociology*, nº 100, 1994.

Kurke, L. B.; Weick, K. E.; Ravlin, E. C. "Can information loss be reversed? Evidence for serial construction." Em *Communication Research*, nº 16, 1989.

LaFollette, M. C. "Editorial." Em *Knowledge: Creation, Diffusion, Utilization*, nº 15, 1993.

Lane, P. J.; Koka, B. R.; Pathak, S. "The reification of absorptive capacity: a critical review and rejuvenation of the construct." Em *Academy of Management Review*, nº 31, 2006.

Larson J. R., J. R. "The dynamic interplay between employees' feedback seeking strategies and supervisor's delivery of performance feedback." Em *Academy of Management Review*, nº 14, 1989.

Laumann, E. O.; Marsden, P. V.; Prensky, D. "The boundary specification problem in network analysis." Em Burt, R. S. & Minor, M. J. (orgs.). *Applied Network Analysis*. Sage, 1983.

_____ & Schumm, L. P. "Measuring social networks using samples: Is network analysis relevant to survey research?" Apresentado no Simpósio do National Opinion Research Center, Chicago, 1992.

Lawrence, P. R. & Lorsch, J. W. *Organization and Environment: Managing Differentiation and Integration*. Harvard Business School Press, 1967.

Leavitt, H. J. "Some effects of certain communication patterns on group performance." Em *Journal of Abnormal and Social Psychology*, nº 46, 1951.

Leckie, G. J. "General model of the information seeking of professionals." Em Fisher, K. E.; Erdelez, S.; McKechnie, E. F. (orgs.). *Theories of Information Behavior*. Information Today, 2005.

Lee, A. M. *Systems Analysis Frameworks*. Macmillan, 1970.

Lee, G. K. & Cole, R. E. "From a firm-based to a community-based model of knowledge creation: the case of Linux kernel development." Em *Organization Science*, nº 14, 2003.

Lee, J.; Miranda, S. M.; Kim, Y. "IT outsourcing strategies: universalistic, contingency, and configurational explanations of success." Em *Information Systems Research*, nº 15, 2004.

Leifer, R. & Delbecq, A. "Organizational/environmental interchange: a model of boundary spanning activity." Em *Academy of Management Review*, nº 20, 1978.

Lenz, E. R. "Information seeking: a component of client decisions and health behavior." Em *Advances in Nursing Science*, nº 6, 1984.

Leonard, D. *Wellsprings of Knowledge: Building and Sustaining the Source of Innovation*. Harvard Business School Press, 1995.

Leonard, D. & Sensiper, S. "The role of tacit knowledge in group innovation." Em *California Management Review*, nº 40, 1998.

Leonard, D. A. "Innovation as a knowledge generation and transfer process." Em Singhal, A. & Dearing, J. W. (orgs.). *Communication of Innovations: a Journey with Ev Rogers*. Sage, 2006.

REFERÊNCIAS BIBLIOGRÁFICAS

Leonard-Barton, D. & Deschamps, I. "Managerial influence in the implementation of new technology." Em *Management Science*, nº 34, 1988.

Lesser, E. & Prusak, L. (orgs.). *Creating Value with Knowledge: Insights from the IBM Institute for Business Value*. Oxford University Press, 2004.

_____ & Cothrel, J. "Fast friends: virtuality and social capital." Em Lesser, E. & Prusak, L. (orgs.). *Creating Value with Knowledge: Insights from the IBM Institute for Business Value*. Oxford University Press, 2004.

_____ & Storck, J. "Communities of practice and organizational performance." Em Leser, E. & Prusak, L. (orgs.). *Creating Value with Knowledge: Insights from the IBM Institute for Business Value*. Oxford University Press, 2004.

Levacic, R. "Markets: introduction." Em: Thompson, G. *et al* (orgs.). *Markets, Hierarchies and Networks: the Coordination of Social Life*. Sage, 1991.

Levin, D. Z. *et al.* "Trust in knowledge sharing: a critical combination." Em Lesser, E. & Prusak, L. (orgs.). *Creating Value with Knowledge: Insights from the IBM Institute for Business Value*. Oxford University Press, 2004.

Levine, J. M. & Moreland, R. L. "Collaboration: the social context of theory development." Em *Personality and Social Psychology Review*, nº 8, 2004.

Lewin Groupp. *Health information technology leadership panel: final report*, março de 2005.

Lewis, L. K. & Seibold, D. R. "Innovation modification during interorganizational adoption." Em *Academy of Management Review*, nº 18, 1993.

_____. "Communication during intraorganizational innovation adoption: predicting users' behavioral coping responses to innovations in organizations." Em *Communication Monographs*, nº 63, 1996.

Lewis, M. L.; Cummings, W. W.; Long, L. W. "Communication activity as a predictor of the fit between worker motivation and worker productivity." Em Burgoon, M. (org.). *Communication Yearbook*, nº 5. Sage, 1982.

Lewis, R. S. *Challenger: The Final Voyage*. Columbia University Press, 1988.

Li, L. "Information sharing in a supply chain with horizontal competition." Em *Management Science*, nº 48, 2002.

Liberman, S. & Wolf, K. B. "The flow of knowledge: scientific contacts in formal meetings." Em *Social Networks*, nº 19, 1997.

Lievrouw, L. A. "Information resources and democracy: understanding the paradox." Em *Journal of the American Society for Information Science*, nº 45, 1994.

Liker, J. K.; Haddad, C. J.; Karlin, J. "Perspectives on technology and work organization." Em *Annual Review of Sociology*, nº 25, 1999.

Likert, R. *The Human Organization: its Management and Value*. McGraw-Hill, 1967.

Lin, N. *Social Capital: A Theory of Social Structure and Action*. Cambridge University Press, 2001.

Lincoln, J. R. & McBride, K. "Resources, homophily, and dependence: organizational attributes and asymmetric ties in human service networks." Em *Social Science Research*, nº 14, 1985.

Lodahl, T. M. "Patterns of job attitudes in two assembly technologies." Em *Administrative Science Quarterly*, nº 8, 1964.

Lord, R. G. & Kernan, M. C. "Scripts as determinants of purposeful behavior in organizations." Em *Academy of Management Review*, nº 12, 1987.

_____ & Maher, K. J. "Alternative information processing models and their implications for theory, research, and practice." Em *Academy of Management Review*, nº 15, 1990.

Lorenz, E. H. "Neither friends nor strangers: informal networks of subcontracting in French industry." Em Thompson, G. *et al.* (orgs.). *Markets, Hierarchies and Networks: the Coordination of Social Life*. Sage, 1991.

Lorenzoni, G. & Lipparini, A. "The leveraging of interfirm relationships as distinctive organizational capability: a longitudinal study." Em *Strategic Management Journal*, nº 20, 1999.

Lukasiewicz, J. *The Ignorance Explosion: Understanding Industrial Civilization*. Carlton University Press, 1994.

MacCrimmon, K. R. & Taylor, R. N. "Decision making and problem solving." Em Dunnette, M. D. (org.). *Handbook of Industrial and Organizational Psychology*. Rand-McNally, 1976.

Mackenzie, K. D. "Organizational structures as the primal information system: an interpretation." Em Chang, S. (org.). *Management and Office Information Systems*. Plenum, 1984.

_____. *Virtual positions and power*. Em *Management Science*, nº 32, 1986.

MacMorrow, N. "Knowledge management: an introduction." Em *Annual Review of Information Science and Technology*, nº 35, 2001.

Madzar, S. "Subordinates' information inquiry: exploring the effects of perceived leadership style and individual differences." Em *Journal of Occupational and Organizational Psychology*, nº 74, 2001.

Maes, P. "Intelligent software." Em *Scientific American*, nº 273(3), 1995.

Mahmood, M. A. & Mann, G. J. "Special issue: impacts of information technology investment on organizational performance." Em *Journal of Management Information Systems*, nº 17, 2000.

Malone, T. W. & Crowston, K. "The interdisciplinary study of coordination." Em *Computing Surveys*, nº 26, 1994.

_____; Yates, J.; Benjamin, R. I. "Electronic markets and electronic hierarchies." Em *Communications of the ACM*, nº 30, 1987.

March, J. G. "Exploration and exploitation in organizational learning." Em *Organizational Science*, nº 2, 1991.

_____. *A Primer on Decision Making: How Decisions Happen*. Free Press, 1994.

_____. "Citigroup's John Reed and Stanford's James March on management research and practice." Em *Academy of Management Executive*, nº 14, 2000.

_____ & Simon, H. A. *Organizations*. John Wiley, 1958.

Marchand, D. A. & Horton JR., F. W. *Infotrends: Profiting from your Information Resources*. Wiley, 1986.

Marchionini, G. "Interfaces for end user information seeking." Em *Journal of the American Society for Information Science*, nº 43, 1992.

Marcus, A. C. "The Cancer Information Service Research Consortium: a brief retrospective and preview of the future." Em *Preventive Medicine*, nº 27, 1998a.

_____. "Introduction: the Cancer Information Service Research Consortium." Em *Preventive Medicine*, nº 27, 1998b.

_____ et al. "Increasing fruit and vegetable consumption among callers to the CIS: results from a randomized trial." Em *Preventive Medicine*, nº 27, 1998a.

_____ et al. "The Cancer Information Service Research Consortium: an emerging laboratory for cancer control research." Em *Preventive Medicine*, nº 27, 1998b.

_____; Woodworth, M. A.; Strickland, C. J. "The Cancer Information Service as a laboratory for research: the first 15 years." Em *Journal of the National Cancer Institute*. Monografia nº 14, 1993.

Markus, M. L. "Electronic mail as the medium of managerial choice." Em *Organization Science*, nº 5, 1994.

Markey, K. "Twenty-five years of end-user searching, part 2: Future research directions." Em *Journal of the American Society for Information Science and Technology*, nº 58, 2007.

Marrone, J. A.; Tesluk, P. E.; Carson, J. B. "A multilevel investigation of antecedents and consequences of team member boundary-spanning behavior." Em *Academy of Management Journal*, nº 50, 2007.

Marsden, P. V. "Core discussion networks of Americans." Em *American Sociological Review*, nº 52, 1987.

_____. "Network data and measurement." Em *Annual Review of Sociology*, nº 16, 1990.

Marshall, A. A. & Stohl, C. "Participating as participation: a network approach." Em *Communication Monographs*, nº 60, 1993.

Matei, S. A. & Ball-Rokeach, S. "Watts, the 1965 Los Angeles riots, and the communicative construction of the fear epicenter of Los Angeles." Em *Communication Monographs*, nº 72, 2005.

Matson, E.; Patiath, P.; Shavers, T. "Stimulating knowledge sharing: organization's internal knowledge market." Em *Organizational Dynamics*, nº 32, 2003.

Matthews, R. & Shoebridge, A. "The strategic importance of executive information systems." Em Ennals, R. & Molyneaux, P. (orgs.). *Managing with Information Technology*. Springer-Verlag, 1993.

McCain, B. E.; O'Reilly, C.; Pfeffer, J. "The effects of departmental demography on turnover: the case of a university." Em *Academy of Management Journal*, nº 26, 1983.

McCarrey, M. W. et al. "Landscape Office attitudes: reflections of perceived degree of control over transactions with the environment." Em *Journal of Applied Psychology*, nº 59, 1974.

McCarthy, D. & Saegert, S. "Residential density, social overload, and social withdrawal." Em *Human Ecology*, nº 6, 1978.

McCrosky, J. C.; Richmond, V. P.; Daly, J. A. "The development of a measure of perceived homophily in interpersonal communication." Em *Human Communication Research*, nº 1, 1975.

McDermott, R. "Why information technology inspired but cannot deliver knowledge management." Em *California Management Review*, nº 41, 1999.

McDonald, C. J. et al. & Comitê de Gestão 2005 do Indiana Network for Patient Care (INPC). "The Indiana network for patient care: a working local health information infastructure." Em *Health Affairs*, nº 24, 1999.

McGaffey, T. N. & Christy, R. "Information processing capability as a predictor of entrepreneurial effectiveness." Em *Academy of Management Journal*, nº 18, 1975.

McGee, J. V. & Prusak, L. *Managing Information Strategically*. Wiley, 1993.

McGrath, C. & Krackhardt, D. "Network conditions for organizational change." Em *Journal of Applied Behavioral Science*, nº 39, 2003.

McGuinness, T. "Markets and managerial hierarchies." Em Thompson, G.; Levacic, J. F. R.; Mitchell, J. (orgs.). *Markets, Hierarchies, and Networks: the Coordination of Social Life*. Sage, 1991.

McGuire, W. J. "A contextualist theory of knowledge: its implications for innovation and reform in psychological research." Em L. Berkowitz (org.). *Advances in Experimental Social Psychology*. Vol. 16. Academic Press, 1983.

_____. "Theoretical foundations of campaigns." Em Rice, R. E. & Atkin, C. K. (orgs.). *Public Communication Campaigns*. Sage, 1989.

McIntosh, J. "Processes of communication, information seeking and control associated with cancer: a selective review of the literature." Em *Social Science and Medicine*, nº 8, 1974.

McKinney, M. M.; Barnsley, J. M.; Kaluzny, A. D. "Organizing for cancer control: the diffusion of a dynamic innovation in a community cancer network." Em *International Journal of Technology Assessment in Health Care*, nº 8, 1992.

McKinnon, S. M. & Bruns JR., W. J. *The Information Mosaic*. Harvard Business School Press, 1992.

McLaughlin, M. L. & Cheatam, T. R. "Effects of communication isolation on job satisfaction of Bank tellers: a research note." Em *Human Communication Research*, nº 3, 1977.

McNeil, K. & Thompson, J. D. "The regeneration of social organizations." Em *American Sociological Review*, nº 36, 1971.

McPhee, R. D. "Vertical communication chains: toward an integrated approach." Em *Management Communication Quarterly*, nº 1, 1988.

McPherson, M.; Smith-Lovin, L.; Cook, J. M. "Birds of a feather: homophily in social networks." Em *Annual Review of Sociology*, nº 27, 2001.

Mead, S. P. "Using social network analysis to visualize project teams." Em *Project Management Journal*, nº 32, 2001.

Melville, N.; Kraemer, K.; Gurbaxani, V. "Information technology and organizational performance: an integrative model of IT business value." Em *MIS Quarterly*, nº 28, 2004.

Menon, A. & Varadarajan, P. R. "A model of marketing knowledge use within firms." Em *Journal of Marketing*, nº 56, 1992.

Menon, T. & Pfeffer, J. "Valuing internal vs. external knowledge: explaining the preference for outsiders." Em *Management Science*, nº 49, 2003.

Meyer, M. *The Effects of Weak Ties on Perceived Organizational Innovativeness and Innovation Characteristics*. Michigan State University, 1996a.

_____. "Reconceptualizing innovation characteristics: a confirmatory factor analysis of the pros and cons of three contrasting preventive health innovations." Apresentado na Convenção da Central States Speech Association, St. Paul, 1996b.

Meyer, M. & Johnson, J. D. "The effects of weak ties on perceived organizational innovativeness and innovation characteristics." Em *Convenção Anual da National Communication Association*, Chicago, 1997.

Michael, J. H. "Labor disputed reconciliation in a forest products manufacturing facility." Em *Forest Products Journal*, nº 47, 1997.

Miles, R. E. & Snow, C. C. "The network firm: a spherical structure built on a human investment policy." Em *Organizational Dynamics*, nº 23, 1994.

_____ et al. "Organizing in the knowledge age: anticipating the cellular form." Em *Academy of Management Executive*, nº 11, 1997.

Milgram, P. & Roberts, J. "An economic approach to influence activities in organizations." Em *American Journal of Sociology*, nº 94, 1988.

Miller, D. "The architecture of simplicity." Em *Academy of Management Review*, nº 18, 1993.

Miller, D. J.; Fern, M. J.; Cardinal, L. B. "The use of knowledge for technological innovation with diversified firms." Em *Academy of Management Journal*, nº 50, 2007.

Miller, G. R. "Human information processing: some research guidelines." Em Kibler, R. J. & Barker, L. L. (orgs.). Em *Conceptual Frontiers in Speech Communication*. Speech Communication Association, 1969.

Miller, K. D.; Zhao, M.; Calantone, R. J. "Adding interpersonal learning and tacit knowledge to March's exploration-exploitation model." Em *Academy of Management Journal*, nº 49, 2006.

Miller, K. I. *Organizational Communication: Approaches and Processes*. Wadsworth, 1995.

Miller, P. & O'Leary, T. "Hierarchies and American ideals." Em *Academy of Management Review*, nº 14, 1989.

Miller, R. H. *et al.* "The value of electronic health records in solo or small group practices." Em *Health Affairs*, nº 24, 2005.

Miller, V. D. & Jablin, F. M. "Information seeking during organizational entry: influences, tactics, and a model of the process." Em *Academy of Management Review*, nº 16, 1991.

_____; Johnson, J. R.; Grau, J. "Antecedents to willingness to participate in a planned organizational change." Em *Journal of Applied Communication Research*, nº 22, 1994.

Milo, R. *et al.* "Network motifs: simple building blocks of complex networks." Em *Science*, nº 298, 2002.

Minor, M. J. "New directions in multiplexity analysis." Em Burt, R. S. & Minor, M. J. (orgs.). *Applied Network Analysis: a Methodological Introduction*. Sage, 1983.

Mintzberg, H. *Impediments to the Use of Management Information*. National Association of Accountants, 1975a.

_____. "The manager's job." Em *Harvard Business Review*, nº 53, 1975b.

_____. "Planning on the left side and managing on the right." Em *Harvard Business Review*, nº 54, 1976.

Mitchell, J. C. "The concept and use of social networks". Em Mitchell, J. C. (org.). *Social Networks in Urban Situations: Analyses of Personal Relationships in Central African Towns*. Manchester University Press, 1969.

Mitchell, O. S. "Worker knowledge of pensions provisions." Em *Journal of Labor Economics*, nº 6, 1988.

Mizruchi, M. S. & Galaskiewicz, J. "Networks of interorganizational relations." Em *Sociological Methods and Research*, nº 22, 1993.

Moch, M. K. "Job involvement, internal motivation, and employees' integration into networks of work relationships." Em *Organizational Behavior and Human Performance*, nº 25, 1980.

_____ & Morse, E. V. "Size, centralization and organizational adoption of innovations." Em *American Sociological Review*, nº 42, 1977.

Mohr, L. B. "Organizational technology and organizational structure." Em *Administrative Science Quarterly*, nº 16, 1971.

Mohrman, S. A.; Gibson, C.; Mohrman JR., A. M. "Doing research that is useful to practice: a model and empirical exploration." Em *Academy of Management Journal*, nº 44, 2001.

_____; Tenkasi, R. V.; Mohrman JR., A. M. "The role of networks in fundamental organizational change: a grounded analysis." Em *Journal of Applied Behavioral Science*, nº 39, 2003.

Monge, P. R. & Eisenberg, N. S. "Communication networks: measurement techniques." Em Tardy, C. H. (org.). *A Handbook for the Study of Human Communication*. Ablex, 1987.

_____. "Emergence of communication networks." Em: Jablin, F. M. & Putnam, L. L. (orgs.). *The New Handbook of Organizational Communication: Advances in Theory, Research, and Methods*. Sage, 2001.

_____. *Theories of Communication Networks*. Oxford University Press, 2003.

_____; Edwards, J. A.; Kirste, K. K. "The determinants of communication and communication structure in large organizations: a review of research." Em Rubin, B. D. (org.). *Communication Yearbook*, nº 2. Transaction Books, 1978.

_____ & Eisenberg, E. M. "Emergent communication networks." Em Jablin, F. M. *et al.* (orgs.). *Handbook of Organizational Communication: an Interdisciplinary Perspective*. Sage, 1987.

_____ & Miller, K. I. "Participative processes in organizations." Em Goldhaber, G. M. & Goldhaber, G. A. (orgs.). *Handbook of Organizational Communication*. Ablex, 1988.

Monkhouse, F. J. & Wilkinson, H. R. *Maps and Diagrams: Their Compilation and Construction*. Methuen, 1971.

Moore, W. E. & Tumin, M. M. "Some social functions of ignorance." Em *American Sociological Review*, nº 14, 1949.

More, E. "Information systems: people issues." Em *Journal of Information Science*, nº 16, 1990.

Moreno, J. L. *Who Shall Survive?* Nervous and Mental Disease Publishing, 1934.

Morgan, G. *Images of Organization*. Sage, 1986.

Morra, M. E. *et al.* "History of the Cancer Information Service." Em *Journal of the National Cancer Institute*, Monograph nº 14, 1993.

Morris, J. H.; Steers, R. M.; Koch, J. L. "Impacts of role perceptions on organizational commitment, job involvement, and psychosomatic illness among three vocational groupings." Em *Journal of Vocational Behavior*, nº 14, 1979.

Morrison, E. W. "Longitudinal study of the effects of information seeking on newcomer socialization." Em *Journal of Applied Psychology*, nº 78, 1993a.

_____. "Newcomer information seeking: Exploring types, modes, sources, and outcomes." Em *Academy of Management Journal*, nº 36, 1993b.

_____ & Bies, R. J. "Impression management in the feedback seeking process: a literature review and research agenda." Em *Academy of Management Review*, nº 16, 1991.

Morton, J. A. *Organizing for innovation*. Nova York, McGraw-Hill, 1971.

Mowday, R. T.; Steers, R. M.; Porter, L. M. "The measurement of organizational commitment." Em *Journal of Vocational Behavior*, nº 14, 1979.

Mumby, D. K. & Putnam, L. L. "The politics of emotion: a feminist reading of bounded rationality." Em *Academy of Management Review*, nº 17, 1992.

Nadler, D. A. & Tushman, M. L. *Competing by Design: the Power of Organizational Architecture*. Oxford University Press, 1997.

Nag, R.; Corley, K. G.; Gioia, D. A. "The intersection of organizational identity, knowledge, and practice: attempting strategic change via knowledge grafting." Em *Academy of Management Journal*, nº 50, 2007.

Nahapiet, J. & Ghoshal, S. "Social capital, intellectual capital, and the organizational advantage." Em *Academy of Management Review*, nº 23, 1998.

Nass, C. & Mason, L. "On the study of technology and task: a variable based approach." Em Fulk, J. & Steinfield, C. W. (orgs.). *Organizations and Communication Technology*. Sage, 1990.

Nathan, M. L. & Mitroff, I. I. "The use of negotiated order theory as a tool for the analysis and development of an interorganizational field." Em *Journal of Applied Behavioral Science*, nº 27, 1991.

National Cancer Institute. *The nation's investment in cancer research*. Rockville: National Cancer Institute, 2003.

National Institutes of Health. *NIH launches national consortium to transform clinical research*. Bethesda, março de 2006.

Naumer, C. "Flow theory." Em Fisher, K. E.; Erdelez, S.; McKechnie, L. (orgs.). *Theories of Information Behavior*. Information Today, 2005.

Nebus, J. "Building collegial information networks: a theory of advice network generation." Em *Academy of Management Review*, nº 31, 2006.

Newman, M.; Barabasi, A.; Watts, D. J. (orgs.). *The Structure and Dynamics of Networks*. Princeton University Press, 2006.

Newman, M. E. J. "A measure of betweenness centrality based on random walks." Em *Social Networks*, nº 27, 2005.

Nicholson, P. J. & Goh, S. C. "The relationship of organization structure and interpersonal attitudes to role conflict and ambiguity in different work environments." Em *Academy of Management Journal*, nº 26, 1983.

Noam, E. "Reconnecting communications study with communications policy." Em *Journal of Communication*, nº 43, 1993.

Noelle-Neumann, E. "The spiral of silence." Em *Journal of Communication*, nº 24, 1974.

Nohria, N. "Is a network perspective a useful way of studying organizations?" Em Nohria, N. & Eccles, R. G. (orgs.). *Networks and Organizations: Structure, Form, and Action*. Harvard Business School Press, 1992.

Nohria, N. & Eccles, R. G. (orgs.). *Networks and Organizations: Structure, Form, and Action*. Harvard Business School Press, 1992.

Nonaka, I. "The knowledge-creating company." Em *Harvard Business Review*, nº 69, 1991.

Nonaka, I. & Takeuchi, H. *The Knowledge-creating Company: How Japanese Companies Create the Dynamics of Innovation*. Oxford University Press, 1995.

Nord, W. R. & Tucker, S. *Implementing Routine and Radical Innovations*. Lexington Books, 1987.

Nutt, P. C. "Types of organizational decision processes." Em *Administrative Science Quarterly*, nº 29, 1984.

O'Conner, B. C. "Browsing: a framework for seeking functional information." Em *Knowledge: Creation, Diffusion, Utilization*, nº 15, 1993.

O'Dell, C. & Grayson, C. J. "If only we knew what we know: identification of internal best practices." Em *California Management Review*, nº 40, 1998.

REFERÊNCIAS BIBLIOGRÁFICAS

Oh, H.; Labianca, G.; Chung, M. "A multilevel model of group social capital." Em *Academy of Management Review*, nº 31, 2006.

Oldenburg, B. F. *et al.* "Health promotion research and the diffusion and institutionalization of interventions." Em *Health Education Research*, nº 14, 1999.

Oldham, G. R. & Cummings, A. "Employee creativity: personal and contextual factors at work." Em *Academy of Management Journal*, nº 39, 1996.

O'Mahony, S. & Ferraro, F. "The emergence of governance in an open source community." Em *Academy of Management Journal*, nº 50, 2007.

O'Neill, B. "Structures for nonhierarchical organizations." Em *Behavioral Science*, nº 29, 1984.

O'Reilly III, C. A. "Individuals and information overload in organizations: is more necessarily better?" Em *Academy of Management Journal*, nº 23, 1980.

_____; Chatham, J. A.; Anderson, J. C. "Message flow and decision making." Em Jablin, F. M. *et al* (orgs.). *Handbook of Organizational Communication: an Interdisciplinary Perspective*. Sage, 1987.

_____ & Pondy, L. R. "Organizational communication." Em Kerr, S. (org.). *Organizational Behavior*. Grid, 1979.

Ordanini, A. "The effects of participation in B2B exchanges: a resource-based view." Em *California Management Review*, nº 47, 2005.

Organ, D. & Greene, C. "The effects of formalization on professional involvement: a compensatory process approach." Em *Administrative Science Quarterly*, nº 26, 1981.

Organ, D. W. & Bateman, T. *Organizational Behavior: an Applied Psychology Approach*. 3ª ed. Business Publications, 1986.

Orleans, C. T. "The behavior change consortium: expanding the boundaries and impact of health behavior change research." Em *Annals of Behavioral Medicine*, nº 29, 2005.

Orlikowski, W. J. "Knowing in practice: enacting a collective capability in distributed organizing." Em *Organization Science*, nº 13, 2002.

Ouchi, W. G. *Theory Z*. Avon, 1981.

Pacanowsky, M. E. & O'Donnell Trujillo, N. "Communication and organizational cultures." Em *Western Journal of Speech Communication*, nº 46, 1982.

Paisley, W. "Information and work." Em Dervin, B. & Voight, M. J. (orgs.). *Progress in Communication Sciences*. Vol. 2. Ablex, 1980.

_____. "Knowledge utilization: the role of new communication technologies." Em *Journal of the American Society for Information Science*, nº 44, 1993.

Palazzolo, E. T. "Organizing for information retrieval in transactive memory systems." Em *Communication Research*, nº 16, 2006.

_____ et al. "Coevolution of communication and knowledge networks in transactive memory systems: using computational models for theoretical development." Em *Communication Theory*, nº 16, 2006.

Palmgreen, P. "Uses and gratifications: a theoretical perspective." Em Bostrom, R. N. (org.). *Communication Yearbook*, nº 8. Sage, 1984.

Palmquist, R. A. "The impact of information technology on the individual." Em Williams, M. E. (org.). *Annual Review of Information Science and Technology*. Vol. 27. Learned Information, 1992.

Pan, S.; Pan, G.; Hsieh, M. H. "A dual-level analysis of the capability development process: a case study of TT&T." Em *Journal of the American Society for Information Science and Technology*, nº 57, 2006.

Parise, S. & Henderson, J. C. "Knowledge resource exchange in strategic alliances." Em Lesser, E. & Prusak, L. (orgs.). *Creating Value with Knowledge: Insights from the IBM Institute for Business Value*. Oxford University Press, 2004.

Park, S. H. & Ungson, G. R. "The effect of national culture, organizational complementarity, and economic motivation on joint venture dissolution." Em *Academy of Management Journal*, nº 40, 1997.

Parks, M. R. & Adelman, M. B. "Communication networks and the development of romantic relationships: an expansion of uncertainty reduction theory." Em *Human Communication Research*, nº 10, 1983.

Patchen, T. *Participation, Achievement, and Involvement on the Job*. Prentice Hall, 1970.

Pearce, W. B. & Conklin, R. "A model of hierarchical meanings in coherent conversation and a study of 'indirect responses'." Em *Communication Monographs*, nº 46, 1979.

Peng, M. W. & Shenkar, O. "Joint venture dissolution as corporate divorce." Em *Academy of Management Executive*, nº 16, 2002.

Perrow, C. *Complex Organizations: a Critical Essay*. Scott, Foresman, 1972.

Perry, D. K. "Implications of a contextualist approach to media-effects research." Em *Communication Research*, nº 15, 1988.

Perry-Smith, J. E. "Social yet creative: the role of social relationships in facilitating individual creativity." Em *Academy of Management Journal*, nº 49, 2006.

_____ & Shalley, C. E. "The social side of creativity: a static and dynamic social network perspective." Em *Academy of Management Review*, nº 28, 2003.

Perse, E. M. & Courtright, J. A. "Normative images of communication media: mass and interpersonal channels in the new media environment." Em *Human Communication Research*, nº 19, 1993.

Peters, T. J. & Waterman JR., R. H. *In Search of Excellence: Lessons from America's Best Run Companies*. Harper & Row, 1982.

Petronio, S. "Translational research endeavors and the practice of communication privacy management." Em *Journal of Applied Communication Research*, nº 35, 2007.

Pettigrew, A. "Managing under stress." Em *Management Today*, abril de 1971.

Pettigrew, K. E.; Fidel, R.; Bruce, H. "Conceptual frameworks in information behavior." Em *Annual Review of Information Science and Technology*, nº 35, 2001.

Pfeffer, J. *Organizational Design*. AHM Publishing, 1978.

_____. *Organizations and Organization Theory*. Pitman, 1982.

_____. "Organizational demography." Em *Research in Organizational Behavior*, nº 5, 1983.

Pfeffer, J. & Leblebici, H. "Information technology and organizational structure." Em *Pacific Sociological Review*, nº 20, 1977.

Picherit-Duthler, G. & Freitag, A. "Researching employees' perceptions of benefits communication: a communication inquiry on channel preferences, understanding, decision-making, and benefits satisfaction." Em *Communication Research Reports*, nº 21, 2004.

Pickrell, J. "Did 'Little Ice Age' create Stradivarius violins' famous tone?" Em *National Geographic News*, janeiro de 2004.

Pike, K. L. *Language in Relation to a Unified Theory of the Structure of Human Behavior*. N. V. Uitgeverij Mouton en Co., 1966.

Pile, J. *Open Office Planning*. Whitney Library of Design, 1978.

Pirolli, P. & Card, S. "Information foraging." Em *Psychological Review*, nº 106, 1999.

Podolny, J. M. "Networks as the pipes and prisms of the market." Em *American Journal of Sociology*, nº 107, 2001.

Polanyi, M. *Personal Knowledge: Towards a Post-critical Philosophy*. University of Chicago Press, 1974.

_____ & Prosch, H. *Meaning*. University of Chicago Press, 1975.

Pollock, T. G.; Porac, J. F.; Wade, J. B. "Constructing deal networks: brokers as network 'architects' in the US IPO market and other examples." Em *Academy of Management Review*, nº 29, 2004.

Poole, M. S. & DeSanctis, G. "Understanding the use of group decision support systems: the theory of adaptive structuration." Em Fulk, J. & Steinfield, C. (orgs.). *Organizations and Communication Technology*. Sage, 1990.

_____ & McPhee, R. D. "A structurational analysis of organizational climate." Em Putnam, L. L. & Pacanowsky, M. E. (orgs.). *Communication and Organizations: an Interpretive Approach*. Sage, 1983.

_____ et al. *Organizational Change and Innovation Processes: Theory and Methods for Research*. Oxford University Press, 2000.

_____ & Van de Ven, A. H. "Using paradox to build management and organizational theories." Em *Academy of Management Review*, nº 14, 1989.

Porter, L. & Lawler, E. E. "Properties of organizational structure in relation to job attitudes and job behavior." Em *Psychological Bulletin*, nº 64, 1965.

Porter, L. W. "Forty years of organization studies: reflections from a micro perspective." Em *Administrative Science Quarterly*, nº 41, 1996.

_____; Allen, R. W.; Angle, H. L. "The politics of upward influence in organizations." Em Bacharach, S. M. (org.). *Research in Organizational Behavior*. JAI Press, 1981.

_____; Lawler III, E. E.; Hackman, J. R. *Behavior in Organizations*. McGraw-Hill, 1975.

Porter, M. E. & Millar, V. E. "How information gives you competitive advantage." Em *Harvard Business Review*, nº 63, 1985.

Postrel, S. "Islands of shared knowledge: specialization and mutual understanding in problem-solving teams." Em *Organization Science*, nº 13, 2002.

Poverny, L. M. & Dodd, S. J. "Differential patterns of EAP service utilization: a nine year follow-up study of faculty and staff." Em *Employee Assistance Quarterly*, nº 16, 2000.

Powell, W. W. "Neither market nor hierarchy: network forms of organization." Em Bacharach, S. B. (org.). *Research in Organizational Behavior*. JAI Press, 1990.

_____. "Learning from collaboration: knowledge and networks in the biotechnology and pharmaceutical industries." Em *California Management Review*, nº 40, 1998.

_____ & Smith-Doerr, L. "Networks and economic life". Em Smelser, N. J. & Swedberg, R. (orgs.). *The Handbook of Economic Sociology*. Princeton University Press, 1994.

Power, D. J. A brief history of decision support systems, 2007. Disponível em http://www.dss-resources.com.

Presthus, R. *The organizational society*. Nova York: Random House, 1962.

Provan, K. G. "The federation as an interorganizational linkage network." Em *Academy of Management Review*, nº 8, 1983.

Provan, K. G. & Milward, H. B. "Do networks really work? A framework for evaluating public-sector organizations." Em *Public Administration Review*, nº 61, 2001.

Puranam, P.; Singh, H.; Zollo, M. "Organizing for innovation: managing the coordination-autonomy dilemma in technology acquisitions." Em *Academy of Management Journal*, nº 49, 2006.

Putnam, L. L. & Holmer, M. "Framing, reframing, and issue development." Em Putnam, L. L. & Roloff, M. E. (orgs.). *Communication and Negotiation*. Sage, 1992.

Qian, Y.; Roland, G.; Xu, C. *Coordinating tasks in M-Form and U-Form organizations*. University of California at Berkeley, 2003.

Raab, J. & Milward, H. B. "Dark networks as problems." Em *Journal of Public Administration Research and Theory*, nº 13, 2003.

Raghavan, S. "Medical decision support systems and knowledge sharing standards." Em Bali, R. K. (org.). *Clinical Knowledge Management: Opportunities and Challenges*. Idea Group Publishing, 2005.

Randolph, W. A. & Finch, F. E. "The relationship between organization technology and the direction and frequency dimensions of task communications." Em *Human Relations*, nº 30, 1977.

Ranson, S.; Hinings, B.; Greenwood, R. "The structuring of organizational structures." Em *Administrative Science Quarterly*, nº 25, 1980.

Rapoport, A. *The Meaning of the Built Environment: a Nonverbal Communication Approach.* Sage, 1982.

Ravetz, J. R. "The sin of silence: ignorance of ignorance." Em *Knowledge: Creation, Diffusion, Utilization*, nº 15, 1993.

Ray, E. B. "Supportive relationships and occupational stress in the workplace." Em Albrecht, T. L. & Adelman, M. B. (orgs.). *Communicating Social Support*. Sage, 1987.

Reagans, R. & McEvily, B. "Network structure and knowledge transfer: the effect of cohesion and range." Em *Administrative Science Quarterly*, nº 48, 2003.

Real, J. C.; Leal, A.; Roldan, J. L. "Information technology as a determinant of organizational learning and technological distinctive competencies." Em *Industrial Marketing Management*, nº 35, 2006.

Redding, W. C. *Communication within the Organization*. Industrial Communication Council, 1972.

Reif, W. E. *Computer Technology and Management Organization*. University of Iowa, 1968.

Renn, O. "Risk communication and the social amplification of risk." Em Kasperson, R. E. & Stallen, P. J. (orgs.). *Communicating Risks to the Public*. Kluwer, 1991.

Reynolds, E. V. & Johnson, J. D. "Liaison emergence: relating theoretical perspectives." Em *Academy of Management Review*, nº 7, 1982.

Rice, R. E. "Issues and concepts in research on computer mediated communication systems." Em Anderson, J. A. (org.). *Communication Yearbook*, nº 12. Sage, 1989.

_____ et al. "Organizational information processing, critical mass and social influence: a network approach to predicting the adoption and outcomes of electronic messaging." Apresentado no Encontro Anual da International Communication Association, Nova Orleans, 1988.

_____ ; McCreadie, M.; Chang, S. L. *Accessing and Browsing Information and Communication*. MIT Press, 2001.

_____ & Richards, W. D. "An overview of network analysis methods and programs." Em Dervin, B. & Voight, M. J. (orgs.). *Progress in Communication Sciences*. Ablex, 1985.

_____ & Shook, D. "Access to and usage of integrated office systems: implications for organizational communication." Apresentado na Convenção Anual da International Communication Association, Montreal, Canadá, 1986.

_____. "Relationships of job categories and organizational levels to use of communication channels, including electronic model: a meta analysis and extension." Em *Journal of Management Studies*, nº 27, 1990.

Richards, W. D. "Data, models, and assumptions in network analysis." Em McPhee, R. D. & Tompkins, P. K. (orgs.). *Organizational Communication: Traditional Themes and New Directions*. Sage, 1985.

Richards, W. D. & Seary, A. J. "Eigen analysis of networks." Em *Journal of Social Structure*, 2000. Disponível em http://www.heinz.cmv.edu/project/NSNA/joss/ean.html.

Richards JR, W. D. "Communication/information networks, strange complexity, and parallel topological dynamics." Em Richards JR., W. D. & Goldhaber, G. A. (orgs.). *Progress in Communication Sciences*. Vol. 12. Ablex, 1993.

Rickert, E. J. "Contextual association." Em Corsini, R. J. (org.). *Encylopedia of Psychology*. Vol. 1. 2ª ed. Wiley, 1994.

Riley, M. W. & Riley, J. W. "A sociological approach to communications research." Em *Public Opinion Quarterly*, nº 15, 1951.

Rivkin, J. W. & Siggelkow, N. "Balancing search and stability: interdependencies among elements of organizational design." Em *Management Science*, nº 49, 2003.

Rizzo, J. R.; House, R. J.; Lirtzman, S. I. "Role conflict and ambiguity in complex organizations." Em *Administrative Science Quarterly*, nº 15, 1970.

Roberts, J. *The Modern Firm: Organizational Design for Performance and Growth*. Oxford University Press, 2004.

Roberts, K. H. & O'Reilly III, C. A. "Some correlations of communication roles in organizations." Em *Academy of Management Journal*, nº 4, 1979.

Robertson, T. S. & Wortzel, L. H. "Consumer behavior and health care change: the role of mass media." Em *Consumer Research*, nº 4, 1977.

Rogers, E. M. *Diffusion of Innovations*. 3ª ed. Free Press, 1983.

_____. *Diffusion of Innovations*, 4ª ed. Free Press, 1995.

_____. *Diffusion of Innovations*. 5ª ed. Free Press, 2003.

_____ & Adhikayra, R. "Diffusion of innovations: an up-to-date review and commentary." Em Nimmo, D. (org.). *Communication Yearbook*, nº 3. Transaction Books, 1979.

_____ & Agarwala ROGERS, R. *Communication in Organizations*. Free Press, 1976.

_____ & Kincaid, D. L. *Communication Networks: Toward a New Paradigm for Research*. Free Press, 1981.

_____ & Shoemaker, F. F. *Communication of Innovations*. 2ª ed. Free Press, 1971.

_____ & Storey, J. D. "Communication campaigns." Em Berger, C. R. & Chaffee, S. H. (orgs.). *Handbook of Communication Science*. Sage, 1987.

Romney, A. K. & Faust, K. "Predicting the structure of a communication network from recalled data." Em *Social Networks*, nº 4, 1982.

Rosenkopf, L. & Nerkar, A. "Beyond local search: boundary-spanning, exploration, and impact in the optical disk industry." Em *Strategic Management Journal*, nº 22, 2001.

Rosenstock, I. M. "Historical origins of the Health Belief Model." Em Becker, M. H. (org.). *The Health Belief Model and Personal Health Behavior*. Charles B. Slack, 1974.

Rouse, W. B. & Rouse, S. H. "Human information seeking and design of information systems." Em *Information Processing and Management*, nº 20, 1984.

Rousseau, D. M. "Issues of level in organizational research: multi level and cross level perspectives." Em Bacharach, S. M. (org.). *Research in Organizational Behavior*. Vol 7. JAI Press, 1985.

Rowley, J. E. & Turner, C. M. D. *The Dissemination of Information*. Westview Press, 1978.

Rowley, T.; Behrens, D.; Krackhardt, D. "Redundant governance structures: an analysis of structural and relational embeddedness in the steel and semiconductor industries." Em *Strategic Management Journal*, nº 21, 2000.

Ruef, M.; Aldrich, H. E.; Carter, N. M. "The structure of founding teams: homophily, strong ties, and isolation among U.S. entrepreneurs." Em *American Sociological Review*, nº 68, 2003.

Russo, T. C. & Koesten, J. "Prestige, centrality, and learning: a social network analysis of an online class." Em *Communication Education*, nº 54, 2005.

Rynes, S. L.; Bartunek, J. M.; Daft, R. L. "Across the great divide: knowledge creation and transfer between practitioners and academics." Em *Academy of Management Journal*, nº 44, 2001.

Sabherwal, R. & Robey, D. "An empirical taxonomy of implementation processes based on sequences of events in information system development." Em *Organization Science*, nº 4, 1993.

Sack, R. "Conceptions of geographic space." Em *Progress in Human Geography*, nº 4, 1980.

Saeed, K. A.; Malhotra, M. K.; Grover, V. "Examining the impact of interorganizational systems on process efficiency and sourcing leverage in buyer–supplier dyads." Em *Decision Sciences*, nº 36, 2005.

Salancik, G. R. "Commitment and control of organizational behavior and belief." Em Staw, B. M. & Salancik, G. R. (orgs.). *New Directions in Organizational Behavior*. St. Clair Press, 1977.

_____ & Pfeffer, J. "An examination of need satisfaction models of job attitudes." Em *Administrative Science Quarterly*, nº 22, 1977.

Salazar, A. "Information technology-enabled innovation: a critical overview and research agenda." Em Salazar, A. & Sawyer, S. (orgs.). *Handbook of Information Technology and Electronic Markets*. World Scientific, 2007.

Saracevic, T. "Relevance: a review of and a framework for the thinking on the notion in information science." Em *Journal of the American Society for Information Science*, nº 26, 1975.

Sarbaugh, L. E. "A systematic framework for analyzing intercultural communication." Em Jain, N. C. (org.). *International and Intercultural Communication*. Vol. 5. Speech Communication Association, 1979.

Satyadas, A.; Harigopal, U.; Cassaigne, N. P. "Knowledge management tutorial: an editorial overview." Em *IEEE Transactions on Systems, Man, and Cybernetics, Part C: Applications and Reviews*, nº 31, 2001.

Saunders, C. & Jones, J. W. "Temporal sequences in information acquisition for decision making: a focus on source and medium." Em *Academy of Management Review*, nº 15, 1990.

Sawyer, S. *et al*. "The social embeddedness of transactions: evidence from the residential real-estate industry." Em *The Information Society*, nº 19, 2003.

Scarbrough, H. & Swan, J. "Knowledge communities and innovation." Em *Trends in Communication*, nº 8, 2002, pp. 7-18.

Schein, E. H. *Organizational Psychology*. Prentice Hall, 1965.

Schmidt, D. E. & Keating, J. P. "Human crowding and personal control: an integration of the research." Em *Psychological Bulletin*, nº 86, 1979.

Schon, D. A. & Rein, M. *Frame Reflection: Toward the Resolution of Intractable Policy Controversies*. Basic Books, 1994.

Schramm, W. S. *Men, Messages, and Media*. Harper & Row, 1973.

Schreiman, D. B. & Johnson, J. D. "A model of cognitive complexity and network role." Apresentado na International Communication Association, Chicago, 1975.

Schroder, J. M.; Driver, J. J.; Streufert, S. *Human Information Processing*. Holt, Rinehart, Winston, 1967.

Schulz, M. "The uncertain relevance of newness: organizational learning and knowledge flows." Em *Academy of Management Journal*, nº 44, 2001.

Schumpeter, J. A. *Capitalism, Socialism and Democracy*. Routledge, 1943.

Schwartz, B. *Paradox of Choice: Why More is Less*. Harper Collins, 2004.

Scott, J. *Social Network Analysis: a Handbook*. Sage, 1991.

_____. *Social Network Analysis: a Handbook*. 2ª ed. Sage, 2000.

Senge, P. M. *The Fifth Discipline: the Art and Practice of the Learning Organization*. Doubleday Currency, 1990.

Sept, R. "Bureaucracy, communication, and information system design." Apresentado no Encontro Anual da International Communication Association, São Francisco, 1989.

Shah, P. P. "Who are employees' social referents? Using a network perspective to determine referent others." Em *Academy of Management Journal*, nº 41, 1998.

Shannon, C. E. & Weaver, W. *A Mathematical Theory of Communication*. University of Illinois Press, 1949.

Sharf, B. F. & Vanderford, M. L. "Illness narratives and social construction of health." Em Thompson, T. L. *et al* (orgs.). *Handbook of Health Communication*. Lawrence Erlbaum Associates, 2003.

Shaw, M. E. *Group Dynamics: the Psychology of Small Group Behavior*. McGrawHill, 1971.

Sherif, M. & Sherif, C. W. *Reference Groups: Exploration into Conformity and Deviation of Adolescents*. Henry Regnery, 1964.

Shortliffe, E. H. "Strategic action in health information technology: why the obvious has taken so long." Em *Health Affairs*, nº 24, 2005.

Siefert, M.; Gerbner, G.; Fisher, J. *The Information Gap: How Computers and Other New Communication Technologies Affect the Social Distribution of Power*. Oxford University Press, 1989.

Simmel, G. *Conflict and the Web of Group Affiliations*. Free Press, 1955.

Simon, H. A. "'The executive as decision maker' and 'Organizational design: man machine systems for decision making'." Em Simon, H. A. (org.). *The New Science of Management Decision Making*. Harper & Row, 1960.

_____. "Making management decisions: the role of intuition and emotion." Em *Academy of Management Executive*, nº 1, 1987.

_____. *Models of My Life*. Basic Books, 1991.

Simpson, R. L. "Vertical and horizontal communication in formal organizations." Em *Administrative Science Quarterly*, nº 2, 1952.

Sircar, S.; Turnbow, J. L.; Bordoloi, B. "A framework for assessing the relationship between information technology investments and firm performance." Em *Journal of Management Information Systems*, nº 16, 2000.

Smith, A. *An Inquiry into the Nature and Causes of the Wealth of Nations*. Encyclopaedia Britannica, 1952 [1776].

Smith, C. G. & Jones, G. "The role of the interaction influence system in planned organizational change." Em Tannebaum, A. S. (org.). *Control in Organizations*. McGraw-Hill, 1968.

Smith, H. A. & McKeen, J. D. "Creating and facilitating communities of practice." Em Holsapple, C. W. (org.). *Handbook of Knowledge Management, vol. I: Knowledge Matters*. Springer-Verlag, 2003.

Smith, K. G.; Carroll, S. J.; Ashford, S. J. "Intra and interorganizational cooperation: toward a research agenda." Em *Academy of Management Journal*, nº 38, 1995.

_____; Collins, C. J.; Clark, K. D. "Existing knowledge, knowledge creation capability, and the rate of new product introduction in high-technology firms." Em *Academy of Management Journal*, nº 48, 2005.

Smith, R. L.; Richetto, G. M.; Zima, J. P. "Organizational behavior: an approach to human communication." Em Budd, R. & Ruben, B. (orgs.). *Approaches to Human Communication*. Spartan Books, 1972.

Smithson, M. *Ignorance and Uncertainty: Emerging Paradigms*. Springer-Verlag, 1989.

_____. "Ignorance and uncertainty: emerging paradigms." Em *Knowledge: Creation, Diffusion, Utilization*, nº 15, 1993.

Solomon, P. "Discovering information in context." Em *Annual Review of Information Science and Technology*, nº 36, 2002.

_____. "Rounding and dissonant grounds." Em Fisher, K. E.; Erdelez, S.; McKechnie, L. (orgs.). *Theories of Information Behavior*. Information Today, 2005.

Sonnenwald, D. H.; Wildemuth, B. M.; Harmon, G. L. "A research method to investigate information seeking using the concept of information horizons: an example from a study of lower socio-economic students' information seeking behavior." Em *New Review of Information Behavior Research*, nº 2, 2001.

Sparrowe, R. T. *et al.* "Social networks and the performance of individuals and groups." Em *Academy of Management Journal*, nº 44, 2001.

Spekman, R. E. "Influence and information: an exploratory investigation of the boundary role person's basis of power." Em *Academy of Management Journal*, nº 22, 1979.

Stasser, G.; Taylor, L. A.; Hanna, C. "Information sampling in structured and unstructured discussions of three and six person groups." Em *Journal of Personality and Social Psychology*, nº 57, 1989.

_____ & Titus, W. "Pooling of unshared information in group decision making: biased information sampling during discussion." Em *Journal of Personality and Social Psychology*, nº 48, 1985.

Staw, B. M.; Sandelands, L. E.; Dutton, J. E. "Threat rigidity effects in organizational behavior: a multilevel analysis." Em *Administrative Science Quarterly*, nº 26, 1981.

Steele, F. *Physical Setting and Organizational Development*. Addison-Wesley, 1973.

Steers, R. M. "Antecedents and outcomes of organizational commitment." Em *Administrative Science Quarterly*, nº 22, 1977.

Steinfield, C. W. "Dimensions of electronic mail use in an organizational setting." Em *Proceedings of the Academy of Management*, 1985.

_____ & Fulk, J. "Information processing in organizations and media choice." Apresentado na Convenção Anual da International Comunication Association. Chicago, 1986.

Stewart, T. A. *The Wealth of Knowledge: Intellectual Capital and the Twenty-first Century Organization*. Currency, 2001.

Stigler, G. J. "The economics of information." Em *Journal of Political Economy*, nº 69, 1961.

Stocking, S. H. & Holstein, L. W. "Constructing and reconstructing scientific ignorance: ignorance claims in science and journalism." Em *Knowledge: Creation, Diffusion, Utilization*, nº 15, 1993.

Strassman, W. P. *Risk and Technological Innovation*. Cornell University Press, 1959.

Strauss, A. *Negotiations: Varieties, Contexts, Processes, and Social Order*. Jossey-Bass, 1978.

Strobel, L. P. *Reckless Homicide? Ford's Pinto Trial*. And Books, 1980.

Sundstrom, E.; Burt, R. E.; Kamp, D. "Privacy at work: architectural correlates of job satisfaction and job performance." Em *Academy of Management Journal*, nº 23, 1980.

Susskind, A. M. *et al.* "Evolution and diffusion of the Michigan State University tradition of organizational communication network research." Em *Communication Studies*, nº 56, 2005.

Sutton, H. & Porter, L. W. "A study of the grapevine in a government organization." Em *Personnel Psychology*, nº 21, 1968.

Swan, J. "Knowledge management in action?" Em Holsapple, C. W. (org.). *Handbook of Knowledge Management, vol. I: Knowledge Matters*. Springer-Verlag, 2003.

Swap, W. *et al.* "Using mentoring and storytelling to transfer knowledge in the workplace." Em Lesser, E. & Prusak, L. (orgs.). *Creating Value with Knowledge: Insights from the IBM Institute for Business Value*. Oxford University Press, 2004.

Swedberg, R. "Markets as social structures." Em Smelser, N. J. & Swedberg, R. (orgs.). *The Handbook of Economic Sociology*. Princeton University Press, 1994.

Sweeney, K. "Personal knowledge: doctors are much more than simple conduits for clinical evidence." Em *British Medical Journal*, nº 332, 2006.

Swinehart, J. W. "Voluntary exposure to health communications." Em *American Journal of Public Health*, nº 58, 1968.

Sykes, R. E. "Initial interaction between strangers and acquaintances: a multivariate analysis of factors affecting choice of communication partners." Em *Human Communication Research*, nº 10, 1983.

Sypher, B. D. & Zorn JR., T. E. "Communication-related abilities and upward mobility: a longitudinal investigation." Em *Human Communication Research*, nº 12, 1986.

Szilagyi, A. D. & Holland, W. E. "Changes in social density: relationships with functional interaction and perceptions of job characteristics, role stress, and work satisfaction." Em *Journal of Applied Psychology*, nº 65, 1980.

Szulanski, G. "Exploring internal stickiness: impediments to the transfer of best practice within the firm." Em *Strategic Management Journal*, nº 17, 1996.
_____. *Sticky Knowledge: Barriers to Knowing in the Firm*. Sage, 2003.
Talja, S.; Keso, H.; Pietilainen, T. "The production of "context" information seeking research: a metatheoretical view." Em *Information Processing and Management*, nº 35, 1999.
Taylor, A. & Greve, H. R. "Superman or the Fantastic Four? Knowledge combination and experience in innovative teams." Em *Academy of Management Journal*, nº 49, 2006.
Taylor, R. *et al.* "Promoting health information technology: is there a case for more-aggressive government action?" Em *Health Affairs*, nº 24, 2005.
Taylor, R. S. "Question negotiation and information seeking in libraries." Em *College and Research Libraries*, nº 29, 1968.
_____. "Information use environments." Em Dervin, B. & Voight, M. J. (orgs.). Em *Progress in Communication Sciences*. Vol. 10. Ablex, 1986.
Tenkasi, R. V. & Chesmore, M. C. "Social networks and planned organizational change: the impact of strong network ties on effective change implementation and use." Em *Journal of Applied Behavioral Science*, nº 39, 2003.
Thayer, L. "How does information 'inform'?" Em Ruben, B. D. (org.). *Information and Behavior*. Vol. 2. Transaction Books, 1988.
Thomas, J. B.; Clark, S. M.; Gioia, D. A. "*Strategic sensemaking and organizational performance: linkages among scanning, interpretation, action, and outcomes.*" Em *Academy of Management Journal*, nº 36, 1993.
Thomas-Hunt, M. C.; Ogden, T. Y.; Neale, M. A. "Who's really sharing? Effects of social and expert status on knowledge exchange within groups." Em *Management Science*, nº 49, 2003.
Thompson, G. "Introduction." Em G. Thompson *et al.* (orgs.). *Markets, Hierarchies, and Networks: the Coordination of Social Life*. Sage, 1991.
Thompson, J. D. *Organizations in Action*. Nova York: McGraw-Hill, 1967.
Thompson, T. G. & Brailer, D. J. *The decade of health information technology: delivering consumer--centric and information-rich health care: framework for strategic action*. Washington: National Coordinator for Health Information Technology, 2004.
Thompson, T. L. "Introduction." Em Thompson, T. L. *et al.* (orgs.). *Handbook of Health Communication*. Lawrence Erlbaum Associates, 2003.
Thomsen, C. A. & Maat, J. T. "Evaluating the Cancer Information Service: a model for health communications." Parte 1. Em *Journal of Health Communication*, nº 3, 1998.
Thorngate, W. "Accounting for person-context relations and their development." Em Kindermann, T. A. & Valsiner, J. (orgs.). *Development of Person-Context Relations*. Lawrence Erlbaum Associates: 1995.
Tichenor, P. J.; Donohue, G. A.; Olien, C. N. *Mass media and differential growth in knowledge*. Em *Public Opinion Quarterly*, nº 34, 1970.
Tidd, J. "The competence cycle: translating knowledge into new processes, products, and services." Em Tidd, J. (org.). *From Knowledge Management to Strategic Competence: Measuring Technological, Market, and Organizational Innovation*. Imperial College Press: 2000.
Timmerman, C. E. & Scott, C. R. "Virtual working: communicative and structural predictors of media use and key outcomes in virtual work teams." Em *Communication Monographs*, nº 73, 2006.
Tippins, M. J. & Sohi, R. S. "IT competency and firm performance: is organizational learning a missing link?" Em *Strategic Management Journal*, nº 24, 2003.
Trevino, L. K. & Webster, J. "Flow in computer mediated communication: electronic mail and voice mail evaluation and impacts." Em *Communication Research*, nº 19, 1992.

Tsai, W. "Knowledge transfer in intraorganizational networks: effects of network position and absorptive capacity on business unit innovation and performance." Em *Academy of Management Journal*, nº 44, 2001.

Tsoukas, H. "The firm as distributed knowledge system: a constructionist approach." Em *Strategic Management Journal*, nº 17, 1996.

_____ & Vladimirou, E. "What is organizational knowledge?" Em *Journal of Management Studies*, nº 38, 2001.

Tsui, A. S. & O'Reilly III, C. A. "Beyond simple demographic effects: the importance of relational demography in superior-subordinate dyads." Em *Academy of Management Journal*, nº 32, 1989.

Turner, K. L. & Makhija, M. V. "The role of organizational controls in managing knowledge." Em *Academy of Management Review*, nº 31, 2006.

Tushman, M. L. "Technical communication in R & D laboratories: the impact of project work characteristics." Em *Academy of Management Journal*, nº 21, 1978.

_____. "Work characteristics and subunit communication structure: a contingency analysis." Em *Administrative Science Quarterly*, nº 24, 1979.

_____ & Scanlan, T. J. "Boundary spanning individuals: their role in information transfer and their antecedents." Em *Academy of Management Journal*, nº 24, 1981a.

_____. "Characteristics and external orientations of boundary spanning individuals." Em *Academy of Management Journal*, nº 24, 1981b.

Tutzauer, F. "A statistic for comparing behavioral and cognitive networks." Apresentado na Convenção Anual da International Communication Association. São Francisco, 1989.

Urry, J. "Social relations, space and time." Em Gregory, D. & Urry, J. (orgs.). *Social Relations and Spatial Structures*. Macmillan, 1985.

Uzzi, B. & Spiro, J. "Collaboration and creativity: the small world problem." Em *American Journal of Sociology*, nº 111, 2005.

Valente, T. "Communication network analysis and the diffusion of innovations." Em Singhal, A. & Dearing, J. W. (orgs.). *A Journey with Ev Rogers*. Sage, 2006.

Valente, T. W. *Network Models of the Diffusion of Innovations*. Hampton Press, 1995.

Valsiner, J. & Leung, M. C. "From intelligence to knowledge construction: a sociogenetic process approach." Em Sternberg, R. J. & Wagner, R. K. (orgs.). *Mind in Context: Interactionist Perspectives on Human Intelligence*. Cambridge University Press, 1994.

Van De Ven, A. "The President's Message: The practice of management knowledge." Em *Academy of Management News*, nº 31, 2000.

_____. "Strategic directions for the Academy of Management: this academy is for you!" Em *Academy of Management Review*, nº 27, 2002.

Van de Ven, A. H. "On the nature, formation, and maintenance of relations among organizations." Em *Academy of Management Review*, nº 1, 1976.

_____. "Central problems in the management of innovation." Em *Management Science*, nº 32, 1986.

_____; Delbecq, A. L.; Koenig, R. "Determinants of coordination modes within organizations." Em *Administrative Science Quarterly*, nº 41, 1976.

Van Den Bulte, C. & Lillien, G. L. "Medical innovation revisited: social contagion *versus* marketing effort." Em *American Journal of Sociology*, nº 106, 2001.

Van Der Vegt, G. S.; Bunderson, J. S.; Oosterhof, A. "Expertness, diversity and interpersonal helping teams: why those who need the most help end up getting the least." Em *Academy of Management Journal*, nº 49, 2006.

Van Sell, M.; Brief, A. D.; Schuler, R. S. "Role conflict and role ambiguity: an integration of the literature and directions for future research." Em *Human Relations*, nº 34, 1981.

Varlejs, J. "Information seeking: changing perspectives." Em Varlejs, J. (org.). *Information Seeking: Basing Services on Users' Behaviors.* McFarland & Co.: 1986.

Vaughan, D. "The dark side of organizations: mistake, misconduct, and disaster." Em *Annual Review of Sociology*, nº 25, 1999.

Voelpel, S. C.; Dous, M.; Davenport, T. H. "Five steps to creating a global knowledge-sharing system: Siemens ShareNet." Em *Academy of Management Executive*, nº 19, 2005.

Von Hayek, F. "Spontaneous ('grown') order and organized ('made') order." Em Thompson, G. et al. (orgs.). *Markets, Hierarchies, and Networks: the Coordination of Social Life.* Sage, 1991.

Von Hayek, F. A. "The uses of knowledge in society." Em *American Economic Review*, nº 35, 1945.

Wade, M. & Hulland, J. "The resource-based view and information systems research: review, extension, and suggestions for future research." Em *MIS Quarterly*, nº 28, 2004.

Wales, M.; Rarick, G.; Davis, H. "Message exaggeration by the receiver." Em *Journalism Quarterly*, nº 40, 1963.

Walker, A. H. & Lorsch, J. W. "Organizational choice: product vs. function." Em *Harvard Business Review*, nº 46, 1968.

Walker, G. "Network position and cognition in a computer software firm." Em *Administrative Science Quarterly*, nº 30, 1985.

Walker, J. M. "Electronic medical records and health care transformation." Em *Health Affairs*, nº 24, 2005.

Walton, E. "Self interest, credibility, and message selection in organizational communication: a research note." Em *Human Communication Research*, nº 1, 1975.

Walton, R. E. "Strategies with dual relevance." Em Lawler, E. E. et al (orgs.). *Doing Research that is Useful for Theory and Practice.* Jossey-Bass, 1985.

Wandersman, A.; Goodman, R. M.; Butterfoss, F. D. "Understanding coalitions and how they operate: an "open systems" organizational framework." Em Minkler, M. (org.). *Community Organizing and Community Building for Health.* Rutgers University Press, 1997.

Wasserman, S. & Faust, K. *Social Network Analysis: Methods and Applications.* Cambridge University Press, 1994.

Waters, R. "The enigma within the knowledge economy." Em *Financial Times*, fevereiro de 2004.

Wathen, C. N. & Burkell, J. "Believe it or not: factors influencing credibility on the web." Em *Journal of the American Society for Information Science and Technology*, nº 53, 2002.

Watts, D. J. "A simple model of global cascades on random networks." Em *Proceedings of the National Academy of Sciences*, nº 99, 2002.

_____. *Six Degrees: the Science of the Connected Age.* W. W. Norton, 2003.

_____ & Strogatz, S. H. "Collective dynamics of "small world" networks." Em *Nature*, nº 393, 1998.

Weber, M. *The Theory of Social and Economic Organization.* Free Press, 1947.

Weedman, J. "Informal and formal channels in boundary-spanning communication." Em *Journal of American Society for Information Science*, nº 43, 1992.

Weenig, M. & Midden, C. "Communication network influences on diffusion and persuasion." Em *Journal of Personality and Social Psychology*, nº 61, 1991.

Wegner, D. M. "A computer network model of human transactive memory." Em *Social Cognition*, nº 13, 1995.

Weick, K. E. *The Social Psychology of Organizing.* Addison-Wesley, 1969.

_____. "Cognitive processes in organizations." Em Bacharach, S. B. (org.). *Research in Organizational Behavior.* JAI Press, 1979.

_____. "Organizational communication: toward a research agenda." Em Putnam, L. L. & Pacanowsky, M. E. (orgs.). *Communication and Organizations: an Interpretive Approach*, 13-29. Sage, 1983.

_____. "Drop your tools: an allegory for organizational studies." Em *Administrative Science Quarterly*, nº 41, 1996.

Weick, K. E. & Bougon, M. G. "Organizations as cognitive maps." Em Sims, H. P. & Gioia, D. A. (orgs.). *The Thinking Organization*. Jossey-Bass, 1986.

Weick, K. E. & Quinn, R. E. "Organizational change and development." Em *Annual Review of Psychology*, nº 50, 1999.

Weimann, G. "The strength of weak conversational ties in the flow of information and influence." Em *Social Networks*, nº 5, 1983.

Wejnert, B. "Integrating models of diffusion of innovations: a conceptual framework." Em *Annual Review of Sociology*, nº 28, 2002.

Wenger, E.; McDermott, R.; Snyder, W. M. *Cultivating Communities of Practice: a Guide to Managing Knowledge*. Harvard Business School Press, 2002.

West, E. et al. "Hierarchies and cliques in social networks of health care professionals: implications for the design of dissemination strategies." Em *Social Science and Medicine*, nº 48, 1999.

Whisler, T. L. *Information Technology and Organizational Change*. Wadsworth, 1970.

Wigand, R. T. "Some recent developments in organizational communication: network analysis: a systematic representation of communication relationships." Em *Communications*, nº 3, 1977.

_____. "Communication network analysis: history and overview." Em Goldhaber, G. M. & Goldhaber, G. A. (orgs.). *Handbook of Organizational Communication*. Ablex, 1988.

Wigand, R. T.; Picot, A.; Reichwald, R. *Information, Organization and Management: Expanding Markets and Corporate Boundaries*. Wiley, 1997.

Wilensky, H. L. "Organizational intelligence." Em Sills, D. L. (org.). *The International Encyclopedia of the Social Sciences*. Free Press, 1968.

Williamson, O. E. "Transaction cost economics and organization theory." Em Smelser, N. J. & Swedberg, R. (orgs.). *Handbook of Economic Sociology*. Russell Sage, 1994.

Wilson, D. O. & Malik, S. D. "Looking for a few good sources: exploring the intraorganizational communication linkages of first line managers." Em *Journal of Business Communication*, nº 32, 1995.

Wilson, P. *Second-hand Knowledge: an Inquiry into Cognitive Authority*. Greenwood Press, 1983.

Withey, M.; Daft, R. L.; Cooper, W. H. "Measures of Perrow's work unit technology: an empirical assessment and new scale." Em *Academy of Management Journal*, nº 26, 1983.

Woelful, J. et al. "Basic premises of multidimensional attitude change theory: an experimental analysis." Em *Academy of Management Journal*, nº 6, 1980.

Woodward, J. *Industrial Organization: Theory and Practice*. Oxford University Press, 1965.

Wright, G. & Taylor, A. "Strategic knowledge sharing for improved public service delivery: managing an innovative culture for effective partnerships." Em Coakes, E. (org.). *Knowledge Management: Current Issues and Challenges*. IRM Press, 2003.

Xu, Y.; Tan, C. Y.; Yang, L. "Who will you ask? An empirical study of interpersonal task information seeking." Em *Journal of the American Society for Information Science and Technology*, nº 57, 2006.

Yates, J. *Structuring the Information Age: Life Insurance and Technology in the Twentieth Century*. Johns Hopkins University Press, 2005.

Yuan, Y. et al. "Individual participation in organizational information commons: the impact of team level social influence and technology-specific competence." Em *Human Communication Research*, nº 31, 2005.

Zahra, S. A. & George, G. "Absorptive capacity: a review, reconceptualization, and extension." Em *Academy of Management Review*, nº 27, 2002.

Zajonc, R. B. & Wolfe, D. M. "Cognitive consequences of a person's position in a formal organization." *Human Relations*, nº 19, 1966.

Zaltman, G. "Knowledge disavowal in organizations." Em Kilmann, R. H. *et al.* (orgs.). *Producing Useful Knowledge in Organizations*. Jossey-Bass, 1994.

_____ & Duncan, R. *Strategies for Planned Change*. Wiley, 1977.

_____; Duncan, R.; Holbek, J. *Innovations and Organizations*. Wiley, 1973.

Zeng, M. L. & Chan, L. M. "Trends and issues in establishing interoperability among knowledge organization systems." Em *Journal of American Society for Information Science and Technology*, nº 55, 2004.

Zenger, T. R. & Lawrence, B. S. "Organizational demography: the differential effects of age and tenure distributions on technical communication." Em *Academy of Management Journal*, nº 32, 1989.

Zhu, K. & Kraemer, K. L. "Post-adoption variations in usage and value of e-business by organizations: cross-country evidence from the retail industry." Em *Information Systems Research*, nº 16, 2005.

Zimbardo, P. G. "Involvement and communication discrepancy as determinants of opinion conformity." Em *Journal of Abnormal and Social Psychology*, nº 60, 1960.

Zimmerman, S.; Sypher, B. D.; Haas, J. W. "A communication metamyth in the workplace: the assumption that more is better." Em *Journal of Business Communication*, nº 33, 1996.

Zipf, G. K. *Human Behavior and the Principle of Least Effort: an Introduction to Human Ecology*. Addison-Wesley, 1949.

Zuboff, S. *In the Age of the Smart Machine: the Future of Work and Power*. Basic Books, 1988.

Zwijze-Koning, K. H. & de Jong, M. D. T. "Auditing information structures in organizations: a review of data collection techniques and network analysis." Em *Organizational Research Methods*, nº 8, 2005.

Índice remissivo

abordagem
    funcional da estrutura organizacional, 127-130
    mercadológica das estruturas, 92, 93-95, 96-101
abordagens
    configuracionais da estratégia, 263-264
    contingenciais do contexto, 88-89
ação humana na integração da TI, 163
acessibilidade
    da informação, 346
    definição, 75
acesso à informação, 171-175, 176
adoção, *ver* transferência de conhecimento (difusão)
aglomeração, 175
alternativas de procedimento, 77
ambiente de informação organizacional, 105-110
ambiente físico
    das organizações
        definições, 167
        funções, 167
        impactos na comunicação organizacional, 166
        valor simbólico, 166
    e relações, 170-178
        acesso, 171-175, 176
        aglomeração, 175
        densidade social, 170-171, 171-175
        gradientes de comunicação, 171-175, 176
        mobilidade de indivíduos, 175-177
        privacidade, 175
        proximidade, 171-175
        terminais de informação, 177-178
ambiente organizacional
    conturbado e reativo, 106-110
    plácido e acidental, 106
    plácido e agrupado, 106
    turbulento, 106-110

ambiguidade do papel, 271-274
análise de redes, 23-24
    abordagem do estudo das estruturas de comunicação, 20, 23-24
    aplicações, 24
    canais de comunicação, 56
    combinando as características dos vínculos, 57-60
    conteúdo de símbolos expressos, 55
    distinção entre interpretação e conteúdo, 55
    elementos informais das estruturas de comunicação, 20, 23-24
    ética em pesquisa e proteção do sujeito, 353-354
    fluidez das redes de conhecimento, 47-49
    força dos vínculos, 56
    funções de uma relação, 55
    gama de aplicações, 47
    importância das redes de conhecimento para as organizações, 47-49
    importância relativa dos interlocutores, 55
    influência da TI nas formas de organização, 23-24
    interpretação de símbolos expressos, 55
    laços fortes, 59-60
    laços fracos, 59-60
    métodos, 49-51
    nós e suas relações (vínculos), 24, 47, 49-57
    reciprocidade nas relações, 55
    redes multliplexas, 57-59
    regras de interação, 56-57
    relações (vínculos) entre nós, 24, 47, 49-57
    relações assimétricas, 54
    relações de dependência no trabalho, 54-55
    relações determinadas pelo contexto, 54
    relações determinadas pelos atores, 54-55
    representação gráfica de redes, 24, 47, 48
    softwares, 52-54, 61
    vínculos como relações, 47-49, 49-57
análises de custo/benefício na busca de informações, 260-261
aprendizado, definição, 34
armazenamento de dados, 156-157
    questões de segurança, 157
    verificação e controle de qualidade, 156-157
    viabilidade das informações, 157
arquitetura corporativa, valor simbólico, 166
aspectos humanos das redes de conhecimento
    ambiguidade do papel, 271-274
    barreiras sociais às redes de conhecimento, 285-288, 289-291
    caronas, 277-278
    comprometimento275-277
    conhecimento como um bem público, 277-278
    demografia organizacional, 267-271
    desconhecimento, 278-285, 286-287
    motivações para compartilhar informações, 274-275
    motivações para não buscar informações, 280-285, 286-287
    perda de reputação, 285-288
    possíveis custos da busca de informações, 285
    processos grupais, 288-291
    status, 285-288

associações/clãs profissionais, 92, 93-94, 101-103
atitudes, desenvolvimento de, 221, 228-232
autonomia estrutural, 76
autoridade formal, uso em gestão de consórcios, 210-211

bancos de dados, 157-158
barreiras
   contextuais na gestão de consórcios, 210-211
   sociais às redes de conhecimento, 285-288, 289-291
      perda de reputação, 285-288
      possíveis custos da busca de informações, 285
      processos grupais, 288-291
      status, 285-288
   unilaterais nas relações de consórcios, 207-209
Bell Laboratories, 246
bem público, conhecimento como, 277-278
boatos em estruturas formais, 120-121
buracos estruturais
   facilitando o intercâmbio entre pesquisadores e profissionais, 186-190, 206-207
   intermediação, 71-73
   em consórcios
      corretores de, 203-204
      intermediação, 197-202
burocracia, *ver* estruturas formais
busca
   de conselhos em uma burocracia, 286-287
   de informações, aplicação do CMIS à questão do equilíbrio entre trabalho e vida pessoal, 298-301

cadeias de fornecimento, os mercados eletrônicos, 98-99
caminho
   comprimento, 75
   definição, 74-75
caminhos espaço-temporais de Hägerstrand, 175-176, 177
campo de informação, 167-169
   papel dos gestores na criação de, 322-324
canais
   de comunicação, análise de redes, 56
      ver também tecnologias portadoras de informação
   de informação, 150-152
   interpessoais, 151-152
Cancer Information Service Research Consortium, 194-197
capacidade de absorção e transferência de conhecimento, 234-235
carga de informação, 31-32
   e processos decisórios, 329-330
   fatores que a afetam, 115
caronas, 277-278
casos
   a relação entre mediação interna e externa, 183-184
   aplicação do Modelo Abrangente de Busca de Informações (CMIS) à questão do equilíbrio entre trabalho e vida pessoal, 298-301
   busca de conselhos em uma burocracia, 286-287
   Cancer Information Service Research Consortium, 194-197
   ciência clínica e translacional, 219-221

como pensam os médicos, 326-328
conhecimento perdido de Stradivari, 38-39
Cooperative Research Centre for Freshwater Ecology, 206-207
corretores externos, 236-237
duas pesquisas sobre desconhecimento, 42-43
eco no Projeto 2, 289-291
estruturando para a inovação, 245-247
facilitando o intercâmbio entre pesquisadores e profissionais, 186-190
centralidade
    de grau, 76-77
    de intermediação, 76-77
    de proximidade, 76-77
    global, 76-77
    local, 76-77
centralização e TI, 119-120
centros de informação e referência, 160
ciência clínica e translacional, 219-221
classificações do conhecimento, 34-39
    esquema declarativo-processual-estrutural, 34-35
    tácito *versus* explícito, 35-39
    trabalho de Polanyi, 36-37, 38
clima e cultura organizacional como contexto, 87
codificação de conhecimento, 34, 37
coerção, uso em gestão de consórcios, 210-211
co-especialização de recursos, 148
como pensam os médicos, 326-328
compartilhamento de conhecimento, *ver* transferência de conhecimento (difusão)
complementaridade de recursos, 147-148
complexidade cognitiva e papel das redes de conhecimento, 339-342
comprometimento e compartilhamento de informações, 275-277
comunicação
    ascendente nas estruturas formais, 119-120
    descendente em estruturas formais, 117-119
    horizontal em estruturas formais, 120-121
comunidades de prática, 47-49
    Cancer Information Service Research Consortium, 194-197
    consórcios, 193-197
    redes sociais, 146-147
comunidades profissionais, redes sociais, 147
comunigramas, 48, 61-65
conceito
    de *framework*, 89-91
    de *groupthink* (pensamento único do grupo), 325-326
conectividade de grupos, índices de rede, 78-79
confiança
    modelo de aproximação de laços, 201
    papel na transferência de conhecimento, 235-236
configurações de rede, 60-80
    comunigramas, 48, 61-65
    contágio social, 66-68
    definindo as fronteiras das redes, 60-61
    função da ligação, 49, 68-73
    funções da ligação em gestão, 70-71
    funções das redes, 49, 68-71

gestores como ligações, 71
índices de redes, 73-79
intermediando buracos estruturais, 71-73
não participantes de redes, 68-69
padrões individuais de relações, 66-73
participantes de redes, 68-69
relações ponte, 69-70
representações gráficas das redes, 48, 61-65
softwares para geração de comunigramas, 61
surgimento de ligações, 70
teoria da coesão e contágio social, 66-68
teoria da equivalência estrutural e contágio social, 66-67, 68
conhecimento
  aprendizado, 34
  como um bem público, 277-278
  consenso social, 34
  dados, 29-30, 32
  declarativo, 35
  definição dos conceitos essenciais, 29-34
  definições, 30-31, 33-34
  "emperrado", 37-38
  estrutural, 35
  fonte de vantagens competitivas, 33-34
  informação, 30-33
  nas organizações
    abordagens formais, 19
    abordagens informais, 20
    consequências negativas das redes de conhecimento, 20
    direito de acesso à informação, 21
    efeitos da especialização e da segmentação, 18-21
    efeitos das atuais tendências sobre os funcionários, 18-21
    excesso de informação, 18-19
    falta de conhecimento dos funcionários a respeito de questões importantes, 19-20
    perda de controle por parte dos gestores, 20-21
    tendências na evolução do contexto da informação, 17-18
  processual, 35
  sabedoria, 29, 18
  tácito, o conhecimento perdido de Stradivari, 38-39
  tácito *versus* explícito, 35-39
    trabalho de Polanyi, 36-37
  termos de ordem superior, 29-30
consciência do conhecimento, 41
consenso
  o desafio da gestão de consórcios, 209
  social e conhecimento, 34
consórcios, 185-190, 190-193, 194-197, 204
  barreiras ao sucesso, 190-193
  comunidades de prática, 193-194
  confiança, 201-202
  definição e propósito, 185-186
  diferenciação e integração, 202
  homogeneidade, 200-201
  importância para as organizações, 181-182
  interesses comuns e ameaças, 199-200

    intermediação de buracos estruturais, 204
    intermediando buracos estruturais em, 197-202
    modelo de aproximação de laços, 198-202
    possíveis custos e benefícios para as organizações, 185-190, 190-193
contágio social, 66-68
conteúdo de símbolos expressos, 55
contexto
    abordagem mercadológica das estruturas, 92, 93-95, 96-99, 101
    abordagens contingenciais, 88-89
    ambiente de informação organizacional, 105-110
    associações/clãs profissionais, 92, 93-95, 101-103
    burocracia, *ver* estruturas formais
    clima e cultura organizacional, 86-88
    comparação de modelos estruturais, 93-96
    contingência e congruência, 88-89
    correspondência (ajuste) e contingência, 88-89
    definição situacional, 86-88
    e ação individual, direções futuras para pesquisa, 359-363
    estrutura organizacional como modelo de governança, 89-93
    estrutura organizacional e processamento da informações, 89-93
    estruturas de governança, 89-105
    estruturas formais, 93-96
    estruturas informais, 93-95, 96
    hierarquias, *ver* estruturas formais
    importância para as redes de conhecimento, 85-86
    mercados eletrônicos, 98-99, 104-105
    modelagem por indivíduos e grupos, 109
    modelos e estruturas de governança, 89-105
    o mundo externo à organização, 105-110
    ordem negociada das relações, 103-105
    perspectiva dos custos de transação, 103-104
    relações de troca, *ver* abordagem mercadológica das estruturas
    sentidos utilizados na pesquisa organizacional, 86
    vínculos profissionais fora da organização, 105-106
contextos como estruturas de governança, 89-91
contingência e congruência, abordagens ao contexto, 88-89
controle e TI, 161-163
Cooperative Research Centre for Freshwater Ecology, 206-207
correspondência (ajuste), abordagens contingenciais ao contexto, 88-89
corretores
    de buracos estruturais em consórcios, 203-204
    externos, 236-237
crenças e busca de informações, 300
criação e manipulação de conhecimento, propósitos, 21-22
criatividade, 223-226
    definição, 218-219
    desafios para as organizações, 217-218, 219-221
    e mudança nas organizações, 217-218
    efeitos do tamanho do grupo e da diversidade, 223, 224
    impactos das estruturas de rede, 223-224
criticidade da posição de um indivíduo, 77
custos da busca de informações, 285-286

ÍNDICE REMISSIVO

dados, definições, 29-30
dashboards, 154-155
decisão clínica, *Como pensam os médicos*, 326-328
decisões de estrutura, implementação de inovações, 221-222, 244, 245-247
definição do contexto situacional, 86-88
del.icio.us, 146-147
demografia organizacional e transferência de conhecimento, 267-271
densidade
   dos grupos, índices de rede, 78-79
   social, 170-171, 171-175
departamentalização por produto, estrutura organizacional, 130-131
desafios da gestão de consórcios, 204-207, 211-212
   ameaças ao desenvolvimento da relação, 205, 208
   barreiras contextuais, 210-211
   barreiras relacionais, 209
   barreiras unilaterais, 207-209
   consenso, 209
   inércia, 205, 208
   interesses compartilhados, 210
   interferência de terceiros, 210-211
   regras governamentais, 211
   resistência à mudança, 208-209
   uso de autoridade formal e de coerção, 210-211
   visão, 210
desconhecimento, 40-44, 278-285, 286-287
   classificação, 40-44
   consciência do conhecimento, 41
   consciente, 41-42
   consequências disfuncionais, 279-280
   custos e benefícios de diferentes níveis, 371-375
   definição, 44
   desconhecimento consciente, 41-42
   e produtividade, 254-255
   erro, 41
   explosão de desconhecimento, 40-41
   falsas verdades, 43
   incógnitas conhecidas, 41-42
   incógnitas desconhecidas, 41-42
   lacunas de conhecimento, 41-42
   metadesconhecimento, 41-42
   motivações para não buscar informações, 280-285, 286-287
   negação, 43
   perspectivas psicológicas, 280-285
   planejado, 126-134
   possíveis causas, 280
   promovendo o desconhecimento nas organizações, 44
   relação com o conhecimento, 40
   saber inconsciente, 41
   sobre questões importantes nas organizações, 19-20
   tabu, 43
desempenho, *ver* eficácia das redes
Diamond Lounge, 147
diferenciação
   e especialização em estruturas formais, 114-115

e integração, modelo de aproximação de laços, 202
  e transferência de conhecimento, 233-234
difusão
  da inovação, *ver* transferência de conhecimento (difusão)
  de mensagens, 77-78
direções futuras para pesquisa em redes de conhecimento, 358-366
  a organização sem fronteiras, 365
  contexto e ação individual, 359-363
  natureza das relações, 363-365
  visões de estruturas planejadas *versus* emergentes, 365-366
diretrizes, tendências no ambiente de informação, 354-358
disseminação, *ver* transferência de conhecimento (difusão)
distribuição espacial
  como contexto para a interação, 165-166
  e estruturas de comunicação, 165-166

eco
  em grupos coesos, efeitos sobre os processos decisórios, 332
  no Projeto 2, 289-291
eficácia das redes, 261-263
  abordagens configuracionais da estratégia, 263
  papel da TI integrada, 262-263
  visão baseada em recursos, 261-263
eficácia, definição, 249-253
eficiência das redes, 250-253, 257-261
  análises de custo / benefício na busca de informações, 260-261
  correspondência entre estrutura e desempenho, 258-259
  esforço despendido na busca de informações, 260-261
  Lei de Zipf, 260-261
  redes de comunicação em pequenos grupos, 259-260
eficiência, definição, 249-253
elementos informais das estruturas de comunicação, 20, 23-24
"emperramento" da informação, 74-75
  e transferência de conhecimento, 234
enquadramento como contexto, 89-105
equilíbrio entre trabalho e vida pessoal, 298-301
erro, definição, 42
estabelecimento de prioridades por parte da gestão, 315
estados de fluxo, 294
estratégia
  abordagens configuracionais, 263-264
  da busca de informações em um modelo de mundo pequeno, 297, 304-305
estratégias
  individuais de busca de informações, 293-311
    acessibilidade, 302
    aquisição de informações como uma habilidade para a vida, 294-295
    busca de feedback sobre desempenho, 305-310
    disponibilidade, acessibilidade e qualidade da resposta, 302
    estados de fluxo, 294
    estratégias de mundo pequeno, 297, 304-305
    estratégias para a busca de feedback por parte dos indivíduos, 307-310
    forrageamento de informações, 310-311
    influência de líderes de opinião, 298-302
    memória transacional, 302-304

  papel dos programas de treinamento, 295
  saber para onde ir, 295-298, 298-301
  saber quem sabe o quê, 302-304
 persuasivas para promover a inovação, 242
estrutura
 baseada em domínios, 130-131
 de comunicação formal
  abordagens de pesquisa, 113-114
  boatos, 85-86
  comunicação ascendente, 119-120
  comunicação descendente, 117-119
  comunicação horizontal, 120-121
  contextualização de autoridade formal, 86
  falta de *feedback* sobre desempenho, 117-118
  fatores que afetam a carga de informações, 80
  feedback negativo para a alta gestão, 119-120
  foco em diferenciação e especialização, 80-82
  gestão por estados de exceção, 119
  motivações para reter / sonegar informações, 117-119
  organograma, 114, 115-116
  pressupostos da gestão, 121-122
  visões tradicionais, 114-123
  ver também planejamento de estruturas de comunicação formal
 e desempenho, correspondência ideal, 258-259
 organizacional
  com base no conhecimento, 131-132
  como modelo de governança, 91-93
  departamentalização por cliente, 129, 131-132
  departamentalização por produto, 130-1331
  e o processo de inovação, 218-222
  e processamento de informações, 91-93
  estruturando para inovação, 245-247
  formal, influência da tecnologia, 143-144
  impactos da TI, 143-149
  matricial, 131
  organograma, 114, 115-116
   funções, 139
estruturando para inovação, 245-247
estruturas
 abordagens aos estudos de estrutura de comunicação, 20, 23-24
 de rede, impacto sobre a criatividade, 223-224
 direções futuras para pesquisa, 365-366
 estruturando para inovação, 245-247
 formais, 93-96
 híbridas, 131
 influência na implementação da inovação, 222, 238-239
 informais, 93-95, 96
estudos de mundo pequeno, 75
explosão de desconhecimento, 40-41

Facebook, 146
facilitando o intercâmbio entre pesquisadores e profissionais, 186-190
falsas verdades, definição, 43
FATCAT, software, 53

fatores
    culturais na transferência de conhecimento, 231
    sociais na transferência de conhecimento, 226-228
feedback
    do desempenho em estruturas formais, 117-118
    em estruturas formais, 117-118
    busca de
        estratégias para os indivíduos, 307-310
        sobre desempenho, 305-307
fluxo
    de conhecimento, *ver* percursos (fluxo de conhecimento)
    de informações, eco no Projeto 2, 289-291
fontes de informação, 150-153
força dos vínculos entre os nós, 56-57
forrageamento de informações, 310-311
Friends of a Friend (FOAF), projeto, 147
fronteiras
    das redes, definindo, 60-61
    organizacionais
        definindo as fronteiras das redes, 60-61
        mediadores, 182-185
        organização sem fronteiras (pesquisas futuras), 365
função
    da gestão em redes de conhecimento, 312-324
        comunicação de informações, 313-314
        criação de campos de informação significativos, 322-324
        educando os integrantes da organização sobre portadores de informações, 321-322
        estabelecimento de prioridades, 315
        estratégias utilizadas para obter informações, 316
        facilitação da busca de informações, 318-324
        redes de conhecimento de gestão, 315-318
    da ligação, 49, 68-73
        funções na gestão, 70-71
        intermediando buracos estruturais, 71-73
        surgimento de ligações, 70
funções
    das redes, 49, 68-71
    de uma relação, análise de redes, 55-56

gerenciamento por exceção, 119
gestão de redes de conhecimento, 366-371
    dilemas, 368-371
    paradoxos, 367
gestão do conhecimento
    como inovação e metainovações, 22
    conceito, 22
    desafios de criatividade e inovação, 217-218, 219-221
    e inovação, 217-218
    finalidade, na inovação, 21-22
    propósitos, 21-22
    resultado eficaz de uma, 22
    tendência pró-inovação, 218
gestores como ligações, 71
Google®, 159-160

GRADAP, 53
gradientes de comunicação, 171-175, 176
grupos
   coesos, limitações aos processos decisórios, 330-332
   índices de rede, 79

habilidades para a vida, aquisição de informações, 294-295
hierarquias, *ver* estruturas formais
hipótese
   de largura de banda, 291
   do eco, 291
homogeneidade, modelo de aproximação de laços, 200-201
hubs ou conectores centralizados em redes, 76

IBM, 147
Ideo, 237
implementação da inovação, 223, 238-245
   decisões de planejamento dos gestores, 243-244, 245-247
   estratégias persuasivas, 242
   forças paradoxais, 221-222, 243-244, 245-247
   influência da estrutura, 223, 238-239
   mudança organizacional, 242-245
   redução da incerteza, 239-240, 242
   tipos de poder utilizados para promovê-la, 221-222, 240-242
importância, *status* relativo dos interlocutores, 54-55
incerteza e processos decisórios, 328-330
incógnitas
   conhecidas, 41-42
   desconhecidas, 41-44
indicadores de centralidade, 76-77
índice
   de amplitude de controle, 123-124
   de centralização, 123
   de complexidade (diferenciação horizontal), 122
   de diferenciação horizontal (complexidade), 122
   de formalização (regras formais) conceito de enquadramento ou modelo, *ver* conceito de *framework*
   de nível hierárquico, 123
   de posicionamento individual, 76-78
   de rede, 73-79
      alternativas de procedimento, 77
      criticidade, 77
      densidade de grupos, 78-79
      grupos, 79
      grupos e conectividade, 78
      indicadores de centralidade, 76-77
      índices de percursos (fluxo de conhecimento), 74-76
      índices de posicionamento individual, 76-78
      métodos de propagação de mensagens, 78
      "panelinhas", 79
      problemas de níveis de análise, 74
   de relações estruturais formais, 122-124
      amplitude do controle, 123-124
      centralização, 123

    complexidade (diferenciação horizontal), 122
    formalização (regras formais), 124
    nível hierárquico, 123
inércia, desafio da gestão de consórcios, 205, 208
informação, 30-33
  carga de informações, 31-32
  definições, 30
  implicações de uma sociedade da informação, 32
  para superar a incerteza, 31
  paradoxo do especialista, 30-31
  quantidade e complexidade (carga de informações), 31-32
  reconhecimento de padrões, 32
  relevância, 31
  sentidos e propriedades30-33
infraestrutura de conhecimento das organizações, 156-160
  armazenamento de dados, 156-157
  bancos de dados, 157-158
  centros de informação e referência, 160
  páginas amarelas corporativas, 160
  programas de garimpagem de dados, 159-160
  questões de segurança de dados, 156-157
  telecomunicações, 159
  transformação de dados, 159-160
  transporte de dados, 158-159
  verificação e controle de qualidade, 156-157
  viabilidade das informações, 157
inovação
  definição, 218-219
  desafios para as organizações, 218, 219-221
  e mudança nas organizações, 217-218
  papel da gestão do conhecimento, 22
insuficiência de informações, e produtividade, 254-255
integração
  de TI, e eficácia das redes, 262-263
  e transferência de conhecimento, 232-234
intercâmbio de informações de saúde, 193
interesses
  compartilhados, desafio da gestão de consórcios, 210
  comuns e ameaças, modelo de aproximação de laços, 199-200
interferência de terceiros, o desafio da gestão de consórcios, 211-212
intermediação na transferência de conhecimento, 236-237
intermediadores, corretores externos, 236-237
intermediando buracos estruturais, 71-73
  Cooperative Research Centre for Freshwater Ecology, 206-207
  em consórcios, 197-202
internet, 74, 76, 159-160
interpretação de símbolos expressos, 55
intuição, 41
invenção, definição, 218-219

laços
  fortes, 60
  fracos, 59-60
lacunas no conhecimento, 41-42

lei de Zipf, 260-261
líderes de opinião, influência dos, 298-302
limiares para a transferência de conhecimento, 237-238
limitações à busca de informações, 344-345
limites cognitivos ao processamento da informações, 339-342
Linkedin.com, 146

Mage 3D Vizualization, 61
mapas
   causais (mapas cognitivos), 343-344
   cognitivos, 343-344
   de percurso (mapas cognitivos), 343
mash-ups (informações personalizadas), 154-155
massa crítica para a transferência de conhecimento, 237-238
matriz de busca de informações, 150, 153
mediação, 182-185
   ver também corretores
Meetup, 146
memória transacional, 302-304
mensagens, 150-152
mercados eletrônicos, 98-99, 104-105
   e TI, 148
metadesconhecimento, 41-42
métodos e prioridades da busca de informações, 345-346
mobilidade de indivíduos, 175-177
Modelo Abrangente de Busca de Informações (CMIS), 298-301
modelo
   de aproximação de laços, 198-202
      confiança, 201-202
      diferenciação e integração, 202
      homogeneidade, 200-201
      interesses comuns e ameaças, 199-200
   de criação, transferência e implementação de idéias, 221-222
   de gestão funcional, 127-130
motivações
   para compartilhar informações, 274-275
      caronas, 277-278
      comprometimento organizacional, 275-277
      conhecimento como um bem público, 277-278
   para não buscar informações, 280-285, 286-287
mudança organizacional, implementação da inovação, 243
Myspace, 147

não participantes de redes, 68-69
negação, definição, 43
normas culturais e sociais, influência nos processos decisórios, 330
nós e suas relações (vínculos), 24, 47, 49-57

opções de estrutura, 127-129, 130, 131, 133
organização sem fronteiras, direções futuras para a pesquisa em redes de conhecimento, 365
organizações, contextualizando o mundo externo, 105-110

padrões
   de comunicação na unidade de trabalho, 126-137
      individuais de relações, 66-73

páginas amarelas corporativas, 160
"panelinhas", índices de rede, 79
paradoxo
   da produtividade com TI, 142
   do especialista, 30-31
participantes de redes, 49, 68-69
percepções do caráter inovador da organização, 289-291
percursos (fluxo de conhecimento)
   comprimento de um caminho, 75
   definição de acessibilidade, 75
   definição de um caminho, 74-75
   definição de um trajeto, 74-75
   definição de uma trilha, 74-75
   "emperramento" da informação, 74-75
   hubs ou conectores centralizados em redes, 76
   índices, 74
   trajeto fechado, 75
perda de reputação e busca de informações, 285-288
perspectiva de custos de transação sobre o contexto, 103-104
perspectivas psicológicas sobre o desconhecimento, 280-285
pesquisa em estrutura de comunicação, abordagens formal e informal, 20, 23-24
planejamento de estruturas de comunicação formal, 124-138
   decidindo o que é essencial, 126-134
      desconhecimento planejado, 126-134
   desvantagens e limitações, 139
   dilemas da estrutura organizacional, 129, 137-138
   foco em relações de autoridade, 125
   funções do organograma, 139
   influências na abordagem estrutural, 126-134
   padrões de comunicação nas unidades de trabalho, 126-137
   princípios de uma estrutura organizacional bem-sucedida, 125-126, 128-129
   redução da incerteza e fluxo de informações, 126-137
   sintomas de uma estrutura organizacional mal elaborada, 125-126
   vantagens, 139
poder, tipos usados para promover a inovação, 221-222, 240-242
Polanyi, estudo sobre classificação do conhecimento, 36-37
política de informação nas organizações, 141-143
privacidade
   e o ambiente físico, 174-175
   questões, em redes de conhecimento, 352-353
processo de inovação, impactos da estrutura organizacional, 218-222
processos decisórios
   acessibilidade da informação, 345-346
   atenção dada à busca de informações, 326-328, 337-339
   características da complexidade cognitiva, 339-342
   carga de informação, 329-330
   Como pensam os médicos, 326-328
   conceito de *groupthink* (pensamento único do grupo), 325-326
   consequências de decisões mal tomadas, 325-328
   decisões programadas e não programadas, 333-337
   eco em grupos coesos, 332
   escola da decisão comportamental, 328-330
   exploração *versus* utilização, 333-337
   incerteza, 328-330

influência das normas culturais e sociais, 330-332
limitações à busca de informações, 344-345
limitações de grupos coesos, 331-332
limites cognitivos ao processamento de informações, 339-342
mapas cognitivos, 343-344
métodos de busca e prioridades, 346
papel das redes de conhecimento, 326
questões de largura de banda, 332
satisfação suficiente, 337-339
tempo alocado para a busca de informações, 326-328, 337-339
uso de informações para auxiliar decisões, 330
processos grupais, efeitos sobre a busca de informações, 288-291
produtividade
    definição, 249-253
    e comunicação, 253-257
        abordagem da equivalência estrutural, 256
        desconhecimento, 254-255
        entendimentos tácitos, 256-257
        insuficiência de informação, 254-255
        perspectiva minimalista, 255-256
        quantidade de comunicação necessária, 254-255
        sobrecarga de informações, 254-255
profissionais, vínculos fora da organização, 105
programas
    de assistência a funcionários (EAP, na sigla em inglês), busca de informações sobre, 298-301
    de garimpagem de dados, 159-160
prontuários médicos eletrônicos, intercâmbio de informação de saúde, 190-193
proteção do sujeito em análise de redes, 353-354
proximidade, 171-175

questões
    de largura de banda em processos decisórios, 332
    de propriedade intelectual em redes de conhecimento, 351-352
    éticas em redes de conhecimento, 351-354
        consentimento esclarecido, 354
        propriedade intelectual, 351-352
        proteção do sujeito da pesquisa, 353-354
        questões de privacidade, 352-353
    relacionais na gestão de consórcios, 209

reciprocidade nas relações, 55
rede, definição, 47
redes
    de comunicação em pequenos grupos, 259-260
    de conhecimento
        conhecimentos provenientes de fora da organização, 181-182
        consequências negativas, 20
        fluidez das, 47-49
        funções nas organizações, 18
        importância do contexto, 85
        importância dos consórcios, 181-182
        importância para as organizações, 47-49
        modelo de criação, transferência e implementação, 221-222
        papel nos processos decisórios, 325-328

relações de colaboração fora da organização, 181
  fechadas e fluxo de informações, 291
  multiplexas, 57-59
  sociais, 147
redução da incerteza
  e fluxo de informação, 126-137
  implementação da inovação, 240, 242
regras governamentais, desafios da gestão de consórcios, 211
relação assimétrica, 54
relações
  colaborativas fora da organização, 181-182
    ver também consórcios
  de autoridade, foco em estruturas formais, 125
  de dependência no trabalho, 54
  de troca, abordagem mercadológica, 92, 93-95, 96-98
  de troca de informações, abordagem mercadológica, 92, 93-94, 95, 96-99, 100-101
  determinadas pelo contexto, 54
  determinadas pelos atores, 54-55
  e ambiente físico, 170-178
    acesso, 171-174, 176
    aglomeração, 175
    densidade social, 170-171, 171-175
    gradientes de comunicação, 171-174, 176-177
    mobilidade de indivíduos, 175-176
    privacidade, 174-175
    proximidade, 171-175
    terminais de informação, 177-178
  entre pesquisador e profissional, 186-190, 206-207
  estruturais formais, *ver* índices de relações estruturais formais
  ponte, 69-70
relações (vínculos) entre os nós, 24, 47, 49-57
replicação de mensagens em série, 78
representações
  gráficas das redes, 47, 48, 61-65
  gráficas de eficiência e eficácia, 250-253
reputação (perda de), e busca de informações, 285-288
resistência à mudança, o desafio da gestão de consórcios, 208-209
retenção / sonegação de informações em estruturas formais, 117-119
roteiros (sequência progressiva de comportamento), 344

sabedoria, definições, 29-30, 34
saber inconsciente, 41
saliência e busca de informações, 299
Sermo, comunidade on-line, 147
sistemas
  de apoio à decisão clínica, 336
  de apoio às decisões em grupo (GDSS), 336
  de comunicações satelitais, 159
  de informação executiva (EIS), 155
  de telecomunicações, 159
  satelitais de posicionamento global, 159
Smith, Adam, 115
sobrecarga de informação, e produtividade, 254-255
sociedade da informação, 32

software
  MultiNet, 53
  Negopy, 53
  NetDraw, 61
  NetMiner, 61
  Pajek, 61
  Structure, 53-54
  Ucinet, 54, 61
softwares
  análise de redes, 52-54
  gerando comunigramas, 61
status
  busca de conselhos em uma burocracia, 286-287
  e busca de informações, 285-288
Stradivari, Antonio, conhecimento perdido, 38-39
suficientemente satisfatórios, processos decisórios, 337-339

tabu, definição, 43
tamanho do grupo e diversidade, efeitos sobre a criatividade, 221-222, 224-225
tecnologia
  definição, 141
  e estrutura organizacional formal, 143-144
  impacto das tecnologias de processamento de informações, 142
  paradoxo da produtividade com TI, 142
  possíveis impactos, 142
  ver também TI (tecnologia da informação)
tecnologias portadoras de informação, 150-156
  canais interpessoais, 151-152
  canais, 150-152
  definição de relações em redes de conhecimento, 153-155, 156
  fontes, 150-153
  matriz de busca de informações, 134, 136-137
  mensagens, 150-153
teoria
  comportamental da decisão e incerteza, 328-330
  da coesão e contágio social, 66-68
  da equivalência estrutural e contágio social, 66-68
  dos grafos, 74
terminais de informação, 177-178
TI (tecnologia da informação)
  ação humana na integração da, 163
  coespecialização dos recursos *dashboards*, 154-155
  complementaridade de recursos, 147-148
  fatores que afetam a utilização bem-sucedida, 141-142
  funções essenciais nas organizações, 148-149
  impactos na comunicação organizacional, 144-149
  impactos na estrutura organizacional, 144-149
  influência nas formas de organização, 23-24
  intercâmbio de informações de saúde, 190-193
  mercados eletrônicos, 98-99, 148
  paradoxo da produtividade, 142
  política de informação nas organizações, 142
  possíveis impactos, 142
  questões de centralização, 161-163

questões de controle, 161-163
   redes sociais, 147
   sistemas de apoio à decisão, 336
trajeto
   definição, 74-75
   fechado, 75
transferência de conhecimento (difusão), 226-238
   barreiras, 232-233
   capacidade de absorção, 234-235
   cenário de difusão da inovação, 226-228
   ciência clínica e translacional, 219-221
   confiança, 235-236
   conhecimento explícito, 37
   conhecimento tácito, 37-39
   desenvolvimento de atitudes, 221, 228-232
   diferenciação, 233-234
   "emperramento" da informação, 234
   explícito, 37
   facilitadores, 221-222, 235-237
   fatores culturais, 232-233
   fatores sociais, 226-228
   integração, 233-234
   intermediação, 235, 236-237
   limiar, 237-238
   massa crítica, 237-238
   símbolos e significados compartilhados, 34, 37
   tácito, 37-39
transferência de mensagens, 78
transformação de dados, 159-160
transporte de dados, 158-159
trilha, definição, 74-75

uso da informação para auxiliar decisões, 330
utilidade de um meio, e busca de informações, 300-301

valor simbólico de fatores físicos, 166
vantagem competitiva, conhecimento como fonte de, 33-34
vínculos (relações) entre nós, 47, 49-57
visão
   baseada em recursos da eficácia da rede, 261-263
   desafio de gestão de consórcios, 210
Visio®: uma ferramenta de desenho, 115-116
visualização (em relação aos *dashboards*), 154-155

web, 146-153

Xerox, 246, 311

Yahoo! groups, 146